누구나 쉽게
참여할 수 있는 부동산 경매

편저 대한부동산경매실전연구회

54%

86%

31%

46%

 법문 북스

누구나 쉽게
참여할 수 있는 **부동산**

경매

편저 대한부동산경매실전연구회

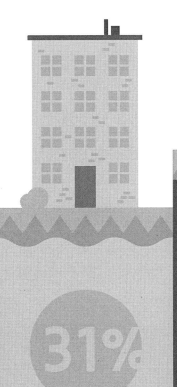

 법문 북스

머리말

일반적으로 경매란 물건을 팔고자 하는 사람, 즉 매도인이 물건을 사고자 하는 다수의 사람에게 매수의 청약을 실시해서 그 중 가장 높은 가격으로 청약을 한 사람에게 물건을 매도하는 형태의 거래를 말합니다. 그러나 경매는 이와 같이 매도인이 물건을 매매할 목적으로 직접 실시하기도 하지만, 채권자가 채무자에게 지급받지 못한 자신의 채권을 회수할 목적으로 실시하기도 합니다. 채무자가 채무(빚)를 갚을 수 없는 경우에 채권자가 이를 원인으로 법원에 경매를 신청하면 법원이 입찰을 통해 채무자의 물건을 매각한 후 그 매각대금으로 채권자의 채권을 충당하는 법원경매가 그 대표적인 예입니다.

부동산 경매는 토지·주택·상가건물·임야·농지·공장 등 토지 및 그 정착물을 대상으로 하며, 채권자가 채권을 회수하기 위해 법원을 통해 실시하는 법원경매가 대표적입니다. 법원의 부동산 경매절차는 일반적으로 채권자의 경매 신청, 법원의 경매개시결정과 매각의 준비 및 매각기일 등 공고, 입찰자의 정보수집 및 입찰참여, 법원의 최고가매수인의 선정 및 매수신청보증금의 반환, 법원의 매각허가 결정, 매수인의 매각대금 지급 및 권리취득, 채권자에 대한 배당 순으로 진행됩니다.

이 책에서는 이와 같이 복잡하고 다양한 부동산 경매에 관한 절차를 관련 서식과 함께 상담사례들을 알기 쉽게 풀이하여 체계적으로 정리하여 수록하였습니다. 이러한 자료들은 대법원의 경매사이트와 최신 판결례 및 각종 양식, 법제처의 생활법령, 대한법률구조공단의 상담사례 및 서식 등을 참고하였으며, 이를 종합적으로 정리·분석하여 일목요연하게 편집하였습니다. 여기에 수록된 상담사례들은 개인의 법률문제 해결에 도움을 주고자 게재하였으며, 개개인의 문제에서 발생하는 구체적 사안은 동일하지는 않을 수 있으므로 참고자료로 활용하시기 바랍니다.

이 책이 부동산 경매절차를 잘 몰라서 억울하게 피해를 받으신 분이나 손해를 당한 분, 또 이들에게 조언을 하고자 하는 실무자에게 큰 도움이 되리라 믿으며, 열악한 출판시장임에도 불구하고 흔쾌히 출간에 응해 주신 법문북스 김현호 대표에게 감사를 드립니다.

2020. 1.
편저자 드림

목 차

제1장 부동산 경매는 어떻게 하나요?

제2장 입찰에 참여하려면 어떤 준비를 해야 하나요?

제3장 입찰시 준비해야 할 사항은 무엇인지요?

3. 관심 물건의 종류에 따른 권리분석 ······················· **288**

4. 입찰참여 물건 및 입찰 가격의 결정 ······················· **299**

제4장 입찰에 참여자격 및 참여방법은?

1. 입찰참여 자격 및 참여방법 ······················· **311**

제5장 경매물건의 매수절차는 어떻게 되나요?

제6장 매수인은 부동산을 어떻게 취득하나요?

부동산 경매는 어떻게 하나요?

제1장 부동산 경매는 어떻게 하나요?

1. 경매의 의의 및 유형

1-1. 경매의 의의

① 경매란 물건을 팔고자 하는 사람(매도인)이 물건을 사고자 하는 다수의 사람(매수희망인)에게 매수의 청약을 실시해서 그 중 가장 높은 가격으로 청약을 한 사람에게 물건을 매도하는 형태의 거래를 말합니다.

② 경매는 위와 같이 매도인이 물건을 매매할 목적으로 직접 실시하기도 하지만, 채권자가 채무자에게 지급받지 못한 자신의 채권을 회수할 목적으로 실시하기도 합니다.

③ 채무자가 채무(빚)를 갚을 수 없는 경우에 채권자가 이를 원인으로 법원에 경매를 신청하면 법원이 입찰을 통해 채무자의 물건을 매각한 후 그 매각대금으로 채권자의 채권을 충당하는 법원경매가 그 대표적인 예입니다.

1-2. 경매의 유형

1-2-1. 부동산 경매와 동산 경매

① 경매의 대상, 즉 경매의 목적물이 무엇인지에 따라 경매는 부동산 경매와 동산 경매로 나눌 수 있습니다.

② 부동산 경매는 토지·주택·상가건물·임야·농지·공장 등 토지 및 그 정착물을 대상으로 하는 반면, 동산 경매는 가구·가전·콘도 회원권 등 유체동산, 채권 및 그 밖의 재산권을 대상으로 실시합니다.

1-2-2. 사경매(私競賣)와 공경매(公競賣)

① 경매는 경매를 집행하는 주체가 누구인지에 따라 사경매와 공경매로 나눌 수 있습니다.

② 사경매는 개인이 주체가 되어 경매를 실시하는 반면, 공경매는 국가기관이 주체가 되어 경매를 실시합니다. 공경매에는 법원이 집행주체가 되는 법원경매와 한국자산관리공사 등의 공기관이 집행주체가 되는 공매가 있습니다.

1-2-3. 임의경매와 강제경매

① 경매를 실시하는 데 집행권원이 필요한지에 따라 경매는 임의경매와 강제경매로 나눌 수 있습니다.

② 임의경매는 채권자가 채무자에게 담보로 제공받은 부동산에 설정한 저당권·근저당권·유치권·질권·전세권·담보가등기 등의 담보권을 실행하는 경매이므로 집행권원이 필요 없는 반면, 강제경매는 실행할 담보가 없는 경우로서 법원의 집행권원을 부여받아야만 경매를 실시할 수 있습니다.

③ 임의경매에서는 경매절차가 완료되어 매수인이 소유권을 취득했더라도 경매개시결정 전부터 저당권 등의 담보권이 부존재하거나 무효였다면 매수인의 소유권 취득이 무효가 되지만, 강제경매에서는 집행권원에 표시된 권리가 처음부터 부존재하거나 무효였더라도 매수인의 소유권 취득은 유효합니다.

법령용어해설

※ 집행권원이란?
집행권원('채무명의' 또는 '집행명의'라고도 함)이란 국가의 강제력에 의해 실현될 이행청구권의 존재와 범위를 표시하고 그에 대해 강제집행을 실시할 수 있는 권리를 인정한 공정증서를 말합니다. 집행권원에는 집행력 있는 판결, 지급명령정본, 화해조서정본 등이 있습니다(민사집행법 제24조 및 제56조).

1-3. 부동산 경매에서 주로 다루는 경매 유형

① 부동산 경매는 현재 주로 이용되고 있는 경매 유형인 법원경매를 중심으로 부동산 경매의 입찰 절차와 낙찰 후 절차를 알아보도록 하겠습니다.

② 법원경매는 국가기관이 주체가 되는 공경매로서 임의경매와 강제경매를 모두 포함합니다.

2. 부동산 경매의 대상

2-1. 부동산

2-1-1. 부동산이란?

부동산이란 토지와 그 정착물을 의미하며(민법 제99조제1항), 특히 토지는 정당한 이익이 있는 범위 내에서 그 지상과 지하까지도 포함합니다(민법 제212조).

2-1-2. 토지

대지, 농지, 산지 등의 토지는 부동산 경매의 대상이 될 수 있습니다.

2-1-3. 토지의 정착물

① 건물

- 도랑이나 돌담 등의 건축물은 토지의 본질적인 구성부분이 되는 정착물로서 토지와 분리해서 경매될 수 없습니다. 그러나 주택, 상가건물 등의 건물은 토지와 별개의 독립된 부동산으로 취급되므로(부동산등기법 제14조제1항) 부동산 경매의 대상이 될 수 있습니다. 건물이 독립된 부동산의 요건을 갖추기 위해서는 최소한의 기둥, 지붕, 그리고 주벽이 있어야 합니다.

- 건축 중인 건물로서 사회통념상 아직 건물이라고 할 수 없는 단계의 건물은 유체동산으로 보기 때문에 부동산 경매가 아닌 동산 경매의 절차를 따라야 합니다(민사집행법 제189조제2항제1호). 그러나 건축이 어느 정도 완성되었거나, 이미 완성되었음에도 불구하고 준공검사를 받지 않아 보존등기를 경료하지 못한 건물은 부동산 경매의 대상이 될 수 있습니다.

- 한편, 건물이 증축(增築)된 경우에 그 증축 부분은 부동산 경매의 대상이 될 수도, 되지 않을 수도 있습니다. 증축 부분을 독립된 부동산으로 보는 경우에는 경매될 수 있지만. 기존 건물에 부합된 것으로 보는 경우에는 증축 부분만 독립적으로 경매될 수 없습니다.

- 증축 부분이 독립된 부동산인지 부합물인지는 증축 부분이 기존 건물에 부착된 물리적 구조, 그 용도와 기능 면에서 기존 건물과 독립한 경제적 효용을 가지고 거래상 별개의 소유권의 객체가 될 수 있는지의 여부, 증축해서 이를 소유하는 사람의 의사 등을 종합해서 판단해야 합니다.

② 수목(樹木)

- 토지 위에 자라고 있는 수목이 미등기된 경우에는 그 수목을 토지의 일부로 보기 때문에 토지와 분리해서 경매될 수 없습니다.

- 그러나 소유권보존등기를 한 수목, 즉 입목은 부동산으로 보기 때문에 토지와 분리해서 경매될 수 있습니다(입목에 관한 법률 제2조 및 동법 제3조). 또한, 명인방법을 갖춘 수목 역시 독립된 부동산으로 보기 때문에 토지와 분리해서 경매될 수 있습니다.

법령용어해설

※ 명인방법(明認方法)이란?

명인방법은 수목의 집단 또는 미분리 과실의 소유권이 누구에게 속하는지를 제3자가 알 수 있도록 하는 공시방법으로, 경계를 구분하고 소유자의 이름이 적힌 팻말을 설치하는 등의 방법이 사용됩니다.

2-2. 다른 사람과 부동산을 공유하고 있는 경우

2-2-1. 공유 부동산

① 다른 사람과 부동산을 공유하고 있는 경우에 그 공유지분은 독립해서 부동산 경매의 대상이 될 수 있습니다(민사집행법 제139조).

② 그러나 아파트 등 집합건물의 대지사용권은 전유부분과 분리해서 처분할 수 없으므로, 특약이 없는 한 그 대지사용권에 관한 공유지분만 경매될 수 없습니다(집합건물의 소유 및 관리에 관한 법률 제20조제1항 및 제2항)

법령용어해설

※ 대지사용권과 전유부분이란?

대지사용권(垈地使用權)이란 건물의 구분소유자가 전유부분을 소유하기 위해 건물의 대지에 대해 가지는 권리로 소유권·전세권·임차권 등이 있으며, 전유부분(專有部分)이란 구분소유권의 목적인 건물부분을 말합니다(집합건물의 소유 및 관리에 관한 법률 제2조제3호 및 제6호).

[서식 예] 공유물분할청구의 소(경매절차 공동매수한 단독주택 및 대지)

소   장

원   고   ○○○ (주민등록번호)
          ○○시 ○○구 ○○길 ○○(우편번호 ○○○-○○○)
          전화·휴대폰번호:
          팩스번호, 전자우편(e-mail)주소:

피   고   ◇◇◇ (주민등록번호)
          ○○시 ○○구 ○○길 ○○(우편번호 ○○○-○○○)
          전화·휴대폰번호:
          팩스번호, 전자우편(e-mail)주소:

공유물분할청구의 소

청 구 취 지

1. 별지(1)목록 기재의 부동산에 관하여 별지도면 표시 ㄱ, ㄴ, ㄷ, ㄹ, ㄱ의 각 점을 차례로 연결한 선내 ㉮부분 ○○.○㎡는 원고의 소유로, 같은 도면 표시 ㄹ, ㄷ, ㅂ, ㅁ, ㄹ의 각 점을 차례로 연결한 선내 ㉯부분 ○○.○㎡는 피고의 소유로 분할하고, 만약 현물분할이 불가능할 때에는 별지(1)목록 기재의 부동산을 경매에 붙여 그 매각대금 중에서 경매비용을 뺀 나머지 금액을 원고 및 피고에게 각 2분의 1씩 배당한다.
2. 별지(2)목록 기재의 부동산은 이를 경매에 붙여 그 매각대금에서 경매비용을 뺀 나머지 금액을 원고 및 피고에게 각 2분의 1씩 배당한다.
3. 소송비용은 피고가 부담한다.
라는 판결을 구합니다.

청 구 원 인

1. 원고와 피고는 별지(1)목록 기재의 대지 및 별지(2)목록 기재 단독주택을 ○○지방법원 20○○ 타경 제○○○○호 부동산 강제경매절차에서 공동으로 매수신고하여 매각허가결정을 받은 사실이 있으며, 각각 매각대금의 2분의 1씩을 부담하였으므로 소유권이전등기를 하면서 각 2분의 1씩 지분을 표시하여 공유로 한 사실이 있고, 분할금지의 약정을 한 사실이 없습니다.
2. 원고와 피고는 별지(2)목록 기재 단독주택에 대하여 피고가 거주하되 매월 금 200,000원씩을 매월 1일에 피고가 원고에게 지급하기로 약정하였으나 피고는 이를 이행하지 않고 있어 원고는 별지(2)목록 기재 단독주택을 현물분할 하는 것

이 불가능한 경우에 해당되므로 매각하여 그 대금을 분할할 것을 청구하였으나 피고는 이에 응하지 않고 있습니다.

3. 결국 원고는 별지도면 표시와 같은 별지(1)목록 기재의 대지에 대한 분할과 그와 같은 현물분할이 불가능한 경우에는 대금으로의 분할을 청구하며, 동시에 별지 (2)목록 기재 단독주택에 대하여는 현물로 분할이 불가능하여 대금으로 분할할 것을 청구하고자 이 사건 소를 제기하게 되었습니다.

입 증 방 법

1. 갑 제1호증	매각허가결정문사본
1. 갑 제2호증의 1, 2	각 부동산등기사항증명서
1. 갑 제3호증	토지대장등본
1. 갑 제4호증	건축물대장등본
1. 갑 제5호증	지적도등본
1. 갑 제6호증	현황측량도

첨 부 서 류

1. 위 입증방법	각 1통
1. 소장부본	1통
1. 송달료납부서	1통

20○○. ○. ○.
위 원고 ○○○ (서명 또는 날인)

○○지방법원 ○○지원 귀중

[별 지(1)]

부동산의 표시

○○시 ○○구 ○○동 ○○-○○ 대 ○○○.○㎡. 끝.

[별 지(2)]

부동산의 표시

○○시 ○○구 ○○동 ○○-○○ 대 ○○○.○㎡ 지상
벽돌조 평슬래브지붕 단층주택 ○○.○○㎡. 끝.

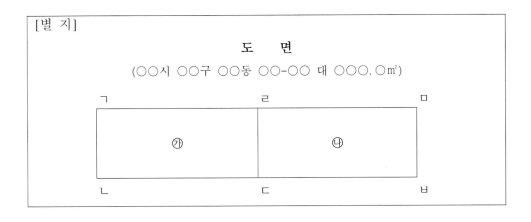

[별 지]

도　면

(○○시 ○○구 ○○동 ○○-○○ 대 ○○○.○㎡)

[서식 예] 공유물분할청구의 소(공동매수, 대지)

소   장

원   고   ○○○ (주민등록번호)
　　　　　○○시 ○○구 ○○길 ○○(우편번호 ○○○-○○○)
　　　　　전화·휴대폰번호 :
　　　　　팩스번호, 전자우편(e-mail)주소 :

피   고   1. 김◇◇ (주민등록번호)
　　　　　○○시 ○○구 ○○길 ○○(우편번호 ○○○-○○○)
　　　　　전화·휴대폰번호 :
　　　　　팩스번호, 전자우편(e-mail)주소 :
　　　　　2. 박◇◇ (주민등록번호)
　　　　　○○시 ○○구 ○○길 ○○(우편번호 ○○○-○○○)
　　　　　전화·휴대폰번호 :
　　　　　팩스번호, 전자우편(e-mail)주소 :

공유물분할청구의 소

청 구 취 지

1. 별지 목록 기재의 부동산은 이를 경매하여 그 대금에서 경매비용을 공제한 금액을 3분하여 원고 및 피고들에게 각 3분의 1씩 배당한다.
2. 소송비용은 피고들이 부담한다.
라는 판결을 구합니다.

청 구 원 인

1. 원고는 피고들과 별지목록 기재의 토지 및 건물을 소외인 ◇◇◇로부터 금 ○○만원에 매수하여 균등한 지분으로 공유하고 있습니다. 그리고 위 공유물에 관하여는 공유자간에 분할하지 않는다고 특약을 한 바 없습니다.
2. 원고는 피고 김◇◇, 같은 박◇◇에 대하여 공유물의 분할을 청구하였으나 피고들은 위 공유물은 한 필의 토지 및 한 동의 건물로서 분할할 수 없다는 이유로 이에 응하지 않고 있습니다.
3. 그러나 위와 같이 분할하지 않는다는 계약이 없는 한, 원고의 청구에 의하여 언제든지 분할하지 않으면 아니 되는 것이나, 건물의 분할에는 많은 난점이 있고, 또 토지에 관해서도 이를 분할하면 협소해져서 가격에 대단히 많은 손해를 볼 우려가 있으므로, 별지목록 기재의 토지 및 건물을 모두 경매하여 그 대금을 분

할하는 것이 최선의 방법이라 아니할 수 없습니다.

4. 따라서 원고는 별지목록 기재의 토지 및 건물을 모두 경매하여 그 대금 중에서 경매비용을 공제한 다음 3분하여 원고 및 피고들에게 각 3분의 1씩 배당되도록 하여 공유관계를 해소하기 위하여 이 사건 청구에 이른 것입니다.

입 증 방 법

1. 갑 제1호증   토지등기사항증명서
1. 갑 제2호증   토지대장등본
1. 갑 제3호증   지적도등본
1. 갑 제4호증   고정자산 평가증명서

첨 부 서 류

1. 위 입증방법   각 1통
1. 소장부본   2통
1. 송달료납부서   1통

20○○.   ○.   ○.
위 원고   ○○○   (서명 또는 날인)

○○지방법원 ○○지원   귀중

[별 지]

부동산의 표시

1. ○○시 ○○구 ○○동 ○○-○○ 대 ○○○㎡
2. 위 지상 철근콘크리트 슬래브지붕 2층주택
   1층 ○○㎡
   2층 ○○㎡. 끝.

[서식 예] 공유물분할청구의 소(대금분할)

소 장

원 고 ○○○ (주민등록번호)
○○시 ○○구 ○○길 ○○(우편번호 ○○○-○○○)
전화·휴대폰번호:
팩스번호, 전자우편(e-mail)주소:

피 고 1. 김◇◇ (주민등록번호)
○○시 ○○구 ○○길 ○○(우편번호 ○○○-○○○)
전화·휴대폰번호:
팩스번호, 전자우편(e-mail)주소:
2. 이◇◇ (주민등록번호)
○○시 ○○구 ○○길 ○○(우편번호 ○○○-○○○)
전화·휴대폰번호:
팩스번호, 전자우편(e-mail)주소:

공유물분할청구의 소

청 구 취 지

1. 별지목록1 기재의 부동산을 경매하고, 그 매각대금에서 경매비용을 공제한 금액을 분할하여 별지목록2 기재의 공유지분 비율에 따라 원·피고들에게 각 배당한다.
2. 소송비용은 피고들이 부담한다.
라는 판결을 구합니다.

청 구 원 인

1. 원고는 피고들과 별지목록1 기재의 부동산을 20○○. ○. ○. 경매절차에서 공동으로 매수신청하여 매각허가결정을 받아 별지목록2 기재 지분으로 공유하고 있으며, 위 부동산에 관하여 공유자 사이에는 분할하지 않는다는 특약을 한 바 없습니다.
2. 그 뒤 원고는 20○○. ○. 초순경 별지목록1 기재의 부동산을 팔아서 매각대금을 지분대로 분할하려고 하였으나 피고들은 이 요구에 응하지 않고 있습니다.
3. 위와 같이 원고와 피고들 사이에 공유물분할에 관한 합의가 이루어지지 아니하고, 이 사건 부동산은 성질상 현물로 분할할 수 없으므로 별지목록1 기재의 부동산을 경매하여 그 매각대금을 공유지분비율에 따라 분할을 하는 것이 최선이라고 생각합니다.

4. 따라서 원고는 별지목록1 기재의 부동산을 경매에 붙여서 그 매각대금 중에서 경
   매비용을 공제한 다음 별지목록2 기재의 공유지분 비율에 따라 원·피고들에게 배
   당되도록 하여 공유관계를 해소하기 위하여 이 사건 청구에 이른 것입니다.

입 증 방 법

    1. 갑 제1호증   부동산등기사항증명서
    1. 갑 제2호증   토지대장등본
    1. 갑 제3호증   공유에 관한 계약서
    1. 갑 제4호증   통고서
    1. 갑 제5호증   지적도등본

첨 부 서 류

    1. 위 입증방법   각 1통
    1. 소장부본   2통
    1. 송달료납부서   1통

                    20○○.   ○.   ○.
                위 원고   ○○○   (서명 또는 날인)

○○지방법원   귀중

[별 지1]

부동산의 표시

    1동 건물의 표시
    ○○시 ○○구 ○○동 ○○
    [도로명주소] ○○시 ○○구 ○○길 ○○
    철근콘크리트조 슬래브지붕 6층 아파트
        1층 201㎡
        2층 260㎡
        3층 260㎡
        4층 260㎡
        5층 260㎡
        6층 260㎡
        지층 238㎡
    전유부분의 건물표시
        제3층 제302호 철근콘크리트조 59㎡
    대지권의 목적인 토지의 표시

○○시 ○○구 ○○동 ○○
대 1861.5㎡, 대 1909.9㎡
대지권의 표시
소유대지권
대지권비율 3771.4분의 37.67. 끝.

[별 지2]

공유자 및 지분표시

공 유 자	공 유 지 분
원 고 ○ ○ ○	1/3
피 고 1. 김◇◇	1/3
피 고 2. 이◇◇	1/3

■ 상호명의신탁관계로 있던 토지의 지분이 경매된 경우 구분소유적 공유관계를 낙찰자에게 주장할 수 있는지요?

Q 저는 甲 소유의 1필지 토지 중 일부를 매수하였습니다. 저는 甲 소유의 토지 중 일부분을 그 위치와 면적을 특정하여 매수하였으나 그 등기에 있어서는 일부 지분에 대하여 소유권이전등기를 하여 소위 구분소유적 공유관계(상호명의신탁관계)를 형성하게 되었습니다. 그런데 이후 甲 소유 토지 지분에 대하여 경매가 신청되어 결국 乙이 이를 매수하게 되었습니다. 乙이 저에게 제가 점유하고 있는 토지에 대한 사용료를 달라고 한다거나 토지 인도를 요구하는 경우 제가 乙에게 대항할 수 있는지요?

A 구분소유적 공유관계에 있어서 각 구분소유적 공유자가 자신의 권리를 타인에게 처분하게 되는 경우에 대하여 판례는 1필지의 토지의 위치와 면적을 특정하여 2인 이상이 구분소유하기로 하는 약정을 하고 그 구분소유자의 공유로 등기하는 이른바 구분소유적 공유관계에 있어서, 각 구분소유적 공유자가 자신의 권리를 타인에게 처분하는 경우 중에는 구분소유의 목적인 특정 부분을 처분하면서 등기부상의 공유지분을 그 특정 부분에 대한 표상으로서 이전하는 경우와 등기부의 기재대로 1필지 전체에 대한 진정한 공유지분으로서 처분하는 경우가 있을 수 있고, 이 중 전자의 경우에는 그 제3자에 대하여 구분소유적 공유관계가 승계되나, 후자의 경우에는 제3자가 그 부동산 전체에 대한 공유지분을 취득하고 구분소유적 공유관계는 소멸한다. 이는 경매에서도 마찬가지이므로, 전자에 해당하기 위하여는 집행법원이 공유지분이 아닌 특정 구분소유 목적물에 대한 평가를 하게 하고 그에 따라 최저경매가격을 정한 후 경매를 실시하여야 하며, 그러한 사정이 없는 경우에는 1필지에 관한 공유자의 지분에 대한 경매 목적물은 원칙적으로 1필지 전체에 대한 공유지분이라고 봄이 상당하다고 판시하고 있습니다(대법원 2008. 2. 15. 선고 2006다68810 판결).

따라서 귀하의 경우 경매절차에서 그 공유지분이 토지의 특정 부분에 대한 구분소유적 공유관계를 표상하는 것으로 취급되어 감정평가와 최저경매가격 결정이 이루어지고 경매가 실시되었다면 귀하는 토지를 매수한 乙에게도 그 구분소유적 공유관계가 승계되었음을 주장하며 대항할 수 있을 것이나 그렇지 않은 경우라면 구분소유적 공유관계임을 이유로 乙에게 대항할 수는 없을 것이라 판단됩니다.

■ 유체동산의 공유지분권자의 유체동산 경매시 대항방법은 없나요?

Q 채권자가 유체동산에 강제집행을 신청하여 저희 집 살림살이가 압류되었습니다. 압류된 유체동산에 대하여 공유지분을 주장하는 배우자에게는 배우자 지급요구권과 우선매수권이 인정된다고 들었는데 이는 어떻게 신청하는 것인지요?

A 민법 제830조 제3항에서는 "부부의 일방이 혼인 전부터 가진 고유재산과 혼인 중 자기의 명의로 취득한 재산은 특유재산으로 하며, 부부의 누구에게 속한 것인지 분명하지 않은 재산은 부부의 공유로 추정한다"고 규정하고 있기에 부부 간의 동거주택 내의 유체동산은 특별한 사정이 없는 한 공유로 추정됩니다. 그리고 공유로 추정되는 유체동산에 대하여 부부 일방의 채권자가 경매를 신청할 경우 그 배우자에게는 민사집행법 제221조의 지급요구권이 인정됩니다. 이 지급요구권은 경매절차에서 채무자의 배우자가 공유지분에 대한 매각대금을 지급하여 줄 것을 요구할 수 있는 권리로서 자기 소유물의 매각대금의 반환을 청구하는 권리입니다. 이를 행사하기 위하여는 집행관이 유체동산을 압류한 때 또는 매각대금을 영수한 때까지 집행관에게 지급요구를 하여야 하며, 배우자의 지급요구가 있는 때에는 집행비용의 공제에 앞서 배우자에 대하여 그 지분에 해당하는 몫을 지급하도록 하고 있습니다. 이 경우 채권자가 배우자의 공유주장에 대하여 이의가 있는 때에는 민사집행법 제221조에 따라 배우자를 상대로 소를 제기하여 다툴 수 있습니다.

그리고 또 배우자가 주장할 수 있는 권리로 민사집행법 제206조의 우선매수권이 있는데 이 권리는 부부 일방의 채권자가 부부공유 유체동산을 압류한 경우에 배우자는 매각기일에 출석하여 우선매수를 신고하면 최고매수신고가격과 동일한 가격으로 최고가매수신고인에 우선하여 유체동산을 경락받을 수 있는 권리를 말합니다. 이 신고는 특별한 방식을 요하지 아니하나, 매각기일에 출석하여 최고매수신고가격과 동일한 가격으로 우선매수하겠다는 취지를 표시하여야 합니다.

2-2-2. 부동산 경매절차에 준하는 경우

① 선박, 자동차, 건설기계 및 항공기

  등기할 수 있는 선박, 자동차·건설기계·소형선박(자동차 등 특정동산 저당법 제3조제2호에 따른 소형선박을 말함) 및 항공기(자동차 등 특정동산 저당법 제3조제4호에 따른 항공기 및 경량항공기를 말함)는 부동산이 아닌 동산에 해당하지만, 등기 또는 등록이라는 특수성 때문에 부동산 경매에 관한 규정이 준용됩니다.

② 공장재단(工場財團) 및 광업재단(鑛業財團)

- 공장재단과 광업재단은 1개의 부동산으로 보아 부동산 경매에 관한 규정이 적용됩니다(공장 및 광업재단 저당법 제12조 및 제54조).

- 공장재단이란 공장에 속하는 일정한 기업용 재산으로 구성되는 일단의 기업재산으로서 공장 및 광업재단 저당법에 따라 소유권과 저당권의 목적이 되는 것을 말하며, 다음에서 열거하는 것의 전부 또는 일부로 구성될 수 있습니다(공장 및 광업재단 저당법 제2조제2호 및 제13조제1항).

  1. 공장에 속하는 토지, 건물, 그 밖의 공작물
  2. 기계, 기구, 전봇대, 전선, 배관, 레일, 그 밖의 부속물
  3. 항공기, 선박, 자동차 등 등기나 등록이 가능한 동산
  4. 지상권 및 전세권
  5. 임대인이 동의한 경우에는 물건의 임차권
  6. 지식재산권

- 광업재단이란 광업권과 광업권에 기해서 광물을 채굴·취득하기 위한 각종 설비 및 이에 부속하는 사업의 설비로 구성되는 일단의 기업재산으로서 공장 및 광업재단 저당법에 따라 소유권과 저당권의 목적이 되는 것을 말하며, 다음에서 열거하는 것으로서 그 광업에 관해 동일한 광업권자에게 속하는 것의 전부 또는 일부로 구성될 수 있습니다(공장 및 광업재단 저당법 제2조제3호 및 제53조).

  1. 토지, 건물, 그 밖의 공작물
  2. 기계, 기구, 그 밖의 부속물
  3. 항공기, 선박, 자동차 등 등기 또는 등록이 가능한 동산
  4. 지상권이나 그 밖의 토지사용권
  5. 임대인이 동의한 경우에는 물건의 임차권
  6. 지식재산권

③ 각종 권리

광업권(광업법 제10조제1항), 조광권(광업법 제47조제1항), 어업권(수산업법 제16조제2항), 유료도로관리권(유료도로법 제11조) 및 댐사용권(댐건설 및 주변지역지원 등에 관한 법률 제29조) 등은 법률에 따라 부동산 경매에 관한 규정이 적용됩니다,

■ 강제경매신청 전 자동차를 미리 확보해 둘 수 있는지요?

Q 저는 甲에게 500만원을 빌려주었으나 갚지 않아 대여금청구소송을 제기하여 승소판결을 받았습니다. 그래서 강제집행을 하려고 보니 甲의 유일한 재산으로 고급승용차가 있어 이를 경매하려고 합니다. 만일, 甲이 강제집행신청 사실을 알게 되면 자동차를 숨겨둘 가능성이 많은데 이를 방지할 수 있는 방법이 있는지요?

A 흔히 채무자의 자동차에 대한 집행으로 집행법원의 자동차강제경매개시결정을 받은 후 자동차의 인도집행을 하게 되는데, 이렇게 되면 채무자에게 자동차를 빼돌릴 기회를 주게 되는 바람에 강제경매개시결정 후 2월이 지나기까지 집행관이 자동차를 인도 받지 못하는 경우가 많아 애써 진행시킨 집행절차가 중도에 취소되는 경우도 많습니다(민사집행규칙 제116조).

따라서 자동차를 강제경매신청 할 경우에는 우선 강제경매신청 전의 자동차인도명령절차를 통하여 자동차를 집행관에게 인도하도록 해두는 것이 좋습니다.

강제경매신청 전의 자동차인도명령은 강제경매신청 전에 자동차를 집행관에게 인도하지 아니하면 강제집행이 매우 곤란할 염려가 있는 경우, 그 자동차가 있는 곳을 관할하는 지방법원에 신청할 수 있으며, 이러한 인도명령신청시에는 집행력 있는 정본을 제시하고 신청사유(특히 강제경매신청 전에 자동차를 집행관에게 인도하지 아니하면 강제집행이 매우 곤란하게 될 염려가 있다는 사유)를 소명하여야 합니다(민사집행규칙 제113조).

이러한 인도명령은 사전에 채무자에게 통보되지 않으므로 기습적으로 채무자로부터 자동차를 강제인도 받을 수 있으므로 추후 자동차경매를 확실히 진행시킬 수 있을 것입니다. 그런데 집행관의 인도집행이 있은 후 10일 안에 채권자가 집행법원에 강제경매신청을 하였음을 증명하는 문서를 제출하여야 하고, 이것을 제출하지 않은 때에는 집행관은 자동차를 채무자에게 돌려주어야 합니다(민사집행규칙 제113조 제3항).

따라서 귀하는 자동차에 대한 경매신청 전에 자동차를 집행관에게 인도하지 아니하면 강제집행이 매우 곤란하게 될 염려가 있다는 것을 사유로 자동차가 있는 곳을 관할하는 지방법원에 '자동차경매신청 전 인도명령신청'을 하여 甲의 자동차를 집행관에게 인도시키고 인도된 날로부터 10일 안에 강제경매를 신청하여 진행하면 될 것입니다.

■ 강제경매를 신청하고자 하는 자동차가 그 이동성으로 인해 강제집행이 곤란할 우려가 있는 경우 미리 취할 수 있는 조치가 있나요?

Q 강제경매를 신청하고자 하는 자동차가 그 이동성으로 인해 강제집행이 곤란할 우려가 있다고 생각됩니다. 이러한 경우 미리 취할 수 있는 조치가 있나요?

A 강제경매신청 전에 자동차를 집행관에게 인도하지 아니하면 강제집행이 매우 곤란할 염려가 있는 때에는 그 자동차가 있는 곳을 관할하는 지방법원은 신청에 따라 채무자에게 자동차를 집행관에게 인도할 것을 명할 수 있습니다(규칙 제113조 1항). 그리고 위 신청시에는 집행력 있는 정본을 제시하고, 신청의 사유를 소명하여야 합니다. 이를 통해 해결하실 수 있을 것입니다.

3. 부동산 경매의 절차

3-1. 채권자의 경매 신청

3-1-1. 관할 법원

① 부동산 경매는 해당 부동산이 있는 곳의 지방법원에 신청하면 됩니다 (민사집행법 제79조제1항 및 제268조).

② 관할 법원은 [대법원 홈페이지(http://www.scourt.go.kr) 정보광장란의 전국 법원·등기소 위치정보]에서 확인할 수 있습니다.

3-1-2. 부동산 경매의 신청서류

① 신청 서류는 강제경매를 기준으로 작성합니다.

② 강제경매를 신청하려면 관할 법원에 다음의 서류를 제출해야 합니다.

- 부동산 강제경매 신청서
- 집행력 있는 정본
- 강제집행 개시의 요건이 구비되었음을 증명하는 서류
(1) 집행권원의 송달증명(다만, 이행권고결정정본이나 지급명령정본상에 송달 일자가 부기되어있는 경우에는 제출생략가능)
(2) 조건성취를 채권자가 증명하여야 하는 경우의 조건성취집행문(조건이 채 권자의 담보제공인 경우 제외)과 승계집행문 및 각 경우의 증명서(승계사 실이 법원에 명백한 경우)의 송달증명서
(3) 담보제공의 공정증서 및 그 등본의 송달증명서
(4) 반대의무의 이행 또는 이행제공을 증명하는 서면, 집행불능증명서 등
- 부동산등기사항 전부증명서나 이를 대신할 수 있는 서류
- 부동산목록 10통
- 수입인지 5,000원(수 개의 집행권원 또는 담보권에 기하여 신청하는 경우에는 집행권원 또는 담보권수 1개당 5,000)
- 대법원 수입증지 부동산 1개당 3,000(단독주택은 토지와 건물을 각각 하나의 부동산으로 보며, 아파트, 연립, 다세대 주택은 토지와 건물 을 하나의 부동산으로 봄)
- 등록세(청구채권액의 2/1000)와 지방교육세(등록세의 20/100)를 납부 한 영수필통지서 1통 및 영수필확인서 1통
- 비용의 예납: 경매절차에 있어서 필요한 송달료, 감정료, 현황조사 료, 신문 공고료, 매각수수료 등의 비용을 미리 내야 합니다.

■ 참 고 - 부동산경매절차의 흐름도 ■

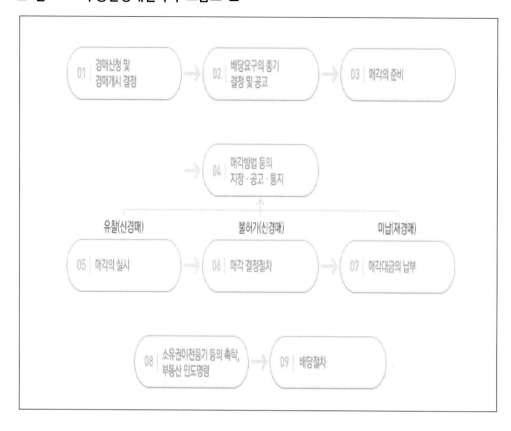

[서식 예] 부동산강제경매신청서

<h1 style="text-align:center;">부동산강제경매신청서</h1>

채 권 자   (이름)   (주민등록번호 또는 법인등록번호   -   )
           (주소)
           (연락처)

채 무 자   (이름)   (주민등록번호 또는 법인등록번호   -   )
           (주소)

청구금액   금   원 및 이에 대한 20 . . .부터 20 . .
. 까지 연 % 의 비율에 의한 지연손해금
집행권원의 표시   채권자의 채무자에 대한   지방법원 20 . . . 선고 20
가단(합)   대여금 청구사건의 집행력 있는 판결정본

<h2 style="text-align:center;">신 청 취 지</h2>

별지 목록 기재 부동산에 대하여 경매절차를 개시하고 채권자를 위하여 이를 압류한
다 라는 재판을 구합니다.

<h2 style="text-align:center;">신 청 이 유</h2>

채무자는 채권자에게 위 집행권원에 따라 위 청구금액을 변제하여야 하는데, 이를
이행하지 아니하므로 채무자 소유의 위 부동산에 대하여 강제경매를 신청합니다.

<h2 style="text-align:center;">첨 부 서 류</h2>

1. 집행력 있는 정본   1통
2. 집행권원의 송달증명원(송달증명서)   1통
3. 부동산등기사항증명서   1통

20 . . .

채권자   (날인 또는 서명)

○○지방법원 귀중

◇ 유 의 사 항 ◇

1. 채권자는 연락처란에 언제든지 <u>연락 가능한 전화번호나 휴대전화번호</u>(팩스번호, 이메일 주소 등도 포함)를 기재하기 바랍니다.

2. **채무자가 개인이면 주민등록번호를, 법인이면 법인등록번호를 기재하시기 바랍니다.**

3. 이 신청서를 접수할 때에는 (신청서상의 이해관계인의 수＋3)×10회분의 송달료와 집행비용(구체적인 액수는 접수담당자에게 확인바람)을 예납한 후 납부서 등을 첨부하시기 바랍니다.

4. 경매신청인은 채권금액의 1000분의2에 해당하는 등록면허세와 그 등록면허세의 100분의20에 해당하는 지방교육세 및 부동산 1필지당 3,000원 상당의 등기신청수수료를 납부한 후 납부영수증 등을 첨부하시기 바랍니다.

<예시>

부동산의 표시

    1. 서울특별시 종로구 ○○동 100

       대 100㎡

    2. 위 지상

       시멘트블럭조 기와지붕 단층 주택

       50㎡. 끝.

[서식 예] 부동산일괄경매신청서

<h1 align="center">부동산일괄경매신청서</h1>

사   건   (갑)20○○타경○○○호
            (을)20○○타경○○○호
채 권 자   (갑)○○○(주민등록번호)
            ○○시 ○○구 ○○길 ○○(우편번호)
            전화·휴대폰번호:
            팩스번호, 전자우편(e-mail)주소:
            (을)주식회사◉◉은행
            ○○시 ○○구 ○○길 ○○(우편번호)
            대표자 은행장 ◉◉◉
            전화·휴대폰번호:
            팩스번호, 전자우편(e-mail)주소:
채 무 자   ◇◇◇(주민등록번호)
            ○○시 ○○구 ○○길 ○○(우편번호)
            전화·휴대폰번호:
            팩스번호, 전자우편(e-mail)주소:

   위 사건들에 관하여 경매중인 부동산들은 비록 지번이 다른 필지이오나 ○○시 ○○구 ○○동 66-353 대 2㎡와 ○○시 ○○구 ○○동 66-355 대 31㎡는 ○○시 ○○구 ○○동 66-32 대 132㎡의 대문에 위치하고 있으므로, 모두가 일단의 부동산을 이루고 있고 대문과 담장, 몸 채의 대지를 이루는 부동산이 각각 다른 사람에게 낙찰되면 새로운 분쟁이 예상되고 서로 사용할 수 없을 뿐 아니라, 모두 동일인에게 매수시키는 것이 경제적 효용가치를 높이는 것이므로 이들을 일괄 경매하여 주시기 바랍니다.

<h2 align="center">첨 부 서 류</h2>

     1. 지적도등본   1통

               위 채권자 (갑)○○○ (서명 또는 날인)
               (을)주식회사◉◉은행
               대표자 은행장 ◉◉◉ (서명 또는 날인)

○○지방법원   귀중

[서식 예] 부동산임의경매신청서

부동산임의경매신청서

채 권 자   (이름)   (주민등록번호   -   )
                (주소)
                (연락처)

채 무 자   (이름)   (주민등록번호 또는 사업자등록번호   -   )
                (주소)

청구금액 금   원 및 이에 대한 20 .   .   .부터 20 .   .   .까지
              연   %의 비율에 의한 지연손해금

신 청 취 지

별지 목록 기재 부동산에 대하여 경매절차를 개시하고 채권자를 위하여 이를 압류한다
라는 재판을 구합니다.

신 청 이 유

채권자는 채무자에게 20 .   .   . 금   원을, 이자는 연   %, 변제기
는 20   .   . 로 정하여 대여하였고, 위 채무의 담보로 채무자 소유의 별지
기재 부동산에 대하여   지방법원 20 .   .   접수 제   호로 근저당
권설정등기를 마쳤는데, 채무자는 변제기가 경과하여도 변제하지 아니하므로, 위 청
구금액의 변제에 충당하기 위하여 위 부동산에 대하여 담보권실행을 위한 경매절차
를 개시하여 주시기 바랍니다.

첨 부 서 류

1. 부동산등기사항증명서   1통

20 .   .   .

        채권자   (날인 또는 서명)

○○지방법원 귀중

◇ 유 의 사 항 ◇

1. 채권자는 연락처란에 언제든지 <u>연락 가능한 전화번호나 휴대전화번호</u>(팩스번호, 이메일 주소 등도 포함)를 기재하기 바랍니다.

2. **부동산 소유자가 개인이면 주민등록번호를, 법인이면 사업자등록번호를 기재하시기 바랍니다.**

3. 이 신청서를 접수할 때에는 (신청서상의 이해관계인의 수＋3)×10회분의 송달료와 집행비용(구체적인 액수는 접수담당자에게 확인바람)을 현금으로 예납하여야 합니다.

4. 경매신청인은 채권금액의 1000분의2에 해당하는 등록면허세와 그 등록면허세의 100분의20에 해당하는 지방교육세를 납부하여야 하고, 부동산 1필지당 3,000원 상당의 등기신청수수료를 제출하여야 합니다.

[별지]

부동산의 표시

1. 서울 종로구 ○○동 100 대 20㎡
2. 위 지상 시멘트블럭조 기와지붕 단층 주택 50㎡ 끝.

[서식 예] 강제경매절차 정지신청서

<h2 style="text-align:center;">강제경매절차정지신청</h2>

채   권   자   ○○○

채무자 겸 소유자   ◇◇◇

위 당사자 사이의 귀원 20○○타경○○○호 부동산강제경매사건에 관하여 채무자 겸 소유자인 ◇◇◇는 ○○고등법원으로부터 1심판결(○○지방법원 20○○가합○○호 대여금)에 대한 강제집행정지결정을 받았으므로, 위 결정정본을 첨부하여 신청하니 위 경매절차를 정지하여 주시기 바랍니다.

<h3 style="text-align:center;">첨 부 서 류</h3>

1. 강제집행정지결정정본   1통
1. 공탁서사본   1통

20○○.   ○.   ○.

위 채무자 겸 소유자   ○○○ (서명 또는 날인)

○○지방법원 귀중

제출 법원	집행법원, 매각허가결정에 대한 항고가 제기되어 경매기록이 상급법원에 있는 동안에는 기록이 있는 상급법원	제출 기간	집행신청 전(예컨대 강제경매신청 전)에 미리 위 서류를 제출할 수는 없음. 부동산강제경매에 있어서 집행정지서류의 제출시한은 그 정지서류의 종류에 따라 다름. ①민사집행법 제49조 제1호·제2호 또는 제5호의 서류는 매수인이 매각대금을 내기 전까지 제출하면 집행이 정지 또는 취소됨(민사집행규칙 제50조 제1항, 1호·5호 서류: 취소, 2호 서류: 정지). 3호·4호 또는 6호의 서류도 매수인이 매각대금을 내기 전까지 제출하면 집행이 정지 또는 취소되지만(3호·6호 서류: 취소, 4호 서류: 정지), 매수신고가 있은 뒤에 위 서류를 제출하는 경우에는 최고가매수신고인 또는 매수인과 민사집행법 제114조의 차순위매수신고인의 동의를 받아야 그 효력이 생김(민사집행법 제93조 제3항)②매수인이 매각대금을 낸 뒤에 민사집행법 제49조 각 호 가운데 어느 서류가 제출된 때에는 절차를 계속하여 진행하여야 함. 배당은 민사집행규칙 제50조 제3항에서 정한 바에 따름.
제출 부수	신청서 1부	관련 법규	민사집행법 제49조
기 타	※강제집행은 다음 서류를 제출한 경우에는 정지하거나 제한하여야 함(민사집행법 제49조) 1. 집행할 판결 또는 그 가집행을 취소하는 취지나, 강제집행을 허가하지 아니하거나 그 정지를 명하는 취지 또는 집행처분의 취소를 명한 취지를 적은 집행력 있는 재판의 정본 2. 강제집행의 일시정지를 명한 취지를 적은 재판의 정본 3. 집행을 면하기 위하여 담보를 제공한 증명서류 4. 집행할 판결이 있은 뒤에 채권자가 변제를 받았거나, 의무이행을 미루도록 승낙한 취지를 적은 증서 5. 집행할 판결, 그 밖의 재판이 소의 취하 등의 사유로 효력을 잃었다는 것을 증명하는 조서등본 또는 법원사무관등이 작성한 증서 6. 강제집행을 하지 아니한다거나 강제집행의 신청이나 위임을 취하한다는 취지를 적은 화해조서(和解調書)의 정본 또는 공정증서(公正證書)의 정본		

[서식 예] 부동산담보권실행을 위한 경매신청서

<h1 style="text-align:center">부동산담보권실행을 위한 경매신청</h1>

채 권 자   ○○○(주민등록번호)
             ○○시 ○○구 ○○길 ○○(우편번호)
             전화·휴대폰번호:
             팩스번호, 전자우편(e-mail)주소:

채무자 겸 소유자 ◇◇◇(주민등록번호)
             주소 ○○시 ○○구 ○○길 ○○(우편번호)
             등기부상 주소 ○○시 ○○구 ○○길 ○○○
             전화·휴대폰번호:
             팩스번호, 전자우편(e-mail)주소:

청 구 금 액

원금 ○○○원 및 이에 대한 20○○. ○. ○.부터 다 갚는 날까지 연 ○○%의 비율에 의한 이자 및 지연손해금

경매할 부동산의 표시

별지목록 기재와 같음

신 청 취 지

채권자의 채무자에 대한 위 청구금액의 변제에 충당하기 위하여 별지목록 기재 부동산에 대한 담보권실행을 위한 경매절차를 개시하고 채권자를 위하여 이를 압류한다.
라는 재판을 구합니다.

신 청 이 유

1. 담보권의 표시
   채권자는 채무자에게 아래표시와 같이 돈을 대여하고 ○○지방법원 20○○. ○. ○. 접수 제○○○호 저당권(또는 근저당권)등기를 마쳤습니다.
2. 피담보채권의 표시
   채권자는 채무자에게 20○○. ○. ○. 금 ○○○원을, 변제기 20○○. ○○. ○○. 이자는 연 ○○%로 정하여 대여하였습니다.
3. 변제기경과 및 이행지체
   채권자는 위 채권의 변제기가 지나 채무자에게 위 채권의 변제를 여러 차례에

걸쳐 독촉하였는데도, 채무자는 지금까지 위 채권을 갚지 않고 있습니다.

4. 따라서 채권자는 위 담보권의 실행을 위하여 별지목록 기재 부동산에 대한 경매 개시를 신청합니다.

첨 부 서 류

1. 금전소비대차약정서(차용증서)	1통
1. 근저당권등기권리증(근저당권설정계약서)	1통
1. 최고서	1통
1. 부동산등기사항증명서(토지, 건물)	각 1통
1. 건축물대장등본	1통
1. 토지대장등본	각 1통
1. 주민등록표등본(채무자 겸 소유자의 것)	1통
1. 등록면허세·지방교육세영수필확인서, 영수필통지서	각 1통
1. 집행비용예납서	1통
1. 이해관계인목록	2통
1. 부동산목록	30통
1. 송달료납부서	1통

20○○.　○.　○.

위 채권자　○○○ (서명 또는 날인)

○○지방법원　귀중

[별 지]

경매할 부동산의 표시

1. ○○시 ○○구 ○○동 ○○ 대 ○○○㎡
2. 위 지상건물
시멘트벽돌조 슬래브지붕 소매점 및 2층 단독주택
1층 주택 96.44㎡
　　　(내소매점 17.37㎡)
2층 주택 83.95㎡. 끝.

[별 지]

이해관계인의 표시

1. 2번근저당권자   ◉◉은행
    ○○시 ○○구 ○○길 ○○(우편번호 ○○○-○○○)
    대표자 은행장 ◉◉◉(소관 ◉◉지점)
    전화·휴대폰번호:
    팩스번호, 전자우편(e-mail)주소:

2. 3번근저당권자   ◆◆◆
    ○○시 ○○구 ○○길 ○○(우편번호 ○○○-○○○)
    전화·휴대폰번호:
    팩스번호, 전자우편(e-mail)주소:

3. 4번근저당권자   ■■■
    ○○시 ○○구 ○○길 ○○(우편번호 ○○○-○○○)
    전화·휴대폰번호:
    팩스번호, 전자우편(e-mail)주소:

[서식 예] 부동산담보권실행을 위한 경매정지신청서(근저당권말소청구 판결시까지)

부동산담보권실행을 위한 경매정지신청

신 청 인   ○○○(주민등록번호)
　　　　　○○시 ○○구 ○○길 ○○(우편번호)
　　　　　전화·휴대폰번호 :
　　　　　팩스번호, 전자우편(e-mail)주소 :

피신청인   ◇◇◇(주민등록번호)
　　　　　○○시 ○○구 ○○길 ○○(우편번호)
　　　　　전화·휴대폰번호 :
　　　　　팩스번호, 전자우편(e-mail)주소 :

목적물의 표시 : 별지목록 기재와 같음

귀원 20○○타경○○○호 부동산담보권실행을 위한 경매사건에 관하여, 20○○. ○. ○. 경매개시결정에 대하여 다음과 같이 정지신청을 합니다.

신 청 취 지

신청인(채무자)과 피신청인(채권자) 사이에 별지목록 기재 부동산에 대한 귀원 20○○타경○○○호 부동산담보권실행을 위한 경매절차는 귀원 20○○가단○○○호 근저당권말소등기절차이행청구소송의 판결선고시까지 이를 정지한다.
라는 재판을 구합니다.

신 청 원 인

1. 신청인(채무자)은 20○○. ○. ○. 경 신청외 ◉◉◉로부터 금 50,000,000원을 이자는 연 ○○%, 갚을 날짜 20○○. ○. ○○. 로 정하여 차용하면서, 그 담보로 신청외 ◉◉◉ 앞으로 신청인소유의 별지목록 기재의 부동산에 관하여 채권최고액 금 70,000,000원으로 된 근저당권설정등기를 해주었습니다.
2. 그 뒤 신청인은 신청외 ◉◉◉에게 위 채무를 갚을 날짜에 모두 갚았으나, 위 근저당권설정등기는 미처 말소하지 않고 있었습니다.
3. 그런데 신청외 ◉◉◉의 채권자인 피신청인은 신청외 ◉◉◉의 신청인에 대한 위 채권에 대하여 20○○. ○○. ○. 채권가압류를 하였다가 다시 위 근저당권부채권에 대하여 채권가압류에서 본압류로 전이하는 채권압류 및 전부명령을 받아 위 근저당권에 대하여 근저당권자를 피신청인으로 한 근저당권이전의 부기등기를 마친 뒤 20○○. ○○. ○○. 별지목록 기재의 부동산에 대한 담보권실행을

위한 경매를 신청하여 귀원 20○○타경○○○호로 경매개시결정이 되었습니다.

4. 그러나 피담보채권이 소멸하면 근저당권은 그 부종성에 의하여 당연히 소멸하게 되므로, 그 말소등기가 되기 전에 그 근저당권부채권을 가압류하고 압류 및 전부명령을 받아 저당권이전의 부기등기를 마친 사람이라 할지라도, 그 가압류이전에 그 근저당권의 피담보채권이 소멸된 이상, 그 근저당권을 취득할 수 없다고 할 것입니다.

5. 그러므로 신청인은 피신청인을 상대로 귀원 20○○가단○○○호 근저당권말소등기절차이행청구소송을 제기하였는바, 피신청인이 위와 같이 피담보채권이 소멸된 근저당권에 기초하여 행해진 별지목록 기재 부동산에 대한 귀원 20○○타경○○○호 부동산담보권실행을 위한 경매절차는 귀원 20○○가단○○○호 근저당권말소등기절차이행청구소송의 판결선고시까지 이를 정지할 것을 구하기 위하여 이 신청에 이르렀습니다.

첨 부 서 류

1. 소제기증명원	1통
1. 영수증	1통
1. 부동산등기사항증명서	1통
1. 채권가압류결정문	1통
1. 채권압류 및 전부명령(채권가압류에서 본압류로 전이하는)	1통
1. 부동산경매개시결정	1통
1. 매각기일통지	1통

20○○. ○. ○.
위 신청인 ○○○ (서명 또는 날인)

○○지방법원 귀중

[별 지]

부동산의 표시

1. ○○시 ○○구 ○○동 ○○ 대 ○○○○㎡
2. 위 지상 철근 콘크리트조 슬래브지붕 4층
   1층 299.66㎡
   2층 299.66㎡
   3층 299.66㎡
   4층 299.66㎡
   지하층 299.66㎡. 끝.

부동산을 목적으로 하는 담보권을 실행하기 위한 경매절차를 정지하려면 구 민사소송법(2002. 1. 26. 법률 제6626호로 전문 개정되기 전의 것) 제603조의3(현행 민사집행법 제86조) 제1항에 따라 경매개시결정에 대한 이의신청을 하고 제603조의3(현행 민사집행법 제86조) 제2항에 따라 제484조(민사집행법 제34조) 제2항에 준하는 집행정지명령을 받거나 그 담보권의 효력을 다투는 소를 제기하고 같은 법 제507조(현행 민사집행법 제46조)에 준하는 집행정지명령을 받아 그 절차의 진행을 정지시킬 수 있을 뿐이고, 직접 경매의 불허를 구하는 소를 제기할 수는 없다(대법원 2002. 9. 24. 선고 2002다43684 판결).

[서식 예] 경매개시결정에 대한 이의신청서

경매개시결정에 대한 이의신청서

사건번호   타경   호 부동산강제경매

신 청 인(채무자) (이 름)   (주민등록번호   -   )
                (주 소)
                (연락처)
피신청인(채권자) (이 름)   (주민등록번호   -   )
                (주 소)

신청취지

1. 위 사건에 관하여   년   월   일 귀원이 한 강제경매개시결정은 이를 취소한다.
2. 피신청인의 이 사건 강제경매신청은 이를 각하한다.
라는 재판을 구합니다.

신청이유

1.
2.

20 . . .

위 신청인(채무자)   (날인 또는 서명)

○○○○법원 ○○지원 귀중

[서식 예] 부동산경매취하서

<h2 align="center">부동산경매취하서</h2>

사　　　건　　20○○타경○○○○호 부동산강제경매
채 권 자　　○○○
채 무 자　　◇◇◇

위 사건에 관하여 채권자는 채무자와 원만히 합의를 하여 위 사건 전부를 취하합니다.

20○○.　　○.　　○.
위 채권자　○○○　(서명 또는 날인)

○○지방법원　귀중

■ 참 고 ■

제출법원	집행법원	제출부수	취하서 1부
비　용			

제출법원	집행법원		제출부수	취하서 1부
비　용	- 등록면허세 및 지방교육세 : 1필지 당 7,200원 - 증지 : 1필지 당 3,000원 - (법원에 따라 송달료 : 3,700원×2회분을 요구하는 경우도 있음)			
기　타	- 경매신청 후 매각기일에 적법한 매수신고가 있기까지는 경매신청인은 임의로 경매신청을 취하할 수 있고, 경매신청인 외의 다른 채권자의 동의를 받을 필요가 없음. - 매수신고가 있은 뒤 경매신청을 취하하는 경우에는 최고가매수신고인 또는 매수인과 민사집행법 제114조의 차순위매수신고인의 동의를 받아야 함(민사집행법 제93조 제2항). 여기서 최고가매수신고인 및 차순위매수신고인은 매각기일의 절차에서 집행관에 의하여 최고가매수신고인 및 차순위매수신고인으로 이름과 가격이 불리워진 사람(민사집행법 제115조 제1항)를 말하는 것이고, 매수인은 최고가매수신고인 또는 차순위매수신고인 가운데 매각허가결정이 확정된 사람을 말함. - 이중경매개시결정이 된 때에는 선행사건의 압류채권자가 신청을 취하하여도 후행사건에 따라 절차가 계속 진행됨(민사집행법 제87조제2항).			

[서식 예] 경매취하동의서

<h2 align="center">경 매 취 하 동 의 서</h2>

사건번호
채 권 자
채 무 자
소 유 자

위 사건에 관하여 매수인은 채권자가 위 경매신청을 취하하는데 대하여 동의합니다.

<h3 align="center">첨 부 서 류</h3>

   1. 매수인 인감증명   1부

년   월   일

   매 수 인   (날인 또는 서명)
   연락처(☎)

지방법원 귀중

[서식 예] 매각기일연기신청서

매각기일연기신청서

사건번호　　　　　타경

채 권 자

채 무 자

소 유 자

　위 사건의 매각기일이 20 ．　．　． :　　로 지정되었는 바 아래와 같은 사유로
위 매각기일의 연기신청을 하오니 허가하여 주시기 바랍니다.

아　　　래

연기사유:

20 ．　　．　　．

　　　　위 신청인　　　　　　　　　(날인 또는 서명)

　　　　　　　　　　　(주　소　　　　　　　　　　　)

　　　　　　　　　　　(연락처　　　　　　　　　　　)

○○○○법원 ○○지원 경매　　계 귀중

[서식 예] 권리신고 및 배당요구신청서(상가임대차)

권리신고 및 배당요구신청서(상가임대차)

사건번호　　　타경　　　　　　부동산강제(임의)경매
채 권 자
채 무 자
소 유 자

　임차인은 이 사건 매각절차에서 임차보증금을 변제받기 위하여 아래와 같이 권리신고 및 배당요구신청을 합니다.

아　　래

1	임차부분	전부, 일부(　층 전부), 일부(　층 중　　㎡) (※ 건물 일부를 임차한 경우 뒷면에 임차부분을 특정한 내부구조도를 그려 주시기 바랍니다)
2	임차보증금	보증금　　　　　　원에 월세　　　　원
3	점유(임대차)기간	20　.　.　.부터 20　.　.　.까지
4	사업자등록신청일	20　.　.　.
5	확정일자 유무	유(20　.　.　.), 무
6	임차권·전세권등기	유(20　.　.　.), 무
7	계약일	20　.　.　.
8	계약당사자	임대인(소유자)　　　　　임차인
9	건물의 인도일	20　.　.　.

첨부서류

1. 임대차계약서 사본　1통
2. 상가건물 임대차 현황서 등본 1통
3. 건물도면의 등본 1통 (건물 일부를 임차한 경우)

20　.　.　.

권리신고 겸 배당요구신청인　　　　　　　　　　(날인 또는 서명)
　　　　　　　　　　　(주소 :　　　　　　　　　　　　)
　　　　　　　　　　　(연락처 :　　　　　　　　　　　)

지방법원　귀중

※ 임차인은 기명날인에 갈음하여 서명을 하여도 되며, 연락처는 언제든지 연락가능한 전화번호나
　 휴대전화 번호 등(팩스, 이메일 주소 등 포함)을 기재하시기 바랍니다.

[서식 예] 권리신고 및 배당요구신청서(경매개시결정된 뒤 등기한 근저당권자)

권리신고 및 배당요구신청

사   건   20○○타경○○○○호 부동산담보권실행을 위한 경매
채   권   자   ○○○
채무자 겸 소유자   ◇◇◇
권리신고인 겸 배당요구채권자(근저당권자)   ◉◉◉
                 ○○시 ○○구 ○○길 ○○ (우편번호)
                 전화·휴대폰번호 :
                 팩스번호, 전자우편(e-mail)주소 :

  귀원 20○○타경○○○○호 부동산담보권실행을 위한 경매사건에 관하여 권리신고인 겸 배당요구채권자는 아래와 같이 민사집행법 제268조 제4호에 해당하는 이해관계인으로서 권리신고 겸 배당요구신청을 합니다.

아   래

1. 권리신고
   권리신고인 겸 배당요구채권자는 경매개시 결정된 뒤에 근저당권설정등기를 마친 근저당권자입니다.
   내역 : 권리신고인 겸 배당요구채권자는 ○○지방법원 ○○등기소 20○○. ○. ○. 접수 제○○○호 20○○. ○. ○. 설정계약, 채권최고액 금 ○○○원, 채무자 ◇◇◇, 근저당권자 ◉◉◉로 근저당권설정등기를 마쳤습니다.

2. 배당요구
   권리신고인 겸 배당요구채권자는 경매개시결정된 뒤의 근저당권자로서 배당요구합니다.
   청구금액 : 원금 ○○○원 및 이에 대한 20○○. ○. ○.부터 다 갚는 날까지 연 ○○%의 비율에 의한 이자 및 지연손해금

첨 부 서 류

   1. 부동산등기사항증명서   1통
   1. 근저당권설정계약서   1통

          20○○.   ○.   ○.
       위 권리신고인 겸 배당요구채권자

                 ◉◉◉ (서명 또는 날인)

○○지방법원 귀중

※ (1) 배당요구시기

〈유체동산〉(민사집행법 제220조)

① 배당요구는 다음 시기까지 할 수 있다.

　　1. 집행관이 금전을 압류한 때 또는 매각대금을 영수한 때

　　2. 집행관이 어음·수표 그 밖의 금전의 지급을 목적으로 한 유가증권에 대하여 그 금전을 지급을 받은 때

② 민사집행법 제198조제4항에 따라 공탁된 매각대금에 대하여는 동산집행을 계속하여 진행할 수 있게 된 때까지, 민사집행법 제296조제5항 단서에 따라 공탁된 매각대금에 대하여는 압류의 신청을 한 때까지 배당요구를 할 수 있음.

〈채권과 다른 재산권〉(민사집행법 제247조)

① 민법·상법, 그 밖의 법률에 의하여 우선변제청구권이 있는 채권자와 집행력 있는 정본을 가진 채권자는 다음의 시기까지 법원에 배당요구를 할 수 있음.

　　1. 제3채무자가 민사집행법 제248조제4항에 따른 공탁의 신고를 한 때

　　2. 채권자가 민사집행법 제236조에 따른 추심의 신고를 한 때

　　3. 집행관이 현금화한 금전을 법원에 제출한 때

② 전부명령이 제3채무자에 송달된 뒤에는 배당요구를 하지 못함.

③ 제1항의 배당요구에는 민사집행법 제218조 및 제219조의 규정을 준용함.

④ 제1항의 배당요구는 제3채무자에게 통지하여야 함.

〈부동산〉(민사집행법 제88조)

① 집행력 있는 정본을 가진 채권자, 경매개시결정이 등기된 뒤에 가압류를 한 채권자, 민법·상법, 그 밖의 법률에 의하여 우선변제청구권이 있는 채권자는 배당요구를 할 수 있음.

② 배당요구에 따라 매수인이 인수하여야 할 부담이 바뀌는 경우 배당요구를 한 채권자는 배당요구의 종기가 지난 뒤에 이를 철회하지 못함.

[서식 예] 배당요구변경신청서(부동산담보권실행을 위한 경매)

<h1 style="text-align:center">배당요구변경신청</h1>

사　　　건　20○○타경○○○○호 부동산담보권실행을 위한 경매
채 권 자　○○○
채 무 자　◇◇◇
배당요구채권자(선정당사자)　◉◉◉

　위 당사자 사이의 귀원 20○○타경○○○○호 부동산담보권실행을 위한 경매사건에 관하여 배당요구채권자들은 20○○. ○. ○. 귀원에 배당요구신청서를 제출한 사실이 있으나, 위 배당요구채권자들의 배당요구채권내역을 다음과 같이 변경신청 합니다.

<h2 style="text-align:center">다　　　음</h2>

연번	성 명	변 경 전	변 경 후	연번	성 명	변 경 전	변 경 후
1	◉◉◉	9,456,443원	9,512,970원	5	◉④◉	5,207,732원	5,276,530원
2	◉①◉	3,428,338원	3,395,730원	6	◉⑤◉	2,742,395원	2,651,520원
3	◉②◉	4,791,550원	4,728,920원	7	◉⑥◉	2,138,963원	2,040,760원
4	◉③◉	5,368,950원	5,422,880원	8	◉⑦◉	2,138,963원	2,052,760원

<h2 style="text-align:center">첨 부 서 류</h2>

1. 체불금품확인원　　　　　　1통

20○○. ○. ○.
위 배당요구채권자(선정당사자) ◉◉◉ (서명 또는 날인)

○○지방법원　귀중

[서식 예] 배당요구신청서(경매개시결정이 등기된 뒤 가압류채권자)

배 당 요 구 신 청

사 건   20○○타경○○○○호 부동산담보권실행을 위한 경매
채권자   ○○○
　　　　 ○○시 ○○구 ○○길 ○○(우편번호)
　　　　 전화·휴대폰번호:
　　　　 팩스번호, 전자우편(e-mail)주소:
채무자   ◇◇◇
　　　　 ○○시 ○○구 ○○길 ○○(우편번호)
　　　　 전화·휴대폰번호:
　　　　 팩스번호, 전자우편(e-mail)주소:
소유자   ◈◈◈
　　　　 ○○시 ○○구 ○○길 ○○(우편번호)
　　　　 전화·휴대폰번호:
　　　　 팩스번호, 전자우편(e-mail)주소:
배당요구채권자 ◉◉◉
　　　　 ○○시 ○○구 ○○길 ○○(우편번호)
　　　　 전화·휴대폰번호:
　　　　 팩스번호, 전자우편(e-mail)주소:

　○○지방법원 20○○타경○○○○호 부동산담보권실행을 위한 경매사건에 관하여 배당요구채권자는 아래와 같이 민사집행법 제90조 제4호에 해당하는 이해관계인으로서 아래와 같이 배당요구신청을 합니다.

아　　　　래

배당요구채권자는 경매개시결정이 등기된 뒤의 가압류채권자로서 배당요구합니다.
청구금액 : 원금 ○○○원 및 이에 대한 20○○. ○. ○.부터 다 갚는 날까지 연 ○○%의 비율에 의한 이자 및 지연손해금

첨 부 서 류

　　　　1. 부동산등기사항증명서　　　　1통
　　　　1. 부동산가압류결정문　　　　　1통

　　　　　20○○.　　○.　　○.
　　　　위 배당요구채권자 ◉◉◉ (서명 또는 날인)

○○지방법원　귀중

[서식 예] 배당요구신청 취하서(전부)

배당요구신청취하

사   건   20○○타경○○○호 부동산강제경매
배당요구채권자   ◉◉◉외 2
채   권   자   주식회사 ○○은행
채무자 겸 소유자   ◇◇◇

　위 당사자 사이의 귀원 20○○타경○○○호 부동산강제경매신청사건에 있어서 배당요구채권자들은 채무자로부터 배당요구한 채권전액을 지급 받았으므로 이 사건 배당요구신청을 전부 취하합니다.

20○○.   ○.   ○.

위 배당요구채권자 1. ◉◉◉ (서명 또는 날인)
　　　　　　　　　 2. ◉①◉ (서명 또는 날인)
　　　　　　　　　 3. ◉②◉ (서명 또는 날인)

○○지방법원   귀중

[서식 예] 배당요구신청 취하서(일부)

배당요구신청 취하

사　　　　　건　20○○타경○○○호　부동산담보권실행을 위한 경매
배당요구채권자　◉◉◉외 3
채　　권　　자　주식회사 ○○상호저축은행
채　　무　　자　◇◇주택건설주식회사
소　　유　　자　◇◇주택건설주식회사외 1

　위 당사자 사이의 귀원 20○○타경○○○호 부동산담보권실행을 위한 경매신청사건에 있어서 배당요구채권자들은 채무자로부터 배당요구채권 가운데 일부를 지급 받았으므로 이 사건 배당요구신청금액 가운데 배당요구채권자 ◉◉◉는 ○○○원, 배당요구채권자 ◉①◉는 ○○○원, 배당요구채권자 ◉②◉는 ○○○원, 배당요구채권자 ◉③◉는 ○○○원에 대해 각 배당요구신청을 취하합니다.

20○○.　　○.　　○.

위 배당요구채권자 1. ◉◉◉ (서명 또는 날인)
　　　　　　　　　 2. ◉①◉ (서명 또는 날인)
　　　　　　　　　 3. ◉②◉ (서명 또는 날인)
　　　　　　　　　 4. ◉③◉ (서명 또는 날인)

○○지방법원　귀중

배당요구종기연기허가신청

사   건   20○○타경○○○ 부동산임의경매
신 청 인   ○○○ (주민등록번호)
　　　　 ○○시 ○○구 ○○길 ○○(우편번호 ○○○○○)
　　　　 전화·휴대폰번호:
　　　　 팩스번호, 전자우편(e-mail)주소:

신 청 사 유

1. 귀원에서 진행중인 20○○타경○○○ 사건의 채무자 김○○은 정미소를 운영하였던 자입니다. 채무자는 쌀이 수확된 20○○. ○○.경 다수의 농민과 쌀 매매계약을 체결하였고, 물품대금을 이후에 정산할 것을 조건으로, 수확된 쌀을 원고는 피고에게 인도하였습니다.
2. 정산이 늦어지던 중, 원고는 채무자의 정미소가 경매된다는 소식을 들어, 채무자에 대한 집행권원을 확보하기 위해 물품대금의 지급을 구하는 소를 제기하였으나, 아직 이에 대한 판결이 선고되지 않은 상태입니다.
3. 원고는 속히 집행권원을 확보하여 배당절차에 참여하고자 하는 바, 원고가 이 사건 경매의 배당절차에 참여할 수 있도록 20○○. ○. ○○.로 예정되어 있는 배당요구종기를 2개월 정도 연기하여 주실 것을 신청하는 바입니다.

첨 부 서 류

1. 나의사건검색(본안소송진행)　　　1통

20○○.　　○.　　○.
위 원고　　○○○　(서명 또는 날인)

○○지방법원　귀중

배당표등본교부신청

사   건   20○○타기○○○호 배당절차

채 권 자   ○○○(주민등록번호)

                ○○시 ○○구 ○○길 ○○(우편번호)

                전화·휴대폰번호:

                팩스번호, 전자우편(e-mail)주소:

채 무 자   ◇◇◇

제3채무자   ◈◈광역시

    위 사건에 관하여 채권자 ○○○는 그 배당표 1부를 교부하여 주실 것을 신청합니다.

20○○.   ○.   ○.

위 채권자 ○○○ (서명 또는 날인)

○○지방법원   귀중

■ 참 고 ■

배당절차는 금전채권에 대한 강제집행에 있어서 거의 모든 경우에 필요함(다만, 전부명령, 양도명령 등의 경우에는 불필요함). 다만, 부동산집행절차에서의 배당절차는 압류·현금화절차와 함께 집행절차의 한 단계로서 집행절차에 당연히 포함되어 있으므로(민사집행법 제145조, 제169조) 별개의 절차로 취급되지 않지만, 동산집행절차에 있어서의 배당절차는 압류·현금화절차와는 독립된 별개의 절차로 실시됨(따라서 압류·현금화절차와는 별개의 사건으로 취급).

[서식 예] 배당이의의 소(소액임차보증금)

소   장

원   고   ○○○(주민등록번호)
　　　　　　○○시 ○○구 ○○길 ○○(우편번호)
　　　　　　전화·휴대폰번호:
　　　　　　팩스번호, 전자우편(e-mail)주소:

피   고   1. 주식회사 ◇◇은행
　　　　　　　○○시 ○○구 ○○길 ○○(우편번호)
　　　　　　　대표이사 ◇◇◇
　　　　　　　전화·휴대폰번호:
　　　　　　　팩스번호, 전자우편(e-mail)주소:
　　　　　　2. ◈◈◈(주민등록번호)
　　　　　　　○○시 ○○구 ○○길 ○○(우편번호)
　　　　　　　전화·휴대폰번호:
　　　　　　　팩스번호, 전자우편(e-mail)주소:

배당이의의 소

청 구 취 지

1. ○○지방법원 20○○타경○○○호 부동산담보권실행을 위한 경매신청사건에 관하여 20○○. ○. ○. 같은 법원이 작성한 배당표 가운데, 원고에 대한 배당액 금○○○원을 금 ○○○○원으로, 피고 주식회사 ◇◇은행에 대한 배당액 금○○○○원을 금 ○○○원으로, 피고 ◈◈◈에 대한 배당액 금 ○○○○원을 금 ○○○원으로 경정한다.
2. 소송비용은 피고들의 부담으로 한다.
라는 판결을 구합니다.

청 구 원 인

1. 원고는 20○○. ○. ○. 소외 ■■■로부터 ○○시 ○○구 ○○길 ○○ 조적조 슬래브지붕 단층주택 가운데 1층 방 2칸을 전세보증금 15,000,000원, 임대기간 정함이 없이 임차한 뒤, 같은 날 전입신고를 마치고 거주하고 있다가 20○○. ○. ○○. 확정일자를 갖추어 주택임대차보호법 제3조 제1항의 대항요건 및 소정의 우선변제요건을 모두 갖추었습니다.

2. 한편, 소외 ■■■는 위 부동산(다음부터 이 사건 부동산이라고만 함)에 관하여 20○○. ○○. ○. 채권최고액 금 42,000,000원, 채무자 소외 ■■■, 근저당권자 피고 주식회사 ◇◇은행으로 된 제1순위 근저당권설정등기를, 피고 ◆◆◆에게는 이 사건 부동산에 관하여 20○○. ○○. ○○. 채권최고액 금 75,000,000원, 채무자 소외 ■■■, 근저당권자 피고 ◆◆◆로 된 제2순위 근저당설정등기를 각 해주었습니다.

3. 최우선변제권이 인정되는 소액임차인 해당여부 및 그 범위

   주택임대차보호법 제8조 제1항에 의하면「임차인은 보증금중 일정액을 다른 담보물권자보다 우선하여 변제 받을 권리가 있다. 이 경우 임차인은 주택에 대한 경매신청의 등기 전에 제3조 제1항의 요건을 갖추어야 한다」라고 규정하고 있으며, 이 경우 보증금중 일정액의 범위를 주택임대차보호법시행령 제4조 및 제3조에 의하여 살펴보면, 서울특별시 및 수도권정비계획법에 의한 수도권 중 과밀억제권역과 광역시(군지역과 인천광역시지역을 제외)를 제외한 그 밖의 지역에서는 임차보증금 4,000만원 이하 임차인 중 1,400만원 한도로 정하고 있습니다.

4. 결   론

   그렇다면, 원고의 임대차보증금 중 금 14,000,000원의 범위에서 피고보다 최우선하여 변제(배당)받을 권리가 있다고 할 것이고, 따라서 피고 주식회사 ◇◇은행의 배당액 금 ○○○○원 가운데 금 ○○○원을 초과하는 부분과 피고 ◆◆◆의 배당액 금 ○○○○원 가운데 금 ○○○원을 초과하는 부분에 대한 부분은 위법한 것이므로 청구취지와 같이 배당표가 경정되는 것이 타당하다고 할 것입니다.

입 증 방 법

1. 갑 제1호증   전세계약서
1. 갑 제2호증   주민등록표등본
1. 갑 제3호증   부동산등기사항증명서
1. 갑 제4호증   배당표등본

첨 부 서 류

1. 위 입증방법   각 1통
1. 소장부본   2통
1. 법인등기사항증명서   1통
1. 송달료납부서   1통

<pre>
                        20○○.   ○.   ○.
                  위 원고   ○○○ (서명 또는 날인)

  ○○지방법원   귀중
</pre>

■ 참 고 ■

- 채권자의 다른 채권자에 대한 배당이의 : 기일에 출석한 채권자는 자기의 이해에 관계되는 범위 안에서는 다른 채권자를 상대로 그의 채권 또는 그 채권의 순위에 대하여 배당이의를 할 수 있음(민사집행법 제151조제3항).
- 배당이의의 소제기의 증명 : 다른 채권자에 대하여 이의한 채권자는 배당이의의 소를 제기하여야 하고, 배당기일부터 1주 이내에 집행법원에 배당이의의 소제기증명을 제출하지 아니하면 법원은 이의가 취하된 것으로 보고 유보되었던 배당을 실시하므로 소제기증명서, 변론기일소환장 등을 제출하여 소제기를 증명해야 함(민사집행법 제154조제1항, 제3항).

[서식 예] 배당이의의 소(주택임차보증금 우선변제)

소   장

원   고   ○○○ (주민등록번호)
          ○○시 ○○구 ○○길 ○○(우편번호 ○○○-○○○)
          전화·휴대폰번호:
          팩스번호, 전자우편(e-mail)주소:

피   고   ◇◇◇새마을금고
          ○○시 ○○구 ○○로 ○○(우편번호 ○○○-○○○)
          이사장 ◈◈◈
          전화·휴대폰번호:
          팩스번호, 전자우편(e-mail)주소:

배당이의의 소

청 구 취 지

1. ○○지방법원 ○○지원 20○○타경○○○○ 부동산임의경매신청사건에 관하여 20○
   ○. ○. ○. 같은 법원이 작성한 배당표 가운데 피고에 대한 배당액이 금
   362,147,325원으로 되어 있는 것을 금 357,147,325원으로 경정하고, 원고에게
   금 5,000,000원을 배당하는 것으로 경정한다.
2. 소송비용은 피고의 부담으로 한다.
라는 판결을 원합니다.

청 구 원 인

1. 원고는 ○○지방법원 ○○지원 20○○타경○○○○○ 부동산임의경매신청사건에 관
   하여 주택임대차보호법상의 소액임차인으로서 소액임차보증금 5,000,000원의 우
   선변제를 요구하는 배당요구신청을 하였으나, 배당이 되지 않아 배당기일인 20
   ○○. ○. ○. 배당에 관한 이의를 진술하였습니다.
2. 원고는 금 5,000,000원을 임차보증금으로 하여 소외 ●●●와 사이에 임대차계약
   을 체결하고 ○○시 ○○길 ○○ 소재의 이 사건 경매목적물인 건물에 입주하고
   20○○. ○. ○. 전입신고를 하여 현재까지 위 건물을 주거용으로 사용하며 거
   주하고 있는바, 원고는 주택임대차보호법상의 소액임차인으로서 최우선변제권이
   있다 할 것입니다.
3. 또한, 위 건물이 등기부상 소매점으로 표시되어 있으나, 실제로 그 면적의 절반
   이상이 방과 부엌으로 되어 있고 나머지 부분은 방으로 된 건강기구판매사무실

로 영업이 끝나면 이곳 사무실도 방으로 이용하였으며, 임차인인 원고가 이를 임차하여 가족들과 함께 거주하면서 일상생활을 영위하고 있고, 이곳이 원고의 유일한 주거이므로 사실상의 용도 및 사회통념상 위 건물은 주택임대차보호법의 보호대상인 주거용 건물에 해당한다 할 것이고, 원고는 이 사건 경매목적물에 대하여 최우선변제권이 있다 할 것입니다.

4. 따라서 원고는 청구취지와 같이 배당표의 변경을 구하고자 이 사건 청구에 이르렀습니다.

입 증 방 법

1. 갑 제1호증   임대차계약서
1. 갑 제2호증   주민등록등본
1. 갑 제3호증   사진

첨 부 서 류

1. 위 입증방법   각 2통
1. 법인등기사항증명서   1통
1. 소장부본   1통
1. 송달료납부서   1통

20○○.   ○.   ○.
위 원고   ○○○   (서명 또는 날인)

○○지방법원 ○○지원   귀중

[서식 예] 답변서(배당이의)

답 변 서

사 건 20○○가단○○○○ 배당이의
원 고 주식회사○○○○
피 고(선정당사자) ◇◇◇

위 사건에 관하여 피고(선정당사자)는 다음과 같이 답변합니다.

청구취지에 대한 답변

1. 원고의 청구를 모두 기각한다.
2. 소송비용은 원고의 부담으로 한다.
라는 판결을 구합니다.

청구원인에 대한 답변

1. 피고(선정당사자)는 원고의 청구원인 사실 중 '원고를 채권자로 소외 ◉◉◉외 1을 채무자로 하는 ○○지방법원 20○○타경○○○호 부동산경매 배당사건에 관하여 20○○. ○. ○. 같은 법원은 배당금 332,616,960원 중 원고 청구금액 금 294,515,154원에 교부액 금 260,019,784원, 피고 ◇◇◇외 12명 임금 우선채권 청구금액 금 67,597,125원에 교부액 금 67,597,125원의 배당표가 작성되었다'라는 부분만 인정합니다.

2. 상여금이 임금에 포함되는지 여부

   가. 근로기준법 제2조 1항 5호는 "이 법에서 '임금'이라 함은 사용자가 근로의 대상으로 근로자에게 임금, 봉급 기타 어떠한 명칭으로든지 지급하는 일체의 금품을 말한다"라고 규정하고 있습니다.

   나. 상여금도 취업규칙이나 단체협약 또는 근로계약상 그 지급시기, 액수 및 계산방법이 정해져 있으면 즉, 정기적, 제도적으로 지급되는 경우에는 단순히 의례적, 호의적으로 지급되는 것이라고 볼 수 없으므로 임금의 성질을 가진다고 볼 수 있습니다.

   다. 소외 (주)■■건설의 취업규칙 제4장(급여) 제47조(상여금)는 상여금 지급기준에 대해 "3개월 이상 근무한 직원에게 기본급을 연 4회 분할하여 지급한다(400%)"라고 규정하고 있고(을 제1호증의 1 취업규칙), 실제로 피고(선정당사자)는 소외 (주)■■건설로부터 매년 2월, 5월, 9월, 12월에 정기적으로 상여금을 지급 받아 왔습니다(을 제2호증의 1 내지 7 근로소득원천징수영수증).

   라. 따라서 피고(선정당사자)가 받을 200○. ○.분 상여금도 취업규칙에 그 지급근거가 있으므로 근로기준법 제2조의 임금에 당연히 포함된다 할 것입니다.

3. 결론

　　따라서 근로기준법 제38조 제2항의 임금에는 당연히 상여금도 포함된다고 볼 수 있고 피고(선정당사자)의 상여금도 최우선변제임금채권에 해당하므로 원고의 청구는 이유 없어 마땅히 기각되어야 할 것입니다.

입 증 방 법

1. 을 제1호증의 1　　　　　　　취업규칙
1. 을 제1호증의 2　　　　　　　취업규칙 신고서
1. 을 제1호증의 3　　　　　　　취업규칙 동의서
1. 을 제2호증의 1 내지 7　　　각 근로소득원천징수영수증

첨 부 서 류

1. 위 입증방법　　　　　　　　각 1통

20○○.　　○.　　○.

위 피고　　◇◇◇ (서명 또는 날인)

○○지방법원 ○○지원 제○민사단독　귀중

[도표] 배당요구절차

> 민사집행법 제88조(배당요구) ①집행력 있는 정본을 가진 채권자, 경매개시결정이 등기된 뒤에 가압류를 한 채권자, 민법·상법, 그 밖의 법률에 의하여 우선변제청구권이 있는 채권자는 배당요구를 할 수 있다. ②배당요구에 따라 매수인이 인수하여야 할 부담이 바뀌는 경우 배당요구를 한 채권자는 배당요구의 종기가 지난 뒤에 이를 철회하지 못한다.

1. 배당요구시 첨부서류

구 분	첨 부 서 류	비 고
집행력 있는 정본을 가진 채권자	집행력 있는 정본(강제집행에 집행문이 필요한 것은 집행문을 부여받아야 하지만, 집행문이 필요없는 지급명령(민사집행법 제58조 제1항),이나 이행권고결정(소액사건심판법 제5조의8 제1항)은 집행문이 없어도 됨)	○유체동산 집행절차에서는 집행력 있는 정본을 가진 채권자는 자신이 별도의 강제집행을 신청하여야 하고, 배당요구를 할 수 없음. 그러나 부동산 집행절차에서는 별도의 집행신청을 하든가 배당요구를 하든가를 선택할 수 있음. ○재산형과 법원의 과태료 재판에 의하여 확정된 과태료채권도 검사의 집행명령에 의하여 독립된 집행이 가능하므로 여기에 포함되어 배당요구의 종기까지 배당요구를 하여야 배당 받을 수 있음.
경매개시결정이 등기된 뒤에 가압류를 한 채권자	가압류결정정본 + 부동산등기사항증명서	○첫 경매개시결정등기 전에 가압류를 한 채권자는 배당요구를 하지 않더라도 배당받을 수 있음(민사집행법 제148조 제3호).
주 택 임 차 권 자	임대차계약서사본(확정일자를 갖춘 임차인의 경우에는 임대차계약서가 공정증서로 작성되거나 임대차계약서에 확정일자가 찍혀 있어야 함) + 주민등록표등본(임차인 본인의 전입일자 및 임차인의 동거가족이 표시된 것이어야 함) + (연체된 차임 등이 있을 때에는 이를 공제한 잔여보증금에 대한)계산서	○우선변제청구권이 있는 채권자 중 첫 경매개시결정등기 전에 등기되었고 매각으로 소멸하는 것을 가진 채권자는 매각으로 인하여 그 권리가 소멸되는 대신 당연히 순위에 따라 배당 받을 수 있음(민사집행법 제148조 제4호). ○저당권·압류·가압류에 대항할 수 있는 최선순위의 용익권 중 주택이나 상가건물의 등기된 임차권의 경우에는 전세권의 경우와 동일하게 배당요구를 하여야만 배당 받을 수 있다는 견해와 배당요구가 없어도 당연히 배당 받을 수 있다는 견해가 나뉘어 있음.

구　분	첨　부　서　류	비　　고
상가건물임차권자	임대차계약서사본(확정일자를 갖춘 임차인의 경우에는 임대차계약서에 세무서장으로부터 받은 확정일자가 찍혀 있어야 함) + (상가건물임대차보호법시행령 제3조 제2항 소정의 등록사항 등의)현황서등본 + (연체된 차임 등이 있을 때에는 이를 공제한 잔여보증금에 대한)계산서	ㅇ우선변제청구권이 있는 채권자 중 첫 경매개시결정등기 전에 등기되었고 매각으로 소멸하는 것을 가진 채권자는 매각으로 인하여 그 권리가 소멸되는 대신 당연히 순위에 따라 배당 받을 수 있음(민사집행법 제148조 제4호). ㅇ저당권·압류·가압류에 대항할 수 있는 최선순위의 용익권 중 주택이나 상가건물의 등기된 임차권의 경우에는 전세권의 경우와 동일하게 배당요구를 하여야만 배당 받을 수 있다는 견해와 배당요구가 없어도 당연히 배당 받을 수 있다는 견해가 나뉘어 있음.
근로기준법에 의한 임금채권자	ㅇ확정판결(판결 이유 중에 배당요구채권이 우선변제권 있는 임금채권이라는 판단이 있는 법원의 확정판결)이나 체불금품확인원(노동부지방사무소에서 발급) + ㉮국민연금보험료원천공제계산서(사용자가 교부, 국민연금법 제77조), ㉯근로소득에 대한 원천징수영수증(원천징수의무자인 사업자로부터 교부, 소득세법 제143조), ㉰국민연금보험료납부사실확인서(국민연금관리공단이 발급, 국민연금법 제75조), ㉱국민건강보험료납부사실확인서(국민건강보험공단이 발급, 국민건강보험법 제62조), 위 ㉮~㉱서면을 제출할 수 없는 부득이한 사정이 있는 때에는 사용자가 작성한 근로자명부사본(근로기준법 제41조) 또는 임금대장사본(근로기준법 제48조)(다만, 이 경우에는 사용자가 사업자등록을 하지 아니하는 등의 사유로 위 ㉮~㉱ 서면을 발급 받을 수 없다는 사실을 소명하는 자료도 함께 제출하여야 함)	ㅇ근로자들이 대표자를 선임하여 그에게 배당요구 및 임금채권추심에 관한 일체의 권한을 위임하고 그와 같은 내용의 결의서나 위임장을 첨부하여 대표자명의로 배당요구를 하는 경우 그 대표자 이외의 근로자의 배당요구로서는 효력이 없음. 근로자대표자가 사용자와 약속어음 공정증서 등을 작성하고 그에 기하여 자신의 명의로 배당요구를 하는 경우 임금채권우선변제권을 인정할 수 없음. ㅇ선정당사자 제도를 이용하여 배당요구를 하는 경우 : 경매절차에서 동일 채무자에 대하여 동종의 임금채권을 가지는 근로자들이 선정당사자를 선정하여 배당요구를 하는 경우 선정당사자를 배당요구채권자로 인정함(재민 97-11).

2. 배당요구신청

(1) 배당요구를 할 수 있는 시기는 압류의 효력발생시(채무자에 대한 경매개시결정 송달시와 경매개시결정등기시 중 먼저 도래한 때, 민사집행법 제83조 제4항)부터 배당요구의 종기까지임(배당요구의 종기는 첫 매각기일 이전으로서 집행법원이 정한 때임. 민사집행법 제84조 제1항).

(2) 적법한 배당요구가 있는 때에는 법원은 그로부터 3일 이내에 직권으로 이해관계인에게 그 취지를 통지하여야 함(민사집행법 제89조, 제88조 제1항).

(3) 배당요구채권자는 배당기일에 출석하여 배당표에 대한 의견을 진술할 수 있는 권리가 있음(민사집행법 제146조).

(4) 배당요구하지 않아도 당연히 배당에 참가할 수 있는 자

  - 이중경매신청인(선행사건의 배당요구의 종기까지 이중경매신청을 한 채권자, 민사집행법 제148조 제1호)

  - 첫 경매개시결정등기 전에 등기된 가압류채권자(민사집행법 제148조 제3호, 대법원 1995. 7. 28. 선고 94다57718 판결, 첫 경매개시결정등기 후에 등기된 가압류채권자는 배당요구를 하지 않으며 배당에서 제외됨)

  - 첫 경매개시결정등기 전에 등기된 우선변제권자(민사집행법 제148조 제4호) 다만, 가등기담보의 경우에는 채권신고의 최고기간까지 채권신고를 한 경우에 한하여 배당되고(가등기담보등에관한법률 제16조 제2항), 저당권·압류·가압류에 대항할 수 있는 최선순위의 용익권 중 전세권은 실체법상 존속기간이 지났는지에 관계없이 배당요구를 하여야만 매각으로 소멸하므로(민사집행법 제91조 제4항 단서), 이러한 전세권은 첫 경매개시결정등기 전에 등기되어 있더라도 배당요구가 필요함.

  - 첫 경매개시결정등기 전의 체납처분에 의한 압류권자(대법원 1997. 2. 14. 선고 96다51585 판결 등), 반면 첫 경매개시결정등기 후에 체납처분에 의한 압류등기가 된 경우에는 집행법원에 배당요구의 종기까지 교부청구를 하여야만 교부받을 수 있음(대법원 2001. 11. 27. 선고 99다22311 판결).

  - 종전 등기부상의 권리자(재개발, 재건축사업시행결과 공급된 부동산에 대하여 경매할 때 종전 등기부에 기입되어 있던 부담등기의 권리자).

3. 계산서의 제출

> 민사집행법 제81조(계산서 제출의 최고)배당기일이 정하여진 때에는 법원사무관등은 각 채권자에 대하여 채권의 원금·배당기일까지의 이자, 그 밖의 부대채권 및 집행비용을 적은 계산서를 1주안에 법원에 제출할 것을 최고하여야 한다.

(1) 각 채권자는 계산서제출최고를 받은 날로부터 1주안에 계산서를 제출하여야 함. 그러나 각 채권자가 계산서제출최고에 응하여 반드시 계산서를 제출하여야 하는 것은 아님. 계산서를 제출하지 아니한 경우에는 관련기록에 나타나 있는 자료에 기초하여 계산하게 됨.

(2) 계산서에 적어야 할 사항은 채권의 원금·배당기일까지의 이자, 그 밖의 부대채권 및 집행비용으로서, 배당표에 적어야 할 사항과 동일함(민사집행법 제150조 제1항).

(3) 계산서제출최고에 응하여 채권계산서를 제출하여도 이는 배당요구의 종기 후에 제출된 것이므로 독립된 배당요구의 효력이 생기는 것은 아니고, 배당 받을 채권자의 채권에 관한 배당기일까지의 변동내역을 조사하여 현존 채권액을 확인하려는 의미밖에 없으므로, 계산서제출로 종전의 채권액을 확장할 수는 없음.

4. 배당실시

(1) 기일에 출석한 채무자 및 채권자는 배당에 대하여 이의를 제기할 수 있고, 이의에 대하여 이해관계 있는 채권자가 이의를 정당하다고 인정하면 법원은 이의의 내용에 따라 배당표를 경정하여야 함(민사집행법 제151조, 제152조).

(2) ①집행력 있는 집행권원의 정본을 가지지 아니한 채권자(가압류채권자를 제외)에 대하여 이의한 채무자와 다른 채권자에 대하여 이의한 채권자는 배당이의의 소를 제기하여야 함. ②집행력 있는 집행권원의 정본을 가진 채권자에 대하여 이의한 채무자는 청구이의의 소를 제기하여야 함. ③이의한 채권자나 채무자가 배당기일부터 1주 이내에 집행법원에 대하여 ①항의 소를 제기한 사실을 증명하는 서류를 제출하지 아니한 때 또는 ②항의 소를 제기한 사실을 증명하는 서류와 그 소에 관한 집행정지재판의 정본을 제출하지 아니한 때에는 이의가 취하된 것으로 보게 됨(민사집행법 제154조).

(3) 공탁하는 경우
 - 채권에 정지조건 또는 불확정기한이 붙어 있는 때

- 가압류채권자의 채권인 때
- 민사집행법 제49조 제2호(강제집행의 일시정지를 명한 취지를 적은 재판의 정본) 및 제266조 제1항 제5호(담보권 실행을 일시정지하도록 명한 재판의 정본)에 규정된 문서가 제출되어 있는 때
- 저당권설정의 가등기가 마쳐져 있는 때
- 민사집행법 제154조 제1항에 의한 배당이의의 소가 제기된 때
- 민법 제340조 제2항 및 민법 제370조에 따른 배당금액의 공탁청구가 있는 때
- 채권자가 배당기일에 출석하지 아니한 때

[서식 예] 부동산매각허가에 대한 이의신청서

매각허가에 대한 이의신청

신　청　인　○○○(주민등록번호)
　　　　　　　○○시 ○○구 ○○길 ○○(우편번호)
　　　　　　　전화·휴대폰번호 :
　　　　　　　팩스번호, 전자우편(e-mail)주소 :

피신청인(채권자)　◇◇◇(주민등록번호)
　　　　　　　○○시 ○○구 ○○길 ○○(우편번호)
　　　　　　　전화·휴대폰번호 :
　　　　　　　팩스번호, 전자우편(e-mail)주소 :

신　청　취　지

　위 당사자 사이의 귀원 20○○타경○○○호 부동산강제경매사건의 매각은 이를 허가하지 아니한다.
라는 재판을 구합니다.

신　청　이　유

1. 신청인은 이 사건 경매목적 부동산에 대한 전세권자로서 정당한 이해관계인임에도 불구하고 이 사건 매각기일을 통지 받지 못하였으므로 이 사건 경매절차는 위법하다 할 것입니다.
2. 따라서 위와 같은 이유로 이 사건 매각을 허가하여서는 아니 되므로 이 사건 신청에 이른 것입니다.

첨　부　서　류

　　1. 부동산등기사항증명서　　　　　　　　　　　1통

20○○.　○.　○.
위 신청인　○○○ (서명 또는 날인)

○○지방법원　귀중

■ 참 고 ■

- 매각허가에 대한 이의신청사유
  ① 강제집행을 허가할 수 없거나 집행을 계속 진행할 수 없을 때
  ② 최고가매수신고인이 부동산을 매수할 능력이나 자격이 없는 때
  ③ 부동산을 매수할 자격이 없는 사람이 최고가매수신고인을 내세워 매수신고를 한 때
  ④ 최고가매수신고인, 그 대리인 또는 최고가매수신고인을 내세워 매수신고를 한 사람이 민사집행법 제108조 각 호 가운데 어느 하나에 해당되는 때
  ⑤ 최저매각가격의 결정, 일괄매각의 결정 또는 매각물건명세서의 작성에 중대한 흠이 있는 때
  ⑥ 천재지변, 그밖에 자기가 책임을 질 수 없는 사유로 부동산이 현저하게 훼손된 사실 또는 부동산에 관한 중대한 권리관계가 변동된 사실이 경매절차의 진행 중에 밝혀진 때
  ⑦ 경매절차에 그 밖의 중대한 잘못이 있는 때(민사집행법 제121조).
- 이의는 다른 이해관계인의 권리에 관한 이유로 신청하지 못함(민사집행법 제122조).
- 매각기일을 이해관계인에게 통지하지 아니한 경우 매각허가에 대한 이의사유가 됨(대법원 1999. 11. 15.자 99마5265).
- 경매절차의 이해관계인
  ① 압류채권자와 집행력 있는 정본에 의하여 배당을 요구한 채권자
  ② 채무자 및 소유자
  ③ 등기부에 기입된 부동산 위의 권리자
  ④ 부동산 위의 권리자로서 그 권리를 증명한 사람
※ 가압류채권자(대법원 1999. 4. 9. 선고 98다53240 판결), 가처분채권자(대법원 1994. 9. 30.자 98다53240 결정)는 경매절차의 이해관계인이 아님.

[서식 예] 매각허가결정에 대한 즉시항고장

항　고　장

항고인(채무자 겸 소유자)　　○○○(주민등록번호)
　　　　　　　　　　　　　　○○시 ○○구 ○○길 ○○(우편번호)
　　　　　　　　　　　　　　전화·휴대폰번호:
　　　　　　　　　　　　　　팩스번호, 전자우편(e-mail)주소:

귀원 20○○타경○○○호 부동산강제경매사건에 관하여, 항고인(채무자 겸 소유자)
은 귀원이 20○○. ○. ○.에 선고·고지한 별지목록 기재 부동산에 대한 매각허가결
정에 대하여 불복하고 즉시항고를 제기합니다.

원결정의 표시

최고가매수신고인 ■■■
매각가격 : 금 ○○○○원
별지목록 기재의 부동산에 대하여 최고가로 매수신고한 위 사람에게 매각을 허가한다.

항　고　취　지

원심법원이 별지목록 기재 부동산에 대하여 20○○. ○. ○.에 한 매각허가결정은
이를 취소한다.
라는 재판을 구합니다.

항　고　이　유

원심에서 항고인은 이 사건 채권자의 경매신청의 원인이 된 집행권원인 ○○지방법원
20○○가합○○○호 집행력 있는 판결정본에 기초한 강제집행은 ○○지방법원 20○
○가합○○○○호 청구이의 소의 사건의 판결선고시까지 이를 정지한다는 내용의 ○
○지방법원 20○○카기○○○호 집행정지결정을 이 사건 매각허가결정고지 전에 제
출하였음에도 이 집행정지결정을 간과한 채 매각허가결정을 한 것은 위법이므로 이
사건 항고에 이르렀습니다.

첨　부　서　류

1. 부동산목록	5통
1. 항고보증공탁서사본	1통
1. 강제집행정지결정문사본	1통
1. 송달료납부서	1통

20○○. ○. ○.

위 항고인(채무자 겸 소유자) ○○○ (서명 또는 날인)

○○지방법원 귀중

[별 지]

부동산의 표시

1. ○○ 시 ○○구 ○○동 ○○ 대 ○○○○㎡
2. 위 지상 벽돌조 평슬래브 지붕 2층 근린생활시설
    1층 ○○○㎡
    2층 ○○○㎡
    3층 ○○○㎡
    지층 ○○○㎡. 끝.

■ 강제경매개시결정 전 채무자가 사망한 경우, 강제집행을 하려면 어떻게 해야 하는지요?

Q 저는 甲이 빌려간 1,800만원을 갚지 않아 소액심판을 제기하여 승소하였으나, 당시 甲의 재산을 파악하지 못하여 강제집행을 미루고 있던 중 甲은 사망하였고 상속인들 또한 별다른 재산이 없어 강제집행을 못하고 있었습니다. 그러나 최근에 채무자 甲명의로 된 재산(대지 및 주택)을 발견하여 강제집행을 하려고 하는데, 아직 상속인들 앞으로 소유권이전등기가 되어 있지 않은 상태입니다. 이 경우 제가 위 재산에 강제집행을 하려면 어떻게 해야 하는지요?

A 민사집행법 제31조 제1항은 "집행문은 판결에 표시된 채권자의 승계인을 위하여 내어 주거나 판결에 표시된 채무자의 승계인에 대한 집행을 위하여 내어 줄 수 있다. 다만, 그 승계가 법원에 명백한 사실이거나, 증명서로 승계를 증명한 때에 한한다."라고 규정하고 있습니다.

그런데 경매개시결정 전에 이미 채무자가 사망한 경우 강제경매는 상속인에 대하여 강제집행의 요건을 구비한 후에 강제집행을 하여야 하므로, 승계집행문을 부여받아 경매신청을 하여야 하고, 이를 간과하고 강제경매신청을 하여 개시결정이 난 후 사망사실이 밝혀지면 개시결정을 취소하고 강제경매신청을 각하 할 것으로 보입니다. 사망자를 집행채무자로 하여 강제경매가 진행되어 사망자에게 개시결정이 송달된 것으로 되었다면 그 송달은 무효라 할 것이고, 따라서 따로 압류의 효력이 발생하였는지 여부에 관계없이 경매개시결정의 고지 없이는 유효하게 경매절차를 계속 진행할 수 없습니다(대법원 1991. 12. 16.자 91마239 결정, 1997. 6. 10.자 97마814 결정, 대법원 2002.11.13. 선고 2002다41602 판결).

귀하는 甲의 (구)제적등본과 상속인들의 가족관계증명서 및 주민등록등·초본을 첨부하여 상속인들을 상대로 승계집행문을 부여받아 채권자대위권에 기하여 甲명의 부동산을 상속인들 명의로 대위상속등기를 한 후 강제집행신청을 하면 채권의 만족을 얻을 수 있을 것입니다.

■ 강제경매개시결정 후 채무자가 사망한 경우, 강제집행절차는 어떻게 되는지요?

Q 甲은 乙에 대한 대여금 3,000만원에 대한 승소판결을 받아 乙소유 부동산에 대하여 강제경매를 신청하여 경매개시결정 되었습니다. 그런데 경매개시결정 후 乙이 사망하였습니다. 이 경우 위 경매절차는 어떻게 되는지요?

A 집행개시 후 채무자가 사망한 경우에 관하여 「민사집행법」제52조 제1항, 제2항은 "①강제집행을 개시한 뒤에 채무자가 죽은 때에는 상속재산에 대하여 강제집행을 계속하여 진행한다. ②채무자에게 알려야 할 집행행위를 실시할 경우에 상속인이 없거나 상속인이 있는 곳이 분명하지 아니하면 집행법원은 채권자의 신청에 따라 상속재산 또는 상속인을 위하여 특별대리인을 선임하여야 한다."라고 규정하고 있습니다. 즉, 경매개시결정 후 채무자가 사망한 경우에 강제집행은 상속재산에 대하여 계속 진행되므로, 경매개시결정을 상속인에게 송달하며, 이 경우 상속인에 대한 승계집행문은 필요하지 않습니다. 그리고 상속인이 없거나 상속인의 소재가 불분명하면 특별대리인을 선임하여 그 자에게 송달하여야 합니다. 또한, 강제경매에 있어서 매각허가결정 이후에 매수인이 사망하여도 경매절차가 중단되지 아니하며 매각의 효력은 그 상속인에게 미치게 됩니다.

그런데 경매법원에서 당사자에게 매각기일을 통지하였는데 송달보고서에 당사자가 사망한 것으로 되어 있는 경우에 법원으로서는 절차를 더 이상 진행시키지 않고 신청채권자에게 상대방의 사망사실 여부에 대한 조사와 당사자표시변경의 보정을 명하게 될 것인데, 이 경우 채무자의 상속인의 비협조 내지 무관심으로 사망신고가 늦어지는 경우에는 사망에 대한 증명에 어려움이 있을 수 있을 것이며, 강제경매의 경우에는 신청채권자가 보정할 때까지 절차를 정지할 수밖에 없을 것으로 보입니다.

따라서 위 사안의 경우 甲은 乙의 (구)제적등본 및 상속인들의 가족관계증명서 및 주민등록등본 등을 첨부하여 당사자표시변경의 보정을 하여야 할 것으로 보입니다.

3-2. 경매개시결정 및 매각 준비

3-2-1. 경매개시결정

① 법원은 경매신청서가 접수되면 그 신청서와 첨부서류를 검토해서 경매 개시 여부를 결정하는데, 경매를 개시하는 결정을 하는 경우에는 등기 관에게 경매개시결정의 등기를 촉탁합니다(민사집행법 제94조제1항).

② 특히, 강제경매인 경우에 법원은 경매절차를 개시하는 결정과 동시에 해당 부동산의 압류를 명해야 합니다(민사집행법 제83조제1항). 부동산 이 압류되어도 채무자는 그 부동산에 대한 관리·이용을 계속 할 수 있 지만, 다른 사람에게 양도하거나 처분할 수 없습니다(민사집행법 제83 조제2항).

3-2-2. 매각의 준비

① 경매개시결정을 하면 법원은 해당 부동산을 매각하기 위한 조치를 실시 합니다.

② 우선, 법원은 부동산의 매각으로 금전채권의 만족을 얻게 될 채권자와 조세·각종 공과금을 징수하는 공공기관에게 정해진 기일까지 배당요구 를 할 것을 공고해서 배당요구의 신청을 받습니다(민사집행법 제84조 및 제88조).

③ 또한, 경매 부동산을 현금화하기 위해 집행관에게 부동산의 현상, 점유 관계, 차임(借賃) 또는 보증금의 액수와 그 밖의 현황에 관해 조사하도 록 명하고(민사집행법 제85조제1항 및 민사집행규칙 제46조), 감정인에 게 부동산을 평가하게 한 후 그 평가액을 참작해서 최저매각가격을 정 합니다(민사집행법 제97조제1항).

④ 이 과정에서 작성된 매각물건명세서, 현황조사보고서 및 평가서는 그 사본 을 매각기일 또는 입찰 개시일 1주일 전까지 법원에 비치해서 누구나 볼 수 있도록 하고 있습니다(민사집행법 제105조제2항 및 동규칙 제55조).

3-3. 법원의 매각기일 공고

3-3-1. 매각방법의 지정

① 법원은 해당 부동산을 기일입찰의 방법으로 매각할 것인지, 기간입찰의 방법으로 매각할 것인지를 정합니다[민사집행법 제103조제1항 및 부동 산등에 대한 경매절차 처리지침 제3조제1항].

② 기일입찰

기일입찰이란 입찰자가 매각기일에 출석해서 입찰표를 집행관에게 제출하고 개찰을 하는 방식으로 진행되는 입찰절차를 말합니다(민사집행법 제103조제2항·제3항 및 민사집행규칙 제62조제1항),

③ 기간입찰

기간입찰이란 입찰자가 정해진 입찰기간 내에 입찰표에 매수가격을 기재해서 집행관에게 직접 또는 등기우편으로 제출하고 매각기일에 개찰을 하는 방식으로 진행되는 입찰절차를 말합니다(민사집행법 제103조제2항·제3항 및 민사집행규칙 제69조).

3-3-2. 매각기일 등의 지정·공고

① 법원은 다음의 사유가 없으면 직권으로 매각기일과 매각결정기일을 정해서 이해관계인에게 통지하고 법원게시판, 관보·공보 또는 신문이나 전자통신매체를 이용해서 공고합니다(민사집행법 제102조, 제104조 및 민사집행규칙 제11조제1항).

- 최저매각가격으로 압류채권자의 채권에 우선하는 부동산의 모든 부담과 절차비용을 변제하면 남을 것이 없겠다고 인정하는 경우
- 압류채권자가 위 제1호의 통지를 받은 날부터 1주 이내에 위 제1호의 부담과 비용을 변제하고 남을 만한 가격을 정해서 그 가격에 맞는 매수신고가 없을 때에는 자기가 그 가격으로 매수하겠다고 신청하면서 충분한 보증을 제공하지 않은 경우

[서식 예] 매각기일연기신청서

매각기일연기신청서

사건번호   타경

채 권 자

채 무 자

소 유 자

위 사건의 매각기일이 20 . . . : 로 지정되었는 바는 아래와 같은 사유로
위 매각기일의 연기신청을 하오니 허가하여 주시기 바랍니다.

아 래

연기사유 :

20 . . .

위 신청인   (날인 또는 서명)

(주 소   )

(연락처   )

○○○○법원 ○○지원 경매   계 귀중

[서식 예] 매각허가에 대한 이의신청서

매각허가에 대한 이의신청서

사건번호
채무자(이의신청인)
　　　○시　○구　○동　○번지
채권자(상대방)
　　　○시　○구　○동　○번지

　위 사건에 관하여 다음과 같이 이의 신청합니다.

신　청　취　지

별지목록 기재 부동산에 대한 매각은 이를 불허한다.
라는 재판을 구함.

신　청　이　유

　　　　　　　　　　년　　　　월　　　　일

　　　　　　　　채무자(이의신청인)
　　　　　　　　(날인 또는 서명)
　　　　　　　　연락처(☎)

○○지방법원　귀중

☞유의사항
　신청서에는 인지를 붙일 필요가 없고, 채권자(상대방)는 특정하지 않을 수도 있
　으며, 법원은 이 신청에 대하여 결정을 하지 아니할 수도 있습니다.

■ 재매각기일 전 대금을 납부할 경우 재매각절차가 취소되는지요?

Q 저는 법원의 경매절차에서 매각하는 주택 1동을 매수하였으나 대금지급기한을 지키지 못하여 법원은 위 주택의 재매각을 명하였습니다. 이 경우 제가 지금이라도 대금을 마련하여 납부한다면 위 주택을 취득할 수 있는지요?

A 민사집행법 제138조 제1항은 "매수인이 대금지급기한 또는 제142조 제4항의 다시 정한 기한까지 그 의무를 완전히 이행하지 아니 하였고, 차순위매수신고인이 없는 때에는 법원은 직권으로 부동산의 재매각을 명하여야 한다."라고 규정하고 있습니다. 여기서 재매각의 요건을 보면 다음과 같습니다.

첫째, 매수인이 그 매각대금지급의무를 완전히 이행하지 아니하여야 합니다.
둘째, 매수인이 대금지급기한 또는 민사집행법 제142조 제4항의 다시 정한 기한까지 대금지급의무를 이행하지 아니하여야 합니다.
셋째, 차순위매수신고인이 없어야 합니다. 차순위매수신고인이 있을 경우에는 차순위매수신고인에 대한 매각허가여부를 결정하여야 합니다(민사집행법 제137조 제1항).
넷째, 의무불이행이 재매각명령 시까지 존속하여야 합니다.

그런데 「민사집행법」 제138조 제3항은 "매수인이 재매각기일의 3일 이전까지 대금, 그 지급기한이 지난 뒤부터 지급일까지의 대금에 대한 대법원규칙이 정하는 이율에 따른 지연이자와 절차비용을 지급한 때에는 재매각절차를 취소하여야 한다. 이 경우 차순위매수신고인이 매각허가결정을 받았던 때에는 위 금액을 먼저 지급한 매수인이 매매목적물의 권리를 취득한다."라고 규정하고 있습니다.
여기서 '재매각기일의 3일 이전까지'라 함은 재매각기일의 전일로부터 소급하여 3일이 되는 날의 전일까지를 의미하는 것이 아니라 재매각기일의 전일로부터 소급하여 3일이 되는 날(즉, 3일째 날이 포함)까지를 의미합니다.
그리고 전매수인이 재경매기일 3일 이전까지 위 법조 소정의 매입대금 등을 납부하여 오면 경매법원은 반드시 재매각명령을 취소하여야 합니다(대법원 1992. 6. 9.자 91마500 결정, 1999. 11. 17.자 99마2551 결정).
따라서 귀하의 경우에도 재매각기일 3일 이전까지 대금 등을 납부한다면 위 주택의 소유권을 취득하게 될 것입니다. 다만 차순위매수신고인이 매각허가를 받았다면 그 차순위매수신고인보다 먼저 대금 등을 납부하여야만 할 것입니다.

■ **경매법원이 새 매각기일마다 최저매각가격을 낮추는 것이 위법이 아닌지요?**

Q 甲은 그의 소유 부동산이 강제경매 개시되었으나 수차의 매각기일에 최고가매수신고인이 정해지지 못하고 새 매각기일이 정해졌습니다. 이 경우 경매법원이 새 매각기일이 정해질 때마다 매번 최저매각가격을 10%씩 낮추는 것이 위법한 것이 아닌지요?

A 새 매각기일에 관하여 민사집행법 제119조는 "허가할 매수가격의 신고가 없이 매각기일이 최종적으로 마감된 때에는 제91조 제1항의 규정에 어긋나지 아니하는 한도에서 법원은 최저매각가격을 상당히 낮추고 새 매각기일을 정하여야 한다. 그 기일에 허가할 매수가격의 신고가 없는 때에도 또한 같다."라고 규정하고 있고, 같은 법 제91조 제1항은 "압류채권자의 채권에 우선하는 채권에 관한 부동산의 부담을 매수인에게 인수하게 하거나, 매각대금으로 그 부담을 변제하는데 부족하지 아니하다는 것이 인정된 경우가 아니면 그 부동산을 매각하지 못한다."라고 규정하고 있습니다.

그리고 과도하게 가격을 낮춘 최저매각가격을 낮추는 절차의 효력에 관하여 판례는 "신경매로 인한 경매목적물의 최저경매가액을 저감함에 있어서 합리적이고 객관적인 타당성을 구비하지 못할 정도로 과도하게 가격을 낮춘 최저경매가격 저감절차는 위법하여 무효이다."라고 하였으나(대법원 1994. 8. 27.자 94마1171 결정), "경매법원은 경매절차의 진행과 각 이해관계인의 이해를 비교·교량하여 자유재량에 의하여 최저경매가격 저감의 정도를 정할 수 있는 것인바, 경매목적물의 규모와 그 감정평가액, 이해관계인의 이해 등 여러 사정에 비추어, 경매법원이 매 입찰불능시 마다 최저경매가격을 10%씩 저감한 것에 위법이 있다고 볼 수 없다."라고 한 사례가 있습니다(대법원 1997. 4. 24.자 96마1929 결정).

그러므로 단순히 경매법원이 새 매각기일이 정해질 때마다 매번 최저매각가격을 10%씩 낮추었다는 이유만으로 그 경매절차에 위법이 있다고 볼 수는 없을 것입니다. 다만, 제반 사정에 비추어 과도하게 가격을 낮춘 최저매각가격을 낮추는 절차는 위법하여 무효일 것이지만, 과도하게 가격을 낮춘 최저매각가격을 낮추는 절차인지의 여부는 구체적 사안에 따라 개별적으로 판단하여야 할 것으로 보입니다.

3-4. 입찰자의 경매 정보 수집 및 입찰물건 결정

① 경매 부동산에 대한 정보는 법원게시판, 관보·공보 또는 신문이나 전자통신매체를 통해 수집할 수 있으며, 보다 상세한 사항은 법원에 비치된 매각물건명세서, 현황조사보고서 및 평가서 사본이나 인터넷 법원경매공고란 (http://www.courtauction.go.kr/)에서 확인할 수 있습니다(민사집행법 제105조제2항, 민사집행규칙 제55조 및 부동산등에 대한 경매절차 처리지침 제7조).

② 경매에 참여하려는 사람은 이 경매 정보를 토대로 관심 물건을 선정한 뒤 그에 대한 권리분석과 현장조사를 실시해서 입찰에 참여할 물건을 최종적으로 결정할 수 있습니다.

3-5. 입찰자의 입찰 참여

3-5-1. 입찰 참여

① 법원에서 지정한 매각방식에 따라 입찰자는 기일입찰 또는 기간입찰에 참여하게 됩니다(민사집행법 제103조 및 부동산등에 대한 경매절차 처리지침 제3조제1항).

② 기일입찰 절차와 기간입찰 절차에 관한 자세한 사항은 제3장 입찰 참여에서 확인할 수 있습니다.

3-5-2. 입찰의 진행

① 기일입찰에 참여하려면 정해진 기일에 법원에 출석해서 입찰표를 작성하고, 매수신청의 보증금액(이하 '매수신청보증'이라 함)과 함께 집행관에게 제출하면 됩니다(민사집행법 제103조제3항, 민사집행규칙 제62조제1항 및 제64조).

② 기간입찰에 참여하려면 정해진 기간 동안 입찰표를 작성하고, 매수신청보증과 같은 봉투에 넣어 봉함한 뒤 봉투의 겉면에 매각기일을 적은 후 집행관에게 제출하거나 등기우편으로 부치면 됩니다(민사집행법 제103조제3항, 민사집행규칙 제69조 및 제70조).

3-5-3. 입찰의 종결

① 입찰이 마감되면 집행관은 입찰한 사람(입찰을 한 사람이 아무도 참여하지 않는 경우에는 적당하다고 인정되는 사람)을 참여시킨 상태에서 입찰표를 개봉합니다(민사집행규칙 제65조제2항 및 제71조).

② 개찰 결과 최고가로 매수의 신고를 한 사람(최고가매수신고인)이 있으면 집행관은 그 최고가매수신고인의 성명과 그 가격을 부르고, 차순위 매수신고를 최고(催告)한 뒤 적법한 차순위매수신고가 있으면 차순위매수신고인을 정해 그 성명과 가격을 부른 다음 매각기일을 종결한다고 고지합니다(민사집행법 제115조제1항).

③ 최고가매수신고인과 차순위매수신고인이 결정되면 이들을 제외한 다른 입찰자는 매수의 책임을 벗게 되므로 즉시 매수신청보증을 돌려줄 것을 신청해 매수신청보증을 반환받을 수 있습니다(민사집행법 제115조제3항).

3-6. 법원의 매각허가결정

① 매각기일에 최고가매수신고인이 정해지면 법원은 매각결정기일을 열어 이해관계인의 의견을 듣고 법에서 정한 매각불허가 사유가 있는지를 조사해서 매각허가결정 또는 매각불허가결정을 합니다(민사집행법 제120조 및 제123조).

② 법원의 매각허가여부의 결정에 따라 손해를 보는 이해관계인은 그 결정에 대해 즉시항고할 수 있으며, 매각허가에 정당한 이유가 없거나 결정에 적은 것 외의 조건으로 허가해야 한다고 주장하는 매수인 또는 매각허가를 주장하는 매수신고인 역시 즉시항고할 수 있습니다(민사집행법 제129조).

[서식 예] 매각기일변경(연기)요청서

매각기일변경(연기)요청서

사건번호　　　　타경　　　　　호
채 권 자
채 무 자

　위 사건에 관하여　　　 . 　 . 　 . : 　로 매각기일이 지정되었음을 통지받
았는바 ＿＿＿＿＿＿＿＿＿＿＿＿사정으로 그 변경(연기)을 요청하오니 조치하여
주시기 바랍니다.

　　　　　　　　　　　　　년　　　　　월　　　　　　일

　　　　　채 권 자　　　　　　　　　　　　(날인 또는 서명)
　　　　　연락처(☎)

○○지방법원　　귀중

■ **경매통지 없었음을 이유로 임차주택의 매각허가결정에 항고가 가능한지요?**

Q 저는 甲소유 주택을 임차하여 입주 및 주민등록전입신고를 마치고 확정일자까지 받아 두고 거주하던 중 선순위 근저당권자의 경매신청으로 임차주택 및 대지가 매각되어 매각허가결정 되었으나, 저는 법원으로부터 전혀 통지를 받지 못하여 배당요구의 종기까지 권리신고 겸 배당요구신청을 하지 못하였고 응찰할 기회도 상실하였으므로 제가 위 매각허가결정에 대하여 그러한 통지가 없었음을 이유로 항고할 수 있는지요?

A 민사집행법 제90조는 경매절차의 이해관계인으로 ①압류채권자와 집행력 있는 정본에 의하여 배당을 요구한 채권자, ②채무자 및 소유자, ③등기부에 기입된 부동산 위의 권리자, ④부동산 위의 권리자로서 그 권리를 증명한 자를 규정하고 있으며, 같은 법 제104조 제2항은 법원은 매각기일과 매각결정기일을 이해관계인에게 통지하여야 한다고 규정하고 있습니다. 또한, 「경매절차진행사실의 주택임차인에 대한 통지」(재민98-6) 예규도 "경매법원은 집행관의 현황조사보고서 등의 기재에 의하여 주택임차인 또는 상가건물임차인으로 판명된 자, 임차인인지 여부가 명백하지 아니한 자, 임차인으로 권리신고를 하고 배당요구를 하지 아니한 자에 대하여 별지 통지서 양식을 송부하여 주택임대차보호법 제3조 제1항이 정하는 대항요건과 임대차계약서상의 확정일자를 구비한 임차인 또는 같은 법 제8조 제1항이 정하는 소액임차인이거나 상가건물임대차보호법 제3조 제1항이 정하는 대항요건을 갖추고 임대차계약서상의 확정일자를 받은 임차인 또는 같은 법 제14조 제1항이 정하는 소액임차인이라도 배당요구종기까지 배당요구를 하여야만 우선변제를 받을 수 있음을 고지하시기 바랍니다."라고 정하고 있습니다.

따라서 권리신고 겸 배당요구를 하지 아니한 주택임차인도 위 「민사집행법」규정의 이해관계인으로 보아 경매절차진행사실을 통지하여야 하는지, 위 예규에 따르지 아니한 경우의 효력은 어떠한 것인지 등에 관하여 판례는 "주택임대차보호법상의 대항요건을 갖춘 임차인이라 하더라도 낙찰허가결정이 있을 때까지 경매법원에 스스로 그 권리를 증명하여 신고하여야만 경매절차에 있어서 이해관계인으로 되는 것이고, 대법원예규에 의한 경매절차 진행사실의 주택임차인에 대한 통지는 법률상 규정된 의무가 아니라 당사자의 편의를 위하여 주택임차인에게 임차목적물에 대하여 경매절차가 진행중인 사실과 소액임차권자나 확정일자부 임차권자라도 배당요구를 하여야 우선변제를 받을 수 있다는 내용을 안내하여 주는 것일 뿐이므로, 임차인이 그 권리신고를 하기 전에 임차목적물에 대한 경매절차의 진행사실에 관한 통지를 받지 못하였다고 하더라도 이는 낙찰허가결정에 대한 불복사유가 될 수 없다."라고 하였습니다(대법원 2000. 1. 31.자 99마7663 결정).

또한, "주택임대차보호법상의 대항요건을 갖춘 임차인이 경매목적 부동산 위의 권리자라고 하더라도 그러한 사실만으로 당연히 이해관계인이 되는 것이 아니고 경매법원에 스스로 그 권리를 증명하여 신고하여야 비로소 이해관계인으로 되는 것으로서, 그와 같은 권리신고는 자기의 책임으로 스스로 하여야 하는 것이므로, 집행관의 현황조사의 결과 임차인으로 조사·보고되어 있는지 여부와는 관계없이 스스로 집행법원에 권리를 증명하여 신고하지 아니한 이상 이해관계인이 될 수 없으며, 대법원 송무예규에 의한 경매절차진행사실의 주택임차인에 대한 통지는 법률상 규정된 의무가 아니라 당사자의 편의를 위하여 주택임차인에게 임차목적물에 대하여 경매절차가 진행 중인 사실과 소액임차권자나 확정일자부 임차권자라도 배당요구를 하여야 우선변제를 받을 수 있다는 내용을 안내하여 주는 것일 뿐이므로, 임차인이 위와 같은 통지를 받지 못하였다고 하더라도 경락허가결정이나 낙찰허가결정 이후에 권리신고를 한 경우에는 경락허가결정이나 낙찰허가결정에 항고를 제기할 수 있는 정당한 이해관계인이 될 수 없다."라고 하였습니다(대법원 1999. 8. 26.자 99마3792 결정).

따라서 귀하도 집행법원이 귀하에게 경매절차진행사실을 고지하지 아니하였다는 사유로 임차주택의 매각허가결정에 대하여 항고할 수는 없을 것으로 보입니다.

⚖ 관련판례

재경매는 종전의 경매절차를 속행하는 것으로서, 「민사소송법」 제648조제2항에 의하여 재경매명령 후 최초의 재경매기일에 적용되는 최저경매가격 기타 매각조건이라 함은 전 경락인이 최고가매수신고인으로 호창 받은 경매기일에서 정하여졌던 최저경매가격 기타 매각조건을 가리킨다(대법원 1999. 7. 27. 선고 98다32540 판결).

■ 부동산에 대한 강제경매절차에서 최고가매수신고인에 대한 매각이 불허된 경우 차순위 매수신고인에 대하여 매각허가결정을 할 수 있는지요?

Q 갑은 부동산에 대한 강제경매절차의 차순위 매수신고인입니다. 그런데 최고가매수신고인에 대한 매각 결정이 불허된 경우 민사집행법에 따라 갑이 매각 허가결정을 받을 수 있나요?

A 부동산에 대한 강제경매절차에 있어서 최고가매수신고인에 대한 매각이 불허된 경우에는 민사집행법 제114조 소정의 차순위매수신고제도에 의한 차순위매수신고인이 있다고 하더라도 그에 대하여 매각허가결정을 하여서는 안 되고, 새로 매각을 실시하여야 한다. 매수인이 대금을 지급하지 아니한 경우에 차순위매수신고인에 대하여 매각을 허가할 것인지를 결정하도록 규정한 같은 법 제137조 제1항 의 취지는, 매수인이 대금을 지급하지 않음으로써 매각대금의 일부가 되는 매수신청의 보증금과 차순위매수신고인의 매수신고액의 합이 최고가매수신고인의 매수신청액을 초과하므로(같은 법 제114조 제2항 참조) 재매각을 실시하지 아니하고 당해 매각절차를 속행할 수 있도록 한다는 데 있다고 봅니다. 그런데 최고가매수신고인에 대한 매각불허가가 있는 경우에는 그 매수신청의 보증금이 매각대금에 포함되지 아니하므로, 그와 같은 취지를 이에 적용하지는 아니합니다(대법원 2011. 2. 15. 자 2010마1793 결정). 따라서 갑이 매각허가결정을 받을 수는 없습니다.

■ 부동산매각허가결정에 대한 즉시항고를 제기할 수 있는 이해관계인의 범위는 어떻게 되나요?

Q X부동산에 대하여 甲의 경매신청으로 경매개시결정이 되었고, 이 때 배당요구의 종기까지 권리신고를 한 바 없고 이후 설정된 후순위근저당권자 乙이 X에 대해 중복하여 경매를 신청하여 경매개시결정이 되었습니다. 乙이 선행사건의 낙찰허가결정에 대하여 즉시항고를 제기할 수 있나요?

A 선행사건의 배당요구의 종기 이후에 설정된 후순위 근저당권자로서 위 배당요구의 종기까지 아무런 권리신고를 하지 아니한 위 배당요구의 종기 이후의 이중경매신청인은 선행사건에서 이루어진 낙찰허가결정에 대하여 즉시항고를 제기할 수 있는지 여부에 관하여 판례는, "민사집행법 제129조 제1항, 제2항에 의한 부동산매각허가결정에 대한 즉시항고는 이해관계인, 매수인 및 매수신고인만이 제기할 수 있고, 여기서 이해관계인이란 민사집행법 제90조 각 호에서 규정하는 압류채권자와 집행력 있는 정본에 의하여 배당을 요구한 채권자, 채무자 및 소유자, 등기부에 기입된 부동산 위의 권리자, 부동산 위의 권리자로서 그 권리를 증명한 자를 말하고, 경매절차에 관하여 사실상의 이해관계를 가진 자라 하더라도 위에서 열거한 자에 해당하지 아니한 경우에는 경매절차에 있어서의 이해관계인이라고 할 수 없으며(대법원 2004. 7. 22. 선고 2002다52312 판결 참조), 이에 해당하지 아니한 자가 한 매각허가결정에 대한 즉시항고는 부적법하고 또한 보정할 수 없음이 분명하므로 민사집행법 제15조 제5항에 의하여 집행법원이 결정으로 즉시항고를 각하하여야 하고, 집행법원이 항고각하결정을 하지 않은 채 항고심으로 기록을 송부한 경우에는 항고심에서 항고를 각하하여야 한다(대법원 2004. 9. 13.자 2004마505 결정 참조).

또한, 민사집행법 제87조 제1항은 강제경매절차 또는 담보권 실행을 위한 경매절차를 개시하는 결정을 한 부동산에 대하여 다른 강제경매의 신청이 있는 때에는 법원은 다시 경매개시결정을 하고, 먼저 경매개시결정을 한 집행절차에 따라 경매한다고 규정하고 있으므로, 이러한 경우 이해관계인의 범위도 선행의 경매사건을 기준으로 정하여야 한다(대법원 2005.5.19. 자 2005마59 결정)."고 하고 있습니다.

이와 같은 판례의 태도에 따를 때, 귀하가 질의한 사안의 경우 乙은 선행의 경매사건에서의 이해관계인에 해당하지 않으므로 낙찰허가결정에 대하여 즉시항고를 제기할 수 없으리라고 보입니다.

3-7. 매수인의 매각대금 지급 및 권리의 취득

3-7-1. 매각대금의 지급

① 매각허가결정이 확정되면 매수인(낙찰자)은 법원이 정한 매각대금의 지급기한 내에 매각대금을 지급해야 합니다(민사집행법 제142조 및 민사집행규칙 제78조).

② 매수인이 이 기한 내에 매각대금을 지급하지 못하면 법원은 차순위매수신고인에 대한 매각허가결정을 하거나 재매각결정을 하는데, 이 결정이 이루어지면 매수인은 입찰참여 절차에서 제공한 매수신청보증을 반환받을 수 없습니다(민사집행법 제137조 및 제138조제1항·제4항).

③ 그러나 재매각이 결정된 이후라 하더라도 매수인이 재매각기일의 3일 이전까지 매각대금과 그 지급기한이 지난 뒤부터 지급일까지의 대금에 대한 연 1할 5푼의 이자 및 절차비용을 지급하면 재매각 절차가 취소되고 매수인이 매각대금을 지급한 것으로 봅니다(민사집행법 제138조제3항 및 민사집행규칙 제75조).

3-7-2. 권리의 취득

① 매수인은 매각대금을 모두 낸 때에 매각의 목적인 권리를 취득합니다(민사집행법 제135조). 매각의 목적이 소유권인 경우에는 매수인 앞으로 소유권이전등기가 이루어지는 한편, 매수인이 인수하지 않는 권리 및 경매개시결정등기를 말소하는 등기가 이루어집니다(민사집행법 제144조제1항).

② 매수인이 소유권을 취득했음에도 불구하고 채무자, 소유자 또는 부동산 점유자가 부동산을 인도하지 않으면 매수인은 법원에 부동산 인도명령을 신청할 수 있습니다.

③ 부동산 인도명령의 신청은 매각대금을 낸 뒤 6개월 이내에만 할 수 있으며, 주택임대차보호법에 의한 대항력을 갖춘 경우 등 점유자가 매수인에게 대항할 수 있는 권원에 의해 점유하고 있는 것으로 인정되는 때에는 할 수 없습니다(민사집행법 제136조제1항).

3-8. 채권자에 대한 배당 실시

① 매수인이 매각대금을 지급하면 법원은 배당절차를 밟아야 합니다(민사집행법 제145조제1항).

② 즉, 배당기일을 정해서 이해관계인과 배당을 요구하는 채권자에게 이를 통지하고(민사집행법 제146조), 채권자와 채무자가 볼 수 있도록 매각대금, 채권자의 채권의 원금, 이자. 비용, 배당의 순위와 배당의 비율이 기재된 배당표 원안을 미리 작성해서 배당기일의 3일 전에 법원에 비치합니다(민사집행법 제149조제1항 및 제150조제1항).

③ 배당기일에는 출석한 이해관계인과 배당을 요구한 채권자의 합의에 따라 배당표를 정정하고, 이들을 심문해서 배당표를 확정한 후 그 배당표에 따라 배당을 실시합니다(민사집행법 제149조제2항, 제150조제2항 및 제159조).

[서식 예] 배당요구신청서

배당요구신청서

사건번호   타경

채무자 (이름)
       (주소)
배당요구채권자 (이름)   (주민등록번호   –   )
          (주소)
          (연락처)

청구채권

원금
지연손해금

신청이유

위 배당요구채권자는 채무자에 대하여 귀원 ○○가소○○약속어음금 청구사건에 관한 집행력있는 판결정본에 의한 전기 표시채권을 가지고 있는 바, 채무자는 이 번 타 채권자로부터 ○○타경○○부동산강제경매 사건으로 강제경매집행을 받았으므로 매각대금에 대하여 배당요구를 하고자 함.

[첨부서면]
1. 집행력있는 정본·사본 또는 그 밖에 배당요구 자격을 소명하는 서면
2. 송달증명

20 .   .   .

위 배당요구채권자   (날인 또는 서명)

○○○○법원 ○○지원 경매   계 귀중

◇ 유의사항 ◇

1. 연락처란에는 언제든지 연락 가능한 전화번호나 휴대전화번호(팩스번호, 이메일 주소 등도 포함)를 기재하기 바랍니다.
2. 이 신청은 배당요구의 종기까지 할 수 있습니다.

[서식 예] 배당요구변경신청서

배당요구변경신청

사   건   20〇〇타경〇〇〇〇호 부동산담보권실행을 위한 경매
채 권 자   〇〇〇
채 무 자   ◇◇◇
배당요구채권자(선정당사자)   ◉◉◉

　위 당사자 사이의 귀원 20〇〇타경〇〇〇〇호 부동산담보권실행을 위한 경매사건에 관하여 배당요구채권자들은 20〇〇. 〇. 〇. 귀원에 배당요구신청서를 제출한 사실이 있으나, 위 배당요구채권자들의 배당요구채권내역을 다음과 같이 변경신청 합니다.

다   음

연번	성 명	변 경 전	변 경 후	연번	성 명	변 경 전	변 경 후
1	◉◉◉	9,456,443원	9,512,970원	5	◉④◉	5,207,732원	5,276,530원
2	◉①◉	3,428,338원	3,395,730원	6	◉⑤◉	2,742,395원	2,651,520원
3	◉②◉	4,791,550원	4,728,920원	7	◉⑥◉	2,138,963원	2,040,760원
4	◉③◉	5,368,950원	5,422,880원	8	◉⑦◉	2,138,963원	2,052,760원

첨 부 서 류

1. 체불금품확인원   1통

20〇〇.   〇.   〇.
위 배당요구채권자(선정당사자) ◉◉◉ (서명 또는 날인)

〇〇지방법원 귀중

■ **경매절차상 배당요구신청을 취하한 주택임차인은 대항력이 없어지는 것이 아닌지요?**

Q 저는 주택을 임차하여 입주와 동시에 전입신고를 하고 확정일자까지 갖추었는데, 그 후 설정된 저당권에 기한 경매가 진행되어 매각되고 말았습니다. 저는 경매절차에 배당요구를 하였다가 사정상 배당요구의 종기 이전에 배당요구를 취하한 사실이 있는데, 이 경우 대항력이 없어지는 것이 아닌지요?

A 위 사안과 같은 경우에 판례는 "임차인의 보호를 위한 주택임대차보호법 제3조 제1항, 제2항(현행 주택임대차보호법 제3조 제1항, 제4항), 제3조의2 제1항, 제2항(현행 주택임대차보호법 제3조의2 제2항, 제3항), 제4조 제2항, 제8조 제1항, 제2항 규정들의 취지에 비추어, 위 규정의 요건을 갖춘 임차인은 임차주택의 양수인에게 대항하여 보증금의 반환을 받을 때까지 임대차관계의 존속을 주장할 수 있는 권리와 보증금에 관하여 임차주택의 가액으로부터 우선변제를 받을 수 있는 권리를 겸유(兼有)하고 있다고 해석되고, 이 두 가지 권리 중 하나를 선택하여 행사할 수 있다."라고 하였으며(대법원 1993. 12. 24. 선고 93다39676 판결, 1997. 8. 22. 선고 96다53628 판결), 또한 "주택임대차보호법 소정의 요건을 갖춘 임차인은 임차인의 보호를 위한 주택임대차보호법의 취지에 비추어 볼 때, 임차주택의 양수인에게 대항하여 보증금의 반환을 받을 때까지 임대차관계의 존속을 주장할 수 있는 권리와 소액의 보증금에 관하여 임차주택의 가액으로부터 우선변제를 받음과 동시에 임차목적물을 명도할 수 있는 권리를 겸유하고 있다고 해석되고 이 두 가지 권리 중 하나를 선택하여 행사할 수 있다고 보아야 하며, 임차인이 경매절차에서 배당요구신청을 하였다가 이를 취하하였다 하여 이를 그 권리의 포기라고 볼 수는 없다."라고 하였습니다(대법원 1987. 2. 10. 선고 86다카2076 판결, 1992. 7. 14. 선고 92다12827 판결). 따라서 귀하의 경우에도 배당요구신청을 하였다가 취하하였다고 하여도 주택임차권의 대항력에는 영향이 없을 것입니다.

다만, 그 후에 동일 임차주택에 관하여 실시된 경매절차에서도 우선변제권을 주장할 수 있느냐에 관하여 판례는 "...주택임대차보호법상의 대항력과 우선변제권의 두 가지 권리를 겸유하고 있는 임차인이 우선변제권을 선택하여 제1경매절차에서 보증금 전액에 대하여 배당요구를 하였으나 보증금 전액을 배당받을 수 없었던 때에는 경락인에게 대항하여 이를 반환받을 때까지 임대차관계의 존속을 주장할 수 있을 뿐이고, 임차인의 우선변제권은 경락으로 인하여 소멸하는 것이므로 제2경매절차에서 우선변제권에 의한 배당을 받을 수 없다..."

라고 하였으므로(대법원 2001. 3. 27. 선고 98다4552 판결, 2006. 2. 10. 선고 2005다21166 판결), 후행경매절차에서는 우선변제권을 행사할 수는 없을 것입니다.

참고로 「민사집행법」 제84조 제1항은 "경매개시결정에 따른 압류의 효력이 생긴 때(그 경매개시결정전에 다른 경매개시결정이 있은 경우를 제외한다.)에는 집행법원은 절차에 필요한 기간을 감안하여 배당요구를 할 수 있는 종기(終期)를 첫 매각기일 이전으로 정한다."라고 규정하고 있으며, 같은 법 제88조 제2항은 "배당요구에 따라 매수인이 인수하여야 할 부담이 바뀌는 경우 배당요구를 한 채권자는 배당요구의 종기(終期)가 지난 뒤에 이를 철회하지 못한다."라고 규정하고 있습니다.

⚜️ 관련판례

대지사용권이 존재함에도 그에 대한 경매신청이 없다는 이유로 집행법원이 대지사용권의 존부 등에 관하여 조사를 함이 없이 전유부분 및 공용부분에 대하여만 경매절차를 진행한 경우에 있어서도, 대지사용권에 대하여 분리 처분이 가능한 규약이나 공정증서가 없는 때에는 전유부분에 대한 경매개시결정 및 압류의 효력이 그 대지사용권에도 미치므로 일괄경매를 할 필요가 없고(다만 이 경우 이해관계인으로서는 입찰기일의 공고가 법률의 규정에 위반하거나 최저입찰가격의 결정 또는 입찰물건명세서 작성에 중대한 하자가 있음을 이유로 「민사소송법」 제632조, 제642조제2항, 제633조제6호 등에 의하여 입찰허가에 대한 이의를 하거나 입찰허가결정에 대한 항고를 함으로써 구제받을 수 있다고 할 것이다.), 그와 같은 내용의 규약이나 공정증서가 있는 때에는 전유부분에 대한 경매개시결정 및 압류의 효력이 대지사용권에는 미치지 아니하고 그 대지사용권이 경매 목적물에서 제외되어 일괄경매의 요건을 충족하지 아니하므로 일괄경매를 할 수가 없으므로, 구분건물의 대지사용권이 존재한다고 하더라도 그에 대한 경매신청이 없었던 이상 집행법원이 이를 그 전유부분 및 공용부분과 일괄경매를 하지 아니하였다 하여 그러한 사유만으로 경매절차에 하자가 있다고 할 수 없다(대법원 1997. 6. 10. 자 97마814 결정).

■ 경매 시 배당요구하지 않은 소액임차인의 부당이득반환청구를 할 수 있는지요?

Q 저는 근저당권이 설정된 甲소유 주택을 임차보증금 500만원에 월세20만원, 계약기간 1년으로 임차하여 주민등록전입신고를 한 후 거주하고 있었습니다. 그런데 임차주택은 위 근저당권자가 경매를 신청하여 매각되었고, 저는 위 경매절차에서 배당요구를 하지 못하여 임차보증금을 전혀 배당 받지 못하였으며, 근저당권자는 매각대금전액을 배당 받았습니다. 이 경우 제가 근저당권자를 상대로 부당이득반환청구를 할 수 있는지요?

A 주택임대차보호법에서는 소액임차인의 보호를 위해 일정범위의 보증금에 대하여는 근저당권자 등 다른 담보물권자보다 우선하여 변제 받을 권리를 인정하고 있습니다. 이 경우 우선변제권이 인정되기 위해서는 임차인은 주택에 대한 경매신청등기 전에 '주택에 대한 인도'(입주)와 '주민등록'(전입신고)를 마쳐야 합니다(주택임대차보호법 제8조제1항, 제3조제1항).

소액임차인의 최우선변제의 범위와 기준은 주택가액(대지가액 포함)의 2분의 1의 범위 안에서 주택임대차보호법 시행령에 규정되어 있으며, 주택임대차보호법 시행령(대통령령 제27078호, 2016. 3. 31.자로 개정된 것)에 의하면, ① 서울특별시에서는 1억원 이하의 보증금으로 입주하고 있는 임차인에 한하여 3,400만원까지, ② 「수도권정비계획법」에 의한 수도권 중 과밀억제권역에서는 8,000만원 이하의 보증금으로 입주하고 있는 임차인에 한하여 2,700만원까지, ③ 광역시(군지역과 인천광역시지역을 제외), 세종특별자치시 및 안산·용인·김포·광주시에서는 6,000만원 이하의 보증금으로 입주하고 있는 임차인에 한하여 2,000만원까지, ④ 그 밖의 지역에서는 5,000만원 이하의 보증금으로 입주하고 있는 임차인에 한하여 1,700만원까지, 각 최우선변제권이 인정되어 다른 담보물권보다 우선변제를 받을 수 있습니다. 다만, 위 규정은 소급하여 적용되지는 않고, 이 시행령의 시행 전에 임차주택에 대하여 담보물권을 취득한 자에 대하여는 종전의 규정을 적용합니다.

그러므로 귀하는 그 전액에 대하여 근저당권자보다 우선하여 변제 받을 권리가 있었으나, 실제로 경매절차에서 배당요구를 하지 않은 경우에는 실체법상 우선변제권이 있다고 하더라도 경매절차에서 배당받지 못합니다.

이 경우 귀하가 배당금전액을 변제받은 근저당권자를 상대로 부당이득반환청구가 가능한지가 문제되는데, 배당요구하지 않은 소액임차인의 부당이득반환청구에 관하여 판례는 "주택임대차보호법 제8조에 의하여 우선변제청구권이 인정되

는 소액보증금반환채권은 민사소송법 제605조(현행 민사집행법 제88조) 제1
항 소정의 배당요구가 필요한 배당요구채권에 해당하는 것이어서 적법한 배당
요구를 하지 아니한 경우에는 비록 실체법상 우선변제청구권이 있다 하더라도
경락대금으로부터 배당을 받을 수는 없을 것이므로, 소액보증금반환채권자가
적법한 배당요구를 하지 아니하여 그를 배당에서 제외하는 것으로 배당표가
작성·확정되고 그 확정된 배당표에 따라 배당이 실시되었다면 그가 적법한 배
당요구를 한 경우에 배당 받을 수 있었던 금액 상당의 금원이 후순위채권자에
게 배당되었다고 하여 이를 법률상 원인이 없는 것이라고 할 수 없다."라고 하
였습니다(대법원 2000. 6. 27. 선고 2000다15241 판결, 2002. 1. 22. 선
고 2001다70702 판결). 이것은 배당요구하지 않은 확정일자에 의한 우선변
제권을 가진 주택임차인의 임차보증금반환채권의 경우에도 동일합니다(대법원
1998. 10. 13. 선고 98다12379 판결).

따라서 위 사안에서 귀하는 근저당권자를 상대로 부당이득반환청구를 할 수
없을 것으로 보입니다.

■ 경매 절차에서 소액보증금에 대한 우선변제를 받으려면 별도로 배당을 요구해야 하나요?

Q 임차인인 제가 임대인을 상대로 보증금반환소송을 제기하여 승소하였고, 승소 판결에 따라 경매를 신청하였습니다. 경매 절차에서 소액보증금에 대한 우선변제를 받으려면 별도로 배당을 요구해야 하나요?

A 주택임대차보호법상의 대항력과 우선변제권을 모두 가지고 있는 임차인이 보증금을 반환받기 위하여 보증금반환청구 소송의 확정판결 등 집행권원을 얻어 임차주택에 대하여 스스로 강제경매를 신청하였다면 특별한 사정이 없는 한 대항력과 우선변제권 중 우선변제권을 선택하여 행사한 것으로 보아야 하고, 이 경우 우선변제권을 인정받기 위하여 배당요구의 종기까지 별도로 배당요구를 하여야 하는 것은 아닙니다(대법원 2013. 11. 14. 선고 2013다27831 판결 참조).

⚖ 관련판례

구분건물에 대한 경매에 있어서 비록 경매신청서에 대지사용권에 대한 아무런 표시가 없는 경우에도 집행법원으로서는 대지사용권이 있는지, 그 전유부분 및 공용부분과 분리처분이 가능한 규약이나 공정증서가 있는지 등에 관하여 집달관에게 현황조사명령을 하는 때에 이를 조사하도록 지시하는 한편, 그 스스로도 관련자를 심문하는 등의 가능한 방법으로 필요한 자료를 수집하여야 하고, 그 결과 전유부분과 불가분적인 일체로서 경매의 대상이 되어야 할 대지사용권의 존재가 밝혀진 때에는 이를 경매 목적물의 일부로서 경매 평가에 포함시켜 최저입찰가격을 정하여야 할 뿐만 아니라, 입찰기일의 공고와 입찰물건명세서의 작성에 있어서도 그 존재를 표시하여야 할 것이나, 그렇지 않고 대지사용권이 존재하지 아니하거나 존재하더라도 규약이나 공정증서로써 전유부분에 대한 처분상의 일체성이 배제되어 있는 경우에는 특별한 사정이 없는 한 전유부분 및 공용부분에 대하여만 경매절차를 진행하여야 한다(대법원 1997. 6. 10. 자 97마814 결정).

■ **경매절차상 배당요구신청을 취하한 주택임차인은 대항력이 없어지는 것이 아닌지요?**

Q 저는 주택을 임차하여 입주와 동시에 전입신고를 하고 확정일자까지 갖추었는데, 그 후 설정된 저당권에 기한 경매가 진행되어 매각되고 말았습니다. 저는 경매절차에 배당요구를 하였다가 사정상 배당요구의 종기 이전에 배당요구를 취하한 사실이 있는데, 이 경우 대항력이 없어지는 것이 아닌지요?

A 위 사안과 같은 경우에 판례는 "임차인의 보호를 위한 주택임대차보호법 제3조 제1항, 제2항(현행 주택임대차보호법 제3조 제1항, 제4항), 제3조의2 제1항, 제2항(현행 주택임대차보호법 제3조의2 제2항, 제3항), 제4조 제2항, 제8조 제1항, 제2항 규정들의 취지에 비추어, 위 규정의 요건을 갖춘 임차인은 임차주택의 양수인에게 대항하여 보증금의 반환을 받을 때까지 임대차관계의 존속을 주장할 수 있는 권리와 보증금에 관하여 임차주택의 가액으로부터 우선변제를 받을 수 있는 권리를 겸유(兼有)하고 있다고 해석되고, 이 두 가지 권리 중 하나를 선택하여 행사할 수 있다."라고 하였으며(대법원 1993. 12. 24. 선고 93다 39676 판결, 1997. 8. 22. 선고 96다53628 판결), 또한 "주택임대차보호법 소정의 요건을 갖춘 임차인은 임차인의 보호를 위한 주택임대차보호법의 취지에 비추어 볼 때, 임차주택의 양수인에게 대항하여 보증금의 반환을 받을 때까지 임대차관계의 존속을 주장할 수 있는 권리와 소액의 보증금에 관하여 임차주택의 가액으로부터 우선변제를 받음과 동시에 임차목적물을 명도할 수 있는 권리를 겸유하고 있다고 해석되고 이 두 가지 권리 중 하나를 선택하여 행사할 수 있다고 보아야 하며, 임차인이 경매절차에서 배당요구신청을 하였다가 이를 취하하였다 하여 이를 그 권리의 포기라고 볼 수는 없다."라고 하였습니다(대법원 1987. 2. 10. 선고 86다카2076 판결, 1992. 7. 14. 선고 92다12827 판결). 따라서 귀하의 경우에도 배당요구신청을 하였다가 취하하였다고 하여도 주택임차권의 대항력에는 영향이 없을 것입니다.

다만, 그 후에 동일 임차주택에 관하여 실시된 경매절차에서도 우선변제권을 주장할 수 있느냐에 관하여 판례는 "...주택임대차보호법상의 대항력과 우선변제권의 두 가지 권리를 겸유하고 있는 임차인이 우선변제권을 선택하여 제1경매절차에서 보증금 전액에 대하여 배당요구를 하였으나 보증금 전액을 배당받을 수 없었던 때에는 경락인에게 대항하여 이를 반환받을 때까지 임대차관계의 존속을 주장할 수 있을 뿐이고, 임차인의 우선변제권은 경락으로 인하여 소멸하는 것이므로 제2경매절차에서 우선변제권에 의한 배당을 받을 수 없다..."

라고 하였으므로(대법원 2001. 3. 27. 선고 98다4552 판결, 2006. 2. 10. 선고 2005다21166 판결), 후행경매절차에서는 우선변제권을 행사할 수는 없을 것입니다.

참고로 「민사집행법」 제84조 제1항은 "경매개시결정에 따른 압류의 효력이 생긴 때(그 경매개시결정전에 다른 경매개시결정이 있은 경우를 제외한다.)에는 집행법원은 절차에 필요한 기간을 감안하여 배당요구를 할 수 있는 종기(終期)를 첫 매각기일 이전으로 정한다."라고 규정하고 있으며, 같은 법 제88조 제2항은 "배당요구에 따라 매수인이 인수하여야 할 부담이 바뀌는 경우 배당요구를 한 채권자는 배당요구의 종기(終期)가 지난 뒤에 이를 철회하지 못한다."라고 규정하고 있습니다.

⚖ **관련판례**

다른 고액의 배당요구 채권자가 있어 경매신청 채권자에게 배당될 금액이 소액에 그친다고 하더라도 그러한 사유만으로 그 경매신청이 권리남용에 해당한다거나 위법하다고 할 수 없다(대법원 1997. 6. 10. 자 97마814 결정).

■ 임대차가 종료된 경우에 배당요구한 임차인이, 배당요구시의 주장과 달리 낙찰자에게 대항력을 행사하는 것이 가능한지요?

Q 甲은 대항력과 우선변제권을 겸유한 주택임차인인바, 임차주택에 대하여 경매절차가 개시되자 경매법원에 임대차가 종료되었다고 주장하면서 임차인으로서 권리신고 및 배당요구를 하였습니다. 이에 임대인 乙은 임대차기간을 연장하여 임대차기간이 종료되지 아니하였다는 취지로 배당이의의 소를 제기하였습니다. 그런데 甲은 답변서도 제출하지 않고 제1회 변론기일에 출석하지 않아 임대인 乙이 의제자백에 의해 승소하게 되었고 그 결과 甲은 임대차보증금을 전혀 반환받지 못하게 되었습니다. 한편 임차주택을 경락받은 丙은 甲에게 임차주택을 인도하라고 합니다. 이러한 경우 甲은 임대차기간이 종료되지 않았음을 주장하면서 주택인도를 거부할 수 있을까요?

A 임대차가 종료된 경우에 배당요구를 한 임차인은 우선변제권에 의하여 낙찰대금으로부터 임차보증금을 배당받을 수 있으므로, 이와 같은 경우에 일반 매수희망자(낙찰자 포함)는 그 주택을 낙찰받게 되면 그 임대차에 관한 권리·의무를 승계하지 않을 것이라는 신뢰하에 입찰에 참가하게 되는 것인바, 이러한 믿음을 기초로 하여 낙찰자가 임대차보증금을 인수하지 않을 것이라는 전제하에 낙찰이 실시되어 최고가 매수희망자를 낙찰자로 하는 낙찰허가결정이 확정되었다면, 그 후에 이르러 임차인이 배당요구시의 주장과는 달리 자신의 임대차기간이 종료되지 않았음을 주장하면서 우선변제권의 행사를 포기하고 명도를 구하는 낙찰자에게 대항력을 행사하는 것은, 임차인의 선행행위를 신뢰한 낙찰자에게 예측하지 못한 손해를 입게 하는 것이어서 위와 같은 입장 변경을 정당화할 만한 특별한 사정이 없는 한 금반언 및 신의칙에 위배되어 허용될 수 없습니다(대법원 2001. 09.25. 선고 2000다24078 판결 참조).

따라서 甲은 임대차기간이 만료되었음을 전제로 배당요구를 한 이상 乙은 배당이의의 소에 응소하여 그 결과에 따라 우선변제권을 행사할 수 있을 뿐입니다. 甲의 배당요구로 인하여 경매절차에 참가한 이해관계인들의 신뢰 또한 보호되어야 하기 때문입니다. 결국 甲은 임대차기간에 관한 주장을 번복하여 경매낙찰자에게 대항력을 행사할 수 없으므로 丙에게 주택을 인도하여야 할 것입니다.

■ 임차인이 배당요구를 하였으나 배당금을 받지 못하고 있는 경우, 임차인은 경락인에 대하여 임차주택의 명도를 거부할 수 있는지요?

Q 대항력과 우선변제권을 겸유하고 있는 임차인 甲이 배당요구를 하여 배당표에 전액 배당 받는 것으로 기재되었으나 후순위채권자 乙이 배당이의소송을 제기하는 바람에 배당금을 받지 못하고 있는 경우, 임차인 甲은 경락인 丙에 대하여 임차주택의 명도를 거부할 수 있는지요?

A 주택임대차보호법 제3조, 제3조의2, 제4조의 규정에서 임차인에게 대항력과 우선변제권의 두 가지 권리를 인정하고 있는 취지가 보증금을 반환받을 수 있도록 보장하기 위한 데에 있는 점, 경매절차의 안정성, 경매 이해관계인들의 예측가능성 등을 아울러 고려하여 볼 때, 두 가지 권리를 겸유하고 있는 임차인이 우선변제권을 선택하여 임차주택에 대하여 진행되고 있는 경매절차에서 보증금에 대하여 배당요구를 하였다고 하더라도, 순위에 따른 배당이 실시될 경우 보증금 전액을 배당받을 수 없는 때에는 보증금 중 경매절차에서 배당받을 수 있는 금액을 공제한 잔액에 관하여 경락인에게 대항하여 이를 반환받을 때까지 임대차관계의 존속을 주장할 수 있고, 보증금 전액을 배당받을 수 있는 때에는 경락인에게 대항하여 보증금을 반환받을 때까지 임대차관계의 존속을 주장할 수는 없다고 하더라도 다른 특별한 사정이 없는 한 임차인이 경매절차에서 보증금 상당의 배당금을 지급받을 수 있는 때, 즉 임차인에 대한 배당표가 확정될 때까지는 경락인에 대하여 임차주택의 명도를 거절할 수 있는바, 경락인의 임차주택의 명도청구에 대하여 임차인이 동시이행의 항변을 한 경우 동시이행의 항변 속에는 임차인에 대한 배당표가 확정될 때까지 경락인의 명도청구에 응할 수 없다는 주장이 포함되어 있는 것으로 볼 수 있습니다(대법원 1997. 08. 29. 선고 97다11195 판결).

따라서 甲의 경우에는 경락인 丙에 대하여 임차주택의 명도를 거부할 수 있습니다.

■ **주택임대차보호법상 임차인으로서의 지위와 전세권자로서의 지위를 함께 가지고 있는 자의 배당요구가 있는 것으로 볼 수 있을까요?**

Q 甲은 주택임대차보호법상 임차인으로서의 지위와 전세권자로서의 지위를 함께 가지고 있는 자입니다. 그 중 임차인으로서의 지위에 기하여 경매법원에 배당요구를 하였다면 배당요구를 하지 아니한 전세권에 관하여 배당요구가 있는 것으로 볼 수 있을까요?

A 민사집행법 제91조 제3항은 "전세권은 저당권·압류채권·가압류채권에 대항할 수 없는 경우에는 매각으로 소멸된다"라고 규정하고, 같은 조 제4항은 "제3항의 경우 외의 전세권은 매수인이 인수한다. 다만, 전세권자가 배당요구를 하면 매각으로 소멸된다"라고 규정하고 있습니다. 이는 저당권 등에 대항할 수 없는 전세권과 달리 최선순위의 전세권은 오로지 전세권자의 배당요구에 의하여만 소멸되고, 전세권자가 배당요구를 하지 않는 한 매수인에게 인수되며, 반대로 배당요구를 하면 존속기간에 상관없이 소멸한다는 취지라고 할 것입니다. 즉, 주택임차인이 그 지위를 강화하고자 별도로 전세권 설정등기를 마치더라도 주택임대차보호법상 임차인으로서 우선변제를 받을 수 있는 권리와 전세권자로서 우선변제를 받을 수 있는 권리는 근거규정 및 성립요건을 달리하는 별개의 권리라고 할 것인 점 등에 비추어 보면, 주택임대차보호법상 임차인으로서의 지위와 전세권자로서의 지위를 함께 가지고 있는 자가 그 중 임차인으로서의 지위에 기하여 경매법원에 배당요구를 하였다면 배당요구를 하지 아니한 전세권에 관하여는 배당요구가 있는 것으로 볼 수 없습니다(대법원 2010. 6. 24. 선고 2009다40790 판결).

■ 우선변제권이 있는 임차인이 배당절차에서 후순위권리자나 일반채권자보다 우선하여 배당받을 수 있는지요?

Q 주택임대차보호법상 우선변제권이 있는 임차인이 집행권원을 얻어 강제경매를 신청하는 방법으로 우선변제권을 행사하고, 경매절차에서 우선변제권이 확인되어 현황조사보고서 등에 기재된 상태에서 매각이 이루어진 경우, 임차인이 배당절차에서 후순위권리자나 일반채권자보다 우선하여 배당받을 수 있는지요?

A 주택임대차보호법상 우선변제권이 있는 임차인이 집행권원을 얻어 스스로 강제경매를 신청하는 방법으로 우선변제권을 행사하고, 그 경매절차에서 집행관의 현황조사 등을 통하여 경매신청채권자인 임차인의 우선변제권이 확인되고 그러한 내용이 현황조사보고서,매각물건명세서 등에 기재된 상태에서 경매절차가 진행되어 매각이 이루어졌다면, 특별한 사정이 없는 한 경매신청채권자인 임차인은 배당절차에서 후순위권리자나 일반채권자보다 우선하여 배당받을 수 있다고 보아야 한다(대법원 2013. 11. 14. 선고 2013다27831 판결).

■ 전세권자로서 배당요구를 하여 전세권이 매각으로 소멸된 경우, 변제받지 못한 나머지 보증금에 기하여 대항력을 행사할 수 있는지요?

Q 최선순위 전세권자로서의 지위와 주택임대차보호법상 대항력을 갖춘 임차인으로서의 지위를 함께 가지고 있는 사람이 전세권자로서 배당요구를 하여 전세권이 매각으로 소멸된 경우, 변제받지 못한 나머지 보증금에 기하여 대항력을 행사할 수 있는지요?

A 이에 관한 판례를 보면 '주택에 관하여 최선순위로 전세권설정등기를 마치고 등기부상 새로운 이해관계인이 없는 상태에서 전세권설정계약과 계약당사자, 계약 목적물 및 보증금(전세금액)등에 있어서 동일성이 인정되는 임대차계약을 체결하여 주택임대차보호법상 대항요건을 갖추었다면, 전세권자로서의 지위와 주택임대차보호법상 대항력을 갖춘 임차인으로서의 지위를 함께 가지게 된다. 이러한 경우 전세권과 더불어 주택임대차보호법상의 대항력을 갖추는 것은 자신의 지위를 강화하기 위한 것이지 원래 가졌던 권리를 포기하고 다른 권리로 대체하려는 것은 아니라는 점, 자신의 지위를 강화하기 위하여 설정한 전세권으로 인하여 오히려 주택임대차보호법상의 대항력이 소멸된다는 것은 부당하다는 점, 동일인이 같은 주택에 대하여 전세권과 대항력을 함께 가지므로 대항력으로 인하여 전세권 설정 당시 확보한 담보가치가 훼손되는 문제는 발생하지 않는다는 점 등을 고려하면, 최선순위 전세권자로서 배당요구를 하여 전세권이 매각으로 소멸되었다 하더라도 변제받지 못한 나머지 보증금에 기하여 대항력을 행사할 수 있고, 그 범위 내에서 임차주택의 매수인은 임대인의 지위를 승계한 것으로 보아야 한다'(대법원 2010. 7. 26. 자 2010마900 결정).

■ 주택임차인이 임대차조사서에 기재된 내용과 다른 내용을 주장하여 배당을 요구하는 것이 신의칙에 위반되는지요?

Q 임차인 甲은 근저당권자 乙이 담보로 제공된 건물에 대한 담보가치를 조사할 당시 임차보증금의 액수에 관하여 스스로 불리한 진술을 하고 이에 관한 확인서 등을 작성하여 주었습니다. 그 후 그 건물에 대한 경매절차에서 임차인 甲은 위 진술상의 액수를 초과하는 임차보증금반환채권에 대한 배당요구를 할 수 있나요?

A 근저당권자가 담보로 제공된 건물에 대한 담보가치를 조사할 당시 임차인이 그 임대차 사실을 부인하거나 임차보증금의 액수에 관하여 스스로 불리한 진술을 하고 이에 관한 확인서 등을 작성하여 준 경우, 그 후 그 건물에 대한 경매절차에서 이러한 진술을 번복하여 임대차의 대항력 또는 위 진술상의 액수를 초과하는 임차보증금 반환채권의 존재를 주장하면서 그 임차보증금 반환채권에 대한 배당요구를 하는 것은 특별한 사정이 없는 한 금반언 및 신의칙에 위반되어 허용될 수 없습니다(대법원 1987. 11. 24. 선고 87다카1708 판결, 1997. 6. 27. 선고 97다12211 판결, 2000. 1. 5.자 99마4307 결정 등 참조).

따라서 임차인 甲이 위 경매절차에서 자신이 진술한 임차보증금 액수를 초과하는 반환채권에 대해 배당요구를 하는 것은 특별한 사정이 없는 한 금반언 및 신의칙에 위반되어 허용될 수 없습니다.

■ 배당요구 하지 않은 소액임차인은 매수인에게 대항력을 주장할 수 있는지요?

Q 저는 근저당권 등 제3자의 권리가 설정되지 않은 서울 소재 주택을 임차보증금 4,000만원에 임차하여 입주와 주민등록전입신고를 마쳤는데, 그 후 집주인의 채권자가 임차주택에 대하여 강제경매를 신청하여 매각되었습니다. 그러나 저는 지방출장 등으로 바빠서 배당요구신청을 하지 못하였는데, 이 경우 제가 경매절차의 매수인에게 「주택임대차보호법」상의 대항력을 주장할 수 있는지요?

A 관련 판례는 "주택임대차보호법 제3조의 규정에 의하면 임대차는 그 등기가 없는 경우에도 임차인이 주택의 인도와 주민등록전입신고를 마친 때에는 대항력이 발생하고, 이 경우에 임차주택의 양수인은 임대인의 지위를 승계한 것으로 보도록 되어 있는바, 위 임차주택의 양도에는 강제경매에 의한 경락의 경우도 포함되는 것이므로, 임차인이 당해 경매절차에서 권리신고를 하여 소액보증금의 우선변제를 받는 절차를 취하지 아니하였다고 하여 임차주택의 경락인에게 그 임대차로써 대항할 수 없다거나 임차보증금반환청구권을 포기한 것으로 볼 수는 없다."라고 하였습니다(대법원 1986. 7. 22. 선고 86다카466 등 판결, 1992. 7. 14. 선고 92다12827 판결).

그러므로 귀하의 경우에도 경매절차에서 권리신고 겸 배당요구신청을 하지 않았다고 하여도 귀하의 주택임차권의 대항력을 주장함에 어떤 영향이 있는 것은 아닐 것입니다.

따라서 귀하는 근저당권 등 제3자의 권리가 설정되지 않은 주택을 임차하여 대항요건을 갖추어 경매절차의 매수인에게 대항할 수 있는 경우에는 배당요구 여부와 관계없이 주택임차인으로서의 대항력을 주장할 수 있다고 하겠습니다.

3-9. 부동산 경매의 절차도

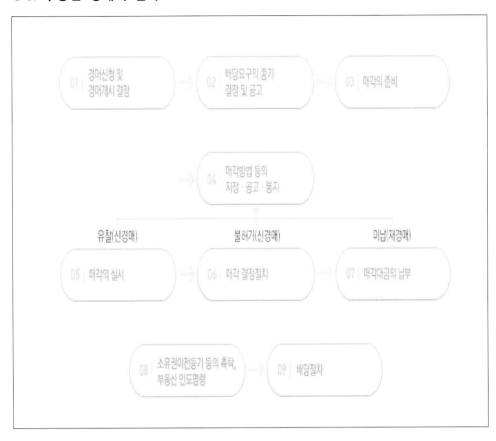

■ 부동산 경매 절차는 어떻게 되나요?

Q 저는 근저당권 등과 같은 제3자의 권리관계가 일체 설정되지 않은 주택을 임차하여 입주와 주민등록전입신고를 마친 후 확정일자까지 받아 두었는데, 제가 임차하고 있는 주택이 임대차기간만료 전에 경매절차에 넘어가고 말았습니다. 임대차기간이 만료되기 전이라도 우선변제권을 주장할 수 있는지요?

A 귀하는 근저당권 등과 같은 제3자의 권리관계가 일체 설정되지 않은 주택을 임차하여 입주 및 주민등록전입신고를 함으로써 「주택임대차보호법」 제3조 제1항에 의한 대항력을 갖추고 있습니다.

그런데 구 「주택임대차보호법」(1999. 1. 21. 법률 제5641호로 개정되기 전의 것) 제3조의2 제1항은 "주택의 인도와 주민등록을 마치고, 임대차계약증서상의 확정일자를 갖춘 임차인은 후순위권리자 기타 채권자보다 우선하여 보증금을 변제받을 수 있다. 다만, 임차인이 당해 주택의 양수인에게 대항할 수 있는 경우에는 임대차가 종료된 후가 아니면 보증금의 우선변제를 청구하지 못한다."라고 규정하고 있었습니다.

그러므로 위 사안처럼 계약기간의 만료 전에 임차주택이 경매절차에서 매각될 경우 대항력 있는 임차인이 우선변제권을 주장할 수 있느냐에 관하여 문제되고 있었습니다.

이와 관련하여 판례는 "임차주택의 양수인에게 대항할 수 있는 임차권자라도 스스로 임대차관계의 승계를 원하지 아니할 때에는 승계되는 임대차관계의 구속을 면할 수 있다고 보아야 하므로, 임차주택이 임대차기간의 만료 전에 경매되는 경우 임대차계약을 해지함으로써 종료시키고 우선변제를 청구할 수 있고, 그 경우 임차인에게 인정되는 해지권은 임차인의 사전 동의 없이 임대차목적물인 주택이 경락으로 양도됨에 따라 임차인이 임대차의 승계를 원하지 아니할 경우에는 스스로 임대차를 종료시킬 수 있어야 한다는 공평의 원칙 및 신의성실의 원칙에 근거한 것이므로, 해지통고 즉시 그 효력이 생기고, 임대차의 목적물인 주택이 경매되는 경우에 대항력을 갖춘 임차인이 임대차기간이 종료되지 아니하였음에도 경매법원에 배당요구를 하는 것은, 스스로 더 이상 임대차관계의 존속을 원하지 아니함을 명백히 표명하는 것이어서 다른 특별한 사정이 없는 한 이를 임대차해지의 의사표시로 볼 수 있고, 한편 민사소송법 제606조 제1항(현행 민사집행법 제89조)은 배당요구사실을 경매법원이 채무자에게 통지하도록 규정하고 있고, 제728조(현행 민사집행법 제268조)가 담보실행을 위한 경매에도 준용하고 있으므로, 경매법원이 위 법조에 정한 바에 따라 임대인에게 배당요구사실의 통지를 하면 결국 임차인의 해지의사가 경매법원을 통하여 임대인에게 전달되어 그 때 해지통지가 임대인에게 도달된 것으로 볼 것이니, 임대차관계는 그 배당요구통지의 임대인에 대한 도달 즉시 해지로 종료되며, 임차주택이 임대차기간의 만료 전에 경매되는 경우에 대항력 있는 임차인이 배당요구를 하고 그 배당요구의 통지가 임대인에게 도달하였다면 임대차관계는 이로써 종료되어 주택임대차보호법 제3조의2 제1항 단서에 해당하지 않게 되므로, 임차인에게 주택임대차보호법 제3조의2 제1항 본문 또는 제8조 제1항에 의한 우선변제권을 인정하여야 한다.”라고 하여(대법원 1996. 7. 12. 선고 94다37646 판결, 1998. 10. 27. 선고 98다1560 판결), 경매절차상의 임차인의 배당요구가 임대인에게 전달되면 우선변제권을 행사할 수 있다고 하였습니다.

그러나 현행 「주택임대차보호법」(1999. 1. 21. 법률 제5641호로 개정된 후의 것) 제3조의2 제2항에서 종전의 ‘임차인이 당해 주택의 양수인에게 대항할 수 있는 경우에는 임대차가 종료된 후가 아니면 보증금의 우선변제를 청구하지 못한다.’라는 규정을 삭제하였으므로 논란의 여지가 없어졌습니다. 더 나아가 신설된 법 제3조의5는 “임차권은 임차주택에 대하여 민사집행법에 따른 경매가 행하여진 경우에는 그 임차주택의 경락에 따라 소멸한다. 다만, 보증금이 모두 변제되지 아니한, 대항력이 있는 임차권은 그러하지 아니하다.”라고 하여 소제주의의 원칙을 택하였습니다.

따라서 귀하는 임차기간의 만료 여부에 관계없이 임차주택이 경매 개시되었으므로 우선변제권을 주장하여 배당요구를 할 수 있을 것으로 보입니다. 다만 민사집행법상 경매에서 배당요구는 집행법원이 정하는 배당요구의 종기까지 하여야 하므로(민사집행법 제84조 제1항, 제88조), 이 점을 감안하여 배당요구의 종기 이전에 배당요구 또는 우선권행사의 신고를 하여야 합니다.

■ 배당받지 못한 후순위 임차인이 후행 경매에서 배당을 요구할 수 있는지요?

Q 저는 甲소유의 주택을 임차보증금 5,000만원에 임차기간 24개월로 약정하고 임차하여 위 주택에 근저당권이 설정되기 전에 입주하고 주민등록전입신고를 하였으나, 확정일자는 위 주택에 근저당권이 설정된 후 받았습니다. 그런데 위 주택은 乙에게 양도되었고 저보다 선순위의 근저당권자에 의해 경매가 진행되었으며 저는 배당요구를 하였으나 확정일자를 늦게 받은 관계로 순위에 밀려 배당을 받지 못하였습니다. 위 주택은 소유자 乙(채무자가 아님)에게 위 경매절차에서 매각되었고, 이후 乙은 위 주택을 丙에게 양도하였으며 丙은 다시 丁 명의의 근저당권을 설정하였는데 그 후 丁명의의 근저당권에 의해 또 다시 경매절차가 진행되었습니다. 이 경우 저는 근저당권자인 丁에 우선하여 구 경매절차에서 변제받지 못한 보증금을 배당받을 수 있는지요?

A 관련 판례를 보면 "주택임대차보호법상의 대항력과 우선변제권의 두 가지 권리를 겸유(兼有)하고 있는 임차인이 먼저 우선변제권을 선택하여 임차주택에 대하여 진행되고 있는 경매절차에서 보증금 전액에 대하여 배당요구를 하였으나 그 순위가 늦은 까닭으로 보증금 전액을 배당받을 수 없었던 때에는, 보증금 중 경매절차에서 배당받을 수 있었던 금액을 뺀 나머지에 관하여 경락인에게 대항하여 이를 반환받을 때까지 임대차관계의 존속을 주장할 수 있고, 이 경우 임차인의 배당요구에 의하여 임대차는 해지되어 종료되며, 다만 주택임대차보호법 제4조 제2항에 의하여 임차인이 보증금의 잔액을 반환받을 때까지 임대차관계가 존속하는 것으로 의제될 뿐이어서, 경락인은 주택임대차보호법 제3조 제2항(현행 주택임대차보호법 제3조 제3항)에 의하여 임대차가 종료된 상태에서의 임대인의 지위를 승계하고, 임차인의 우선변제권은 경락으로 인하여 소멸하는 것이고, 대항력과 우선변제권을 가진 임차인이 임차주택에 관한 경매절차에서 보증금에 대하여 배당요구를 함으로써 임대차계약이 해지되어 종료되고 그 주택이 경락 된 이상, 그 경락인이 마침 임대인의 지위에 있던 종전 소유자이고 임차인은 후순위 권리자이어서 전혀 배당을 받지 못한 채 계속하여 그 주택에 거주하고 있었다고 하더라도, 그 후 그 주택에 관하여 새로이 경료된 근저당권설정등기에 기한 경매절차에서 그 낙찰대금으로부터 우선변제를 받을 권리는 없고, 다만 경락인에 대하여 임차보증금을 반환받을 때까지 임대차관계의 존속을 주장할 수 있을 뿐이다."라고 하였습니다(대법원 1998. 6. 26. 선고 98다2754 판결, 2001. 3. 27. 선고 98다4552 판결).

따라서 위 판례에 비추어 귀하의 경우에는 위 임차주택의 근저당권자 丁에 의하여 신청된 경매절차에서는 재계약 등의 특별한 사정이 없는 한 임차인으로서의 우선변제권을 주장할 수 없을 것으로 보입니다.

참고로 2016년 3월 31일부터 시행되고 있는 개정 주택임대차보호법 시행령은 최우선변제권의 범위를 ①수도권정비계획법에 따른 수도권 중 과밀억제권역에서는 보증금이 8,000만원 이하의 보증금으로 입주하고 있는 임차인에 한하여 2,700만원 이하의 범위에서 인정되고, ②광역시(군지역과 인천광역시지역은 제외)에서는 6,000만원 이하의 보증금으로 입주하고 있는 임차인에 한하여 2,000만원 이하의 범위에서 인정되며, ③그 밖의 지역에서는 5,000만원 이하의 보증금으로 입주하고 있는 임차인에 한하여 1,700만원 이하의 범위에서 인정된다고 규정하고 있습니다. 다만, 2016년 3월 31일 이전에 임차주택에 근저당권 등의 담보물권이 설정된 경우에는 개정 전의 규정이 적용됨을 유의하여야 할 것입니다.

■ 임차인이 스스로 경매신청한 경우 배당요구가 필요한지요?

Q 甲은 2008. 9. 10. 임대인으로부터 주택을 보증금 8,000만 원, 임대차기간 2008. 9. 10.부터 2010. 9. 10.까지로 정하여 임차하고, 같은 날 주택의 인도와 주민등록을 마치고 임대차계약서에 확정일자를 받았습니다. 그리고 임대차기간 만료 후 甲은 임대인을 상대로 보증금 8,000만원의 반환을 구하는 소를 제기하여 승소확정판결을 받은 다음, 위 확정판결에 기하여 이 사건 주택에 대한 강제경매를 신청하였습니다. 그런데 甲은 배당요구의 종기까지 우선변제권 있는 임차인임을 소명하는 서류를 경매법원에 제출하지 아니하였는데 일반채권자로서의 지위를 넘어 우선변제권이 있는 임차인의 지위를 인정받을 수 있는지요?

A 주택임대차보호법상의 대항력과 우선변제권을 모두 가지고 있는 임차인이 보증금을 반환받기 위하여 보증금반환청구 소송의 확정판결 등 집행권원을 얻어 임차주택에 대하여 스스로 강제경매를 신청하였다면 특별한 사정이 없는 한 대항력과 우선변제권 중 우선변제권을 선택하여 행사한 것으로 보아야 하고, 이 경우 우선변제권을 인정받기 위하여 배당요구의 종기까지 별도로 배당요구를 하여야 하는 것은 아닙니다. 그리고 이와 같이 우선변제권이 있는 임차인이 집행권원을 얻어 스스로 강제경매를 신청하는 방법으로 우선변제권을 행사하고, 그 경매절차에서 집행관의 현황조사 등을 통하여 경매신청채권자인 임차인의 우선변제권이 확인되고 그러한 내용이 현황조사보고서, 매각물건명세서 등에 기재된 상태에서 경매절차가 진행되어 매각이 이루어졌다면, 특별한 사정이 없는 한 경매신청채권자인 임차인은 배당절차에서 후순위권리자나 일반채권자보다 우선하여 배당받을 수 있다고 보아야 할 것입니다(대법원 2013.11.14. 선고 2013다27831 판결).

■ **직접 강제경매를 신청한 임차인은 우선변제권을 인정받기 위하여 배당요구의 종기까지 별도로 배당요구를 하여야 하나요?**

Q 주택임대차보호법상 대항력과 우선변제권을 모두 가지고 있는 임차인이 보증금반환청구 소송의 확정판결 등 집행권원을 얻어 임차주택에 대하여 강제경매를 신청한 경우, 우선변제권을 인정받기 위하여 배당요구의 종기까지 별도로 배당요구를 하여야 하나요?

A 대법원은 "주택임대차보호법상의 대항력과 우선변제권을 모두 가지고 있는 임차인이 보증금을 반환받기 위하여 보증금반환청구 소송의 확정판결 등 집행권원을 얻어 임차주택에 대하여 스스로 강제경매를 신청하였다면 특별한 사정이 없는 한 대항력과 우선변제권 중 우선변제권을 선택하여 행사한 것으로 보아야 하고, 이 경우 우선변제권을 인정받기 위하여 배당요구의 종기까지 별도로 배당요구를 하여야 하는 것은 아니다."고 판시한 바 있습니다(대법원 2013.11.14. 선고 2013다27831 판결).

따라서 위 판결에 따를 때 주택임대차보호법상 대항력과 우선변제권을 모두 가지고 있는 임차인이 직접 임차주택에 대한 강제경매를 신청한 경우에는 별도로 배당요구를 하지 않아도 우선변제권이 인정될 것으로 보입니다.

■ 직접 강제경매를 신청한 임차인의 배당순위는?

Q 우선변제권이 있는 임차인 甲이 집행권원을 얻어 강제경매를 신청하는 방법으로 우선변제권을 행사하고, 경매절차에서 우선변제권이 확인되어 현황조사보고서 등에 기재된 상태에서 매각이 이루어진 경우, 임차인 甲이 배당절차에서 후순위권리자나 일반채권자보다 우선하여 배당받을 수 있나요?

A 대법원은 "우선변제권이 있는 임차인이 집행권원을 얻어 스스로 강제경매를 신청하는 방법으로 우선변제권을 행사하고, 그 경매절차에서 집행관의 현황조사 등을 통하여 경매신청채권자인 임차인의 우선변제권이 확인되고 그러한 내용이 현황조사보고서, 매각물건명세서 등에 기재된 상태에서 경매절차가 진행되어 매각이 이루어졌다면, 특별한 사정이 없는 한 경매신청채권자인 임차인은 배당절차에서 후순위권리자나 일반채권자보다 우선하여 배당받을 수 있다고 보아야 한다."고 판시한 바 있습니다(대법원 2013.11.14. 선고 2013다27831 판결).

따라서 위 판결에 따를 때 주택임대차보호법상 대항력과 우선변제권을 모두 가지고 있는 임차인 甲이 직접 임차주택에 대한 강제경매를 신청한 경우에는 위 판결에 나오는 바처럼 임차인 甲의 우선변제권이 확인되고 현황조사보고서 등에 기재된 상태라면 특별한 사정이 없는 한, 후순위권리자나 일반채권자보다 우선하여 배당받을 수 있을 것으로 보입니다.

■ 임차인의 지위와 전세권자의 지위를 함께 가졌으나 나중에 임차인의 지위를 상실한 경우, 경매절차에서 우선배당 가능한지요?

Q 甲은 2012. 9. 26. 乙이 소유하고 있는 건물에 관하여 1,700만원에 2012. 9. 27.부터 2년간 전세를 얻어 입주하면서 2012. 10. 29. 위 주소로 전입하였다가, 2012. 11. 4. 그 전세권 설정등기를 경료하고 2013. 4. 21. 다른 지역으로 전출하였습니다. 한편, 乙에게 2012. 8. 3. 5,000만원을 대출해주었던 丙은행은 같은 날 위 건물에 관하여 채권최고액 금 6,240만원으로 근저당권을 설정받았으며, 乙이 위 채무를 변제하지 않자 근저당권에 기하여 2013. 4. 임의경매를 신청하였습니다.

甲이 위 경매절차에서 다른 지역으로 주민등록을 이전하기 전에 민법상 주택임대차등기 또는 주택임대차보호법상 임차권등기명령의 집행에 의한 임차권등기보다 강력한 전세권 설정등기를 경료한 만큼 주택임대차보호법 소정 소액임차인으로서 위 전세금 중 일부를 우선 배당받을 권리가 있다고 주장한다면, 甲에게 우선배당이 가능할까요?

A 임대차와 전세권의 법적성질에 대하여, 판례는 우선 "전세권은 전세금을 지급하고 타인의 부동산을 점유하여 그 부동산의 용도에 좇아 사용·수익하며 그 부동산 전부에 대하여 후순위권리자 기타 채권자보다 전세금의 우선변제를 받을 권리를 내용으로 하는 물권이지만, 임대차는 당사자 일방이 상대방에게 목적물을 사용·수익하게 할 것을 약정하고 상대방이 이에 대하여 차임을 지급할 것을 약정함으로써 그 효력이 발생하는 채권계약으로서, 주택임차인이 주택임대차보호법 제3조 제1항 의 대항요건을 갖추거나 민법 제621조 의 규정에 의한 주택임대차등기를 마치더라도 채권계약이라는 기본적인 성질에 변함이 없다"고 명시하여 양자 간 법적성질의 차이점을 분명히 확인하고 있습니다(대법원 2007. 6. 28. 선고 2004다69741 판결 등).

이러한 맥락에서 판례는 "주택임차인이 그 지위를 강화하고자 별도로 전세권설정등기를 마치더라도 주택임대차보호법상 주택임차인으로서의 우선변제를 받을 수 있는 권리와 전세권자로서 우선변제를 받을 수 있는 권리는 근거 규정 및 성립요건을 달리하는 별개의 것이라는 점, 주택임대차보호법 제3조의3 제1항 에서 규정한 임차권등기명령에 의한 임차권등기와 동법 제3조의4 제2항 에서 규정한 주택임대차등기는 공통적으로 주택임대차보호법상의 대항요건인 '주민등록일자', '점유개시일자' 및 '확정일자'를 등기사항으로 기재하여 이를 공시하지만 전세권설정등기에는 이러한 대항요건을 공시하는 기능이 없는 점, 주택임대차보호법 제3조의4 제1항 에서 임차권등기명령에 의한 임차권등기의 효력에 관한 동법 제3조의3 제5항 의 규정은 민법 제621조 에 의한 주택임대차등기의 효력에 관하여 이를 준용한다고 규정하고 있을 뿐 주택임대차보호법 제3조의3 제5항 의 규정을 전세권설정등기의 효력에 관하여 준용할 법적 근거가 없는 점 등을 종합하면, 주택임차인이 그 지위를 강화하고자 별도로 전세권설정등기를 마쳤더라도 주택임차인이 주택임대차보호법 제3조 제1항의 대항요건을 상실하면 이미 취득한 주택임대차보호법상의 대항력 및 우선변제권을 상실한다."고 판시함으로서, 다른 지역으로 전출하거나 점유를 상실하게 되면 전세권설정등기를 하였는지 여부와 무관하게 주택임대차보호법상 대항요건을 상실하게 됨을 명시하고 있습니다(대법원 2007. 6. 28. 선고 2004다69741 판결 등).

따라서 甲은 2002. 10. 29. 위 주소로 전입한 후 2002. 4. 11. 전세권설정등기를 경료 하였으나, 2003. 4. 21. 다른 지역으로 전출하였으므로 전세권 등기 여부와 무관하게 소액임차인으로서의 대항요건 및 우선변제권을 상실하였고, 이에 따라 위 경매절차에서 우선배당을 받을 수는 없습니다.

■ 경매절차에서 배당요구를 해야 하는지요?

Q 甲은 임차권등기명령신청을 하여 임차권등기를 하였습니다. 이 후 경매개시결정등기가 된 주택 강제경매절차에서 임차인인 甲이 배당을 받기 위해서 배당요구를 반드시 해야 하는 것인가요?

A 대법원은 "임차권등기명령에 의하여 임차권등기를 한 임차인은 우선변제권을 가지며, 위 임차권등기는 임차인으로 하여금 기왕의 대항력이나 우선변제권을 유지하도록 해 주는 담보적 기능을 주목적으로 하고 있으므로, 위 임차권등기가 첫 경매개시결정등기 전에 등기된 경우, 배당받을 채권자의 범위에 관하여 규정하고 있는 민사집행법 제148조 제4호 의 "저당권·전세권, 그 밖의 우선변제청구권으로서 첫 경매개시결정 등기 전에 등기되었고 매각으로 소멸하는 것을 가진 채권자"에 준하여, 그 임차인은 별도로 배당요구를 하지 않아도 당연히 배당받을 채권자에 속하는 것으로 보아야 한다"고 판시한 바 있습니다. 따라서 위 판례에 따라 임차권등기를 한 임차인인 甲은 강제경매절차에서 별도로 배당요구를 하지 않더라도 우선변제권을 행사하여 배당을 받을 수 있습니다.

■ 임차권 등기권자도 경매절차에서 배당요구를 해야 하는지요?

Q 乙은 甲으로부터 A건물을 임차한 이후, 甲이 임대차보증금을 반환하지 않자 임차권등기명령을 통해 임차권을 등기하였습니다. 그런데 이후 A건물에 경매가 시작되어 丙에게 낙찰되었습니다. 乙은 임대차보증금을 낙찰대금에서 확보하기 위해서는 경매법원에 반드시 배당요구를 해야 하나요?

A 임차권을 등기하지 아니한 임차인이 낙찰대금에서 임대차보증금을 확보하고자 할 경우 배당요구가 필요하나, 등기된 임차권등기명령권자의 경우 경매절차에서 따로이 배당요구를 하지 않더라도 당연히 배당요구를 한 것으로 보아 그에게도 배당을 하는 것으로 처리하여야 합니다(광주지방법원 2004. 10. 7. 선고 2004가단14869 판결). 사안의 경우 乙은 배당요구를 하지 아니하여도 당연히 배당요구를 한 것으로 보아 경매낙찰대금에서 배당받을 수 있습니다.

■ 경매절차상 배당표가 잘못 작성되어 손해를 본 경우 국가배상청구가 가능한지요?

Q 甲은 부동산의 담보권실행을 위한 경매절차에서 적법한 배당요구를 하였으나, 배당표 원안이 잘못 작성되어 甲의 배당금액이 실제 배당받을 수 있는 금액보다 적게 되었습니다. 그런데 甲은 배당표 원안을 열람하거나 배당기일에 출석하여 이의를 진술하는 등 불복절차를 취하지 아니함으로써 실체적 권리관계와 다른 위 배당표가 그대로 확정되었습니다. 이러한 경우 甲이 담당 법관의 과실을 이유로 국가배상청구가 가능한지요?

A 국가배상법 제2조 제1항 본문에서 국가나 지방자치단체는 공무원 또는 공무를 위탁받은 사인이 직무를 집행하면서 고의 또는 과실로 법령을 위반하여 타인에게 손해를 입히거나, 「자동차손해배상 보장법」에 따라 손해배상의 책임이 있을 때에는 이 법에 따라 그 손해를 배상하여야 한다고 규정하고 있습니다.

그런데 법관의 재판에 대한 국가배상책임이 인정되기 위한 요건에 관하여 판례를 보면, 법관이 행하는 재판사무의 특수성과 그 재판과정의 잘못에 대하여는 따로 불복절차에 의하여 시정될 수 있는 제도적 장치가 마련되어 있는 점 등에 비추어 보면, 법관의 재판에 법령의 규정을 따르지 아니한 잘못이 있더라도 이로써 바로 그 재판상 직무행위가 「국가배상법」 제2조 제1항에서 말하는 위법한 행위로 되어 국가의 손해배상책임이 발생하는 것은 아니고, 그 국가배상책임이 인정되려면 당해 법관이 위법 또는 부당한 목적을 가지고 재판을 하는 등 법관이 그에게 부여된 권한의 취지에 명백히 어긋나게 이를 행사하였다고 인정할 만한 특별한 사정이 있어야 하고, 임의경매절차에서 경매담당법관의 오인에 의해 배당표원안이 잘못 작성되고 그에 대해 불복절차가 제기되지 않아 실체적 권리관계와 다른 배당표가 확정된 경우, 경매담당법관이 위법·부당한 목적을 가지고 있었다거나 법이 법관의 직무수행상 준수할 것을 요구하고 있는 기준을 현저히 위반하였다는 등의 자료를 찾아볼 수 없어 「국가배상법상」의 위법한 행위가 아니라고 하였습니다(대법원 2001. 4. 24. 선고 2000다16114 판결, 2003. 7. 11. 선고 99다24218 판결).

또한, 압수수색할 물건의 기재가 누락된 압수수색영장을 발부한 법관이 위법·부당한 목적을 가지고 있었다거나 법이 직무수행상 준수할 것을 요구하고 있는 기준을 현저히 위반하였다는 등의 자료를 찾아볼 수 없다면 그와 같은 압수수색영장의 발부행위는 불법행위를 구성하지 않는다고 하였습니다(대법원 2001. 10. 12. 선고 2001다47290 판결).

따라서 위 사안에서 甲도 당해 법관이 위법 또는 부당한 목적을 가지고 재판을 하는 등 법관이 그에게 부여된 권한의 취지에 명백히 어긋나게 이를 행사하였다고 인정할 만한 특별한 사정을 입증하지 못하는 한 국가배상을 청구하기는 어려울 것으로 보입니다.

Q 甲은 2012. 9. 26. 乙이 소유하고 있는 건물에 관하여 1,700만원에 2012. 9. 27.부터 2년간 전세를 얻어 입주하면서 2012. 10. 29. 위 주소로 전입하였다가, 2012. 11. 4. 그 전세권 설정등기를 경료하고 2013. 4. 21. 다른 지역으로 전출하였습니다. 한편, 乙에게 2012. 8. 3. 5,000만원을 대출해주었던 丙은행은 같은 날 위 건물에 관하여 채권최고액 금 6,240만원으로 근저당권을 설정받았으며, 乙이 위 채무를 변제하지 않자 근저당권에 기하여 2013. 4. 임의경매를 신청하였습니다.

甲이 위 경매절차에서 다른 지역으로 주민등록을 이전하기 전에 민법상 주택임대차등기 또는 주택임대차보호법상 임차권등기명령의 집행에 의한 임차권등기보다 강력한 전세권 설정등기를 경료한 만큼 주택임대차보호법 소정 소액임차인으로서 위 전세금 중 일부를 우선 배당받을 권리가 있다고 주장한다면, 甲에게 우선배당이 가능할까요?

A 임대차와 전세권의 법적성질에 대하여, 판례는 우선 "전세권은 전세금을 지급하고 타인의 부동산을 점유하여 그 부동산의 용도에 좇아 사용·수익하며 그 부동산 전부에 대하여 후순위권리자 기타 채권자보다 전세금의 우선변제를 받을 권리를 내용으로 하는 물권이지만, 임대차는 당사자 일방이 상대방에게 목적물을 사용·수익하게 할 것을 약정하고 상대방이 이에 대하여 차임을 지급할 것을 약정함으로써 그 효력이 발생하는 채권계약으로서, 주택임차인이 주택임대차보호법 제3조 제1항 의 대항요건을 갖추거나 민법 제621조 의 규정에 의한 주택임대차등기를 마치더라도 채권계약이라는 기본적인 성질에 변함이 없다"고 명시하여 양자 간 법적성질의 차이점을 분명히 확인하고 있습니다(대법원 2007. 6. 28. 선고 2004다69741 판결 등).

이러한 맥락에서 판례는 "주택임차인이 그 지위를 강화하고자 별도로 전세권설정등기를 마치더라도 주택임대차보호법상 주택임차인으로서의 우선변제를 받을 수 있는 권리와 전세권자로서 우선변제를 받을 수 있는 권리는 근거 규정 및 성립요건을 달리하는 별개의 것이라는 점, 주택임대차보호법 제3조의3 제1항 에서 규정한 임차권등기명령에 의한 임차권등기와 동법 제3조의4 제2항 에서 규정한 주택임대차등기는 공통적으로 주택임대차보호법상의 대항요건인 '주민등록일자', '점유개시일자' 및 '확정일자'를 등기사항으로 기재하여 이를 공시하지만 전세권설정등기에는 이러한 대항요건을 공시하는 기능이 없는 점, 주택임대차보호법 제3조의4 제1항 에서 임차권등기명령에 의한 임차권등기의 효력에 관한 동법 제3조의3 제5항 의 규정은 민법 제621조 에 의한 주택임대차등기의 효력에 관하여 이를 준용한다고 규정하고 있을 뿐 주택임대차보호법 제3조의3 제5항 의 규정을 전세권설정등기의 효력에 관하여 준용할 법적 근거가 없는 점 등을 종합하면, 주택임차인이 그 지위를 강화하고자 별도로 전세권설정등기를 마쳤더라도 주택임차인이 주택임대차보호법 제3조 제1항 의 대항요건을 상실하면 이미 취득한 주택임대차보호법상의 대항력 및 우선변제권을 상실한다"고 판시함으로서, 다른 지역으로 전출하거나 점유를 상실하게 되면 전세권설정등기를 하였는지 여부와 무관하게 주택임대차보호법상 대항요건을 상실하게 됨을 명시하고 있습니다 (대법원 2007. 6. 28. 선고 2004다69741 판결 등).

따라서 甲은 2002. 10. 29. 위 주소로 전입한 후 2002. 4. 11. 전세권설정등기를 경료 하였으나, 2003. 4. 21. 다른 지역으로 전출하였으므로 전세권 등기 여부와 무관하게 소액임차인으로서의 대항요건 및 우선변제권을 상실하였고, 이에 따라 위 경매절차에서 우선배당을 받을 수는 없습니다.

■ 부동산의 경매대가를 동시에 배당하는 경우 민법 제368조 제1항이 적용되나요?

Q 채무자 甲소유의 부동산과 물상보증인 乙소유의 부동산이 공동저당권의 목적물로 되어있는 상황에서 乙이 甲을 위한 연대보증인의 지위를 겸하고 있다면 甲, 乙 소유의 부동산의 경매대가를 동시에 배당하는 경우 민법 제368조 제1항이 적용 되나요?

A 판례는 '공동저당권이 설정되어 있는 수개의 부동산 중 일부는 채무자 소유이고 일부는 물상보증인 소유인 경우 위 각 부동산의 경매대가를 동시에 배당하는 때 에는 민법 제368조 제1항은 적용되지 아니하고, 채무자 소유 부동산의 경매대 가에서 공동저당권자에게 우선적으로 배당을 하고, 부족분이 있는 경우에 한하 여 물상보증인 소유 부동산의 경매대가에서 추가로 배당을 하여야 한다(대법원 2010.4.15.선고 2008다41475판결 참조). 그리고 이러한 이치는 물상보증인이 채무자를 위한 연대보증인의 지위를 겸하고 있는 경우에도 마찬가지이다.(대법원 2016. 3. 10. 선고 2014다231965 판결)'라고 판시하고 있습니다.

따라서 乙이 甲을 위한 연대보증인의 지위를 겸하고 있다고 하더라도 乙은 물상 보증인에 해당하는 이상 민법 제368조 제1항이 적용되지 아니하여 甲 소유 부 동산의 경매대가에서 공동근저당권자에게 우선 배당한 후 부족분이 있는 경우 乙 소유 부동산의 경매대가에서 추가로 배당을 하게 될 것입니다.

[도표] 부동산경매사건의 진행기간

종 류	기 산 일	기 간	비 고
경매신청서 접수		접수당일	법 80조, 264조 1항
미등기건물조사명령	신청일부터	3일 안(조사기간은 2주 안)	법 81조 3항, 4항, 82조
개시결정 및 등기촉탁	접수일부터	2일 안	법 83조,94조, 268조
채무자에 대한 개시결정 송달	임의경매:개시결정일부 터 강제경매:등기필증 접수일부터	3일 안	법 83조, 268조
현황조사명령	임의경매:개시결정일부터 강제경매:등기필증 접수일부터	3일 안(조사기간은 2주 안)	법 85조, 268조
평가명령	임의경매:개시결정일부터 강제경매:등기필증 접수일부터	3일 안(평가기간은 2주 안)	법 97조 1항, 268조
배당요구종기결정, 배당요구종기 등의 공고·고지	등기필증 접수일부터	3일 안	법 84조 1항, 2항, 3항, 268조
배당요구종기	배당요구종기결정일부터	2월 후 3월 안	법 84조 1항, 6항, 87조 3항, 268조
채권신고의 최고	배당요구종기결정일부터	3일안(최고기간은 배당요구종기까지)	법 84조 4항
최초매각기일·매각결정기 일의 지정·공고(신문공고의뢰) 이해관계인에 대한 통지	배당요구종기부터	1월 안	법 104조, 268조
매각물건명세서의 작성, 그 사본 및 현황조사보고서·평가서사 본의비치		매각기일(입찰기간개 시일) 1주 전까지	법 105조 2항, 268조, 규칙 55조
최초매각기일 또는 입찰기일	공고일로부터	2주 후 20일 안	규칙 56조
입찰기간		1주 이상 1월이하	규칙 68조
새매각기일·새매각결정기 일 또는 재매각기일·재매각결정기 일의 지정·공고 이해관계인에 대한 통지	사유발생일부터	1주 안	법 119조, 138조, 268조
새매각 또는 재매각기일	공고일부터	2주 후 20일 안	법 119조, 138조, 268조, 규칙 56조
배당요구통지	배당요구일부터	3일 안	법 89조, 268조

종 류		기 산 일	기 간	비 고
매각실시	기일입찰, 호가경매		매각기일	법 112조, 268조
	기간입찰	입찰기일종료일부터	2일 이상 1주일 안	규칙 68조
매각기일조서 및 보증금 등의 인도		매각기일부터	1일 안	법 117조, 268조
매각결정기일		매각기일부터	1주 안	법 109조 1항, 268조
매각허부결정의 선고			매각결정기일	법 109조 2항, 126조 1항, 268조
차순위매수신고인에 대한 매각결정기일의 지정 이해관계인에 의 통지		최초의 대금지급기한 후	3일 안	법 104조 1항, 2항, 137조 1항, 268조
차순위매수신고인에 대한 매각결정기일		최초의 대금지급기한 후	2주 안	법 109조 1항, 137조 1항, 268조
매각부동산관리명령		신청일부터	2일 안	법 136조 2항, 268조
대금지급기한의 지정 및 통지		매각허가결정확정일 또는 상소법원으로부터 기록송부를 받은 날부터	3일 안	법 142조 1항, 268조, 규칙 78조, 194조
대금지급기한		매각허가결정확정일 또는 상소법원으로부터 기록송부를 받은 날부터	1월 안	규칙 78조, 194조
매각부동산인도명령		신청일부터	3일 안	법 136조 1항, 268조
배당기일의 지정·통지, 계산서제출의 최고		대금납부 후	3일 안	법 146조, 268조, 규칙 81조
배당기일		대금납부 후	4주 안	법 146조, 268조
배당표의 작성 및 비치			배당기일 3일 전까지	법 149조 1항, 268조
배당표의 확정 및 배당실시			배당기일	법 149조 2항, 159조, 268조
배당조서작성		배당기일부터	3일 안	법 159조 4항, 268조
배당액의 공탁 또는 계좌입금		배당기일부터	10일 안	법 160조, 268조, 규칙 82조
매수인 앞으로 소유권이전등기 등 촉탁		서류제출일부터	3일 안	법 144조, 268조
기록인계		배당액의 출급, 공탁 또는 계좌입금 완료 후	5일 안	

4. 부동산 경매 관련 법령

4-1. 부동산 경매 절차 관련 법제

4-1-1. 「민사집행법」

① 민사집행법은 제2편제2장제2절 및 제3편에서 법원에서 실시하는 부동산 경매의 절차에 관한 전반적인 사항을 규정하고 있습니다.

② 구체적으로 민사집행법은 채권자의 경매 신청, 법원의 경매개시결정과 매각 준비 및 공고, 입찰자의 입찰 참여, 법원의 최고가매수인 선정·매수신청보증 반환 및 매각허가결정, 매수인의 매각대금 납부 및 권리 취득, 채권자에 대한 배당실시 등에 관해 정하고 있습니다.

4-1-2. 「부동산등기법」

① 부동산등기법은 부동산등기기록에 기록되는 사항에 관해 정하고 있으며, 제4장에서는 부동산등기절차에 관해 규정하고 있습니다.

② 입찰에 참여하려는 사람은 부동산등기기록을 통해서 해당 부동산에 소유권, 지상권, 지역권, 전세권, 저당권, 권리질권, 채권담보권, 임차권 등이 설정되어 있는지를 확인할 수 있습니다(제3조).

4-1-3. 「공인중개사법」

① 공인중개사법은 개업공인중개사가 「민사집행법」에 의한 경매 및 「국세징수법」 그 밖의 법령에 의한 공매대상 부동산에 대한 권리분석 및 취득의 알선과 매수신청 또는 입찰신청의 대리를 허용하고 있습니다(제14조제2항).

② 개업공인중개사가 위의 규정에 따라 「민사집행법」에 의한 경매대상 부동산의 매수신청 또는 입찰신청의 대리를 하려는 경우에는 대법원규칙이 정하는 요건을 갖추어 법원에 등록을 하고 그 감독을 받아야 합니다(제14조제3항).

4-1-4. 「형법」

① 형법은 입찰 또는 매각기일의 진행을 방해한 사람에 대한 처벌을 정하고 있습니다.

② 위계 또는 위력이나 그 밖의 방법으로 경매 또는 입찰의 공정을 해한 사람은 2년 이하의 징역 또는 700만원 이하의 벌금에 처해집니다(제315조).

4-2. 매수인의 권리 보호 관련 법제

4-2-1. 「민사집행법」

① 민사집행법은 제2편제2장제2절 및 제3편에서 경매 부동산을 매수한 사람의 권리를 보호하기 위한 사항을 규정하고 있습니다.

② 구체적으로 민사집행법은 이해관계인의 합의에 따른 매각조건의 변경, 매수인의 매각허가결정에 대한 즉시항고, 매각대금의 지급에 따른 권리의 취득, 소유권의 취득에 따른 부동산소유권이전등기의 촉탁 및 부동산의 인도명령 등에 관해 정하고 있습니다.

4-2-2. 「부동산등기법」

① 부동산등기법은 부동산등기기록에 기록되는 사항에 관해 정하고 있으며, 제4장에서는 부동산등기절차에 관해 규정하고 있습니다.

② 경매를 통해 부동산의 소유권을 취득한 경우에는 법원이 등기관에게 소유권이전등기촉탁을 해서 등기가 이루어지므로 매수인이 따로 소유권이전등기를 하지 않아도 됩니다.

4-2-3. 「주택임대차보호법」

① 주택임대차보호법은 이 법의 적용을 받는 주거용 건물에 경매가 실시되어 매각된 경우에 기존의 임차인을 보호하기 위한 사항을 규정하고 있지만, 동시에 매수인을 보호하기 위한 내용도 포함되어 있습니다.

② 민사집행법에 따른 경매가 실시된 경우 그 임차주택이 매각되면 임차권이 소멸되므로 임차인은 점유자의 신분이 됩니다. 이 경우 매수인이 기존의 임차인(매수 후의 점유자)에게 퇴거를 요청할 수 있으며, 법원에 요청해서 해당 주택을 인도해 줄 것을 명할 수 있습니다. 그러나 보증금이 모두 변제되지 않은 대항력 있는 임차권의 경우에는 그렇지 않습니다(제3조의5).

4-2-4. 「상가건물 임대차보호법」

① 상가건물 임대차보호법은 이 법의 적용을 받는 상가건물에 경매가 실시되어 매각된 경우에 기존의 임차인을 보호하기 위한 사항을 규정하고 있지만, 동시에 매수인을 보호하기 위한 내용도 포함되어 있습니다.

② 민사집행법에 따른 경매가 실시된 경우 그 임차건물이 매각되면 임차권이 소멸되므로 임차인은 점유자의 신분이 됩니다. 이 경우 매수인이 기

존의 임차인(매수 후의 점유자)에게 퇴거를 요청할 수 있으며, 법원에 요청해서 해당 건물을 인도해 줄 것을 명할 수 있습니다.

③ 그러나 보증금이 모두 변제되지 않은 대항력 있는 임차권의 경우에는 그렇지 않습니다(제8조).

제2장

입찰에 참여하려면 어떤 준비를 해야 하나요?

제2장 입찰에 참여하려면 어떤 준비를 해야 하나요?

1. 입찰 참여위한 사전준비

1-1. 경매 정보의 수집 및 관심 물건의 선정

① 입찰에 참여하기 위해서는 먼저 어떤 물건이 매각(경매)될 예정인지에 대해 알아보아야 합니다.

② 매각 예정 물건에 대한 정보는 법원게시판, 관보·공보, 신문 또는 전자통신매체(http://www.courtauction.go.kr)를 통해 수집할 수 있습니다(민사집행법 제104조제1항 및 민사집행규칙 제11조제1항).

③ 이 공고를 통해 얻을 수 있는 입찰 관련 정보는 다음과 같습니다(민사집행법 제106조, 제268조 및 민사집행규칙 제56조).

 - 부동산의 표시
 - 강제집행 또는 임의경매로 매각한다는 취지와 그 매각방법
 - 부동산의 점유자, 점유의 권원, 점유해서 사용할 수 있는 기간, 차임 또는 보증금약정 및 그 액수
 - 매각기일의 일시·장소, 매각기일을 진행할 집행관의 성명 및 기간입찰의 방법으로 매각할 경우 입찰기간·장소
 - 최저매각가격
 - 매각결정기일의 일시·장소
 - 매각물건명세서·현황조사보고서 및 평가서 사본을 매각기일 전에 법원에 비치해서 누구든지 볼 수 있도록 제공한다는 취지
 - 일괄매각결정을 한 경우에는 그 취지
 - 매수신청인의 자격을 제한하는 경우에는 그 제한의 내용
 - 매수신청의 보증금액과 보증제공방법

④ 일괄매각결정이란 법원이 여러 개의 부동산의 위치·형태·이용관계 등을 고려해서 이를 하나의 집단으로 묶어 매각하는 것이 알맞다고 인정하는 경우에 직권으로 또는 이해관계인의 신청에 따라 일괄매각하도록 결정하는 것을 말합니다(민사집행법 제98조제1항).

⑤ 공고된 내용 외에 매각 예정 물건에 대한 보다 구체적인 정보는 법원에 비치된 매각물건명세서, 현황조사보고서 및 평가서 사본을 통해서 얻을 수 있습니다(민사집행법 제105조제2항 및 민사집행규칙 제55조).

⑥ 입찰에 참여하려는 사람은 위의 정보를 바탕으로 해서 관심 있는 부동산 (이하 "관심 물건"이라 함)을 몇 가지 선정할 수 있습니다.

1-2. 관심 물건의 권리분석 및 현장조사

① 관심 물건의 권리분석 및 현장조사

관심 물건의 개략적인 선정이 끝나면 그 물건에 대한 권리분석과 현장조사를 통해 그 물건의 실제상황을 파악하고, 입찰 참여에 대한 가치를 평가하는 것이 좋습니다.

② 권리분석

㉮ 관심 물건의 권리분석을 위해서는 부동산에 관한 공적 기록인 부동산 등기기록, 토지대장, 임야대장, 건축물관리대장을 열람하거나 그 등·초본(부동산등기기록의 경우는 등기사항증명서)을 발급받아 다음의 사항을 확인합니다.

㉯ 또한, 토지이용계획 확인서를 발급받아 해당 부동산의 지역·지구 안에서 제한되는 행위와 거래규제 등을 파악합니다(토지이용규제 기본법 제5조 및 제10조).

종 류	확인할 수 있는 사항
부동산등기기록	각 토지나 각 건물대지의 지번 소유권, 지상권, 지역권, 전세권, 저당권, 권리질권, 채권담보권, 임차권 등의 설정 여부 및 등기 순위 (부동산등기법 제3조, 제34조, 제40조 및 제48조)
토지대장, 임야대장	토지의 소재지, 지번, 지목, 면적, 소유자 등 공유 여부·공유 지분 및 공유자에 관한 사항, 대지권 등기여부·대지권 비율 및 소유자에 관한 사항 등 (공간정보의 구축 및 관리 등에 관한 법률 제71조 및 동법 시행규칙 제68조제1항)
건축물대장	건축물의 지번, 행정구역 건축물의 면적·구조·용도·층수, 가설건축물 여부 (건축법 제38조제3항, 건축물대장의 기재 및 관리 등에 관한 규칙 제7조 및 별지 제1호서식 참고)

③ 현장조사

　　부동산등기기록, 각종 대장, 토지이용계획 확인서 등을 확인한 후에는 직접 현장에 가서 그 물건의 입지, 보존 상태, 점유 여부 등을 확인하고 자신의 입찰 목적에 부합하는지를 평가합니다.

1-3. 입찰참여 물건의 결정

선정한 관심 물건에 대한 대략적인 권리분석과 현장조사 등이 끝나면 최종적으로 입찰에 참여할 물건을 결정합니다.

Q 경매정보는 어디에서 얻을 수 있나요?

A ① 법원 게시판, 관보, 공보, 신문이나 대법원 법원경매정보 사이트 (www.courtauction.go.kr) 등의 전자통신매체를 통해서 부동산의 표시, 매각방법, 매각결정기일(낙찰기일), 매수신청보증금(입찰보증금)과 보증제공 방법 등 기본적인 정보를 수집할 수 있습니다.

② 경매물건에 대한 보다 구체적인 정보를 얻기 위해서는 법원에 비치(대법원 법원경매정보 사이트에서도 제공)된 매각물건명세서, 현황조사보고서 및 감정평가서 사본을 열람하는 것이 좋습니다.

◇ 매각물건명세서에서 확인할 수 있는 사항
1. 부동산의 표시
2. 부동산의 점유자와 점유의 권원, 점유할 수 있는 기간, 차임 또는 보증금에 관한 관계인의 진술
3. 등기된 부동산에 대한 권리 또는 가처분으로서 매각으로 효력을 잃지 않는 것
4. 매각에 따라 설정된 것으로 보게 되는 지상권의 개요

◇ 현황조사보고서에서 확인할 수 있는 사항
1. 사건의 표시
2. 부동산의 표시
3. 조사의 일시, 장소 및 방법
4. 부동산의 현상, 점유관계, 차임 또는 보증금의 액수 및 그 밖의 현황
5. 그 밖에 법원이 명한 사항 등에 대해 조사한 내용
6. 부동산의 현황을 알 수 있는 도면, 사진 등

◇ 감정평가서에서 확인할 수 있는 사항
1. 사건의 표시
2. 부동산의 표시
3. 부동산의 평가액과 평가일
4. 부동산이 있는 곳의 환경
5. 평가 대상이 토지인 경우에는 지적, 법령에서 정한 규제 또는 제한의 유무

와 그 내용 및 공시지가, 그 밖에 평가에 참고가 된 사항

6. 평가 대상이 건물인 경우에는 그 종류·구조·평면적, 그 밖에 추정되는 잔존 내구연수 등 평가에 참고가 된 사항

7. 평가액의 산출 과정

8. 그 밖에 법원이 명한 사항

9. 부동산의 모습과 그 주변의 환경을 알 수 있는 도면, 사진

Q 입찰에 참여할 부동산에 가압류가 설정되어 있는데, 이 가압류가 저에게 인수되나요?

A 경매 물건에 설정된 (가)압류는 말소기준권리로서 매수인의 매수로 인해 말소됩니다. 또한, (가)압류가 등기된 이후에 설정된 지상권, 지역권, 전세권, 등기된 임차권, (근)저당권, 가등기담보 등은 말소기준권리 이후에 설정된 후순위 권리이므로 모두 소멸합니다. 따라서 경매 부동산에 설정된 가압류는 매수인에게 인수되지 않습니다.

◇ 말소기준권리

말소의 기준이 되는 최선순위 권리는 (근)저당권, (가)압류, 담보가등기, 경매개시결정등기 중 가장 먼저 등기된 권리가 됩니다. 이 말소기준권리보다 먼저 등기된 권리(선순위 권리)는 매수인에게 인수되며, 말소기준권리보다 후에 등기된 권리(후순위 권리)는 대부분 말소됩니다.

◇ 압류

채권의 실행을 확보하기 위해 집행법원이 확정판결이나 그 밖의 집행권원에 근거해 채무자의 재산처분을 금지하는 것

◇ 가압류

금전채권이나 금전으로 환산할 수 있는 채권에 관해 장래 그 집행을 보전하려는 목적으로 미리 채무자의 재산을 압류해서 채무자가 처분하지 못하도록 하는 것

2. 매수로 인해 말소·인수되는 권리의 확인

2-1. 말소·인수되는 권리의 확인 필요성 및 확인 방법

2-1-1. 권리확인의 필요성

① 경매 물건의 매수인으로 결정되어 매각대금을 모두 지급하면 소유권 등 매각의 목적인 권리를 취득하는 동시에 전세권·저당권 등 경매 물건에 설정되어 있던 권리 중 말소되지 않은 권리를 인수하게 됩니다(민사집행법 제135조 및 제144조제1항).

② 경매 물건에 설정된 권리를 인수하면 매수인의 부담이 늘어날 수 있으며, 해당 물건에 대한 소유권을 행사하는데 제약이 따를 수 있습니다.

③ 예를 들어, 전세권이 인수된 경우에는 전세권자에게 변제해 줘야 할 비용부담이 추가되며, 지역권이 인수된 경우에는 해당 물건의 사용이 제한될 수 있습니다. 따라서 입찰에 참여하기 전에 해당 물건의 매수로 인해 인수하게 되는 권리가 있는지를 확인할 필요가 있습니다.

2-1-2. 권리확인의 방법

① 말소되거나 인수되는 권리를 확인하기 위해서는 우선 부동산등기기록과 현장조사를 통해 어떤 권리들이 설정되어 있는지를 살펴봅니다.

② 매수인에게 인수되지 않고 말소되는 권리는 일반적으로 배당절차에 참가한 권리이므로 배당요구를 한 이해관계인이 어떤 권리를 원인으로 배당을 요구했는지 살펴보는 것도 한 방법입니다(민사집행법 제88조 및 제148조).

③ 경매 물건에 설정된 권리는 부동산등기기록을 통해 확인할 수 있으며, 유치권·분묘기지권 등 부동산등기기록에 드러나지 않는 사항은 현장조사를 통해 확인할 수 있습니다.

④ 위와 같은 방법으로 알아낸 권리를 등기된 시간의 순서대로 배열한 후 말소의 기준이 되는 최선순위(最先順位) 권리를 찾습니다. 말소기준등기를 찾은 후에는 인수되는 권리가 있는지를 살펴봅니다.

⑤ 말소의 기준이 되는 최선순위 권리는 저당권, 근저당권, 압류, 가압류, 경매개시결정등기 중 가장 먼저 등기된 권리가 됩니다.

⑥ 이 말소기준권리 보다 먼저 등기된 권리는 매수인에게 인수(선순위 권리)되며, 말소기준권리보다 후에 등기된 권리는 대부분 말소(후순위 권리)됩니다(민사집행법 제91조제3항, 제144조제1항제3호 및 가등기담보 등에 관한 법률 제15조).

2-2. 말소·인수되는 권리의 확인

2-2-1. 말소·인수되는 권리의 확인

① 매수로 인해 말소되거나 인수될 수 있는 권리에는 저당권, 압류, 가압류, 지상권, 지역권, 전세권, 등기된 임차권, 유치권 및 분묘기지권 등이 있습니다.

② 아래에서는 경매 물건에 권리가 설정되어 있는 경우 그 권리가 말소되는 권리인지 아니면 매수인에게 인수되는 권리인지를 알아보겠습니다.

2-2-2. (근)저당권

① 저당권은 채무자 또는 제3자가 점유를 이전하지 않고 채무의 담보로 제공한 부동산에 대해 다른 채권자보다 자기채권을 우선변제 받을 수 있는 권리를 말합니다(민법 제356조).

② 근저당권은 계속적인 거래관계로부터 장래 발생할 다수의 불특정 채권을 담보하기 위해 그 담보할 채무의 최고액만을 정하고 장래에 확정되는 채권을 그 범위 안에서 담보하는 권리를 말합니다(민법 제357조).

③ 경매 물건에 설정된 (근)저당권은 말소기준권리로서 매수인의 매수로 인해 말소됩니다(민사집행법 제91조제2항).

④ 또한, (근)저당권이 등기된 이후에 설정된 지상권·지역권·전세권·등기된 임차권·압류·가압류·가등기담보 등은 말소기준권리 이후에 설정된 후순위 권리이므로 모두 소멸합니다(민사집행법 제91조제3항).

⑤ (예시)

등기순위	권 리	권리자	일 자	권리내용	권리의 말소·인수
1	저당권	갑	2006. 02. 23.	채권액 100,000,000	말소(최선순위)
2	임차권	을	2006. 04. 02.	보증금 100,000,000 (등기됨)	말소
3	근저당권	병	2007. 09. 15.	채권액 50,000,000	말소
4	전세권	정	2008. 09. 15.	보증금 150,000,000	말소
5	강제경매	정	2009. 01. 16.		

⑥ 이 경우 갑의 저당권은 매수로 인해 말소되며, 임차권·근저당권·전세권은 말소기준권리인 저당권 이후에 설정된 권리이므로 모두 말소됩니다. 따라서 매수인에게는 인수되는 권리는 없습니다.

[서식 예] 권리신고서(경매개시결정된 뒤 등기한 근저당권자)

권 리 신 고 서

사   건   20○○타경○○○○호 부동산강제경매
채   권   자   ○○○
채무자 겸 소유자   ◇◇◇
권리신고인(근저당권자)   ◉◉◉
                          ○○시 ○○구 ○○길 ○○(우편번호)
                          전화·휴대폰번호:
                          팩스번호, 전자우편(e-mail)주소:

  ○○지방법원 20○○타경○○○○호 부동산강제경매사건에 관하여 권리신고인은 아래
와 같이 민사집행법 제90조 제4호에 해당하는 이해관계인으로서 권리신고를 합니다.

아   래

  권리신고인은 경매개시결정이 등기된 뒤에 근저당권설정등기를 마친 근저당권자입니다.
내역 : 권리신고인은 ○○지방법원 ○○등기소 20○○. ○. ○. 접수 제○○○호 20
○○. ○. ○.설정계약, 채권최고액 ○○○원, 채무자 ◇◇◇, 근저당권자 ◉◉◉로
근저당권설정등기를 마쳤습니다.

첨 부 서 류

1. 부동산등기사항증명서   1통
1. 근저당권설정계약서   1통

20○○.   ○.   ○.
위 권리신고인(근저당권자) ◉◉◉ (서명 또는 날인)

○○지방법원   귀중

[서식 예] 부당이득반환청구의 소(배당받지 못한 근저당권자)

소　　　장

원　　고　　○○○ (주민등록번호)
　　　　　　○○시 ○○구 ○○길 ○○(우편번호)
　　　　　　전화·휴대폰번호:
　　　　　　팩스번호, 전자우편(e-mail)주소:
피　　고　　◇◇◇ (주민등록번호)
　　　　　　○○시 ○○구 ○○길 ○○(우편번호)
　　　　　　전화·휴대폰번호:
　　　　　　팩스번호, 전자우편(e-mail)주소:

부당이득반환청구의 소

청 구 취 지

1. 피고는 원고에게 금 35,000,000원 및 이에 대한 20○○. ○. ○.부터 이 사건 소장부본 송달일까지는 연 5%의, 그 다음날부터 다 갚을 때까지 연 12%의 각 비율에 의한 돈을 지급하라.
2. 소송비용은 피고의 부담으로 한다.
3. 위 제1항은 가집행 할 수 있다.
라는 판결을 구합니다.

청 구 원 인

1. 원고는 19○○. ○. ○. 소외 ◉◉◉로부터 돈을 빌려 달라는 요청을 받고 금 50,000,000원을 대여하고 소외 ◉◉◉의 소유인 서울 ○○구 ○○길 ○○○ ○○아파트 ○동 ○○○호에 채권최고액 금 65,000,000원인 ○○지방법원 ○○등기소 20○○. ○. ○. 접수 제○○○호 근저당권등기를 설정 받았습니다.
2. 그런데 소외 ◉◉◉는 위 아파트를 사업을 하는 소외 ◆◆◆에게 양도하였는데, 소외 ◆◆◆의 피용자인 피고는 체불된 퇴직금 및 임금채권 금 35,000,000원에 관한 승소판결에 근거하여 위 아파트에 대하여 ○○지방법원 20○○타경○○○○호로 강제경매를 신청하여 위 아파트가 매각되었으며, 집행비용을 공제한 매각대금 45,000,000원 가운데 피고가 금 35,000,000원을 배당 받았고, 원고는 위 근저당권으로 담보된 금 60,000,000원의 채권 가운데 금 10,000,000원을 배당 받았을 뿐이므로 배당기일에 출석하여 이의를 제기하였으나, 배당이의의 소송을 제기하지 못하여 위 경매사건의 배당표가 확정되고 피고는 위 배당금을 수령해갔습니다.
3. 그런데 근로기준법 제38조 제2항의 임금채권우선변제는 근로자의 최저생활을 보

장하고자 하는 공익적 요청에서 일반 담보물권의 효력을 일부 제한하고 임금채권의 우선변제권을 규정한 것으로서 그 규정의 취지는 최종 3월분의 임금 등에 관한 채권은 다른 채권과 동시에 사용자의 동일재산으로 부터 경합하여 변제 받는 경우에 그 성립의 선후나 질권이나 저당권의 설정여부에 관계없이 우선적으로 변제 받을 수 있는 권리가 있음을 밝힌 것일 뿐, 나아가 사용자의 특정재산에 대한 배타적 지배권을 본질로 하는 추급효까지 인정한 것은 아니라고 할 것이므로, 사용자의 재산이 제3자에게 양도된 경우에 있어서는 양도인인 사용자에 대한 임금 등 채권의 우선권은 이 재산에 대하여는 더 이상 추구될 수 없고, 양수인의 양수재산에 대하여 까지 우선권을 인정할 수는 없다고 할 것이고, 또 사용자가 취득하기 전에 설정된 담보권에 대하여 까지 우선권을 인정할 수도 없다고 할 것입니다(대법원 1994. 1. 11. 선고 93다30938 판결).

4. 그렇다면 위 아파트에 대한 경매절차에서의 매각대금 45,000,000원 모두 원고에게 배당되어야 마땅할 것임에도 피고에게 금 35,000,000원이 배당되어 피고가 그 배당금을 수령하였으므로 피고는 금 35,000,000원의 부당이득을 하였다고 할 것입니다.

5. 따라서 원고는 피고에 대하여 위와 같은 부당이득금 35,000,000원 및 이에 대하여 위 돈을 배당금으로 수령한 날의 다음날인 20○○. ○. ○.부터 이 사건 소장부본 송달일까지는 민법에서 정한 연 5%의, 그 다음날부터 다 갚을 때까지는 소송촉진등에관한특례법에서 정한 연 12%의 각 비율에 의한 지연손해금을 지급 받기 위하여 이 사건 소송제기에 이르렀습니다.

입 증 방 법

1. 갑 제1호증　　　　　　　　부동산등기사항전부증명서
1. 갑 제2호증　　　　　　　　배당표사본

첨 부 서 류

1. 위 입증방법　　　　　　　　각 1통
1. 소장부본　　　　　　　　　　1통
1. 송달료납부서　　　　　　　　1통

20○○. ○. ○.
위 원고　○○○　(서명 또는 날인)

○○지방법원　귀중

■ 입주와 전입신고 사이에 근저당권이 설정된 경우 매수인에게 대항력을 주장할 수 있는지요?

Q 甲은 乙소유 주택을 임차보증금 3,500만원에 2년 기간으로 임차하여 입주하였으나, 주민등록전입신고는 입주 후 1개월이 지나서야 하였습니다. 그런데 전입신고 후 혹시나 하고 등기사항증명서를 떼어보니 甲의 입주 후 전입신고 전에 채권최고액 5,000만원의 근저당권이 설정되어 있었습니다. 만약 위 주택이 경매된다면 甲은 경매절차의 매수인에게 대항력을 주장할 수 있는지요?

A 주택임대차보호법 제3조 제1항은 "임대차는 그 등기가 없는 경우에도 임차인이 주택의 인도와 주민등록을 마친 때에는 그 익일부터 제3자에 대하여 효력이 생긴다. 이 경우 전입신고를 한 때에 주민등록이 된 것으로 본다."라고 규정하고 있습니다.

그러므로 임차인이 주택의 인도(입주)와 주민등록(전입신고)을 마친 때에는 그 다음 날로부터 제3자에 대하여 대항할 수 있다 할 것입니다.

그런데 위 사안에서와 유사하게 같은 날 입주 및 전입신고와 근저당권이 설정된 경우에 대하여 판례는 "주택임대차보호법 제3조 제1항이 인도와 주민등록을 갖춘 다음날부터 대항력이 발생한다고 규정한 것은 인도나 주민등록이 등기와 달리 간이한 공시방법이어서 인도 및 주민등록과 제3자 명의의 등기가 같은 날 이루어진 경우에 그 선후관계를 밝혀 선순위권리자를 정하는 것이 사실상 곤란한 데다가, 제3자가 인도와 주민등록을 마친 임차인이 없음을 확인하고 등기까지 경료하였음에도 그 후 같은 날 임차인이 인도와 주민등록을 마침으로 인하여 입을 수 있는 불측(不測)의 피해를 방지하기 위하여 임차인보다 등기를 경료한 권리자를 우선시키고자 하는 취지이므로 대항력은 인도와 주민등록을 마친 다음날을 기준으로 발생한다."라고 하였습니다(대법원 1997. 12. 12. 선고 97다22393 판결, 1999. 3. 23. 선고 98다46938 판결).

이처럼 대항력은 인도와 주민등록을 모두 갖춘 다음날 그 효력이 있으므로 甲의 경우 주민등록전입신고를 마친 다음날부터 대항력이 발생합니다.

따라서 사안의 경우 근저당권설정등기가 甲이 주민등록전입신고를 마치기 전(대항요건을 갖추기 전)에 이미 설정되었으므로 甲은 경매절차의 매수인에 대하여 대항력을 주장할 수 없습니다.

⚖ 관련판례

강제경매의 개시 당시 이미 소멸하였음에도 형식상 등기만이 남아 있을 뿐이었던 근저당권보다 후순위라는 이유로 집행법원의 촉탁에 의하여 이루어진 가처분기입등기의 말소등기는 원인무효이고, 가처분채권자는 그 말소등기에도 불구하고 여전히 가처분채권자로서의 권리를 가진다(대법원 1998. 10. 27. 선고 97다26104, 26111 판결).

■ 임대차의 대항력을 부정하는 근저당권자의 주장이 신의칙에 위배되는 경우에 이 주장은 타당한 것인가요?

Q 甲은 아직 건축 중인 주택을 임차하여 주민등록을 마쳤는데, 이후 완성된 주택건물에 관한 건축물관리대장 및 등기부상 표시된 실제 호수(5층 404호)와 甲이 신고한 호수(504호)가 서로 달랐습니다. 한편, 乙은 위 완성된 주택건물에 관하여 근저당권을 설정하면서 담보가치를 평가하기 위해 임대차 여부를 조사한 사실이 있습니다. 그런데, 위 주택건물의 경매절차에서 甲이 乙에 우선하여 임대차보증금 상당액을 배당받자, 乙이 甲의 주민등록상 주소가 등기부상 표시와 달라 대항력 및 우선변제권이 인정될 수 없다는 취지로 배당이의의 소를 제기하였습니다. 乙의 주장은 타당한 것인가요?

A 우선 "건축 중인 주택을 임차하여 주민등록을 마친 임차인의 주민등록이 그 후 소유권보존등기가 경료되고 이를 바탕으로 저당권을 취득하여 등기부상 이해관계를 가지게 된 제3자에 대한 관계에서 임대차를 공시하는 효력이 있는지 여부는 그 제3자의 입장에서 보아 사회통념상 그 주민등록으로 당해 주택에 임차인이 주소 또는 거소를 가진 자로 등록되어 있다고 인식할 수 있는지 여부에 따라 판단하여야 한다."는 것이 이미 오래전부터 확립된 판례의 입장(대법원 1999. 9. 3. 선고 99다15597 판결 등)입니다.

위와 같은 입장에 따르면, 甲이 전입신고한 "504호"로 표시된 주민등록은 그 후 건축물관리대장 및 등기부상 표시된 실제 호수인 "5층 404호"와 일치하지 아니하여 당해 임대차의 유효한 공시방법이 될 수 없으므로, 甲은 주택임대차보호법 소정의 대항력 및 우선변제권을 인정받을 수 없습니다.

다만, 乙의 주장이 배척되는 극히 예외적인 경우도 존재할 수는 있습니다. 즉 건물에 관한 건축물관리대장 및 등기부의 호수 표시가 달라지는 바람에 甲이 대항력과 우선변제권을 상실하게 되자 이를 기화로 乙이 부당한 이익을 얻으려는 의도에서 甲의 손해는 전혀 생각함이 없이 배당요구를 하는 것이라면, 그러한 乙의 주장은 신의칙에 비추어 용납될 수 없으므로 예외적으로 배척될 수 있습니다.

그러나 주택임대차보호법에 의해 인정되는 법률관계를 신의칙과 같은 일반원칙에 의하여 제한하는 것은 자칫 법적안정성을 해할 수 있으므로 그 적용에 있어 신중을 기하여야 하는바, "근저당권자가 근저당권 설정에 앞서 임차인의 주민등록상 주소가 등기부상 표시와 다르다는 사정을 알았거나 알 수 있었다는 사정만으로는 임대차의 대항력을 부정하는 근저당권자의 주장이 신의칙에 위배

된다고 할 수 없고, 임차인의 주민등록이 잘못되었다는 사실을 알면서 그 임차인을 선순위의 권리로 인정하고 그만큼 감액한 상태의 담보가치를 취득하겠다는 전제에서 근저당권을 설정하였으면서도 부당한 이익을 얻으려는 의도로 사후에 임차인의 손해는 전혀 고려함이 없이 그 주민등록의 잘못에 따른 임대차의 대항력 결여를 주장하는 경우와 같이, 근저당권자의 권리행사가 상대방의 신의에 반하고 정의관념에 비추어 용인될 수 없는 정도의 상태에 이른다는 사정이 구체적으로 인정되어야 할 것이다."라는 것이 판례의 태도(대법원 1991. 12. 10. 선고 91다3802 판결 등)입니다.

따라서, 乙이 단순히 담보가치 평가를 위해 임대차 여부를 조사하였다는 사실을 넘어, 조사하였다면 언제, 어떤 방법으로 하였고 그 결과는 어떠하였는지, 채무자에 대한 대출은 어떤 경위로 이루어졌고 그에 대한 담보가치는 어떻게 평가하였는지 또 대출금액은 어떻게 결정되었는지, 乙의 甲에 대한 배당이의를 받아들이면 어떠한 결과가 발생하게 되는지 등과 같은 구체적인 사정을 통하여 乙의 임대차 대항력 결여 주장이 甲에 대한 신의에 반하고 정의관념에 비추어 용인될 수 없는 정도라고 인정될 수 있어야만 乙의 주장을 배척할 수 있을 것입니다(대법원 2008. 2. 14. 선고 2007다33224 판결 참조).

■ 근저당권설정등기가 경료되어 있는 가옥에 관하여 대항력이 있는 임대차가 성립되고 그 뒤 제3자가 강제경매를 신청하여 경락된 경우에 임차인이 경락인에게 위 임대차로서 대항할 수 있는지요?

Q 甲은 乙로부터 가옥을 임차하였는데, 해당 가옥에는 근저당권설정등기가 경료되어 있었습니다. 甲은 주택임대차보호법상의 대항력을 갖춘 임차인인데, 丙이 강제경매를 신청함에 따라 丁이 위 가옥을 경락받았습니다. 이 경우 임차인 甲이 경락인 丁에게 위 임대차로서 대항할 수 있는지요?

A 판례에 의하면, 甲의 임차일 이후에 개시된 강제경매일지라도 위 경매로 인하여 甲의 임차권에 우선하는 근저당권이 소멸되었으므로, 민사소송법 제608조 제2항의 법리에 비추어 甲의 임차권도 위 경매로 인하여 소멸하였다고 봄이 상당합니다(수원지방법원 1986. 6. 11. 선고 86가단875 판결 참조).

따라서 사안과 같은 경우, 주택임대차보호법상의 대항력 있는 임대차 이후에 개시된 강제경매일지라도 위 경매로 인하여 위 임대차에 우선하는 근저당권이 소멸된다면 위 임대차도 위 경매로 인하여 소멸한다고 봄이 상당하다 할 것이므로, 임차인 甲은 경락인 丁에게 위 임대차로서 대항할 수 없다고 할 것입니다.

■ 두 건의 근저당권 사이에 대항력을 갖춘 주택임차권자의 지위는 어떻게 되는지요?

Q 저는 주택을 임차하여 주민등록과 입주를 마쳤으나 확정일자는 받지 않았으며, 그 주택에는 이미 선순위 근저당권자가 있었고, 제가 대항요건을 갖춘 다음에 또 다른 근저당권이 설정되었습니다. 위 주택이 경매되는 경우 저는 확정일자를 갖추지 않았기 때문에 우선변제는 받을 수 없고, 선순위 근저당권자가 경매를 신청한 경우에는 대항력이 없을 것 같기는 한데, 그렇다면 후순위 근저당권자가 경매를 신청하는 경우에도 경매절차의 매수인에게 대항할 수 없는지요?

A 주택임대차보호법 제3조 제1항은 "임대차는 그 등기가 없는 경우에도 임차인이 주택의 인도와 주민등록을 마친 때에는 그 익일부터 제3자에 대하여 효력이 생긴다. 이 경우 전입신고를 한 때에 주민등록이 된 것으로 본다."라고 규정하고 있고, 같은 법 제3조 제3항은 "임차주택의 양수인(그 밖에 임대할 권리를 승계한 자를 포함한다)은 임대인의 지위를 승계 한 것으로 본다."라고 규정하고 있으며, 같은 법 제3조의5는 "임차권은 임차주택에 대하여 민사집행법에 의한 경매가 행해진 경우에는 그 임차주택의 경락에 의하여 소멸한다. 다만, 보증금이 전액 변제되지 아니한 대항력이 있는 임차권은 그러하지 아니하다."라고 규정하고 있습니다.

여기서 귀하의 주택임차권이 비록 후순위 근저당권자에게는 대항할 수 있는 임차권이라 하더라도 선순위 근저당권보다 뒤에 대항요건을 갖추었으므로, 임차주택이 경매절차에서 매각된 경우 매수인이 「주택임대차보호법」 제3조에서 말하는 임차주택의 양수인 중에 포함된다고 할 수 있을 것인지, 귀하의 주택임차권이 같은 법 제3조의5 단서의 대항력이 있는 임차권에 해당될 수 있는지 문제됩니다.

그런데 「민사집행법」 제91조 제2항 및 제3항은 "②매각부동산 위의 모든 저당권은 매각으로 소멸된다. ③지상권·지역권·전세권 및 등기된 임차권은 저당권·압류채권·가압류채권에 대항할 수 없는 경우에는 매각으로 소멸된다."라고 규정하고 있습니다.

그러므로 후순위 저당권의 실행으로 부동산이 매각된 경우에 선순위 저당권까지도 당연히 소멸하게 되고, 비록 후순위 저당권자에게는 대항할 수 있는 임차권이라 하더라도 소멸된 선순위 저당권보다 뒤에 등기되었거나 대항력을 갖춘 임차권은 함께 소멸하는 것이고, 따라서 그 경매절차의 매수인은 「주택임대차보호법」 제3조에서 말하는 임차주택의 양수인 중에 포함된다고 할 수 없을 것이며, 경매부동산의 매각으로 소멸되는 선순위 저당권보다 뒤에 등기되었거나 대항력을 갖춘 주택임차권의 효력을 경매절차의 매수인에 대하여 주장할 수 없게 됩니다(대법원 1999. 4. 23. 선고 98다32939 판결, 2000. 2. 11. 선고 99다59306 판결).

따라서 위 사안의 경우 귀하의 주택임차권보다 선순위인 근저당권까지도 경매절차의 매각으로 인하여 소멸되므로, 그 보다 후순위인 귀하의 주택임차권도 함께 소멸되어 귀하는 경매절차의 매수인에 대하여 대항력을 주장할 수 없을 것으로 보입니다.

■ 근저당권설정과 강제경매신청 사이에 대항력을 갖춘 주택임차권자는 경매 절차의 매수인에게 대항력을 주장할 수 있는지요?

Q 저는 집주인으로부터 임차주택을 전세보증금 4,000만원에 계약기간 2년으로 임차하여 입주와 주민등록신고를 마쳤습니다. 그러나 위 임차주택은 이미 채권최고액 6,000만원인 선순위 근저당권이 이미 설정되어 있었고, 집주인의 일반채권자가 위 주택에 대하여 강제경매를 신청하였습니다. 이 경우 저는 경매절차의 매수인에게 대항력을 주장할 수 있는지요?

A 주택임대차보호법 제3조 제1항은 "임대차는 그 등기가 없는 경우에도 임차인이 주택의 인도와 주민등록을 마친 때에는 그 다음 날 부터 제3자에 대하여 효력이 생긴다. 이 경우 전입신고를 한 때에 주민등록이 된 것으로 본다."라고 규정하고 있고, 같은 조 제4항은 "임차주택의 양수인(그 밖에 임대할 권리를 승계한 자를 포함한다)은 임대인의 지위를 승계 한 것으로 본다."라고 규정하고 있습니다.

그리고 같은 법 제3조의5는 "임차권은 임차주택에 대하여 민사집행법에 따른 경매가 행하여진 경우에는 그 임차주택의 경락에 따라 소멸한다. 다만, 보증금이 모두 변제되지 아니한, 대항력이 있는 임차권은 그러하지 아니하다."라고 규정하고 있습니다.

여기서 귀하의 주택임차권이 비록 강제경매를 신청한 일반채권자에게 대항할 수 있는 임차권이라 하더라도 선순위 근저당권보다 뒤에 대항요건을 갖추었으므로, 임차주택이 경매절차에서 매각된 경우 매수인이 같은 법 제3조에서 말하는 임차주택의 양수인 중에 포함된다고 할 수 있을 것인지, 귀하의 주택임차권이 같은 법 제3조의5 단서의 대항력이 있는 임차권에 해당될 수 있는지 문제됩니다.

그런데 「민사집행법」 제91조 제2항 및 제3항은 "②매각부동산 위의 모든 저당권은 매각으로 소멸된다. ③지상권·지역권·전세권 및 등기된 임차권은 저당권·압류채권·가압류채권에 대항할 수 없는 경우에는 매각으로 소멸된다."라고 규정하고 있습니다.

그러므로 일반채권자의 강제경매신청으로 부동산이 매각된 경우에 선순위 저당권까지도 당연히 소멸하게 되고, 비록 후순위 일반채권자에게는 대항할 수 있는 임차권이라 하더라도 소멸된 선순위 저당권보다 뒤에 대항력을 갖춘 임차권은 함께 소멸하는 것이고, 따라서 그 경매절차의 매수인은 「주택임대차보호법」 제3조에서 말하는 임차주택의 양수인 중에 포함된다고 할 수 없을 것이며, 이 경우의 주택임차권은 같은 법 제3조의5 단서의 대항력이 있는 임차권에 해당될 수 없다고 하여야 할 것입니다.

그리고 위 「민사집행법」 제91조 제3항과 같은 규정이 없었던 구 「민사소송법」(2002. 1. 26. 법률 제6626호로 개정되기 전의 것)의 적용을 받는 경우에도, 판례는 "근저당권설정등기와 제3의 집행채권자의 강제경매신청 사이에 대항력을 갖춘 주택임차인이 있는 경우에, 그 주택임차인이 경락인에게 대항할 수 있다고 한다면 경락인은 임차권의 부담을 지게 되어 부동산의 경매가격은 그만큼 떨어질 수밖에 없고 이것은 임차권보다 선행한 담보권을 해치는 결과가 되어 설정 당시의 교환가치를 담보하는 담보권의 취지에 맞지 않게 되므로 동인의 임차권은 경락인에게 대항할 수 없다."라고 하였습니다(대법원 1987. 3. 10. 선고 86다카1718 판결, 1999. 4. 23. 선고 98다32939 판결).

따라서 귀하도 경매절차의 매수인에게 귀하의 주택임차권으로 대항할 수 없을 것입니다.

■ 경매 진행 중 선순위 근저당권 말소 시 차순위 주택임차인은 경매절차의 매수인에게 대항할 수 있는지요?

Q 저는 甲소유 주택을 전세보증금 5,000만원에 임차하여 입주와 전입신고를 마쳤으나, 임대차계약서에 확정일자를 받아두지 않았습니다. 그런데 위 주택은 제가 입주하기 전 이미 乙의 근저당권(채권최고액 1,000만원)이 설정되어 있었고, 제가 입주한 이후에도 丙의 근저당권(채권최고액 5,000만원)이 설정되었습니다. 이후 집주인 甲이 위 채무를 변제하지 못하자 근저당권자 丙이 경매를 신청하여 경매절차가 개시되었습니다. 그런데 선순위 근저당권인 乙의 채권은 일부가 변제되어 200만원 정도만 남아 있으므로, 제가 甲에게 그 금액을 빌려주어 乙의 근저당권이 말소된다면 저는 경매절차의 매수인에게 대항할 수 있는지요?

A 판례는 "후순위 저당권의 실행으로 목적부동산이 경락되어 그 선순위 저당권이 함께 소멸한 경우 비록 후순위 저당권자에게는 대항할 수 있는 임차권이더라도 함께 소멸하므로, 이와 같은 경우의 경락인은 주택임대차보호법 제3조에서 말하는 임차주택의 양수인 중에 포함되지 않는다고 할 것이고, 따라서 임차인은 경락인에 대하여 그 임차권의 효력을 주장할 수 없다."라고 하였습니다(대법원 1990. 1. 23. 선고 89다카33043 판결, 2000. 2. 11. 선고 99다59306 판결).

그러므로 선순위 근저당권이 있는 상태에서 입주하고 주민등록전입신고를 마친 귀하는 위 경매절차의 매수인에게 대항할 수 없고, 확정일자를 받아두지 않았기 때문에 丙보다 우선배당을 받을 수도 없습니다.

그러나 만약 선순위 근저당권이 지금이라도 말소된다면 귀하의 주택임차권에 대항력이 부여될 수 있느냐 하는 점입니다.

이에 관하여 판례는 "담보권의 실행을 위한 부동산의 입찰절차에 있어서, 주택임대차보호법 제3조에 정한 대항요건을 갖춘 임차권 보다 선순위의 근저당권이 있는 경우에는, 낙찰로 인하여 선순위 근저당권이 소멸하면 그 보다 후순위의 임차권도 선순위 근저당권이 확보한 담보가치의 보장을 위하여 그 대항력을 상실하는 것이지만, 낙찰로 인하여 근저당권이 소멸하고 낙찰인이 소유권을 취득하게 되는 시점인 '낙찰대금지급기일 이전'에 선순위 근저당권이 다른 사유로 소멸한 경우에는, 대항력 있는 임차권의 존재로 인하여 담보가치의 손상을 받을 선순위 근저당권이 없게 되므로 임차권의 대항력이 소멸하지 아니한다."라고 하였습니다(대법원 1996. 2. 9. 선고 95다49523 판결, 1998. 8. 24.

자 98마1031 결정, 2003. 4. 25. 2002다70075 판결).

따라서 위 주택이 경매절차에서 매각된 경우 매각대금지급기일 이전에 선순위 근저당권이 말소된다면, 귀하는 경매절차의 매수인에게 귀하의 주택임차권의 대항력을 주장할 수 있을 것으로 보입니다.

■ 근저당권 설정 후 증액된 주택임차보증금은 보호받을 수 없는지요?

Q 저는 甲소유 주택을 임차보증금 4,500만원에 임차하여 주민등록전입신고를 마치고 거주하던 중 1년 후 보증금 500만원을 인상하였고, 그 후 다시 300만원을 추가로 인상해주었습니다. 甲은 제가 두 번째 300만원을 인상해주기 직전, 위 주택에 근저당권을 설정해주었으며, 그 근저당권에 의한 경매신청으로 乙이 위 주택을 경매절차에서 매수하였습니다. 그런데 乙은 저에게 4,500만원을 지급받고 위 주택을 명도하라고 하는데, 이 경우 증액된 보증금 800만원은 보호받을 수 없는지요?

A 주택임대차보호법 제3조는 등기를 하지 않더라도 임차인이 임차주택에의 입주와 주민등록의 전입신고를 한 때에는 그 다음날부터 제3자에 대하여 대항력이 발생하고, 임차주택의 양수인(경매절차의 매수인도 포함)은 임대인의 지위를 승계 한 것으로 보며, 임대차가 종료한 경우에도 임차인이 보증금의 반환을 받을 때까지는 임대차관계는 존속하는 것으로 의제하고 있습니다. 그런데 귀하는 두 차례에 걸쳐 임대인과 보증금을 증액하기로 합의하고 초과부분에 해당하는 보증금을 각 지급하였는바, 그 중 임차주택에 근저당권설정등기가 경료된 후에 지급한 300만원의 임차보증금도 대항력을 취득하는지 여부가 문제됩니다.

이에 관하여 판례는 "대항력을 갖춘 임차인이 저당권설정등기 이후에 임대인과 보증금을 증액하기로 합의하고 초과부분을 지급한 경우, 임차인이 저당권설정등기 이전에 취득하고 있던 임차권으로 선순위로서 저당권자에게 대항할 수 있음은 물론이나, 저당권설정등기 후에 건물주와의 사이에 임차보증금을 증액하기로 한 합의는 건물주가 저당권자를 해치는 법률행위를 할 수 없게 된 결과, 그 합의당사자 사이에서만 효력이 있는 것이고, 저당권자에게는 대항할 수 없다고 할 수밖에 없으므로, 임차인은 위 저당권에 기하여 건물을 경락 받은 소유자의 건물명도청구에 대하여 증액 전 임차보증금을 상환 받을 때까지 그 건물을 명도 할 수 없다고 주장할 수 있을 뿐이고, 저당권설정등기 이후에 증액한 임차보증금으로써는 경락자인 소유자에게 대항할 수 없다."라고 하였습니다(대법원 1990. 8. 24. 선고 90다카11377 판결, 2002. 1. 25. 선고 2001다76427 판결).

따라서 귀하는 첫 번째 증액된 500만원을 포함한 임차보증금 5,000만원의 범위에서 대항력을 가지고 있으므로 乙에게 5,000만원을 지급받을 때까지 위 주택의 명도를 거부할 수 있고, 증액된 계약서상에 확정일자를 받아두었다면 우선변제권을 행사할 수 있다고 할 것입니다.

그러나 저당권설정등기 이후에 증액된 임차보증금 300만원에 대하여는 乙에게 대항할 수 없는 것이므로, 두 번째 증액된 300만원의 임차보증금은 최초의 임대인이었던 甲으로부터 받을 수밖에 없을 것으로 보입니다.

■ 임차인의 대항력 취득 후 경료된 근저당권의 실행으로 소유권을 취득한 자에 대하여 전차인이 임차인의 임대보증금반환청구권에 기한 동시이행항변권을 원용할 수 있는지요?

Q 甲은 乙에게 주택을 임대해 주었고, 주택임차인 乙은 그 후 임차권의 대항력을 취득하였는데, 주택임차인 乙은 丙에게 주택을 전대해 주었습니다. 주택임차인 乙이 그 임차권의 대항력을 취득한 후에 위 주택에 근저당권이 설정되었고, 해당 근저당권이 실행되어 丁이 소유권을 취득하였습니다. 이 때, 전차인 丙은 임차인 乙이 보증금의 반환을 받을 때까지 위 주택에 계속 거주할 수 있는 것인가요?

A 주택임대차보호법 제3조 제1항에 의한 대항력을 갖춘 주택임차인의 동의를 얻어 적법하게 임차권을 양도하거나 전대한 경우에 있어서 양수인이나 전차인이 임차인의 주민등록퇴거일로부터 주민등록법상의 전입신고기간 내에 전입신고를 마치고 주택을 인도받아 점유를 계속하고 있다면 비록 위 임차권의 양도나 전대에 의하여 임차권의 공시방법인 점유와 주민등록이 변경되었다하더라도 원래의 임차인이 갖는 임차권의 대항력은 소멸되지 아니하고 동일성을 유지한 채로 존속한다고 보아야 합니다.

왜냐하면, 주택임대차보호법 제3조 제1항에 의한 임차권의 대항력은 그 공시방법인 점유와 주민등록의 계속을 그 존속요건으로 하고 있는데(대법원 1987.2.24. 선고 86다카1695 판결 참조), 임대인의 동의가 있는 양수인이나 전차인은 그 점유와 주민등록으로 원래의 임차권에 대한 공시방법에 가름할 수 있어 그 임대차 자체에 대한 공시방법은 계속된다고 보지 못할 바 아니고 또 위와 같이 공시방법의 변경에 따른 대항력의 존속을 인정한다 하여 이미 원래의 임대차에 의한 대항을 받고 있는 제3자에게 그 이상의 불이익을 주는 것이 아닌 반면에 위와 같이 해석하는 것이 임차인으로 하여금 양도나 전대에 의한 임차보증금 등의 회수를 용이하게 할 수 있어 주택임차인의 주거생활의 안정을 보호하려고 하는 주택임대차보호법의 취지에도 부합하는 것이기 때문입니다(대법원 1988. 4. 25. 선고 87다카2509 판결 참조).

한편, 주택의 임차인이 이를 전대인에게 전대한 이후에도 그의 임차권의 대항력이 소멸되지 아니하고 그대로 존속하고 있다면 위 임차인은 그의 임차권의 대항력을 취득한 후에 경료된 근저당권의 실행으로 소유권을 취득하게 된 자에 대하여 임대보증금 반환청구권에 기한 동시이행 항변권을 행사하여 그 반환을 받을 때까지는 위 주택을 적법하게 점유할 권리를 갖게 되는 것이고, 따라서 그로부터 위 주택을 전차한 전차인 또한 그의 동시이행항변권을 원용하여 위 임차인이 보증금의 반환을 받을 때까지 위 주택을 적법하게 점유, 사용할 권리를 갖게 된다 할 것입니다(대법원 1988. 4. 25. 선고 87다카2509 판결 참조).

따라서 사안과 같은 경우, 주택임차인 乙이 그 임차권의 대항력을 취득한 후에 경료된 근저당권의 실행으로 소유권을 취득한 자 丁에 대하여 위 주택의 전차인 丙이 위 乙의 임대보증금반환청구권에 기한 동시이행항변권을 원용할 수 있다 할 것이므로, 전차인 丙은 임차인 乙이 보증금의 반환을 받을 때까지 위 주택에 계속 거주할 수 있다고 할 것입니다.

■ **대항력을 갖춘 임차인이 그 후 전세권설정등기까지 경료한 경우 선순위 근저당권의 실행으로 위 대항력을 상실하는지요?**

Q 甲이 2015. 10. 27. 乙과 사이에 전세계약을 체결하고 계속 거주하던 중 2016. 5. 2. 전세권설정등기를 경료하였는데, 乙이 2015. 12. 24. 丙에게 근저당권을 설정하였고 丙의 임의경매신청으로 丁이 2016. 9. 2. 경락을 받은 경우 甲은 대항력을 상실하나요?

A 주택에 대한 전세계약을 체결하여 주택임대차보호법상의 대항력을 갖춘 임차인이 그 후 전세권설정등기까지 경료하였는데, 그 이유가 주택임대차보호법 소정의 임차인의 대항력을 갖추었지만 그의 지위를 강화시키기 위한 것이었다면, 임차인의 전세권설정등기가 선순위의 근저당권의 실행에 따른 경락으로 인하여 말소된다 하더라도 그 때문에 갑이 위 전세권설정등기 전에 건물소유자와 전세계약을 맺고 주민등록을 함으로써 주택임대차보호법 제12조, 제3조 제1항에 의하여 확보된 대항력마저 상실하게 되는 것은 아닙니다((대법원 1993.11.23. 선고 93다10552 판결). 따라서 甲은 주택임대차보호법상 대항력을 상실하지 않을 것으로 보입니다.

■ 낙찰대금지급기일 이전에 선순위 근저당권이 소멸한 경우, 후순위 임차권의 대항력은 소멸되나요?

Q 甲이 선순위 근저당권이 설정되어 있는 乙소유의 주택을 임차하여 주택의 인도와 주민등록을 마침으로써 임차권의 대항력을 갖추었습니다. 그 후 후순위 근저당권이 설정되었고, 乙의 채권자 丙의 신청으로 강제경매절차가 개시되어, 낙찰허가결정이 고지되고, 대금지급기일이 지정되었습니다. 그러자 甲이 乙에게 임차권의 대항력이 유지될 수 있도록 乙에게 선순위 근저당권을 말소하여 달라했고, 이에 乙은 선순위 근저당권의 피담보채무를 변제하고 근저당권설정등기를 말소시켰습니다. 그 후 丁이 대금지급기일에 대금을 지급하여 위 주택의 소유권을 취득하였는데, 甲은 丁에게 대항력을 주장할 수 있나요?

A 부동산의 경매절차에 있어서 주택임대차보호법 제3조에 정한 대항요건을 갖춘 임차권보다 선순위의 근저당권이 있는 경우에는, 낙찰로 인하여 선순위 근저당권이 소멸하면 그보다 후순위의 임차권도 선순위 근저당권이 확보한 담보가치의 보장을 위하여 그 대항력을 상실하는 것이지만, 낙찰로 인하여 근저당권이 소멸하고 낙찰인이 소유권을 취득하게 되는 시점인 낙찰대금지급기일 이전에 선순위 근저당권이 다른 사유로 소멸한 경우에는, 대항력이 있는 임차권의 존재로 인하여 담보가치의 손상을 받을 선순위 근저당권이 없게 되므로 임차권의 대항력이 소멸하지 아니합니다(대법원 1998. 8. 24. 자 98마1031 결정). 따라서 甲의 경우 낙찰대금지급기일 이전에 선순위 근저당권이 채무 변제에 따라 소멸되었으므로 임차권의 대항력을 낙찰인 丁에게 대항력을 주장할 수 있을 것으로 보입니다.

■ 같은 날 대항력 및 확정일자를 받은 세입자와 근저당권자간의 순위는 누가 먼저인지요?

Q 저는 주택을 전세보증금 5,000만원에 임차하여 입주하면서 주민등록전입신고 및 확정일자를 모두 갖추었는데, 같은 날 집주인이 은행에서 5,000만원을 대출 받으면서 위 주택 및 대지에 근저당권을 설정하였습니다. 그 후 집주인이 은행의 대출금을 변제하지 않아 위 주택이 경매되었는바, 이 경우 저는 근저당권자보다 우선하여 배당 받을 수 있는지요?

A 주택임차인의 '대항력'에 관하여 「주택임대차보호법」 제3조 제1항은 "임대차는 그 등기가 없는 경우에도 임차인이 주택의 인도와 주민등록을 마친 때에는 그 다음 날부터 제3자에 대하여 효력이 생긴다. 이 경우 전입신고를 한 때에 주민등록이 된 것으로 본다."라고 규정하고 있고, 같은 법 제3조의2 제2항은 "제3조 제1항·제2항 또는 제3항의 대항요건과 임대차계약증서(제3조 제2항 및 제3항의 경우에는 법인과 임대인 사이의 임대차계약증서를 말한다)상의 확정일자를 갖춘 임차인은 민사집행법에 따른 경매 또는 국세징수법에 따른 공매를 할 때에 임차주택(대지를 포함한다)의 환가대금에서 후순위권리자나 그 밖의 채권자보다 우선하여 보증금을 변제받을 권리가 있다."라고 규정하여 대항요건 및 확정일자를 갖추었을 경우에 배당에 있어서 순위가 보호된다고 규정하고 있습니다.

그러므로 주택임차인의 입주, 주민등록, 확정일자와 근저당권자의 근저당권설정등기가 동일한 날짜에 경료된 경우 주택임차권과 근저당권 중 어느 것이 우선순위를 가질 것인지는 주택임대차보호법 제3조 제1항의 '대항력'과 같은 법 제3조의2 제2항의 '대항요건'이라는 개념을 같은 개념으로 해석해야 하는지 아니면 달리 해석해야 하는지에 따라 달라질 수 있을 것입니다.

이에 관하여 판례는 "주택임대차보호법 제3조 제1항이 인도와 주민등록을 갖춘 다음날부터 대항력이 발생한다고 규정한 것은 인도나 주민등록이 등기와 달리 간이한 공시방법이어서 인도 및 주민등록과 제3자 명의의 등기가 같은 날 이루어진 경우에 그 선후관계를 밝혀 선순위 권리자를 정하는 것이 사실상 곤란한데다가, 제3자가 인도와 주민등록을 마친 임차인이 없음을 확인하고 등기까지 경료하였음에도 그 후 같은 날 임차인이 인도와 주민등록을 마침으로 인하여 입을 수 있는 불측(不測)의 피해를 방지하기 위하여 임차인보다 등기를 경료한 권리자를 우선시키고자 하는 취지이고, 주택임대차보호법 제3조의2 제1항(현행 제3조의2 제2항)에 규정된 우선변제적 효력은 대항력과 마찬가지로 주택임차권의 제3자에 대한 물권적 효력으로서 임차인과 제3자 사이의 우선순위를 대항력과 달리 규율하여야 할 합리적인 근거도 없으므로, 주택임대차보호법 제3조의2 제1항(현행 제3조의2 제2항)에 규정된 확정일자를 입주 및 주민등록일과 같은 날 또는 그 이전에 갖춘 경우에는 우선변제적 효력은 대항력과 마찬가지로 인도와 주민등록을 마친 다음날을 기준으로 발생한다."라고 하여 '대항력'과 '대항요건'을 같은 개념으로 인정하고 있습니다(대법원 1997. 12. 12. 선고 97다22393 판결, 1998. 9. 8. 선고 98다26002 판결, 1999. 3. 23. 선고 98다46938 판결).

따라서 임차인의 우선변제권은 위와 같은 요건(입주, 주민등록, 확정일자)을 모두 갖춘 그 다음 날에 발생하므로, 임차인인 귀하보다 근저당권자가 선순위의 배당권자가 될 것으로 보입니다.

■ 우선변제권을 가진 임차인이 근저당권에 기한 강제경매절차에서 배당요구를 하지 않은 경우, 배당받은 후순위채권자에게 부당이득반환을 요구할 수 있나요?

Q 저는 대항력과 확정일자를 갖춘 임차인으로서 A건물에 대하여 우선변제권이 있으나, 법률적인 부분을 잘 알지 못하여 A건물에 설정된 근저당권에 기한 강제경매절차에서 배당요구를 하지 못했습니다. 이 경우 경매에서 배당받은 후순위채권자를 상대로 부당이득반환을 요구할 수 있나요?

A 확정일자를 받은 임차인은 경매절차에서 배당요구 종기까지 배당요구를 하여야만 배당시에 우선변제를 받을 수 있습니다. 우리 대법원도 상가임대차보호법상의 임대차보증금반환채권과 유사한 주택임대차보호법상의 임대차보증금반환채권에 대해서 "주택임대차보호법에 의하여 우선변제청구권이 인정되는 임대차보증금반환채권은 현행법상 배당요구가 필요한 배당요구채권에 해당한다."고 하고 있습니다(대법원 1998. 10. 13. 선고 98다12379 판결).

한편, 민사집행법 제88조 제1항에서 규정하는 배당요구가 필요한 배당요구채권자는 압류의 효력발생 전에 등기한 가압류채권자, 경락으로 인하여 소멸하는 저당권자 및 전세권자로서 압류의 효력발생 전에 등기한 자 등 당연히 배당을 받을 수 있는 채권자의 경우와는 달리, 배당요구를 한 경우에 한하여 비로소 배당을 받을 수 있고, 적법한 배당요구를 하지 아니한 경우에는 비록 실체법상 우선변제청구권이 있다 하더라도 경락대금으로부터 우선하여 배당을 받을 수는 없을 것이므로, 이러한 배당요구채권자가 적법한 배당요구를 하지 아니하여 그를 배당에서 제외하는 것으로 배당표가 작성·확정되고 그 확정된 배당표에 따라 배당이 실시되었다면 그가 적법한 배당요구를 한 경우에 배당받을 수 있었던 금액 상당의 금원이 후순위채권자에게 배당되었다고 하여 이를 법률상 원인이 없는 것이라고 할 수 없습니다(대법원 1998. 10. 13. 선고 98다12379 판결).

따라서 사안의 경우에 후순위채권자는 법률상 원인 없이 배당금을 취득한 것이 아니므로, 배당요구를 하지 아니한 임차인은 후순위채권자를 상대로 부당이득반환을 청구하실 수는 없을 것으로 보입니다.

2-2-3. (가)압류

① 압류는 채권의 실행을 확보하기 위해 집행법원이 확정판결이나 그 밖의 집행권원에 근거해 채무자의 재산처분을 금지하는 것을 말합니다(민사집행법 제24조, 제83조 및 제223조).

② 가압류는 금전채권이나 금전으로 환산할 수 있는 채권에 관해 장래 그 집행을 보전하려는 목적으로 미리 채무자의 재산을 압류해서 채무자가 처분하지 못하도록 하는 것을 말합니다(민사집행법 제276조).

③ 경매 물건에 설정된 (가)압류는 말소기준권리로서 매수인의 매수로 인해 말소됩니다(민사집행법 제91조제3항 및 제4항).

④ (예시)

등기 순위	권리	권리자	일자	권리내용	권리의 말소·인수
1	저당권	갑	2007. 09. 15.	채권액 100,000,000	말소(최선순위)
2	가압류	을	2008. 09. 15.	채권액 200,000,000	말소
3	임의경매	병	2009. 01. 16.		
4	매수인	정	2009. 03. 25.		

⑤ 이 경우 을의 가압류는 매수로 인해 말소됩니다. 따라서 매수인에게는 을의 가압류가 인수되지 않습니다.

■ 가압류된 주택 임차 후 경매 시 임차인의 매수인에게 대항할 수 있는지요?

Q 저는 가압류된 주택을 임차하여 입주하고 주민등록전입신고를 마쳤는데, 그 후 가압류채권자가 집주인을 상대로 승소판결을 받은 후 임차주택에 대하여 경매신청을 하였습니다. 이 경우 제가 위 경매절차의 매수인에게 대항할 수 있는지요?

A 주택임대차보호법 제3조 제1항은 "임대차는 그 등기가 없는 경우에도 임차인이 주택의 인도와 주민등록을 마친 때에는 그 익일부터 제3자에 대하여 효력이 생긴다. 이 경우 전입신고를 한 때에 주민등록이 된 것으로 본다."라고 규정하고 있고, 같은 법 제3조 제3항은 "임차주택의 양수인(그 밖에 임대할 권리를 승계한 자를 포함한다)은 임대인의 지위를 승계 한 것으로 본다."라고 규정하고 있습니다.

여기서 '임차주택의 양수인'은 매매, 증여, 경매, 상속, 공용징수 등에 의하여 임차주택의 소유권을 취득한 자를 말하지만(대법원 1993. 11. 23. 선고 93다4083 판결, 2002. 4. 12. 선고 2000다70460 판결), 선순위 가압류등기가 있었을 경우, 그에 기한 경매절차의 매수인에게도 대항력을 주장할 수 있느냐가 문제됩니다.

이에 관하여 판례는 "임차인이 주민등록전입신고를 마치고 입주·사용함으로써 주택임대차보호법 제3조에 의하여 그 임차권이 대항력을 갖는다 하더라도 부동산에 대하여 가압류등기가 마쳐진 후에 그 채무자로부터 그 부동산을 임차한 자는 가압류집행으로 인한 처분금지의 효력에 의하여 가압류사건의 본안판결의 집행으로 그 부동산을 취득한 경락인에게 그 임대차의 효력을 주장할 수 없다."라고 하였습니다(대법원 1983. 4. 26. 선고 83다카116 판결).

따라서 위 사안의 경우 귀하는 경매절차의 매수인에게 위 임대차의 효력을 주장할 수 없습니다.

다만 귀하가 소액임차인에 해당할 경우(소액임차인의 범위에 관하여는 사례33 참조) 주택임대차보호법 소정의 '보증금 중 일정액'에 관하여 최우선변제권을 행사할 수 있고, 확정일자를 받아 두었다면 가압류채권자와 채권액에 비례하여 안분배당을 받을 수 있을 것입니다(주택임대차보호법 제8조 제1항, 대법원 1992. 10. 13. 선고 92다30597 판결). 참고로 만약 귀하가 위 두 가지 경우 모두에 해당할 경우 귀하는 일단 배당금에서 주택임대차보호법 소정의 '보증금 중 일정액'만큼은 최우선변제 받을 수 있고, 그럼에도 여전히 변제받지 못하고 남은 임대차보증금이 있을 경우 이에 관하여 다시 가압류채권자와 채권액에 비례하여 안분배당을 받으실 수 있습니다(대법원 2007. 11. 15. 선고 2007다45562 판결).

■ 대항력을 갖춘 임차인의 보증금반환채권이 가압류된 상태에서 임대주택이 양도된 경우 양수인이 채권가압류의 제3채무자 지위를 승계하는지요?

Q 주택임대차보호법상 대항력을 갖춘 임차인 甲의 임대차보증금반환채권이 가압류된 상태에서 임대주택이 양도된 경우, 양수인 乙이 채권가압류의 제3채무자 지위를 승계하는지요? 그리고, 이 경우 가압류채권자 丙은 양수인 乙에 대하여만 가압류의 효력을 주장할 수 있는지요?

A 주택임대차보호법 제3조 제3항은 같은 조 제1항이 정한 대항요건을 갖춘 임대차의 목적이 된 임대주택(이하 '임대주택'은 주택임대차보호법의 적용대상인 임대주택을 가리킨다)의 양수인은 임대인의 지위를 승계한 것으로 본다고 규정하고 있는바, 이는 법률상의 당연승계 규정으로 보아야 하므로, 임대주택이 양도된 경우에 양수인은 주택의 소유권과 결합하여 임대인의 임대차 계약상의 권리·의무 일체를 그대로 승계하며, 그 결과 양수인이 임대차보증금반환채무를 면책적으로 인수하고, 양도인은 임대차관계에서 탈퇴하여 임차인에 대한 임대차보증금반환채무를 면하게 됩니다. 나아가 임차인에 대하여 임대차보증금반환채무를 부담하는 임대인임을 당연한 전제로 하여 임대차보증금반환채무의 지급금지를 명령받은 제3채무자의 지위는 임대인의 지위와 분리될 수 있는 것이 아니므로, 임대주택의 양도로 임대인의 지위가 일체로 양수인에게 이전된다면 채권가압류의 제3채무자의 지위도 임대인의 지위와 함께 이전된다고볼 수밖에 없습니다. 한편 주택임대차보호법상 임대주택의 양도에 양수인의 임대차보증금반환채무의 면책적 인수를 인정하는 이유는 임대주택에 관한 임대인의 의무 대부분이 그 주택의 소유자이기만 하면 이행가능하고 임차인이 같은 법에서 규정하는 대항요건을 구비하면 임대주택의 매각대금에서 임대차보증금을 우선변제받을 수 있기 때문인데, 임대주택이 양도되었음에도 양수인이 채권가압류의 제3채무자의 지위를 승계하지않는다면 가압류권자는 장차 본집행절차에서 주택의 매각대금으로부터 우선변제를 받을 수 있는 권리를 상실하는 중대한 불이익을 입게 됩니다. 이러한 사정들을 고려하면, 임차인의 임대차보증금반환채권이 가압류된 상태에서 임대주택이 양도되면 양수인이 채권가압류의 제3채무자의 지위도 승계하고, 가압류권자 또한 임대주택의 양도인이 아니라 양수인에 대하여만 위 가압류의 효력을 주장할 수 있다고 보아야 합니다(대법원 2013. 1. 17. 선고 2011다49523 전원합의체 판결 참조).

따라서 사안과 같은 경우, 주택임대차보호법상 대항력을 갖춘 임차인 甲의 임대차보증금반환채권이 가압류된 상태에서 임대주택이 양도된 경우, 양수인 乙은 채권가압류의 제3채무자 지위를 승계합니다. 그리고 이 경우 가압류채권자 丙은 양수인 乙에 대하여만 가압류의 효력을 주장할 수 있습니다.

■ 가압류된 주택의 매수인으로부터 임차 후 가압류권자에 의해 경매될 경우 매수인에게 대항할 수 있는지요?

Q 저는 다른 선순위의 부담은 없고 가압류 1건이 기입등기되어 있는 주택을 매수하여 소유권이전등기를 한 자로부터 가압류가 해제될 것이라는 말을 듣고 그것을 믿고서 주택을 임차하여 입주한 다음 주민등록전입신고를 마쳤습니다. 그런데 가압류채권자가 본안소송에서 승소하여 주택에 대한 강제경매를 신청하였습니다. 저는 경매절차의 매수인에게 대항할 수 있는지요?

A 가압류명령의 집행은 가압류의 목적물에 대하여 채무자가 매매, 증여 또는 담보권의 설정, 기타 일체의 처분을 금지하는 효력을 생기게 합니다.

만일, 채무자가 처분금지명령을 어기고 일정한 처분행위를 하였을 경우 그 처분행위는 절대적으로 무효가 되는 것은 아니지만, 가압류에 의한 처분금지의 효력 때문에 그 집행보전의 목적을 달성하는데 필요한 범위 안에서 가압류채권자에 대한 관계에서는 상대적으로 무효가 될 것입니다(대법원 1994. 11. 29.자 94마417 결정).

그렇다면 위 사안에 있어서 귀하가 위 주택에 대한 경매절차의 매수인에게 대항력을 행사할 수 있을 것인지에 관하여 보면, 가압류의 처분금지적 효력이 미치는 객관적 범위인 가압류결정 당시의 청구금액의 한도 안에서는 가압류채권자에 대하여 집주인의 소유권취득이 무효가 되며, 그 집주인으로부터 주택을 임차한 귀하의 주택임차권 역시 가압류채권자에 대하여 가압류의 처분금지적 효력이 미치는 객관적 범위인 가압류결정 당시의 청구금액의 한도 안에서는 무효가 되므로 가압류채권자의 경매신청에 의하여 소유권을 취득한 매수인에 대하여 귀하가 주택임차권을 주장할 수 없다 할 것입니다.

참고로 가압류등기 후 소유자의 변동이 없는 상태에서 주택을 임차한 주택임차인이 그 주택의 경매절차의 매수인에게 대항력을 주장할 수 있는지에 관하여 판례는 "임차인이 주민등록전입신고를 마치고 입주·사용함으로써 주택임대차보호법 제3조에 의하여 그 임차권이 대항력을 갖는다 하더라도 부동산에 대하여 가압류등기가 마쳐진 후에 그 채무자로부터 그 부동산을 임차한 자는 가압류집행으로 인한 처분금지의 효력에 의하여 가압류사건의 본안판결의 집행으로 그 부동산을 취득한 경락인에게 그 임대차의 효력을 주장할 수 없다."라고 하였습니다(대법원 1983. 4. 26. 선고 83다카116 판결).

그리고 가압류집행 후 가압류목적물의 소유권이 제3자에게 이전되고, 가압류채권자가 집행권원을 얻어 신청함으로써 개시된 경매절차에서 제3취득자에 대한 채권자가 가압류목적물의 매각대금 중 가압류의 처분금지적 효력이 미치는 범위의 금액에 대하여 배당에 참가할 수 있는지에 관하여 판례는 "가압류의 처분금지적 효력에 따라 가압류집행 후 가압류채무자의 가압류목적물에 대한 처분행위는 가압류채권자와의 관계에서는 그 효력이 없으므로 가압류 집행 후 가압류목적물의 소유권이 제3자에게 이전된 경우 가압류채권자는 채무명의(집행권원)를 얻어 제3취득자가 아닌 가압류채무자를 집행채무자로 하여 그 가압류를 본압류로 전이하는 강제집행을 실행할 수 있고, 이 경우 그 강제집행은 가압류의 처분금지적 효력이 미치는 객관적 범위인 가압류결정 당시의 청구금액의 한도 안에서는 집행채무자인 가압류채무자의 책임재산에 대한 강제집행절차이므로 제3취득자에 대한 채권자는 당해 가압류목적물의 매각대금 중 가압류의 처분금지적 효력이 미치는 범위의 금액에 대하여는 배당에 참가할 수 없다."라고 하였습니다(대법원 1998. 11. 10. 선고 98다43441 판결).

그러므로 위 사안에서 귀하는 대항요건과 확정일자를 갖추었거나 소액임차인일지라도 위 경매절차에서 가압류결정 당시의 청구금액의 한도 안에서는 배당에 참가할 수 없을 것입니다. 그러나 가압류채권자에게 배당을 실시하고 남는 금액이 있는 경우에는 "제3취득자에 대한 채권자가 그 집행절차에서 가압류의 처분금지적 효력이 미치는 범위 외의 나머지 부분에 대하여는 배당에 참가할 수 있다."라고 하였으므로(2005. 7. 29. 선고 2003다40637 판결), 귀하도 가압류채권자에게 배당을 실시하고 남는 금액이 있는 경우 위 경매절차에서 배당요구를 하여 다른 채권자들과의 순위에 따라 배당을 받을 수 있을 것입니다.

Q 주택임대차보호법상 대항력을 갖춘 임차인의 임대차보증금반환채권이 가압류
된 상태에서 임대주택이 양도된 경우, 양수인이 채권가압류의 제3채무자 지위
를 승계하는지요?

A 주택임대차보호법 제3조 제3항은 같은 조 제1항이 정한 대항요건을 갖춘 임대
차의 목적이 된 임대주택(이하 '임대주택'은 주택임대차보호법의 적용대상인 임
대주택을 가리킨다)의 양수인은 임대인의 지위를 승계한 것으로 본다고 규정하
고 있는 바, 이는 법률상의 당연승계 규정으로 보아야 하므로, 임대주택이 양도
된 경우에 양수인은 주택의 소유권과 결합하여 임대인의 임대차 계약상의 권리
·의무 일체를 그대로 승계하며, 그 결과 양수인이 임대차보증금반환채무를 면
책적으로 인수하고, 양도인은 임대차관계에서 탈퇴하여 임차인에 대한 임대차보
증금반환채무를 면하게 된다. 나아가 임차인에 대하여 임대차보증금반환채무를
부담하는 임대인임을 당연한 전제로 하여 임대차보증금반환채무의 지급금지를
명령받은 제3채무자의 지위는 임대인의 지위와 분리될 수 있는 것이 아니므로,
임대주택의 양도로 임대인의 지위가 일체로 양수인에게 이전된다면 채권가압류
의 제3채무자의 지위도 임대인의 지위와 함께 이전된다고 볼 수밖에 없다.

한편 주택임대차보호법상 임대주택의 양도에 양수인의 임대차보증금반환채무의
면책적 인수를 인정하는 이유는 임대주택에 관한 임대인의 의무 대부분이 그
주택의 소유자이기만 하면 이행가능하고 임차인이 같은 법에서 규정하는 대항
요건을 구비하면 임대주택의 매각대금에서 임대차보증금을 우선변제받을 수 있
기 때문인데, 임대주택이 양도되었음에도 양수인이 채권가압류의 제3채무자의
지위를 승계하지 않는다면 가압류권자는 장차 본집행절차에서 주택의 매각대금
으로부터 우선변제를 받을 수 있는 권리를 상실하는 중대한 불이익을 입게 된
다. 이러한 사정들을 고려하면, 임차인의 임대차보증금반환채권이 가압류된 상
태에서 임대주택이 양도되면 양수인이 채권가압류의 제3채무자의 지위도 승계
하고, 가압류권자 또한 임대주택의 양도인이 아니라 양수인에 대하여만 위 가
압류의 효력을 주장할 수 있다고 보아야 한다(대법원 2013. 1. 17. 선고
2011다49523 전원합의체 판결).

■ 체납처분에 의한 압류등기 후 증액부분에 대해서도 대항할 수 있나요?

Q 대항력을 갖춘 임차인 甲은 거주하고 있는 주택에 체납처분에 의한 압류등기 이후 임대인과 보증금을 증액하기로 합의하고 초과부분을 지급하였습니다. 이 경우 甲은 주택을 경락받은 丙에게 증액부분에 대해서도 대항할 수 있나요?

A 대법원은 "임차인이 임차건물에 관한 저당권설정등기 이전에 대항력을 갖춘 임차권을 취득한 경우에는 그 임차권으로써 저당권자에게 대항할 수 있음은 물론이나, 저당권설정등기 후에 임대인과 사이에 임차보증금을 증액하기로 합의하고 증액된 부분의 보증금을 지급하였다면 그 합의는 저당권자의 권리를 해하는 것이므로 저당권자에게는 대항할 수 없다고 할 것이다. 따라서 임차인은 위 저당권에 기하여 건물을 경락받은 소유자의 건물명도 청구에 대하여 증액 전 임차보증금을 상환받을 때까지 그 건물을 명도할 수 없다고 주장할 수 있을 뿐이고 저당권설정등기 이후에 증액한 임차보증금으로써는 소유자에게 대항할 수 없는 것이다(대법원 1990. 8. 14. 선고 90다카11377 판결 참조). 이러한 법리는 대항력을 갖춘 임차인이 체납처분에 의한 압류등기 이후에 임대인과 보증금을 증액하기로 합의하고 초과부분을 지급한 경우에도 마찬가지로 적용된다고 할 것이다(대법원 2010.5.13, 선고, 2010다12753, 판결)."고 판시하고 있습니다.

따라서 임차인 甲은 증액한 임차보증금으로는 주택을 경락받은 丙에게 대항할 수 없습니다.

■ 대항요건은 갖추었으나 제3자의 가압류 후 확정일자를 받은 경우 가압류 채권자보다 우선하여 배당받을 수 있는지요?

Q 저는 주택을 임차하여 입주와 주민등록전입신고는 마쳤으나, 확정일자를 받기 전에 임차주택에 대하여 가압류등기가 경료되고 말았습니다. 만일, 임차주택이 경매될 경우 제가 가압류채권자보다 우선하여 배당받을 수 있는지요?

A 입주와 주민등록전입신고에 관하여 「주택임대차보호법」제3조의2 제2항에서는 대항요건과 임대차계약증서상의 확정일자를 갖춘 주택임차인은 후순위권리자나 그 밖의 채권자 보다 우선하여 보증금을 변제받을 권리가 있다고 규정하고 있습니다.

그런데 위 사안과 같이 주택임차인이 대항요건은 갖추었지만, 확정일자를 가압류등기보다 늦게 받은 경우 임차주택이 경매된다면 가압류채권자와의 우선순위가 어떻게 될 것인지 문제됩니다.

일단, 「주택임대차보호법」상 우선변제권을 취득하기 위해서는 대항요건 외에 확정일자까지 갖추어야 하는 것이므로 확정일자를 가압류등기보다 늦게 받았다면 그 가압류채권자에 대해 우선변제권을 주장할 수는 없고, 그 가압류채권자는 주택임차인에 대하여 선순위 가압류채권자가 되는 것입니다.

다음으로 선순위 가압류채권자가 있는 경우 그와 주택임차인사이의 배당순위와 관련하여 판례는 "주택임대차보호법 제3조의2 제1항(현행 주택임대차보호법 제3조의2 제2항)은 대항요건(주택인도와 주민등록전입신고)과 임대차계약증서상의 확정일자를 갖춘 주택임차인은 후순위권리자 기타 일반채권자보다 우선하여 보증금을 변제받을 권리가 있음을 규정하고 있는바, 이는 임대차계약증서에 확정일자를 갖춘 경우에는 부동산담보권에 유사한 권리를 인정한다는 취지이므로, 부동산담보권자보다 선순위의 가압류채권자가 있는 경우에 그 담보권자가 선순위의 가압류채권자와 채권액에 비례한 평등배당을 받을 수 있는 것과 마찬가지로 위 규정에 의하여 우선변제권을 갖게 되는 임차보증금채권자도 선순위 가압류채권자와는 평등배당관계에 있게 된다."라고 하였습니다(대법원 1992. 10. 13. 선고 92다30597 판결).

따라서 귀하는 가압류채권자보다 우선하여 배당받을 수는 없지만, 가압류채권자와 채권액에 비례하여 안분 배당을 받을 것입니다. 또한, 귀하는 매각대금이 적어 보증금전액을 배당 받지 못할 경우에는 가압류 전에 갖춘 대항요건을 근거로 경매절차의 매수인에 대하여도 대항력을 주장할 수 있습니다. 한편 위와 같은 경우라도, 귀하가 주택임대차보호법 제8조에 따른 소액임차인에 해당한다면 해당 소액보증금의 범위 내에서는 가압류채권자에 비해 우선적으로 변제받을 수 있다는 점을 참조하시기 바랍니다.

2-2-4. 지상권·지역권

① 지상권은 다른 사람의 토지에 건물, 그 밖의 공작물이나 수목을 소유하기 위해 그 토지를 사용할 수 있는 권리를 말합니다(민법 제279조).

② 지역권은 통행·일조량 확보를 위한 건축금지 등 일정한 목적을 위해 다른 사람의 토지를 자기 토지의 편익에 이용할 수 있는 권리를 말합니다(민법 제291조).

③ 경매 물건에 설정된 지상권과 지역권은 매수인의 매수로 인해 말소될 수도, 매수인에게 인수될 수도 있습니다.

④ 말소기준권리인 저당권·(가)압류가 등기된 이후 설정된 지상권과 지역권은 소멸하는 반면, 이 등기보다 먼저 설정된 지상권과 지역권은 매수인에게 인수됩니다. 다만, 법정지상권이 있는 경우에는 설정 시기에 관계없이 무조건 매수인에게 인수되므로 주의해야 합니다(민사집행법 제91조제3항 및 제4항).

⑤ (예시)

등기 순위	권리	권리자	일자	권리내용	권리의 말소·인수
1	지상권	갑	2006. 02. 23.	10년(지료 무료)	인수
2	저당권	을	2006. 04. 02.	채권액 100,000,000	말소(최선순위)
3	지역권	병	2007. 09. 15.	20년(지료 무료)	말소
4	가압류	정	2008. 09. 15.	채권액 150,000,000	말소
5	강제경매	을	2009. 01. 16.		

⑥ 이 경우 을의 저당권은 매수로 인해 말소되고, 말소기준등기인 저당권 이후에 설정된 지역권·가압류는 모두 말소되지만, 말소기준등기보다 선순위인 지상권은 말소되지 않습니다. 따라서 매수인에게는 갑의 지상권이 인수됩니다.

■ 명의수탁자의 채권자가 경매처분 한 토지 위 건물의 법정지상권을 주장할 수 있는지요?

Q 甲은 토지를 매수하면서 그의 처 乙명의로 소유권이전등기를 마치고서 그 토지상에 건물을 신축하여 그 건물의 소유권보존등기는 甲의 명의로 해두었는데, 乙의 채권자 丙이 신청한 강제경매절차에서 丁이 위 토지를 매수하게 되었습니다. 이 경우 甲이 丁에 대하여 법정지상권을 주장할 수 있는지요?

A 부동산 실권리자명의 등기에 관한 법률에서 명의신탁약정은 무효로 하고, 명의신탁약정에 따른 등기로 이루어진 부동산에 관한 물권변동도 무효로 하며, 부동산에 관한 물권을 취득하기 위한 계약에서 명의수탁자가 어느 한쪽 당사자가 되고 상대방 당사자는 명의신탁약정이 있다는 사실을 알지 못한 경우에는 그러하지 아니하고, 위와 같은 무효는 제3자에게 대항하지 못한다고 규정하고 있습니다(같은 법 제4조). 그러나 배우자명의로 부동산에 관한 물권을 등기한 경우로서 조세포탈, 강제집행의 면탈(免脫) 또는 법령상 제한의 회피를 목적으로 하지 아니하는 경우에는 같은 법 제4조부터 제7조까지 및 제12조 제1항·제2항을 적용하지 아니한다고 규정하여(같은 법 제8조 제2호), 명의신탁을 허용하고 있습니다. 그리고 어느 경우에나 부동산을 명의신탁 한 경우 소유권이 대외적으로 수탁자에게 귀속하므로, 수탁자가 제3자에게 수탁부동산을 처분하였을 때에는 그 처분행위가 무효 또는 취소되는 등의 특별한 사유가 없는 한 그 제3자는 신탁재산에 대한 소유권을 완전히 유효하게 취득합니다(같은 법 제4조 제3항, 대법원 2009. 4. 9. 선고 2009다2576, 2583 판결). 또한, 명의수탁자로부터 그 신탁재산을 취득한 제3자는 그 재산이 신탁재산인지를 몰랐든지(선의), 알았든지(악의) 불문하고 신탁재산에 대한 소유권을 취득하게 됩니다(대법원 2001. 5. 8. 선고 2000다43284 등 판결).

그런데 명의신탁자가 법정지상권을 취득할 수 있는지 판례를 보면, 건물의 등기부상 소유명의를 타인에게 신탁한 경우에 신탁자는 제3자에게 그 건물이 자기의 소유임을 주장할 수 없고, 따라서 그 건물과 부지인 토지가 동일인의 소유임을 전제로 한 법정지상권을 취득할 수 없다고 하였습니다(대법원 2004. 2. 13. 선고 2003다29043 판결).

따라서 위 사안에서도 甲은 위 토지의 경매절차 매수인 丁에 대하여 위 건물을 위한 법정지상권을 주장할 수 없을 것으로 보입니다.

⚖️ 관련판례

토지에 저당권을 설정할 당시 토지의 지상에 건물이 존재하고 있었고 그 양자가 동일 소유자에게 속하였다가 그 후 저당권의 실행으로 토지가 낙찰되기 전에 건물이 제3자에게 양도된 경우, 「민법」 제366조 소정의 법정지상권을 인정하는 법의 취지가 저당물의 경매로 인하여 토지와 그 지상 건물이 각 다른 사람의 소유에 속하게 된 경우에 건물이 철거되는 것과 같은 사회경제적 손실을 방지하려는 공익상 이유에 근거하는 점, 저당권자로서는 저당권설정 당시에 법정지상권의 부담을 예상하였을 것이고 또 저당권설정자는 저당권설정 당시의 담보가치가 저당권이 실행될 때에도 최소한 그대로 유지되어 있으면 될 것이므로 위와 같은 경우 법정지상권을 인정하더라도 저당권자 또는 저당권설정자에게는 불측의 손해가 생기지 않는 반면, 법정지상권을 인정하지 않는다면 건물을 양수한 제3자는 건물을 철거하여야 하는 손해를 입게 되는 점 등에 비추어 위와 같은 경우 건물을 양수한 제3자는 「민법」 제366조 소정의 법정지상권을 취득한다(대법원 1999.11.23.선고 99다52602 판결).

■ 지상권의 존속기간을 영구로 약정할 수 있는지요?

Q 민법에서는 지상권의 존속기간에 관하여 최단기간만을 규정하고 있으며, 최장기간에 관하여는 규정한 바가 없는데, 지상권의 존속기간을 영구로 약정할 경우 그러한 약정이 유효한지요?

A 민법에서 계약으로 지상권의 존속기간을 정하는 경우에는 그 기간은 ①석조, 석회조, 연와조 또는 이와 유사한 견고한 건물이나 수목의 소유를 목적으로 하는 때에는 30년, ②그 이외의 건물의 소유를 목적으로 하는 때에는 15년, ③ 건물 이외의 공작물의 소유를 목적으로 하는 때에는 5년보다 단축하지 못하고(민법 제280조 제1항), 위 기간보다 단축한 기간을 정한 때에는 위 기간까지 연장한다고 규정하고 있으며(민법 제280조 제2항), 존속기간을 정하지 아니한 지상권에 관하여, 계약으로 지상권의 존속기간을 정하지 아니한 때에는 그 기간은 민법 제280조의 최단존속기간으로 하고, 지상권설정당시에 공작물의 종류와 구조를 정하지 아니한 때에는 지상권은 석조, 석회조, 연와조 또는 이와 유사한 견고한 건물 이외의 건물의 소유를 목적으로 한 것으로 본다고 규정하고 있습니다(민법 제281조).

이처럼 민법에서 지상권의 최단기간에 관해서만 규정하고 있을 뿐 그 최장기간에 관해서는 규정하고 있지 않으므로, 지상권의 존속기간을 영구(永久)로 약정할 수 있는지 문제되는데 이에 관련된 판례를 보면, 민법상 지상권의 존속기간은 최단기만이 규정되어 있을 뿐 최장기에 관하여는 아무런 제한이 없으며, 존속기간이 영구인 지상권을 인정할 실제의 필요성도 있고, 이러한 지상권을 인정하더라도 지상권제한이 없는 토지소유권을 회복할 방법이 있을 뿐만 아니라, 특히 구분지상권의 경우에는 존속기간이 영구일지라도 대지소유권을 전면적으로 제한하지 아니한다는 점 등에 비추어 보면, 지상권의 존속기간을 영구로 약정하는 것도 허용된다고 하였습니다(대법원 2001. 5. 29. 선고 99다66410 판결).

따라서 지상권의 존속기간을 영구로 약정하여도 그 약정은 유효하다고 볼 수 있을 것입니다.

⚖ 관련판례

자기소유 토지에 분묘를 설치하고 이를 타에 양도한 경우에는 그 분묘가 평장되어 외부에서 인식할 수 없는 경우를 제외하고는 당사자 간에 특별한 의사표시가 없으면 판 사람은 분묘소유를 위하여 산 사람이 토지에 대하여 지상권 유사의 물권을 취득한다(대법원 1967. 10. 12. 선고 67다1920 판결).

Q 丙은 乙 소유이던 토지 위에 건립되어 있던 건물에 丙명의로 소유권보존등기를 경료 하였고, 이 건물에 관하여 채권자를 위하여 가압류등기 및 강제경매개시결정이 각 경료 되었습니다. 저는 乙로부터 토지를 매수하여 소유권이전등기를 경료하고 丙으로부터 건물을 매수하여 소유권이전등기를 경료 하였으나, 이후 건물이 甲에게 매각되어 甲의 대금 완납 이후 甲 명의로 소유권이전등기가 경료 되었습니다. 이 경우 제가 건물에 대한 관습상 법정지상권을 취득하나요?

A 토지와 건물이 동일한 소유자에게 속하였다가, 건물 또는 토지가 매매 기타 원인으로 인하여 양자의 소유자가 다르게 된 때, 당사자 사이에 그 건물을 철거하기로 하는 합의가 있었다는 등의 특별한 사정이 없으면, 건물소유자는 토지소유자에 대하여 그 건물을 위한 관습법상 법정지상권을 취득하게 됩니다(대법원 1997. 1. 21. 선고 96다40080 판결).

강제경매의 목적이 된 토지 또는 그 지상 건물의 소유권이 강제경매로 인하여 그 절차상의 매수인에게 이전된 경우에 건물의 소유를 위한 관습상 법정지상권이 성립하는가 하는 문제에 있어서는 그 매수인이 소유권을 취득하는 매각대금의 완납시가 아니라 그 압류의 효력이 발생하는 때를 기준으로 하여 토지와 그 지상 건물이 동일인에 속하였는지 여부가 판단되어야 하는데, 이는 강제경매개시결정의 기입등기가 이루어져 압류의 효력이 발생한 후에 경매목적물의 소유권을 취득한 이른바 제3취득자는 그의 권리를 경매절차상의 매수인에게 대항하지 못하고, 나아가 그 명의로 경료된 소유권이전등기는 매수인이 인수하지 아니하는 부동산의 부담에 관한 기입에 해당하므로(민사집행법 제144조 제1항 제2호 참조) 그 매각대금이 완납되면 직권으로 그 말소가 촉탁되어야 하는 것이어서(대법원 2002. 8. 23. 선고 2000다29295 판결 등 참조), 결국 매각대금 완납 당시 소유자가 누구인지는 이 문제맥락에서 별다른 의미를 가질 수 없다는 점 등을 고려하여 보면 더욱 그러하다고 하고 있으며, 한편 강제경매개시결정 이전에 가압류가 있는 경우에는, 그 가압류가 강제경매개시결정으로 인하여 본압류로 이행되어 가압류집행이 본집행에 포섭됨으로써 당초부터 본집행이 있었던 것과 같은 효력이 있고, 따라서 경매의 목적이 된 부동산에 대하여 가압류가 있고 그것이 본압류로 이행되어 경매절차가 진행된 경우에는 애초 가압류가 효력을 발생하는 때를 기준으로 토지와 그 지상 건물이 동일인에 속하였는지 여부를 판단할 것이라고 하였습니다(대법원 2012. 10. 18. 선고 2010다52140 전원합의체 판결).

귀하의 경우 위 경매의 목적물인 이 사건 건물에 대하여는 이 사건 강제경매개시결정 이전에 황산농업협동조합의 가압류가 있었고 그 후 그 가압류가 본압류로 이행하였으므로, 위 경매절차상의 매수인인 甲이 관습상 법정지상권을 취득하는지 하는 문제에 있어서 甲이 그 매각대금을 완납한 시점이 아니라 위 가압류가 효력을 발생한 시점을 기준으로 이 사건 토지와 그 지상의 이 사건 건물이 동일인에게 속하였는지를 판단하여야 할 것이며, 가압류의 효력 발생시 토지와 그 지상 건물의 소유자가 동일인이 아니었으므로 귀하에게는 건물의 소유를 위한 관습법상 법정지상권이 성립하지 않습니다.

⚖ 관련판례

법정지상권의 존속기간은 성립 후 그 지상목적물의 종류에 따라 규정하고 있는 「민법」 제280조제1항 소정의 각 기간으로 봄이 상당하고 분묘기지권과 같이 그 지상에 건립된 건물이 존속하는 한 법정지상권도 존속하는 것이라고는 할 수 없다(대법원 1992. 6. 9. 선고 92다4857 판결).

■ 통행지역권의 주장이 권리남용에 해당하는지요?

Q 제 토지를 도로로 사용하고있는 상대방에게 도로 철거를 청구하였습니다. 그런데 상대방은 통행지역권을 시효취득하였다면서 청구에 대항하고 있습니다. 시효취득 하였다고 하더라도 상대방이 제 땅인것을 알고서 계속 도로로 사용한 것이므로 저에게 통행지역권을 주장하는 것은 권리남용 아닌가요?

A 지역권은 일정한 목적을 위하여 타인의 토지를 자기 토지의 편익에 이용하는 권리로서 계속되고 표현된 것에 한하여 취득시효에 관한 민법 제245조의 규정을 준용하도록 되어 있습니다. 나아가 통행지역권은 요역지의 소유자가 승역지 위에 도로를 설치하여 요역지의 편익을 위하여 승역지를 늘 사용하는 객관적 상태가 민법 제245조에 규정된 기간 계속된 경우에 한하여 그 시효취득을 인정할 수 있습니다.(대법원 1995. 6. 13. 선고 95다1088, 1095 판결)

사안과 관련하여 대법원은 "권리행사가 권리의 남용에 해당한다고 할 수 있으려면, 주관적으로 그 권리행사의 목적이 오직 상대방에게 고통을 주고 손해를 입히려는 데 있을 뿐 행사하는 사람에게 아무런 이익이 없는 경우이어야 하고, 객관적으로는 그 권리행사가 사회질서에 위반된다고 볼 수 있어야 하며, 이와 같은 경우에 해당하지 않는다면 비록 그 권리의 행사에 의하여 권리행사자가 얻는 이익보다 상대방이 입을 손해가 현저히 크다 하여도 그러한 사정만으로는 이를 권리남용이라 할 수 없다(대법원 2002. 9. 4. 선고 2002다22083, 22090 판결 등 참조). 이 부분 상고이유 주장의 취지는 이 사건 공장용지를 승계취득한 피고가 당시 이 사건 제1, 2 토지의 소유자가 원고들이라는 사실을 쉽사리 알 수 있었음에도 별도의 통행로를 확보하지 아니하고 이 사건 통행로를 계속 이용함으로써 통행지역권을 시효취득한 후 이를 내세워 원고들의 이 사건 제1, 2 토지상의 도로 철거 등 청구에 대항하는 것은 권리남용 또는 신의칙 위반에 해당한다는 것이나, 앞서 본 법리에 비추어 살펴보면 위와 같은 사정만으로는 권리남용 또는 신의칙 위반에 해당한다고 볼 수 없으므로, 상고이유 주장을 받아들이지 아니한다." 라고 판시한 바 있습니다.(대법원 2015.03.20. 선고 2012다17479)

따라서 통행지역권 주장이 오로지 질의자께 고통을 주고 손해를 입히려는데 있는 것은 아니므로, 상대방이 단순히 타인소유의 토지임을 알고도 계속 도로로 사용한 사정만으로는 상대방의 통행지역권 주장을 권리남용으로 보기는 어려워 보입니다.

■ 토지의 불법점유자가 그 토지상에 소유건물을 가졌다하여 위요지통행권이나 통행지역권의 시효취득 주장을 할 수 있는지요?

Q 제 땅 주변에는 원래 빈 공터가 있었습니다. 그런데 어느 날 외지인이 그 공터에 창고를 지었습니다. 그러더니 물건 등을 운반한다면서 제 땅을 통과하는 도로를 만들어서 사용하기 시작했습니다. 제가 항의하니 건물로 통하는 길이 없다며 주위토지통행권이라는 것을 주장합니다. 알아보니 토지소유자와 아무런 상의 없이 건물을 건설한 것이라고 하는데 이런 경우에도 주위토지통행권이 인정될 수 있는 것인가요?

A 위요지 통행권이나 통행지역권은 모두 인접한 토지의 상호이용의 조절에 기한 권리로서 토지의 소유자 또는 지상권자 전세권자 등 토지사용권을 가진 자에게 인정되는 권리라 할 것이므로 위와 같은 권리자가 아닌 토지의 불법점유자는 토지소유권의 상린관계로서 위요지 통행권의 주장이나 통행지역권의 시효취득 주장을 할 수 없습니다(1976. 10. 29. 선고 76다1694 판결 참조). 따라서 해당 건물의 소유자가 토지의 불법점유자라면 상담인에 대하여 주위토지통행권을 주장할 수는 없다 할 것입니다.

2-2-5. 전세권

① 전세권은 전세금을 지급하고 다른 사람의 부동산을 점유해서 그 부동산의 용도에 따라 사용·수익하며, 그 부동산 전부에 대해 후순위권리자 및 그 밖에 채권자보다 전세금을 우선변제 받을 수 있는 권리를 말합니다.

② 경매 물건에 설정된 전세권은 매수인의 매수로 인해 말소될 수도 있고 매수인에게 인수될 수도 있습니다.

③ 말소기준권리인 저당권·(가)압류가 등기된 이후 설정된 전세권은 소멸하는 반면, 이 등기보다 먼저 설정된 전세권은 매수인에게 인수됩니다. 다만, 전세권자가 배당요구를 하는 경우에는 그 권리가 말소되어 매수인에게 인수되지 않습니다(민사집행법 제91조제3항 및 제4항).

④ (예시)

등기순위	권리	권리자	일자	권리내용	권리의 말소·인수
1	전세권	갑	2006. 02. 23.	보증금 300,000,000 존속기간 2년	배당요구 있으면 말소, 배당요구 없으면 인수
2	저당권	을	2006. 04. 02.	채권액 100,000,000	말소(최선순위)
3	지역권	병	2007. 09. 15.	20년 (지료 무료)	말소
4	가압류	정	2008. 09. 15.	채권액 150,000,000	말소
5	강제경매	을	2009. 01. 16.		

⑤ 이 경우 을의 저당권은 매수로 인해 말소되고, 말소기준등기인 저당권 이후에 설정된 지역권·가압류는 모두 말소되지만, 말소기준등기보다 선순위인 전세권은 말소되지 않습니다. 따라서 매수인에게는 갑의 전세권이 인수됩니다.

⑥ 다만, 전세권자 갑이 배당요구를 하는 경우에는 전세권이 말소되므로 매수인에게 인수되는 권리는 없습니다.

■ 주택 경매로 2층의 선순위 전세권 소멸 시 1층의 후순위 전세권이 소멸 되는지요?

Q 甲은 乙소유인 2층 주택의 1층 부분을 전세보증금 5,000만원에 계약기간 2년으로 하여 전세계약을 체결하고 입주하여 주민등록의 전입신고를 하였습니다. 甲이 입주 당시 위 주택에는 유일한 선순위 권리로서 2층에 거주하는 丙의 전세권등기가 있었습니다. 그런데 甲이 입주한 후 6개월이 지나서 위 주택에 은행의 대출금채무에 관한 근저당권이 설정되었고, 1년이 지난 후 그 근저당권에 기한 경매가 개시되어 위 주택이 매각되었으나 甲은 확정일자를 받아두지 못하여 위 경매절차에서는 전혀 배당을 받을 수 없었는데, 丁(경매절차의 매수인)이 甲에게 위 주택의 1층을 명도를 요구하였고 甲은 대항력을 주장하였습니다. 이에 丁은 丙의 전세권은 위 경매절차에서 배당요구를 하여 소멸되었으므로 그 전세권보다 후순위인 甲의 등기되지 않은 전세권은 소멸하여 丁에게 대항력을 주장할 수 없다고 하는데 그것이 사실인지요?

A 주택임대차보호법은 미등기전세에도 준용되고, 주택임차권은 그 등기가 없는 경우에도 주택의 인도(입주)와 주민등록전입신고를 마친 때에는 그 다음날부터 제3자에 대하여 대항력을 취득합니다(주택임대차보호법 제3조 제1항, 제12조).

그런데 「민사집행법」 제91조(인수주의와 잉여주의의 선택 등)는 "①압류채권자의 채권에 우선하는 채권에 관한 부동산의 부담을 매수인에게 인수하게 하거나, 매각대금으로 그 부담을 변제하는 데 부족하지 아니하다는 것이 인정된 경우가 아니면 그 부동산을 매각하지 못한다. ②매각부동산 위의 모든 저당권은 매각으로 소멸된다. ③지상권·지역권·전세권 및 등기된 임차권은 저당권·압류채권·가압류채권에 대항할 수 없는 경우에는 매각으로 소멸된다. ④제3항의 경우 외의 지상권·지역권·전세권 및 등기된 임차권은 매수인이 인수한다. 다만, 그 중 전세권의 경우에는 전세권자가 제88조에 따라 배당요구를 하면 매각으로 소멸된다. ⑤매수인은 유치권자에게 그 유치권으로 담보하는 채권을 변제할 책임이 있다."라고 규정하고 있습니다.

즉, 부동산이 경매절차에서 매각된 경우 후순위 저당권에 대항할 수 있는 선순위 전세권도 「민사집행법」 제88조에 따라 배당요구를 하면 소멸되게 됩니다.

「주택임대차보호법」 제3조의5에서는 "임차권은 임차주택에 대하여 민사집행법에 따른 경매가 행하여진 경우에는 그 임차주택의 경락에 따라 소멸된다. 다만, 보증금이 모두 변제되지 아니한, 대항력 있는 임차권은 그러하지 아니하다."라고 규정하고 있습니다.

그리고 선순위 저당권과 후순위 저당권 사이에 주택임차권이 있는 경우에 그 후순위 저당권에 기한 경매절차에서 당해 주택이 경매절차에서 매각되면 선순위 저당권도 위 규정에 의하여 소멸되는 것이며, 이러한 경우에 그 보다 후순위인 주택임차권도 소멸되어 주택임대차보호법상 대항요건을 갖추었다고 하여도 경매절차의 매수인에게 대항력을 주장할 수 없습니다(대법원 2001. 1. 5. 선고 2000다47682 판결).

위 사안에서 丙의 선순위 전세권이 그 목적물인 부동산에 대한 경매절차에서 매각으로 인하여 소멸된 경우 丙의 전세권보다는 후순위이고 은행의 근저당권보다는 선순위인 甲의 주택임차권이 소멸된다고 보아야 할 것인지가 문제됩니다.

이에 관하여 판례는 "건물의 일부를 목적으로 하는 전세권은 그 목적물인 건물부분에 한하여 그 효력을 미치므로, 가령, 건물 중 일부(2층 부분)를 목적으로 하는 전세권이 주택임차인이 대항력을 취득하기 이전에 설정되었다가 경락으로 인하여 소멸하였다고 하더라도, 주택임차인의 임차권이 전세권의 목적물로 되어 있지 아니한 주택부분(1층의 일부)을 그 목적물로 하고 있었던 이상 위와 같은 사정만으로 이 사건 경락으로 인하여 소멸한다고 볼 수는 없다."라고 하였습니다 (대법원 1997. 8. 22. 선고 96다53628 판결, 2000. 2. 25. 선고 98다50869 판결, 2001. 7. 2.자 2001마212 결정).

따라서 위 사안에서 甲의 주택임차권은 경매절차에서의 매각으로 인하여 소멸하지 아니하고, 甲은 丁에게 대항력을 주장할 수 있을 것으로 보입니다.

■ 최선순위 전세권자의 지위와 주택임대차보호법상 임차인의 지위를 함께 가진 경우, 경매절차에서 두 지위를 모두 주장할 수 있는지요?

Q 甲은 2012. 9. 26. 乙이 소유하고 있는 건물에 관하여 3,000만원에 2012. 9. 27.부터 2년간 전세를 얻어 입주하면서 2012. 10. 29. 위 주소로 전입하였다가, 2012. 11. 4. 그 전세권 설정등기를 경료 하였습니다. 이후 丙은행은 2013. 8. 3. 乙에게 4,000만원을 대출해주면서 같은 날 위 건물에 관하여 채권최고액 금 50,000,000원으로 근저당권을 설정 받았으며, 乙이 위 채무를 변제하지 않자 근저당권에 기하여 2014. 3. 임의경매를 신청하였습니다. 甲은 위 경매절차에서 주택임대차보호법상 소액임차인의 지위와 전세권자의 지위를 모두 주장할 수 있을까요?

A 주택임대차보호법상 보호받는 소액임차인의 지위와 전세권자의 지위를 함께 갖고 있을 경우 경매절차에서 두 지위를 모두 주장할 수 있는지 여부와 관련하여 판례는 "주택에 관하여 최선순위로 전세권설정등기를 마치고 등기부상 새로운 이해관계인이 없는 상태에서 전세권설정계약과 계약당사자, 계약목적물 및 보증금(전세금액)등에 있어서 동일성이 인정되는 임대차계약을 체결하여 주택임대차보호법상 대항요건을 갖추었다면, 전세권자로서의 지위와 주택임대차보호법상 대항력을 갖춘 임차인으로서의 지위를 함께 가지게 된다. 이러한 경우 전세권과 더불어 주택임대차보호법상의 대항력을 갖추는 것은 자신의 지위를 강화하기 위한 것이지 원래 가졌던 권리를 포기하고 다른 권리로 대체하려는 것은 아니라는 점, 자신의 지위를 강화하기 위하여 설정한 전세권으로 인하여 오히려 주택임대차보호법상의 대항력이 소멸된다는 것은 부당하다는 점, 동일인이 같은 주택에 대하여 전세권과 대항력을 함께 가지므로 대항력으로 인하여 전세권 설정 당시 확보한 담보가치가 훼손되는 문제는 발생하지 않는다는 점 등을 고려하면, 최선순위 전세권자로서 배당요구를 하여 전세권이 매각으로 소멸되었다 하더라도 변제받지 못한 나머지 보증금에 기하여 대항력을 행사할 수 있고, 그 범위 내에서 임차주택의 매수인은 임대인의 지위를 승계한 것으로 보아야 한다"고 판시하여, 경매절차에서 두 지위 모두 주장할 수 있을 뿐만 아니라 최선순위 전세권자로서 배당요구를 했음에도 받지 못한 보증금이 있을 경우 그 범위 내에서 임차인의 지위가 잔존하고 있으며 임차주택의 매수인에게도 이를 주장할 수 있음을 확인하고 있습니다(대법원 2010. 7. 26. 선고 2010마900 결정).

따라서 본 사안의 경우, 甲은 소액임차인으로서의 지위와 전세권자로서의 지위를 경매절차에서 함께 주장할 수 있고, 전세권자로서 배당요구를 했음에도 보증금 30,000,000중 일부를 변제받지 못한 경우 남은 보증금에 기해 위 주택의 매수인에게 임차인의 지위를 주장할 수 있습니다.

■ 임차인의 지위와 전세권자의 지위를 함께 가졌으나 나중에 임차인의 지위를 상실한 경우, 경매절차에서 우선배당 가능한지요?

Q 甲은 2012. 9. 26. 乙이 소유하고 있는 건물에 관하여 1,700만원에 2012. 9. 27.부터 2년간 전세를 얻어 입주하면서 2012. 10. 29. 위 주소로 전입하였다가, 2012. 11. 4. 그 전세권 설정등기를 경료하고 2013. 4. 21. 다른 지역으로 전출하였습니다. 한편, 乙에게 2012. 8. 3. 5,000만원을 대출해주었던 丙은행은 같은 날 위 건물에 관하여 채권최고액 금 6,240만원으로 근저당권을 설정 받았으며, 乙이 위 채무를 변제하지 않자 근저당권에 기하여 2013. 4. 임의경매를 신청하였습니다.

甲이 위 경매절차에서 다른 지역으로 주민등록을 이전하기 전에 민법상 주택임대차등기 또는 주택임대차보호법상 임차권등기명령의 집행에 의한 임차권등기보다 강력한 전세권 설정등기를 경료한 만큼 주택임대차보호법 소정 소액임차인으로서 위 전세금 중 일부를 우선 배당받을 권리가 있다고 주장한다면, 甲에게 우선배당이 가능할까요?

A 임대차와 전세권의 법적성질에 대하여, 판례는 우선 "전세권은 전세금을 지급하고 타인의 부동산을 점유하여 그 부동산의 용도에 좇아 사용·수익하며 그 부동산 전부에 대하여 후순위권리자 기타 채권자보다 전세금의 우선변제를 받을 권리를 내용으로 하는 물권이지만, 임대차는 당사자 일방이 상대방에게 목적물을 사용·수익하게 할 것을 약정하고 상대방이 이에 대하여 차임을 지급할 것을 약정함으로써 그 효력이 발생하는 채권계약으로서, 주택임차인이 주택임대차보호법 제3조 제1항 의 대항요건을 갖추거나 민법 제621조 의 규정에 의한 주택임대차등기를 마치더라도 채권계약이라는 기본적인 성질에 변함이 없다"고 명시하여 양자 간 법적성질의 차이점을 분명히 확인하고 있습니다(대법원 2007. 6. 28. 선고 2004다69741 판결 등).

이러한 맥락에서 판례는 "주택임차인이 그 지위를 강화하고자 별도로 전세권설정등기를 마치더라도 주택임대차보호법상 주택임차인으로서의 우선변제를 받을 수 있는 권리와 전세권자로서 우선변제를 받을 수 있는 권리는 근거 규정 및 성립요건을 달리하는 별개의 것이라는 점, 주택임대차보호법 제3조의3 제1항 에서 규정한 임차권등기명령에 의한 임차권등기와 동법 제3조의4 제2항 에서 규정한 주택임대차등기는 공통적으로 주택임대차보호법상의 대항요건인 '주민등록일자', '점유개시일자' 및 '확정일자'를 등기사항으로 기재하여 이를 공시하지만 전세권설정등기에는 이러한 대항요건을 공시하는 기능이 없는 점, 주택임대차보호법 제3조의4 제1항 에서 임차권등기명령에 의한 임차권등기의 효력에 관한 동법 제3조의3 제5항 의 규정은 민법 제621조 에 의한 주택임대차등기의 효력에 관하여 이를 준용한다고 규정하고 있을 뿐 주택임대차보호법 제3조의3 제5항 의 규정을 전세권설정등기의 효력에 관하여 준용할 법적 근거가 없는 점 등을 종합하면, 주택임차인이 그 지위를 강화하고자 별도로 전세권설정등기를 마쳤더라도 주택임차인이 주택임대차보호법 제3조 제1항 의 대항요건을 상실하면 이미 취득한 주택임대차보호법상의 대항력 및 우선변제권을 상실한다"고 판시함으로서, 다른 지역으로 전출하거나 점유를 상실하게 되면 전세권설정등기를 하였는지 여부와 무관하게 주택임대차보호법상 대항요건을 상실하게 됨을 명시하고 있습니다(대법원 2007. 6. 28. 선고 2004다69741 판결 등).

따라서 甲은 2002. 10. 29. 위 주소로 전입한 후 2002. 4. 11. 전세권설정등기를 경료 하였으나, 2003. 4. 21. 다른 지역으로 전출하였으므로 전세권등기 여부와 무관하게 소액임차인으로서의 대항요건 및 우선변제권을 상실하였고, 이에 따라 위 경매절차에서 우선배당을 받을 수는 없습니다.

■ 경매로 선순위 전세권 소멸 시 다른 부분에 대한 후순위 전세권이 소멸 되는지요?

Q 저는 甲소유건물의 2층부분에 대한 전세권자이며, 그 건물 1층에는 저보다 선순위의 전세권자 乙이 있었는데, 위 건물은 저의 전세권보다 후순위인 근저당권자의 경매신청으로 매각되었고, 乙의 전세권은 乙이 배당요구를 하여 소멸된다고 하는데, 이 경우 전세기간이 남아 있어서 배당요구를 하지 않은 저의 전세권도 소멸하는지요?

A 민사집행법에서 인수주의와 잉여주의의 선택과 전세권에 관하여, 지상권·지역권·전세권 및 등기된 임차권은 저당권·압류채권·가압류채권에 대항할 수 없는 경우에는 매각으로 소멸되고, 저당권·압류채권·가압류채권에 대항할 수 없는 경우 외의 지상권·지역권·전세권 및 등기된 임차권은 매수인이 인수하는데 다만, 그 중 전세권의 경우에는 전세권자가 민사집행법 제88조에 따라 배당요구를 하면 매각으로 소멸된다고 규정하고 있습니다(민사집행법 제91조 제3항, 제4항).
그런데 건물일부를 목적으로 한 전세권이 경락으로 소멸할 경우, 그보다 나중에 설정되어 존속기간이 남아 있는 건물의 다른 부분을 목적으로 한 전세권도 소멸하는지 판례를 보면, 건물일부를 목적으로 하는 전세권은 그 목적물인 건물부분에 한하여 그 효력을 미치므로 건물 중 일부를 목적으로 한 전세권이 경락으로 인하여 소멸한다고 하더라도 그 전세권보다 나중에 설정된 전세권이 건물의 다른 부분을 목적물로 하고 있었던 경우에는 그와 같은 사정만으로는 아직 존속기간이 남아 있는 후순위의 전세권까지 경락으로 인하여 함께 소멸한다고 볼 수 없다고 하였습니다(대법원 2000. 2. 25. 선고 98다50869 판결).
따라서 위 사안의 경우 귀하의 전세권은 소멸되지 않고 존속하게 될 것입니다. 또한, 경매절차의 매수인은 전세권설정자로서의 甲의 지위를 그대로 승계하게 될 것으로 보입니다(대법원 2006. 5. 11. 선고 2006다6072 판결).

■ 부동산 경매절차에서 전세권자로서 갖는 지위가 제1경매절차에 한정되는지요?

Q 甲은 2014. 4. 1. 연립빌라의 소유자이던 乙과 연립빌라 102호에 대하여는 보증금 10,000,000원, 월세 15만원의 임대차계약을, 105호에 관하여는 전세금 32,500,000원, 전세기간 2014. 4. 1.부터 2014. 9. 30.까지로 된 전세계약을 각 체결하고, 2014. 4. 6. 105호에 대한 전세권설정등기를 마쳤습니다.

위 연립빌라 전체에 대한 경매가 개시되어 甲은 제1경매절차에서 배당요구 종기일인 2015. 2. 19. 전인 2014. 12. 29. 위 102호의 소액임차인이자 위 105호의 전세권자로서 배당요구를 하였으나 102호의 소액임차인으로서만 배당을 받게 되었습니다.

이어진 제2경매절차에서 甲이 제1경매절차와 동일하게 102호의 임차권자 및 105호의 전세권자로서 배당요구를 한다면, 제2경매절차에서 甲에게 105호에 대한 전세권자로서의 지위가 인정될 수 있을까요?

A 민사집행법 제91조 제3항은 "전세권은 저당권·압류채권·가압류채권에 대항할 수 없는 경우에는 매각으로 소멸된다."라고 규정하고, 같은 조 제4항은 "제3항의 경우 외의 전세권은 매수인이 인수한다. 다만 전세권자가 배당요구를 하면 매각으로 소멸된다."라고 규정하고 있습니다.

판례는 甲이 제1경매절차에서 전세권자 및 임차권자로서 배당요구를 하고 소액임차인으로서만 배당받은 뒤 제2경매절차에서도 배당요구 하여 전세권자로서 배당받자, 제1경매절차의 매수인에게서 위 부동산을 매수하여 소유권이전등기를 마친 丙이 제기한 배당이의의 소에서 위 민사집행법 제 91조 각 항의 입법취지를 엄격하게 해석하여 "甲의 전세권은 제1경매절차에 따른 부동산의 매각으로 소멸되었다"라고 판시하였습니다(대법원 2015. 10. 29. 선고 2015다30442 판결 등).

따라서 위 사안의 甲 역시 제1경매절차에서 105호의 전세권자 및 102호의 임차인으로서의 각 지위를 모두 주장하여 배당요구를 하여 102호의 소액임차인으로서만 배당을 받았다고 하더라도, 제1경매절차의 종료와 함께 105호에 대한 전세권 또한 소멸하였으므로 제2경매절차에서 105호의 전세권자로서의 지위를 주장하며 배당요구를 할 수는 없습니다.

■ 건물 일부의 전세권에 대하여 경매신청을 할 수 있는지요?

Q 저는 甲소유의 건물에 대하여 그 중 제가 사용수익하는 특정 상가부분에 대하여만 전세권을 설정하여 사용수익하고 있었습니다. 만약 제가 저의 전세권에 기하여 경매를 신청할 경우 전세건의 목적물이 아닌 나머지 건물 부분에 대하여도 경매신청을 할 수 있는지요?

A 전세권자는 민법 제318조에 의하여 전세권에 기하여 일정한 경우에 경매신청을 할 수 있습니다. 한편, 건물의 일부에 대하여 전세권이 설정되어 있는 경우에는, 그 전세권자가 전세권의 목적물이 아닌 나머지 건물부분에 대하여 경매신청을 할 수 있는지 여부가 문제 될 수 있습니다. 판례는, "제318조의 규정에 의하여 그 건물 전부에 대하여 후순위 권리자 기타 채권자보다 전세금의 우선변제를 받을 권리가 있고, 전세권설정자가 전세금의 반환을 지체한 때에는 전세권의 목적물의 경매를 청구할 수 있다 할 것이나, 전세권의 목적물이 아닌 나머지 건물부분에 대하여는 우선변제권은 별론으로 하고 경매신청권은 없다."라고 판시 한 바 있습니다(대법원 1992.3.10. 91마256 결정).

곧 귀하의 사안에서, 귀하는 건물의 일부에 대하여만 전세권이 설정되어 있는 이상 나머지 건물부분에 대하여는 경매를 신청할 권리가 없다고 할 것입니다.

■ 제1순위 전세권도 부동산이 경매로 매각되면 소멸되는지요?

Q 甲은 乙과 전세권설정계약을 맺고 乙소유 주택에 제1순위로 전세권설정등기를 하고서 거주하고 있는데, 甲의 전세권의 존속기간이 1년 이상 남아 있는 시점에 위 주택의 제2순위 근저당권자의 담보권실행으로 인한 경매신청에 따라 경매절차가 진행되고 있습니다. 이 경우 위 주택이 매각된다면 甲의 전세권은 소멸되는지요?

A 민사집행법 제91조 제3항은 "지상권·지역권·전세권 및 등기된 임차권은 저당권·압류채권·가압류채권에 대항할 수 없는 경우에는 매각으로 소멸된다."라고 규정하고 있고, 같은 조 제4항은 "제3항의 경우 외의 지상권·지역권·전세권 및 등기된 임차권은 매수인이 인수한다. 다만, 그 중 전세권의 경우에는 전세권자가 제88조에 따라 배당요구를 하면 매각으로 소멸된다."라고 규정하고 있습니다.

그리고, 「민사집행법」 제88조(배당요구) 제1항은 "집행력 있는 정본을 가진 채권자, 경매개시결정이 등기된 뒤에 가압류를 한 채권자, 민법·상법, 그 밖의 법률에 의하여 우선변제청구권이 있는 채권자는 배당요구를 할 수 있다."라고 규정하고 있으며, 같은 법 제84조 제2항은 배당요구의 종기가 정하여진 때에는 법원은 경매개시결정을 한 취지 및 배당요구의 종기를 같은 법 제91조 제4항 단서의 전세권자에게 이를 고지하도록 규정하고 있습니다.

따라서 위 사안의 경우 甲의 제1순위 전세권은 위 주택이 경매절차에서 매각된다면 원칙적으로 「민사집행법」제91조 제4항 본문에 따라 소멸되지 않고 매수인이 인수하여야 할 것이고 다만, 甲이 배당요구를 하면 甲의 제1순위 전세권은 소멸되고 甲은 매각대금에서 제1순위로 배당을 받게 될 것입니다.

여기서 전세권의 우선변제청구권은 전세권이 소멸될 것을 전제로 하여 인정되는 것이므로, 위 사안에서 甲이 우선변제청구권이 있는 제1순위 전세권에 기초하여 배당요구를 하려면 존속기간이 1년 이상 남아 있는 위 전세권설정계약을 해지할 수 있어야 가능할 것인데, 甲이 경매법원에 배당요구를 하는 것을 전세계약해지의 의사표시로 볼 수 있고, 경매법원이 같은 법 제89조에 따라 채무자에게 배당요구사실을 통지하면 전세권자 甲의 해지의사가 경매법원을 통하여 전세권설정자 乙에게 전달되어 그 배당요구통지의 도달 즉시 해지로 종료된다고 볼 수 있을 것입니다.

참고로 같은 법 제88조 제2항은 "배당요구에 따라 매수인이 인수하여야 할 부담이 바뀌는 경우 배당요구를 한 채권자는 배당요구의 종기가 지난 뒤에 이를 철회하지 못한다."라고 규정하고 있으므로, 위 사안에서 甲이 배당요구를 하였다가 그 배당요구를 철회하려면 배당요구의 종기가 지나기 전에 철회하여야 할 것이고, 배당요구의 종기가 지난 뒤에는 철회할 수 없을 것입니다.

2-2-6. 등기된 임차권

① 임차권은 임차인이 임대차에 기해 차임을 지급하고 임차 목적물을 사용·수익할 수 있는 권리를 말합니다(민법 제618조).

② 경매 물건에 등기된 임차권은 매수인의 매수로 인해 말소될 수도, 매수인에게 인수될 수도 있습니다.

③ 말소기준권리인 저당권·(가)압류가 설정된 이후 등기된 임차권은 소멸하는 반면, 이 보다 먼저 등기된 임차권은 매수인에게 인수됩니다(민사집행법 제91조제3항 및 제4항).

④ (예시)

등기 순위	권리	권리자	일자	권리내용	권리의 말소·인수
1	임차권	갑	2006. 02. 23.	보증금 200,000,000 (등기됨)	인수
2	저당권	을	2006. 04. 02.	채권액 100,000,000	말소(최선순위)
3	지역권	병	2007. 09. 15.	20년(지료 무료)	말소
4	가압류	정	2008. 09. 15.	채권액 150,000,000	말소
5	임의경매	을	2009. 01. 16.		

⑤ 이 경우 을의 저당권은 매수로 인해 말소되고, 말소기준등기인 저당권 이후에 설정된 지역권·가압류는 모두 말소되지만, 말소기준등기보다 선순위인 등기된 임차권은 말소되지 않습니다. 따라서 매수인에게는 갑의 임차권이 인수됩니다.

■ 대항력과 우선변제권을 겸유하고 있는 주택임차권은 경매절차에서 매수인에게 대항할 수 없는지요?

Q 저는 서울 소재 甲소유의 주택을 전세보증금 4,000만원에 임차하여 입주와 동시에 전입신고를 하고 거주하였습니다. 그런데 그 후 다른 권리관계가 전혀 없었던 위 임차주택에 대하여 5,000만원의 근저당권이 설정된 후 저당권자가 경매를 신청하였습니다. 저는 확정일자를 받지 않아 소액임차인으로서 최우선 변제금 3,400만원을 받았을 뿐인데, 경매절차의 매수인은 저에게 위 주택을 비워달라고 합니다. 이 경우 저는 경매절차의 매수인에게 대항할 수 없는지요?

A 위 사안에서 귀하는 임차주택에 대한 근저당권 등 제3자의 권리관계가 성립되기 전에 입주와 주민등록전입신고를 함으로써 「주택임대차보호법」상의 대항력을 취득하였고, 임차보증금이 4,000만원으로 소액임차인에 해당됩니다[2016. 3. 31. 일부 개정된 주택임대차보호법 시행령 제11조 각호에 의하면 임대차목적물이 서울특별시내에 소재 경우 1억원이하, 「수도권정비계획법」에 따른 과밀억제권역(서울특별시는 제외한다)에 소재할 경우 8천만만원 이하, 광역시(「수도권정비계획법」에 따른 과밀억제권역에 포함된 지역과 군지역은 제외한다), 안산시, 용인시, 김포시 및 광주시에 소재할 경우 6천만원이하, 그 외의 지역에 소재할 경우 5천만원이하의 보증금을 지급한 임차인이 소액임차인에 해당함].

그러므로 임차주택의 경매 시 귀하는 확정일자를 받아두지 않았으므로 확정일자에 의한 우선변제권은 주장할 수 없을 것이나, 경매절차의 매수인 등 제3자에 대한 대항력과 소액임차인으로서의 최우선변제권을 주장할 수 있다고 하겠습니다.

그런데 위 사안과 같이 주택임차인이 두 가지 권리를 겸유하여 어느 하나를 먼저 주장하였으나 권리의 전액 만족을 받지 못한 경우가 문제될 수 있습니다. 이에 관하여 판례는 "주택임대차보호법상의 대항력과 우선변제권의 두 가지 권리를 인정하고 있는 취지가 보증금을 반환 받을 수 있도록 보장하기 위한 데에 있는 점, 경매절차의 안정성, 경매절차의 이해관계인들의 예측가능성 등을 아울러 고려하여 볼 때, 두 가지 권리를 겸유(兼有)하고 있는 임차인이 먼저 우선변제권을 선택하여 임차주택에 대하여 진행되고 있는 경매절차에서 보증금전액에 대하여 배당요구를 하였다고 하더라도, 그 순위에 따른 배당이 실시될 경우 보증금전액을 배당받을 수 없었던 때에는 보증금 중 경매절차에서 배당받을 수 있었던 금액을 공제한 잔액에 관하여 경락인에게 대항하여 이를 반환받을 때까지 임대차관계의 존속을 주장할 수 있다고 봄이 상당하며, 이 경우 임차인의 배당요구에 의하여 임대차는 해지되어 종료되고, 다만, 주택임대차보호법 제4조 제2항에 의하여 임차인이 보증금의 잔액을 반환 받을 때까지 임대차관계가 존속하는 것으로 의제될 뿐이므로, 경락인은 주택임대차보호법 제3조 제2항(현행 주택임대차보호법 제3조 제3항)에 의하여 임대차가 종료된 상태에서의 임대인의 지위를 승계한다."라고 하였습니다(대법원 1997. 8. 22. 선고 96다53628 판결),

또한 판례는 "대항력과 우선변제권을 가진 임차인이 임차주택에 관한 경매절차에서 보증금에 대하여 배당요구를 함으로써 임대차계약이 해지되어 종료되고 그 주택이 경락된 이상, 그 경락인이 마침 임대인의 지위에 있던 종전소유자이고 임차인은 후순위권리자이어서 전혀 배당을 받지 못한 채 계속하여 그 주택에 거주하고 있었다고 하더라도, 그 후 그 주택에 관하여 새로이 경료된 근저당권설정등기에 기한 경매절차에서 그 낙찰대금으로부터 우선변제를 받을 권리는 없고, 다만 경락인에 대하여 임차보증금을 반환 받을 때까지 임대차관계의 존속을 주장할 수 있을 뿐이다."라고 하였습니다(대법원 1998. 6. 26. 선고 98다2754 판결).

따라서 귀하가 「주택임대차보호법」상 소액임차인으로서 우선변제금액인 3,400만원을 배당받았다 하더라도 대항력에 기하여 경매절차의 매수인에게 나머지 임차보증금 600만원을 반환 받을 때까지 임대차관계의 존속을 주장할 수 있을 것입니다.

다만, 판례는 "주택임대차보호법상의 대항력과 우선변제권을 겸유하고 있는 임차인이 배당요구를 하였으나 보증금전액을 배당 받지 못하였다면 임차인은 임차보증금 중 배당 받지 못한 금액을 반환 받을 때까지 그 부분에 관하여는 임대차관계의 존속을 주장할 수 있으나 그 나머지 보증금 부분에 대하여는 이를 주장할 수 없으므로, 임차인이 그의 배당요구로 임대차계약이 해지되어 종료된 다음에도 계쟁 임대부분 전부를 사용·수익하고 있어 그로 인한 실질적 이익을 얻고 있다면 그 임대부분의 적정한 임료 상당액 중 임대차관계가 존속되는 것으로 보는 배당 받지 못한 금액에 해당하는 부분을 제외한 나머지 보증금에 해당하는 부분에 대하여는 부당이득을 얻고 있다고 할 것이어서 이를 반환하여야 한다."라고 하였습니다(대법원 1998. 7. 10. 선고 98다15545 판결).

또한, 하급심 판례는 "주택임대차보호법상 대항력과 우선변제권의 두 가지 권리를 겸유하고 있는 임차인이 우선변제권을 선택하여 임차주택에 대하여 진행되고 있는 경매절차에서 보증금에 대하여 배당요구를 한 경우 그 경매절차에서 보증금 전액을 배당 받을 수 있다면 특별한 사정이 없는 한 임차인이 경매절차에서 보증금 상당의 배당금을 지급 받을 수 있는 때, 즉 임차인에 대한 배당표가 확정될 때까지는 경락인에 대하여 임차주택의 명도를 거절할 수 있다 할 것이므로, 그 때까지 임차인의 임차주택에 관한 점유는 법률상 원인 없는 점유라고 할 수 없어, 그 점유로 인한 부당이득반환의무를 지지 않으나, 임차인에 대한 배당표가 확정됨으로써 임차인은 보증금반환채무의 이행의 제공을 받은 셈이 되어 배당표 확정 후의 점유는 경락인에 대하여 법률상 원인 없는 점유로 된다 할 것이므로, 그 점유 사용으로 인한 부당이득반환의무를 부담하게 된다.”라고 하였습니다(서울지방법원 1999. 1. 1. 선고 98나18178 판결). 따라서 귀하의 경우에도 배당표가 확정된 때로부터 배당받은 3,400만원에 해당하는 부분의 임료 상당에 대하여는 부당이득으로 반환하여야 할 것으로 보입니다.

참고로 2016년 3월 31일부터 시행되고 있는 개정 「주택임대차보호법 시행령」은 최우선변제권의 범위를 ①서울특별시에서는 보증금이 1억원 이하의 보증금으로 입주하고 있는 임차인에 대하여 3,400만원의 범위내에서 인정되고, ②수도권정비계획법에 따른 수도권 중 과밀억제권역에서는 보증금이 8천만원 이하의 보증금으로 입주하고 있는 임차인에 한하여 2,700만원 이하의 범위에서 인정되고, ③광역시(수도권정비계획법에 따른 과밀억제권역에 포함된 지역과 군 지역은 제외), 안산시, 용인시, 김포시 및 광주시에서는 6,000만원 이하의 보증금으로 입주하고 있는 임차인에 한하여 2,000만원 이하의 범위에서 인정되며, ④그 밖의 지역에서는 5,000만원 이하의 보증금으로 입주하고 있는 임차인에 한하여 1,700만원 이하의 범위에서 인정된다고 규정하고 있습니다.

■ 근저당권설정과 강제경매신청 사이에 대항력을 갖춘 주택임차권자는 경매 절차의 매수인에게 대항력을 주장할 수 있는지요?

Q 저는 집주인으로부터 임차주택을 전세보증금 4,000만원에 계약기간 2년으로 임차하여 입주와 주민등록신고를 마쳤습니다. 그러나 위 임차주택은 이미 채권최고액 6,000만원인 선순위 근저당권이 이미 설정되어 있었고, 집주인의 일반채권자가 위 주택에 대하여 강제경매를 신청하였습니다. 이 경우 저는 경매절차의 매수인에게 대항력을 주장할 수 있는지요?

A 주택임대차보호법 제3조 제1항은 "임대차는 그 등기가 없는 경우에도 임차인이 주택의 인도와 주민등록을 마친 때에는 그 다음 날 부터 제3자에 대하여 효력이 생긴다. 이 경우 전입신고를 한 때에 주민등록이 된 것으로 본다."라고 규정하고 있고, 같은 조 제4항은 "임차주택의 양수인(그 밖에 임대할 권리를 승계한 자를 포함한다)은 임대인의 지위를 승계 한 것으로 본다."라고 규정하고 있습니다.

그리고 같은 법 제3조의5는 "임차권은 임차주택에 대하여 민사집행법에 따른 경매가 행하여진 경우에는 그 임차주택의 경락에 따라 소멸한다. 다만, 보증금이 모두 변제되지 아니한, 대항력이 있는 임차권은 그러하지 아니하다."라고 규정하고 있습니다.

여기서 귀하의 주택임차권이 비록 강제경매를 신청한 일반채권자에게 대항할 수 있는 임차권이라 하더라도 선순위 근저당권보다 뒤에 대항요건을 갖추었으므로, 임차주택이 경매절차에서 매각된 경우 매수인이 같은 법 제3조에서 말하는 임차주택의 양수인 중에 포함된다고 할 수 있을 것인지, 귀하의 주택임차권이 같은 법 제3조의5 단서의 대항력이 있는 임차권에 해당될 수 있는지 문제됩니다.

그런데 「민사집행법」 제91조 제2항 및 제3항은 "②매각부동산 위의 모든 저당권은 매각으로 소멸된다. ③지상권·지역권·전세권 및 등기된 임차권은 저당권·압류채권·가압류채권에 대항할 수 없는 경우에는 매각으로 소멸된다."라고 규정하고 있습니다.

그러므로 일반채권자의 강제경매신청으로 부동산이 매각된 경우에 선순위 저당권까지도 당연히 소멸하게 되고, 비록 후순위 일반채권자에게는 대항할 수 있는 임차권이라 하더라도 소멸된 선순위 저당권보다 뒤에 대항력을 갖춘 임차권은 함께 소멸하는 것이고, 따라서 그 경매절차의 매수인은 「주택임대차보호법」 제3조에서 말하는 임차주택의 양수인 중에 포함된다고 할 수 없을 것이며, 이 경우의 주택임차권은 같은 법 제3조의5 단서의 대항력이 있는 임차권에 해당될 수 없다고 하여야 할 것입니다.

그리고 위 「민사집행법」 제91조 제3항과 같은 규정이 없었던 구 「민사소송법」(2002. 1. 26. 법률 제6626호로 개정되기 전의 것)의 적용을 받는 경우에도, 판례는 "근저당권설정등기와 제3의 집행채권자의 강제경매신청 사이에 대항력을 갖춘 주택임차인이 있는 경우에, 그 주택임차인이 경락인에게 대항할 수 있다고 한다면 경락인은 임차권의 부담을 지게 되어 부동산의 경매가격은 그만큼 떨어질 수밖에 없고 이것은 임차권보다 선행한 담보권을 해치는 결과가 되어 설정 당시의 교환가치를 담보하는 담보권의 취지에 맞지 않게 되므로 동인의 임차권은 경락인에게 대항할 수 없다."라고 하였습니다(대법원 1987. 3. 10. 선고 86다카1718 판결, 1999. 4. 23. 선고 98다32939 판결).

따라서 귀하도 경매절차의 매수인에게 귀하의 주택임차권으로 대항할 수 없을 것입니다.

■ 매각대금 납부 후 주택임차권에 대항력 있음을 알게 된 매수인은 구제방법이 있는지요?

Q 저는 법원의 부동산경매절차에서 매각부동산인 주택 및 대지에 대하여 매각허가결정을 받아 그 매각대금을 모두 지급하였고 배당절차만 남겨둔 상태입니다. 그런데 위 부동산에 제1순위로 설정되어 있던 甲의 근저당권이 채무변제로 인하여 매각대금지급기일 직전에 말소되었고, 그보다 후순위로 대항요건(입주와 주민등록전입신고)을 갖춘 乙의 주택임차권(보증금 5,000만원)은 확정일자를 받지 않았으므로 乙이 대항요건을 갖춘 후에 설정된 근저당채권자들에게 매각대금이 모두 배당되고 나면 전혀 배당을 받지 못하게 되었습니다. 그러므로 乙이 경매절차의 매수인인 저에게 대항력을 주장한다면 저는 예기치 않게 乙의 보증금을 변제하여야 하는데 제가 취할 수 있는 구제방법이 있는지요?

A 판례는 "담보권의 실행을 위한 부동산의 입찰절차에 있어서, 주택임대차보호법 제3조에 정한 대항요건을 갖춘 임차권보다 선순위의 근저당권이 있는 경우에는, 낙찰로 인하여 선순위 근저당권이 소멸하면 그 보다 후순위의 임차권도 선순위 근저당권이 확보한 담보가치의 보장을 위하여 그 대항력을 상실하는 것이지만, 낙찰로 인하여 근저당권이 소멸하고 낙찰인이 소유권을 취득하게 되는 시점인 '낙찰대금지급기일 이전'에 선순위 근저당권이 다른 사유로 소멸한 경우에는, 대항력 있는 임차권의 존재로 인하여 담보가치의 손상을 받을 선순위 근저당권이 없게 되므로 임차권의 대항력이 소멸하지 아니한다."라고 하였습니다 (대법원 1996. 2. 9. 선고 95다49523 판결, 1998. 8. 24.자 98마1031 결정, 2003. 4. 25. 선고 2002다70075 판결).

따라서 위 사안에서 乙도 경매절차의 매수인인 귀하에 대하여 대항력을 주장할 수 있습니다.

그러므로 선순위 근저당권의 존재로 후순위 임차권의 대항력이 소멸하는 것으로 알고 부동산을 경매절차에서 매수하였으나, 그 이후 선순위 근저당권의 소멸로 인하여 임차권의 대항력이 존속하는 것으로 변경된 경우에는 매각부동산의 부담이 현저히 증가하게 되므로, 경매절차의 매수인에 대한 구제책이 문제되는데, 이러한 경우 경매절차의 진행 정도에 따라서 구제방법을 구분하여 살펴보아야 할 것입니다.

즉, 매수가격의 신고 후 매각허가결정이 있기 전에는 매각불허가신청을 하여 구제 받아야 할 것이고, 매각허가결정이 있은 후 매각대금납부이전까지는 매각허가결정의 취소신청을 할 수 있습니다(민사집행법 제127조 제1항, 대법원

1998. 8. 24.자 98마1031 결정).

그러나 매각대금이 납부된 이후에는 경매절차의 매수인은 매각대금의 납부로 소유권을 취득하게 되므로(민사집행법 제135조), 매각불허가신청 또는 매각허가결정의 취소를 구할 수는 없다고 보아야 할 것입니다.

그런데 「민법」 제575조는 "매매의 목적물인 부동산에 '등기된 임대차계약이 있는 경우'에 매수인이 이를 알지 못한 때에는 이로 인하여 계약의 목적을 달성할 수 없는 경우에 한하여 매수인은 계약을 해제할 수 있고. 기타의 경우에는 손해배상만을 청구할 수 있고, 그 권리는 매수인이 그 사실을 안 날로부터 1년 내에 행사하여야 한다."라고 규정하고 있고, 또한 같은 법 제578조는 경매의 경우에도 위 규정에 의하여 계약의 해제와 대금의 감액을 청구할 수 있고, 채무자의 자력이 없는 때에는 경락인은 대금의 배당을 받은 채권자에 대하여 그 대금전부나 일부의 반환을 청구할 수 있으나, 손해배상은 채무자가 물건 또는 권리의 흠결을 알고 고지하지 아니하거나 채권자가 이를 알고 경매를 청구한 때에 경락인은 채무자나 채권자에게 청구할 수 있다고 규정하고 있습니다.

그러므로 선순위 근저당권의 존재로 후순위 임차권의 대항력이 소멸하는 것으로 알고 부동산을 매수하였으나, 그 이후 선순위 근저당권의 소멸로 인하여 임차권의 대항력이 존속하는 것으로 변경된 경우에도 위 규정을 유추적용 하여야 할 것으로 보이는데, 이러한 담보책임은 경매절차의 매수인이 경매절차 밖에서 별소(別訴)에 의하여 채무자 또는 채권자를 상대로 추급하는 것이 원칙이라고 할 것이나, 아직 배당이 실시되기 전이라면, 이러한 때에도 경매절차의 매수인으로 하여금 배당이 실시되는 것을 기다렸다가 경매절차 밖에서 별소에 의하여 담보책임을 추급하게 하는 것은 가혹하므로, 이 경우 경매절차의 매수인은 민사소송법 제613조(현행 민사집행법 제96조)를 유추적용 하여 집행법원에 대하여 경매에 의한 매매계약을 해제하고 납부한 매각대금의 반환을 청구하는 방법으로 담보책임을 추급할 수 있다고 하여야 할 것입니다(대법원 1997. 11. 11.자 96그64 결정 참조).

따라서 귀하의 경우에도 배당이 실시되기 이전이라면 집행법원에 대하여 경매에 의한 매매계약을 해제하고 납부한 매각대금의 반환을 청구하는 방법으로 구제를 받아야 할 것이고, 이미 배당이 끝난 후에는 채무자에 대하여 계약을 해제한 후 채무자 또는 채권자에게 부당이득반환을 청구하여야 할 것입니다.

다만, 위와 같은 경우 계약을 해제함이 없이 채무자나 매각대금을 배당 받은 채권자들을 상대로 경매목적물상의 대항력 있는 임차인에 대한 임대차보증금에 상당하는 매각대금의 전부나 일부를 부당이득 하였다고 하여 바로 그 반환을 구할 수 있는 것은 아님을 유의하여야 할 것입니다(대법원 1996. 7. 12. 선고 96다7106 판결).

■ 주택신축 중 토지에 근저당권이 설정된 경우 주택임차권인은 불이익을 당할 염려가 없는지요?

Q 저는 甲소유 신축주택을 전세보증금 4,500만원에 임차하여 입주와 주민등록전입신고 및 확정일자를 받아 두었습니다. 그런데 위 주택의 신축 중 대지에 채권최고액 8,000만원인 乙의 근저당권이 설정되었는바, 이 경우 주택임차인인 제가 불이익을 당할 염려가 없는지요?

A 민법 제365조는 "토지를 목적으로 저당권을 설정한 후 그 설정자가 그 토지에 건물을 건축한 때에는 저당권자는 토지와 함께 그 건물에 대하여도 경매를 청구할 수 있다."라고 규정하고 있는데, 건물신축 중 대지에 근저당권이 설정된 경우 근저당권자가 건물까지 일괄매각신청을 할 수 있는지 문제됩니다.

이에 관하여 판례는 "민법 제365조는 저당권설정자가 저당권을 설정한 후 저당목적물인 토지상에 건물을 축조함으로써 저당권의 실행이 곤란하여지거나 저당목적물의 담보가치의 하락을 방지하고자 함에 그 규정취지가 있다고 할 것이므로, 저당권설정 당시에 건물의 존재가 예측되고 또한 당시 사회경제적 관점에서 그 가치의 유지를 도모할 정도로 건물의 축조가 진행되어 있는 경우에는 위 규정은 적용되지 아니한다."라고 하였습니다(대법원 1987. 4. 28. 선고 86다카2856 판결).

그렇다면 위 사안에 있어서도 乙의 근저당권이 설정될 당시 위 주택의 신축공사가 어느 정도 진행되고 있었는지에 따라서 乙이 위 주택을 대지와 함께 일괄경매신청 할 수 있는지 정해질 것으로 보입니다.

그런데 乙이 위 대지와 주택을 일괄경매신청 할 수 있는 경우라고 하여도 乙은 대지에만 근저당권설정 하였으므로 주택의 매각대금에 대해서는 우선권이 없으며, 또 다른 우선권자가 없다면 귀하는 대지의 매각대금에서는 위 근저당권보다 후순위로 배당을 받을 것이지만 주택의 매각대금에 대해서는 제1순위로 배당 받을 수 있을 것이고, 위 경매절차에서 배당 받지 못한 임차보증금이 있을 경우에는 경매절차의 매수인에게 대항력을 주장하여 보증금을 반환 받을 때까지 위 주택에 계속 거주할 수 있을 것입니다. 그러나 乙이 대지만을 경매신청 하여 건물과 분리되어 매각된다면 대지와 건물의 소유자가 달라지므로 이 때 건물소유자인 甲이 토지소유자에 대하여 법정지상권을 취득할 수 있느냐 그렇지 못하는가에 따라 귀하의 주택임차권이 보호받을 수 있느냐의 여부가 결정될 것입니다.

「민법」 제366조는 "저당물의 경매로 인하여 토지와 그 지상건물이 다른 소유자에 속한 경우에는 토지소유자는 건물소유자에 대하여 지상권을 설정한 것으로 본다. 그러나 지료는 당사자의 청구에 의하여 법원이 이를 정한다."라고 규정하고 있고, 판례는 "건물 없는 토지에 저당권이 설정된 후 저당권설정자가 그 위에 건물을 건축하였다가 담보권의 실행을 위한 경매절차에서 경매로 인하여 그 토지와 지상건물이 소유자를 달리하였을 경우에는, 민법 제366조의 법정지상권이 인정되지 아니할 뿐만 아니라 관습법상의 법정지상권도 인정되지 아니한다."라고 하였습니다(대법원 1995. 12. 11.자 95마1262 결정).

그러므로 「민법」 제366조에 의한 법정지상권은 저당권설정 당시부터 저당권의 목적이 되는 토지 위에 건물이 존재할 경우에 한하여 인정된다 할 것입니다.

그러나 또 다른 판례는 "민법 제366조 소정의 법정지상권은 저당권설정 당시 동일인의 소유에 속하던 토지와 건물이 경매로 인하여 양자의 소유자가 다르게 된 때에 건물의 소유자를 위하여 발생하는 것으로서, 토지에 관하여 저당권이 설정될 당시 그 지상에 건물이 위 토지소유자에 의하여 건축 중이었고, 그것이 사회관념상 독립된 건물로 볼 수 있는 정도에 이르지 않았다 하더라도 건물의 규모, 종류가 외형상 예상할 수 있는 정도까지 건축이 진전되어 있는 경우에는 저당권자는 완성될 건물을 예상할 수 있으므로 법정지상권을 인정하여도 불측의 손해를 입는 것이 아니며, 사회경제적으로도 건물을 유지할 필요가 인정되기 때문에 법정지상권의 성립을 인정함이 상당하고, 법정지상권을 취득할 지위에 있는 자에 대하여 토지소유자가 소유권에 기하여 건물의 철거를 구함은 신의성실의 원칙상 허용될 수 없다."라고 하였습니다(대법원 1992. 6. 12. 선고 92다7221 판결, 2004. 2. 13. 선고 2003다29043 판결, 2004. 6 .11. 선고 2004다13533 판결).

따라서 위 사안의 경우에도 甲의 신축건물이 위 판례와 같은 정도의 건축이 진행된 상태에서 乙이 대지상에 근저당권을 설정하였다면, 甲은 위 주택에 관한 법정지상권을 취득하게 될 것이므로 위 주택은 철거될 염려가 없고, 따라서 귀하의 주택임차권도 보호받을 것입니다.

그러나 乙의 저당권이 그 이전에 설정되었다면 甲의 위 주택은 철거될 운명에 있으므로 귀하의 주택임차권도 보호받기 어려울 것으로 보입니다.

■ 대항력을 갖춘 임차권의 목적인 주택이 양도되어 양수인이 임대인의 지위를 승계한 경우, 양도인의 임대보증금반환채무가 소멸하는지요?

Q 망 乙은 대항력을 갖춘 임차인인 甲에게 임대차보증금반환채무를 부담하고 있는 상태에서 丙에게 임차주택을 증여하였습니다. 이 경우 甲은 丙으로부터 임대보증금을 반환받을 수 있을까요? 丙이 임대차보증금을 반환하지 않으면 乙의 상속인들에게라도 반환받을 수 있을까요?

A 주택의 임차인이 제3자에 대한 대항력을 갖춘 후 임차주택의 소유권이 양도되어 그 양수인이 임대인의 지위를 승계하는 경우에는, 임대차보증금의 반환채무도 부동산의 소유권과 결합하여 일체로서 이전하는 것이므로 양도인의 임대인으로서의 지위나 보증금반환채무는 소멸하는 것입니다(대법원 1996. 2. 27. 선고 95다35616 판결 참조).

따라서 증여로 인하여 임차주택의 소유권이 丙에게 양도됨으로써 丙은 임대인의 지위를 승계하였다 할 것이고 임대차보증금반환채무도 부동산의 소유권과 결합하여 일체로서 이전하게 되어 甲은 丙에게 임대차보증금반환을 청구할 수 있습니다. 다만 망 乙의 임대인으로서의 지위나 임대차보증금반환채무는 소멸하였다고 할 것이므로 위 임대차보증금반환채무가 망 乙의 상속채무가 되는 것은 아니어서 이를 망 乙의 상속인들에게 청구할 것은 아닙니다.

■ 낙찰대금지급기일 이전에 선순위 근저당권이 소멸한 경우, 후순위 임차권의 대항력을 주장할 수 있나요?

Q 甲이 선순위 근저당권이 설정되어 있는 乙소유의 주택을 임차하여 주택의 인도와 주민등록을 마침으로써 임차권의 대항력을 갖추었습니다. 그 후 후순위 근저당권이 설정되었고, 乙의 채권자 丙의 신청으로 강제경매절차가 개시되어, 낙찰허가결정이 고지되고, 대금지급기일이 지정되었습니다. 그러자 甲이 乙에게 임차권의 대항력이 유지될 수 있도록 乙에게 선순위 근저당권을 말소하여 달라했고, 이에 乙은 선순위 근저당권의 피담보채무를 변제하고 근저당권설정등기를 말소시켰습니다. 그 후 丁이 대금지급기일에 대금을 지급하여 위 주택의 소유권을 취득하였는데, 甲은 丁에게 대항력을 주장할 수 있나요?

A 부동산의 경매절차에 있어서 주택임대차보호법 제3조에 정한 대항요건을 갖춘 임차권보다 선순위의 근저당권이 있는 경우에는, 낙찰로 인하여 선순위 근저당권이 소멸하면 그보다 후순위의 임차권도 선순위 근저당권이 확보한 담보가치의 보장을 위하여 그 대항력을 상실하는 것이지만, 낙찰로 인하여 근저당권이 소멸하고 낙찰인이 소유권을 취득하게 되는 시점인 낙찰대금지급기일 이전에 선순위 근저당권이 다른 사유로 소멸한 경우에는, 대항력이 있는 임차권의 존재로 인하여 담보가치의 손상을 받을 선순위 근저당권이 없게 되므로 임차권의 대항력이 소멸하지 아니합니다(대법원 1998. 8. 24. 자 98마1031 결정). 따라서 甲의 경우 낙찰대금지급기일 이전에 선순위 근저당권이 채무 변제에 따라 소멸되었으므로 임차권의 대항력을 낙찰인 丁에게 대항력을 주장할 수 있을 것으로 보입니다.

2-2-7. 등기되지 않은 임차권

① 대항력과 우선변제권을 갖춘 임차권은 등기되지 않았다 하더라도 제3자에게 효력을 미칩니다. 이 임차권은 매수인의 매수로 인해 말소될 수도, 매수인에게 인수될 수도 있습니다.

② 대항력과 우선변제권을 갖춘 임차권은 그 임차인이 배당요구권을 행사해서 보증금을 전액 변제받으면 임차권이 소멸하는 반면, 이 외의 경우는 매수인에게 인수됩니다.

③ 예를 들어, 대항력과 우선변제권을 갖춘 임차인이 배당요구를 하지 않거나, 배당요구를 했으나 그 배당금을 일부만 변제받은 경우에는 보증금이 전부 변제되지 않았으므로 그 임차권이 매수인에게 인수됩니다(주택임대차보호법 제3조의2제2항, 제3조의5, 상가건물 임대차보호법 제5조제2항 및 제8조).

④ 다만, 주택임대차보호법 제3조에 정한 대항요건을 갖춘 임차인보다 선순위의 근저당권이 있는 경우에는 낙찰로 인해 선순위 근저당권이 소멸하면 그보다 후순위의 임차권도 대항력을 상실합니다(대법원 2003. 6. 15. 선고 2002다70075 판결).

⑤ 한편, 우선변제권을 갖추지 못하고 대항력만 갖춘 임차권은 매수인에게 인수됩니다. 즉, 대항요건만 갖춘 경우에는 배당요구권을 행사하기 위한 요건인 우선변제권이 없으므로, 배당요구를 통해서 보증금을 변제받을 수 없습니다.

⑥ 따라서 이 경우 보증금이 변제되지 않았으므로 그 임차권은 매수인에게 인수됩니다(민사집행법 제88조제1항, 주택임대차보호법 제3조의5, 상가건물 임대차보호법 제8조).

법령용어해설

※ 대항력이란?
대항력이란 임차인이 제3자(여기서는 매수인)에게 임대차의 내용을 주장할 수 있는 법률상의 권원을 말합니다. 대항력은 별도로 등기하지 않더라도 주택의 인도(상가건물의 경우 건물의 인도)와 주민등록(상가건물의 경우 사업자등록)을 마치면 그 다음날부터 제3자에 대해 효력이 발생합니다(주택임대차보호법 제3조제1항 및 상가건물 임대차보호법 제3조제1항).

※ 우선변제권이란?
우선변제권이란 임차한 주택 또는 상가건물이 민사집행법에 따른 경매 또는 「

국세징수법」에 따른 공매에 붙여졌을 때 그 매매대금[경락(競落)대금]에서 다른 후순위권리자보다 우선해서 임차보증금을 변제받을 수 있는 권리를 말합니다. 우선변제권은 대항요건을 갖추고 확정일자를 받은 경우에 그 효력이 발생합니다 (주택임대차보호법 제3조의2제2항 및 상가건물 임대차보호법 제5조제2항).

⑦ (예시)

등기 순위	권리	권리자	일자	권리내용	권리의 말소·인수
1	임차권	갑	2007. 08. 20.	보증금 10,000,000 (등기되지 않음. 대항력과 우선변제권을 갖추었으나 배당신청을 하지 않음)	인수
2	가압류	을	2008. 01. 06.	채권액 10,000,000	말소(최선 순위)
3	지역권	병	2008. 03. 17.	10년(지료 무료)	말소
4	임의경매	을	2009. 01. 06.		

⑧ 이 경우 말소기준등기인 가압류 이후에 설정된 지역권은 말소되지만, 대항력과 우선변제권을 갖춘 임차권은 그 임차인인 갑이 같이 배당신청을 하지 않았으므로 말소되지 않습니다. 따라서 매수인에게는 갑의 임차권이 인수됩니다.

■ 가압류된 주택의 매수인으로부터 임차 후 가압류권자에 의해 경매될 경우 임차권은 어떻게 보호되나요?

Q 저는 다른 선순위의 부담은 없고 가압류 1건이 기입등기되어 있는 주택을 매수하여 소유권이전등기를 한 자로부터 가압류가 해제될 것이라는 말을 듣고 그 것을 믿고서 주택을 임차하여 입주한 다음 주민등록전입신고를 마쳤습니다. 그 런데 가압류채권자가 본안소송에서 승소하여 주택에 대한 강제경매를 신청하였 습니다. 저는 경매절차의 매수인에게 대항할 수 있는지요?

A 가압류명령의 집행은 가압류의 목적물에 대하여 채무자가 매매, 증여 또는 담 보권의 설정, 기타 일체의 처분을 금지하는 효력을 생기게 합니다.

만일, 채무자가 처분금지명령을 어기고 일정한 처분행위를 하였을 경우 그 처 분행위는 절대적으로 무효가 되는 것은 아니지만, 가압류에 의한 처분금지의 효력 때문에 그 집행보전의 목적을 달성하는데 필요한 범위 안에서 가압류채 권자에 대한 관계에서는 상대적으로 무효가 될 것입니다(대법원 1994. 11. 29.자 94마417 결정).

그렇다면 위 사안에 있어서 귀하가 위 주택에 대한 경매절차의 매수인에게 대항 력을 행사할 수 있을 것인지에 관하여 보면, 가압류의 처분금지적 효력이 미치 는 객관적 범위인 가압류결정 당시의 청구금액의 한도 안에서는 가압류채권자에 대하여 집주인의 소유권취득이 무효가 되며, 그 집주인으로부터 주택을 임차한 귀하의 주택임차권 역시 가압류채권자에 대하여 가압류의 처분금지적 효력이 미 치는 객관적 범위인 가압류결정 당시의 청구금액의 한도 안에서는 무효가 되므 로 가압류채권자의 경매신청에 의하여 소유권을 취득한 매수인에 대하여 귀하가 주택임차권을 주장할 수 없다 할 것입니다.

참고로 가압류등기 후 소유자의 변동이 없는 상태에서 주택을 임차한 주택임차인 이 그 주택의 경매절차의 매수인에게 대항력을 주장할 수 있는지에 관하여 판례 는 "임차인이 주민등록전입신고를 마치고 입주·사용함으로써 주택임대차보호법 제 3조에 의하여 그 임차권이 대항력을 갖는다 하더라도 부동산에 대하여 가압류등 기가 마쳐진 후에 그 채무자로부터 그 부동산을 임차한 자는 가압류집행으로 인 한 처분금지의 효력에 의하여 가압류사건의 본안판결의 집행으로 그 부동산을 취 득한 경락인에게 그 임대차의 효력을 주장할 수 없다."라고 하였습니다(대법원 1983. 4. 26. 선고 83다카116 판결).

그리고 가압류집행 후 가압류목적물의 소유권이 제3자에게 이전되고, 가압류채권자가 집행권원을 얻어 신청함으로써 개시된 경매절차에서 제3취득자에 대한 채권자가 가압류목적물의 매각대금 중 가압류의 처분금지적 효력이 미치는 범위의 금액에 대하여 배당에 참가할 수 있는지에 관하여 판례는 "가압류의 처분금지적 효력에 따라 가압류집행 후 가압류채무자의 가압류목적물에 대한 처분행위는 가압류채권자와의 관계에서는 그 효력이 없으므로 가압류 집행 후 가압류목적물의 소유권이 제3자에게 이전된 경우 가압류채권자는 채무명의(집행권원)를 얻어 제3취득자가 아닌 가압류채무자를 집행채무자로 하여 그 가압류를 본압류로 전이하는 강제집행을 실행할 수 있고, 이 경우 그 강제집행은 가압류의 처분금지적 효력이 미치는 객관적 범위인 가압류결정 당시의 청구금액의 한도 안에서는 집행채무자인 가압류채무자의 책임재산에 대한 강제집행절차이므로 제3취득자에 대한 채권자는 당해 가압류목적물의 매각대금 중 가압류의 처분금지적 효력이 미치는 범위의 금액에 대하여는 배당에 참가할 수 없다."라고 하였습니다(대법원 1998. 11. 10. 선고 98다43441 판결).

그러므로 위 사안에서 귀하는 대항요건과 확정일자를 갖추었거나 소액임차인일지라도 위 경매절차에서 가압류결정 당시의 청구금액의 한도 안에서는 배당에 참가할 수 없을 것입니다. 그러나 가압류채권자에게 배당을 실시하고 남는 금액이 있는 경우에는 "제3취득자에 대한 채권자가 그 집행절차에서 가압류의 처분금지적 효력이 미치는 범위 외의 나머지 부분에 대하여는 배당에 참가할 수 있다."라고 하였으므로(2005. 7. 29. 선고 2003다40637 판결), 귀하도 가압류채권자에게 배당을 실시하고 남는 금액이 있는 경우 위 경매절차에서 배당요구를 하여 다른 채권자들과의 순위에 따라 배당을 받을 수 있을 것입니다.

■ 적법한 임차권양수인은 우선변제권을 행사할 수 있나요?

Q 주택임대차보호법 제3조 제1항에 의한 대항력을 갖춘 주택임차인 甲이 임대인 乙의 동의를 얻어 적법하게 임차권을 양도한 경우, 임차권 양수인 丙은 원래 임차인 甲이 주택임대차보호법 제3조의2 제2항 및 같은 법 제8조 제1항에 의하여 가지는 우선변제권을 행사할 수 있나요?

A 대법원은 "주택임대차보호법 제3조 제1항에 의한 대항력을 갖춘 주택임차인이 임대인의 동의를 얻어 적법하게 임차권을 양도한 경우, 양수인에게 점유가 승계되고 주민등록이 단절된 것으로 볼 수 없을 정도의 기간 내에 전입신고가 이루어졌다면 비록 위 임차권의 양도에 의하여 임차권의 공시방법인 점유와 주민등록이 변경되었다 하더라도 원래의 임차인이 갖는 임차권의 대항력은 소멸되지 아니하고 동일성을 유지한 채로 존속한다고 보아야 한다. 이러한 경우 임차권 양도에 의하여 임차권은 동일성을 유지하면서 양수인에게 이전되고 원래의 임차인은 임대차관계에서 탈퇴하므로 임차권 양수인은 원래의 임차인이 주택임대차보호법 제3조의2 제2항 및 같은 법 제8조 제1항에 의하여 가지는 우선변제권을 행사할 수 있다"고 판시한 바 있습니다(대법원 2010.06.10. 선고 2009다101275 판결).

따라서 위 판결에 따를 때 임대인의 동의를 얻어 본래 주택임차인 甲으로부터 적법하게 임차권을 양수한 양수인 丙은, 임차주택의 점유를 승계하고, 주민등록이 단절된 것으로 볼 수 없을 정도의 짧은 기간 내에 곧바로 전입신고를 한 경우라면, 기존의 임차인(양도인) 甲이 가지는 우선변제권을 양수인이 스스로 행사할 수 있습니다.

■ 임대인의 동의를 얻어 적법하게 임차권을 양도한 경우 대항력이 소멸되는지요?

Q 甲은 주택임대차보호법의 대항력을 갖춘 주택임차인 乙로부터 적법하게 임차권을 양수받고 점유를 승계한 후, 주민등록이 단절된 것으로 볼 수 없을 정도의 기간 내에 전입신고를 하였습니다. 이 경우 甲은 전입신고를 한 때부터 주택임대차보호법상 대항력을 갖게 되나요?

A 주택임대차보호법 제3조 제1항 에 의한 대항력을 갖춘 주택임차인이 임대인의 동의를 얻어 적법하게 임차권을 양도하거나 전대한 경우, 양수인이나 전차인에게 점유가 승계되고 주민등록이 단절된 것으로 볼 수 없을 정도의 기간 내에 전입신고가 이루어 졌다면 비록 위 임차권의 양도나 전대에 의하여 임차권의 공시방법인 점유와 주민등록이 변경되었다 하더라도 원래의 임차인이 갖는 임차권의 대항력은 소멸되지 아니하고 동일성을 유지한 채로 존속한다고 보아야 합니다 (대법원 2010. 6. 10. 선고 2009다101275 판결).
따라서 종전임차인 乙의 임차권의 대항력은 소멸되지 아니하고 동일성을 유지한 채 존속합니다.

■ 임차목적물이 경매된 경우 임차권은 소멸되는지요?

Q 甲은 임차목적물인 주택의 최선순위 담보물권자보다 먼저 대항력을 취득한 임차인입니다. 임차목적물이 경매된 경우 매각대금이 완납된 경우 甲은 임대차계약을 해지하지 않고도 배당요구를 할 수 있나요?

A 구 주택임대차보호법에는 "임차인 보증금의 우선변제를 청구하기 위해서는 임대차가 종료하여야 한다"는 규정이 있어(구법 제3조의1 제1항 단서) 임차인은 임대차계약을 해지하여야만 배당요구를 할 수 있었으나, 그 후 위 단서규정이 삭제되었기 때문에, 현재 임차인은 임대차계약을 해지하지 않고도 배당요구를 할 수 있습니다.
또한 甲은 최선순위 담보물권자보다 우선하여 대항력을 취득하였으므로 매납대금이 완납되어도 임차권은 소멸하지 않고, 따라서 甲은 매각 받은 자에게 임차권을 주장할 수 있습니다.

■ 임차권등기권자는 임차주택에 대해 경매청구를 할 수 있나요?

Q 甲은 임차권등기명령을 신청하여 임차권등기를 받은 임차인입니다. 甲이 이에 기해서 임차주택에 대해 바로 경매청구를 할 수 있나요?

A 집행권원을 얻어 강제경매를 청구하는 것은 별론으로 하고 임차권등기권에 기해 임의경매를 청구할 수는 없습니다. 임차권등기명령제도는 임대차가 종료된 후 보증금을 반환받지 못한 임차인을 보호하기 위하여 임차권등기가 종료되면 대항력 및 우선변제권을 취득 또는 유지하게 하는 것을 목적으로 하는 제도에 불과하고, 경매청구권을 부여하느냐의 여부는 입법정책의 문제인데 이에 대하여 달리 법률이 경매청구권을 부여하고 있지 않기 때문에 임차인은 건물임차권등기에 기하여 직접 경매청구권을 행사할 수는 없습니다.

2-2-8. 가등기

① 가등기는 종국등기를 할 수 있을만한 실체법적 또는 절차법적 요건을 구비하지 못한 경우나 권리의 설정·이전·변경·소멸의 청구권을 보전하기 위해 하는 등기(담보가등기)와 그 청구권이 시한부·조건부이거나 장래에 있어서 확정할 것인 때에 그 본등기를 위해 미리 그 순위를 보존하게 되는 효력을 가지는 등기(순위보전을 위한 가등기)를 말합니다(부동산등기법 제88조 및 제91조).

② 경매 물건에 설정된 가등기담보는 매수인의 매수로 인해 말소됩니다(가등기담보 등에 관한 법률 제15조). 그러나 순위보전을 위한 가등기는 말소기준권리보다 먼저 설정된 경우에는 말소되지 않고 매수인에게 인수됩니다.

③ (예시)

등기순위	권리	권리자	일자	권리내용	권리의말소·인수
1	소유권	갑	2006. 02. 23.	소유권등기	-
2	가등기	을	2006. 04. 02.	부동산 매매예약을 원인으로 함	인수
3	저당권	병	2007. 09. 15.	채권액 15,000,000	말소(최선순위)
4	임의경매	병	2008. 09. 15.		
5	매수	정	2009. 01. 16.		
6	가등기에 기한 본등기	을	2009. 02. 24.	매매예약의 완료를 원인으로 함	

④ 이 경우 병의 저당권은 매수로 인해 말소되며, 말소기준등기인 저당권보다 먼저 설정된 가등기는 매수인에게 인수됩니다.

⑤ 따라서 가등기권자 을이 매매예약을 원인으로 한 가등기(순위보전을 위한 가등기)에 기해 본등기를 경료하고 소유권을 취득했다면 매수인은 매각대금을 지급했다 하더라도 을에 대항할 수 없습니다.

⑥ 이런 경우 매수인이 매각대금을 돌려받기 위해서는 배당받은 채권자 등을 상대로 부당이득반환청구를 해야 합니다(「민법」 제741조).

■ 가등기 후 증액된 주택임차보증금에 대항력을 주장할 수 있는지요?

Q 저는 甲소유 주택을 전세보증금 4,000만원에 임차하여 입주와 주민등록전입신고를 마치고 거주하던 중, 계약기간이 만료되어 보증금 300만원을 인상해주었습니다. 그런데 위 보증금 300만원을 인상하기 1개월 전 위 주택에 대하여 乙의 소유권이전청구권가등기가 설정되어 있는바, 만일 乙이 본등기를 하는 경우 인상된 보증금 300만원에 대하여도 乙에게 대항력을 주장할 수 있는지요?

A 주택임대차보호법 제3조는 "①임대차는 그 등기가 없는 경우에도 임차인이 주택의 인도와 주민등록을 마친 때에는 그 다음 날부터 제3자에 대하여 효력이 생긴다. 이 경우 전입신고를 한 때에 주민등록이 된 것으로 본다. ④임차주택의 양수인(그 밖에 임대할 권리를 승계한 자를 포함한다)은 임대인의 지위를 승계한 것으로 본다."라고 규정하고 있습니다.

그러므로 주택임차인은 입주와 주민등록을 마친 때에 대항력을 취득하게 되고, 임대차계약서상 확정일자를 받아두면 그 이후의 모든 권리자 보다 우선하여 변제받을 권리를 가지게 되는 것입니다. 그런데 위 사안에서와 같이 임차건물에서 거주하던 중 임대차보증금이 인상된 경우 그 인상 전에 설정된 다른 등기권리자와의 관계가 문제될 수 있습니다.

이에 관하여 판례는 "주택임대차보호법의 적용을 받는 임대목적부동산에 관하여 제3자가 가등기를 하고, 그 가등기에 기하여 본등기가 마쳐진 경우에 있어서는 임대인과 임차인 사이에 그 가등기 후 그 보증금을 인상하기로 약정하였다고 하더라도, 그 인상분에 대하여는 그 등기권리자에게 대항하지 못한다 할 것이고, 이와 같은 이치는 그 임대차에 관한 등기가 되었거나 안되었거나 간에 다같이 적용된다."라고 하였습니다(대법원1986. 9. 9. 선고 86다카757 판결). 따라서 귀하는 乙이 가등기에 기한 본등기를 하게 된다면 인상된 보증금 300만원에 대하여는 대항력을 주장할 수 없고, 다만 가등기설정 전에 지급한 보증금 4,000만원에 대해서는 대항력을 주장할 수 있을 것입니다.

■ 담보가등기 된 후 대항력을 갖춘 주택임차인의 청산금에 대한 권리가 보호받을 수 있는지요?

Q 저는 주택을 임차하려고 등기부를 열람해보았더니 소유권이전등기청구권가등기가 되어 있었습니다. 집주인에게 물어보니 위 가등기는 2,000만원을 차용하고 그 담보를 위하여 설정한 것이라고 합니다. 제가 위 주택을 임차하면 보호받을 수 있는지요?

A 소유권이전등기청구권의 가등기에는 ①진정한 매매예약으로 인한 소유권이전등기청구권보전의 가등기가 있고, ②채권의 담보의 목적으로 경료된 담보가등기가 있습니다.

그런데 위 가등기가 ①의 경우(소유권이전등기청구권 보전의 가등기)라면, 주택임차인이 주택임대차보호법상의 대항력을 갖추기 이전에 소유권이전등기청구권보전의 가등기가 설정되어 있을 경우에는 그러한 가등기에 기한 본등기가 되면 「부동산등기법」 제91조가 "가등기에 의한 본등기(本登記)를 한 경우 본등기의 순위는 가등기의 순위에 따른다."라고 규정하고 있으므로. 그 본등기의 순위는 가등기의 순위로 되어 가등기 후에 대항력을 갖춘 주택임차권보다 선순위가 되므로 그 주택임차인은 본등기를 경료한 자에게 대항하지 못합니다.

한편 위 가등기가 ②의 경우(담보목적 가등기)라면, 주택임차인이 주택임대차보호법상의 대항력을 갖추기 이전에 담보가등기가 설정된 경우에는 「가등기담보등에관한법률」 제12조 제1항이 "담보가등기권리자는 그 선택에 따라 제3조에 따른 담보권을 실행하거나 목적부동산의 경매를 청구할 수 있다. 이 경우 경매에 관하여는 담보가등기권리를 저당권으로 본다."라고 규정하고 있어 담보가등기권리자가 경매를 신청할 수도 있고, 같은 법에 의하여 담보권을 실행하여 청산절차를 거쳐 그 가등기에 기한 본등기를 할 수도 있습니다.

담보목적부동산의 경매를 청구한 경우에는 가등기 후에 대항요건을 갖춘 주택임차인은 그 경매절차에서 당해 주택을 매수한 매수인에게 대항할 수 없을 것입니다(다만 대항요건과 확정일자를 갖춘 경우나 소액임차인에 해당된다면 그 경매절차에서 배당요구를 신청하여 배당 받아야 할 것입니다).

「가등기담보등에관한법률」 제3조에 따른 담보권을 실행하는 경우에는 목적부동산의 가액에서 자기의 채권액(담보가등기보다 선순위 담보권자의 채권액을 포함, 여기에는 소액임차인의 우선변제채권도 포함될 것임)을 공제한 청산금을 채무자 등에게 지급하여야 하나(가등기담보등에관한법률 제4조 제1항), 담보가등기 후에 등기된 저당권자, 전세권자 및 담보가등기권리자(가등기담보등에관한법률 제2조 제5호)는 채권의 명세와 증서를 위 채권자에게 제시·교부하여 자기의 채권을 지급 받아야 합니다(가등기담보등에관한법률 제5조 제1항, 제2항).

그런데 「가등기담보등에관한법률」은 후순위권리자의 정의에 확정일자를 갖춘 우선변제권이 인정되는 주택임차인은 명시하지 않고 있으나(같은 법 제2조 제5호), 이러한 주택임차인도 위 후순위권리자에 포함되는 것으로 해석되어 우선변제권을 행사할 수 있어야 할 것으로 보입니다.

한편, 그러한 우선변제권은 없고 담보가등기 후에 대항력만 갖춘 주택임차인의 경우에는 원칙적으로 담보가등기권리자에게 대항력을 행사할 수 없지만(대법원 2001. 1. 5. 선고 2000다47682 판결), 「가등기담보등에관한법률」 제5조 제5항이 "담보가등기 후에 대항력 있는 임차권을 취득한 자에게는 청산금의 범위 에서동시이행의 항변권에 관한 「민법」 제536조를 준용한다."라고 규정하고 있으므로, 채무자에게 지급될 청산금이 있을 경우에는 담보가등기채권자에게 동시이행의 항변을 할 수 있을 것으로 보입니다.

■ 경매절차매수인 소유권취득 후 담보가등기에 기초하여 행해진 본등기의 효력은 어떻게 되는지요?

Q 저는 甲에게 돈을 빌려주면서 그 담보로 甲의 주택에 소유권이전등기청구권가 등기를 설정하였습니다. 위 주택에는 저의 가등기에 앞서는 乙의 근저당권이 설정되어 있었는데, 최근 乙이 그 근저당권을 실행하여 위 주택은 경매절차에서 매각되었습니다. 그 후 저는 위 가등기에 기초한 본등기를 하였는데, 이 경우 본등기의 효력은 어떻게 되는지요?

A 가등기담보 등에 관한 법률에서 담보가등기를 마친 부동산에 대하여 강제경매 등이 행하여진 경우에는 담보가등기권리는 그 부동산의 매각에 의하여 소멸한 다고 규정하고 있습니다(같은 법 제15조).

그리고 판례에서도, 「가등기담보 등에 관한 법률」 제15조에 따르면 담보가등 기를 마친 부동산에 대하여 경매 등이 행하여진 때에는 담보가등기권리는 그 부동산의 매각에 의하여 소멸한다고 규정하고 있으므로, 매수인이 매각허가결 정을 받아 그 매각대금을 모두 지급함으로써 소유권을 취득하였다면 담보가등 기권리는 소멸되었다고 보아야 할 것이고, 그 후에 행해진 가등기에 기초한 본 등기는 원인을 결여한 무효의 등기이며, 그 가등기에 기초한 본등기가 종전소 유자와의 대물변제합의에 기초하여 이루어진 것이라 하여도 이는 소유권을 매 수인이 취득한 후에 무효인 가등기를 유용하는 것에 해당하므로 역시 무효라 고 하였습니다(대법원 1994. 4. 12. 선고 93다52853 판결). 또한, 「가등기담 보 등에 관한 법률」 제13조, 제14조, 제15조에 따르면, 가등기담보 등에 관한 법률에서 정한 청산절차를 거치기 전에 강제경매 등의 신청이 행하여진 경우 담보가등기권자는 그 가등기에 기초한 본등기를 청구할 수 없고, 그 가등기가 부동산매각에 의하여 소멸하되 다른 채권자보다 자기채권을 우선변제 받을 권 리가 있을 뿐이라고 하였습니다(대법원 2010. 11. 9. 자 2010마1322 결정). 따라서 위 사안에서 乙의 선순위근저당권실행으로 주택은 매각되었고, 매수인 의 매각대금완납으로 귀하의 담보가등기는 소멸되었다고 볼 수 있으며, 그 후 소멸된 가등기에 기초한 본등기는 원인무효의 등기로 보아야 할 것입니다.

■ 경매진행 중 가등기권자가 본등기 한 경우 경매개시결정 기입등기는 직권으로 말소되는지요?

Q 소유권이전청구권보전을 위한 가등기가 이루어진 부동산에 대하여 강제경매신청을 하였는데, 가등기권자가 경매절차진행 중 가등기에 기초한 본등기신청으로 그 부동산소유권이 제3자에게 이전된 경우 강제경매기입등기는 직권으로 말소되는지요?

A 부동산등기법에서 가등기에 의한 본등기를 한 경우 본등기의 순위는 가등기의 순위에 따른다고 규정하고 있으며(부동산등기법 제91조), 등기관은 가등기에 의한 본등기를 하였을 때에는 대법원규칙으로 정하는 바에 따라 가등기 이후에 된 등기로서 가등기에 의하여 보전되는 권리를 침해하는 등기를 직권으로 말소하여야 하고, 이 경우 등기관이 가등기 이후의 등기를 말소하였을 때에는 지체 없이 그 사실을 말소된 권리의 등기명의인에게 통지하여야 한다고 규정하고 있습니다(부동산등기법 제92조).

그러므로 가등기된 부동산에 관하여 경매개시결정을 한 후, 그 가등기권리자가 본등기를 하면 그 본등기순위가 가등기시에 소급하게 되고, 이 경우 가등기 이후의 경매개시결정기입등기는 가등기에 의하여 보전되는 권리를 침해하는 등기이므로 등기관은 직권말소 할 수 있습니다. 참고로 소유권이전청구권보전을 위한 가등기 이후에 가압류등기가 마쳐지고 위 가등기에 기초한 본등기가 이루어지는 경우, 등기공무원이 위 가압류등기를 직권으로 말소할 수 있는지 판례를 보면, 소유권이전청구권보전을 위한 가등기는 부동산물권변동에 있어 순위보전효력이 있는 것이므로, 그 가등기에 의한 소유권이전의 본등기가 마쳐진 경우에는 그 가등기 후 본등기 전에 행하여진 가압류등기는 가등기권자의 본등기취득으로 인한 등기순위보전 및 물권의 배타성에 의하여 실질적으로 등기효력을 상실하게 되는 것이고, 따라서 등기관은 위 가압류등기를 직권으로 말소할 수 있다고 하였습니다(대법원 2010. 3. 19. 자 2008마1883 결정).

그런데 위와 같이 가등기 이후의 등기를 직권말소 하는 것은 그 가등기가 '소유권이전청구권보전을 위한 가등기(순위보전가등기)'임을 전제로 하며, 그렇지 않고 채무담보를 위한 가등기 즉 '담보가등기'인 경우나 순위보전가등기인지 담보가등기인지 당사자 사이에서 다투어지고 있는 경우에는 등기관의 심사권이 형식적인 것에 한정되는 것이 원칙이므로(대법원 2010. 4. 15. 자 2007마327 결정) 직권으로 말소할 수는 없습니다. 즉, 가등기가 담보가등기이면 그

가등기 후에 제3취득자나 담보물권을 가진 후순위권리자가 생겼을 때 바로 본
등기 할 수 있는 것이 아니라 청산절차와 그를 위한 제3취득자나 후순위권리
자에 대한 통지 등의 절차를 거치도록 함으로써 가등기에 기초한 본등기를 했
다 해도 바로 중간등기의 직권말소를 할 수가 없게 되는 것입니다.

참고로 소유권이전청구권보전가등기에 기초하여 소유권이전의 본등기를 한 경
우, 가등기전에 행해진 담보가등기(명칭여하를 불문), 전세권 및 저당권에 기초
한 임의경매개시결정등기와 가등기전에 행해진 가압류에 기초한 강제경매개시
결정등기는 말소되지 않습니다(등기예규 제1063호 2002. 11. 1. 개정).

2-2-9. 가처분

① 가처분은 다툼의 대상이 그 현상이 바뀌면 당사자가 권리를 실행하지 못하거나 이를 실행하는 것이 매우 곤란한 염려가 있는 경우에 그 다툼의 대상에 대해 현상변경을 하지 못하도록 하거나, 다툼이 있는 권리관계에 대해 임시의 지위를 정하는 것을 말합니다(민사집행법 제300조).

② 경매 물건에 설정된 가처분은 매수인의 매수로 인해 말소될 수도, 매수인에게 인수될 수도 있습니다.

③ 말소기준권리보다 가처분이 먼저 설정된 경우에는 그 권리가 말소되지 않고 매수인에게 인수되는 반면, 말소기준권리 이후에 설정된 가처분은 소멸되어 매수인에게 인수되지 않습니다.

④ 다만, 토지소유자가 그 지상건물의 소유자에 대해 한 가처분(즉, 토지소유자가 건물소유자를 상대로 건물철거 또는 토지인도를 구하는 본안소송을 위해 해당 건물에 대해 한 처분금지가처분)은 설정 시기에 관계없이 무조건 매수인에게 인수되므로 주의해야 합니다.

⑤ (예시1)

등기순위	권리	권리자	일자	권리내용	권리의 말소·인수
1	가처분	갑	2006. 02. 23.	처분금지를 위한 가처분	인수
2	근저당권	을	2006. 04. 02.	채권액 50,000,000	말소(최선순위)
3	저당권	병	2007. 09. 15.	채권액 15,000,000	말소
4	임의경매	병	2008. 09. 15.		

⑥ 이 경우 을의 근저당권은 매수로 인해 말소되며, 말소기준등기인 근저당권 보다 먼저 설정된 가처분은 매수인에게 인수됩니다.

⑦ (예시 2)

등기순위	권리	권리자	일자	권리내용	권리의말소·인수
1	가압류	갑	2006. 02. 23.	채권액 32,000,000	말소(최선순위)
2	근저당권	을	2006. 04. 02.	채권액 50,000,000	말소
3	전세권	병	2007. 09. 15.	보증금 100,000,000 존속기간 3년	말소
4	가처분	정	2007. 09. 15.	건물철거소송을 위한 처분금지가처분	인수
5	임의경매	을	2008. 09. 15.		
6	매수인	무	2009. 01. 10.		
7	본안소송 승소	정	2009. 03. 07.		

⑧ 이 경우 갑의 가압류는 매수로 인해 말소되며, 말소기준등기인 가압류 이후에 설정된 가처분, 전세권은 모두 소멸됩니다. 그러나 정의 가처분은 건물철거소송이라는 본안소송을 위해서 건물에 관해 한 처분금지가처분이므로 소멸되지 않고 매수인에게 인수됩니다.

⑨ 따라서 가처분권자 정이 본안소송인 건물철거소송에서 승소했다면 매수인은 매각대금을 지급했다 하더라도 정에게 대항할 수 없습니다. 이런 경우 매수인이 매각대금을 돌려받기 위해서는 배당받은 채권자 등을 상대로 부당이득반환청구를 해야 합니다(민법 제741조).

■ 가처분등기 후 소유권이전등기 및 가등기가 된 경우 가처분권자의 권리는 보호받을 수 있나요?

Q 저는 甲소유 주택을 매수하여 계약금과 중도금을 지불한 후 잔금을 지급하려 하였으나 甲은 그 사이 주택의 값이 크게 올랐음을 이유로 잔금수령을 거절하였습니다. 이에 저는 잔금을 변제공탁하고 위 주택에 대한 처분금지가처분등기를 한 후 甲을 상대로 소유권이전등기청구소송을 제기하여 승소판결을 받았습니다. 그런데 위 가처분등기 후 甲은 乙에게 소유권이전등기를 하였고 乙은 丙에게 매매예약에 의한 가등기를 해주었습니다. 이 경우 저는 乙의 소유권이전등기와 丙의 가등기를 말소시킬 수 있는지요?

A 처분금지가처분은 그 집행에 의하여 가처분채무자 및 제3자에 대하여 그 내용에 따른 구속력을 갖게 됩니다. 즉, 처분금지가처분의 효력이라고 하는 것은 그 가처분결정 자체의 효력이 아니고 그 집행(등기)의 효력입니다.

따라서 가처분명령이 발하여졌다고 하더라도 아직 등기되기 전에 가처분채무자가 그 가처분내용에 위반하여 처분행위를 한다면 그 처분행위는 유효하나 처분금지가처분등기 후에 소유권이전등기와 가등기를 한 것은 가처분 권리자가 판결에 의하여 소유권이전등기를 하면 그에게 대항할 수 없는 것이 됩니다.

다만, 乙과 丙의 등기는 등기공무원의 직권말소사항이 아니기 때문에 귀하는 소유권이전등기신청을 함과 동시에 乙의 소유권이전등기와 丙의 가등기를 말소하여 달라는 신청을 하여야 할 것입니다.

참고로 위 사안과 관련된 등기예규(제정 1997. 9. 11. 등기예규 제882호, 개정 2002. 11. 1. 등기예규 제1061호)에서는, 부동산의 처분금지가처분권리자가 본안사건에서 승소하여(재판상 화해 또는 인락 포함) 그 확정판결의 정본을 첨부하여 소유권이전등기를 신청하는 경우 ①그 가처분등기 이후에 제3자 명의의 소유권이전등기가 경료되어 있을 때에는 반드시 위 소유권이전등기신청과 함께 단독으로 그 가처분등기 이후에 경료된 제3자 명의의 소유권이전등기의 말소신청도 동시에 하여 그 가처분등기 이후의 소유권이전등기를 말소하고 가처분권리자의 소유권이전등기를 하여야 하고, ②그 가처분등기 이후에 제3자 명의의 소유권이전등기를 제외한 가등기, 소유권 이외의 권리에 관한 등기(대항력 있는 임차권등기명령에 의한 주택임차권등기 및 주택임차권설정등기 제외), 가압류등기, 국세체납에 의한 압류등기, 경매신청등기 및 처분금지가처분등기 등이 경료되어 있을 때에는 위 소유권이전등기신청과 함께 단독으로 그 가처분등기 이후에 경료된 제3자 명의의 등기말소신청도 동시에 하여 그 가처분등기 이후의 등기를 말소하고 가처분권리자의 소유권이전등기를 하여야 하며, ③처분금지가처분권리자가 그 가처분에 기한 소유권이전등기만 하고 가처분등기 이후에 경료된 제3자 명의의 소유권 이외의 등기의 말소를 동시에 신청하지 아니하였다면 그 소유권이전등기가 가처분에 기한 소유권이전등기였다는 소명자료를 첨부하여 다시 가처분등기 이후에 경료된 제3자 명의의 등기의 말소를 신청하여야 하고, ④처분금지가처분권리자의 승소판결에 의한 소유권이전등기가 경료된 경우, 당해 가처분등기는 그 가처분등기의 말소에 관하여 이익을 갖는 자가 집행법원에 가처분의 목적 달성을 이유로 한 가처분등기의 말소촉탁을 신청하여 그 신청에 기초한 집행법원의 말소촉탁에 의하여 말소하여야 한다고 하였습니다.

⚖️ **관련판례**

가처분기입등기에 대한 원인무효의 말소등기가 이루어질 당시 소유권이전등기를 경료하고 있는 자는 법원이 위 가처분기입등기의 회복등기를 촉탁함에 있어서 등기상 이해관계가 있는 제3자에 해당하므로, 가처분채권자에 대하여 법원의 촉탁에 의한 위 가처분기입등기 회복절차에 승낙할 의무가 있다(대법원 1998. 10. 27. 선고 97다26104,26111 판결).

■ 점유이전금지가처분 결정 후 점유한 자를 강제퇴거 시킬 수 있는지요?

Q 甲은 임차인 乙이 임대차계약만료 후에도 임차건물을 명도하지 않으므로 점유이전금지가처분 후 명도청구소송에서 승소하였습니다. 그런데 乙은 점유이전금지가처분 후 위 건물을 丙에게 무단전대하고서 퇴거하였습니다. 이 경우 甲으로서는 丙이 점유이전금지가처분결정 이후에 점유를 이전 받았으므로 丙을 직접 강제퇴거 하도록 할 수 있는지요?

A 민사소송법은 당사자 승계주의를 취하고 있어 변론종결 전의 승계인에게는 판결의 효력이 미치지 아니하므로 인도·명도청구의 본안소송 중 목적물의 점유가 이전되면 그대로 본안소송에서 패소할 수밖에 없고, 새로이 그 제3자를 상대로 하여 소송을 제기하든지 아니면「민사소송법」제82조 등에 의하여 그 제3자에게 소송을 인수시켜 소송을 유지할 수밖에 없게 됩니다. 그러나 점유이전금지가처분을 받아 두면 그 이후에 점유를 이전 받는 자는 가처분채권자에게 대항할 수 없으므로 당사자가 항정되는 효과를 얻게 됩니다.

점유이전금지가처분의 효력에 관하여 판례는 "점유이전금지가처분은 그 목적물의 점유이전을 금지하는 것으로서, 그럼에도 불구하고 점유가 이전되었을 때에는 가처분채무자는 가처분채권자에 대한 관계에 있어서 여전히 그 점유자의 지위에 있는 것일 뿐, 목적물의 처분을 금지 또는 제한하는 것은 아니다."라고 하였으며(대법원 1987. 11. 24. 선고 87다카257, 258 판결), 또한 "점유이전금지가처분은 그 목적물의 점유이전을 금지하는 것으로서 그럼에도 불구하고 점유가 이전되었을 때에는 가처분채무자는 가처분채권자에 대한 관계에 있어서 여전히 그 점유자의 지위에 있지만, 가처분채무자가 가처분채권자 아닌 제3자에 대한 관계에서도 점유자의 지위에 있다고 볼 수는 없다."라고 하였습니다(대법원 1996. 6. 7.자 96마27 결정).

그런데 점유이전금지가처분결정 이후 가처분채무자로부터 점유를 이전받은 제3자에 대하여 가처분채권자가 가처분자체의 효력으로 직접 퇴거를 강제할 수 있는지에 관하여 판례는 "점유이전금지가처분은 그 목적물의 점유이전을 금지하는 것으로서, 그럼에도 불구하고 점유가 이전되었을 때에는 가처분채무자는 가처분채권자에 대한 관계에 있어서 여전히 그 점유자의 지위에 있다는 의미로서의 당사자 항정의 효력이 인정될 뿐이므로, 가처분 이후에 매매나 임대차 등에 기하여 가처분채무자로부터 점유를 이전 받은 제3자에 대하여 가처분채권자가 가처분 자체의 효력으로 직접 퇴거를 강제할 수는 없고, 가처분채권자로서는 본안판결의 집행단계에서 승계집행문을 부여받아서 그 제3자의 점유를 배제할 수 있을 뿐이다."라고 하였습니다(대법원 1999. 3. 23. 선고 98다 59118 판결).

따라서 위 사안에서 甲도 점유이전금지가처분결정 이후 丙이 점유를 이전 받았다고 하여도 乙에 대한 건물명도청구소송의 확정판결에 승계집행문을 부여받아 명도집행 하여야 할 것이고, 그러한 절차 없이 직접 퇴거를 강제할 수는 없을 것으로 보입니다.

다만 판례는 "점유이전금지가처분이 집행된 이후에 제3자가 가처분채무자의 점유를 침탈하는 등의 방법으로 가처분채무자를 통하지 아니하고 부동산에 대한 점유를 취득한 것이라면", 승계집행문 부여의 대상이라고 할 수 없고, 채무자와 제3자가 통모하여 점유의 침탈을 가장하였다거나, 제3자가 점유이전금지가처분의 집행 사실을 알면서도 아무런 실체법상의 권원 없이 해당 부동산의 점유를 침탈한 경우라면 채권자가 그러한 점을 소명하여 제3자를 상대로 해당 부동산의 인도단행가처분을 구하는 등의 다른 구제절차로 보호받는 방법을 강구해야 할 것이다"고 하여 채무자의 권원에 의한 승계가 아닌 경우에는 승계집행문의 대상이 아니라고 보고 있음을 유의하여야 합니다(대법원 2015. 1. 29. 선고 2012다111630 판결).

⚖️ 관련판례

가처분기입등기 이후에 개시된 부동산 강제경매절차에서 부동산을 낙찰받은 자의 소유권이전등기가 가처분채권자에 대한 관계에서 무효로 되는 경우, 특별한 사정이 없는 한 위 토지에 관한 낙찰자 명의의 소유권이전등기가 아직 말소되지 않고 있다고 하더라도 낙찰자로서는 위 토지를 자신 소유 건물의 부지 등으로 점용하고 있는 가처분채권자에 대하여 그 건물의 철거 및 위 토지 중 가처분채권자가 위 건물의 부지 등으로 점용하고 있는 부분의 인도를 구할 수 없다(대법원 1998. 10. 27. 선고 97다 26104,26111 판결).

■ 가처분을 통한 강제집행을 정지시킬 수 있나요?

Q 甲은 저를 피고로 하여 대여금 반환청구의 소를 제기하여 승소판결을 받았고 이 판결은 확정되었습니다. 저는 이후 甲에게 채무를 변제하고자 노력하였으나 여력이 되지 못해서 변제하지 못하고 있던 중 甲이 강제집행신청을 하였습니다. 강제집행을 막고자 하는데 통상의 가처분절차에 의해서 강제집행을 정지시킬 수 있나요?

A 일반적인 가처분절차에 의하여 임의경매절차를 정지시킬 수 있는지 여부에 대해서 대법원은 '임의경매를 신청할 수 있는 권리의 존부를 다투어 민사집행법 제275조에 의한 같은 법 제44조의 준용에 의해 채무에 관한 이의의 소를 제기한 경우에도 같은 법 제46조 제2항에 의한 강제집행정지명령을 받아 정지시킬 수 있을 뿐이고, 일반적인 가처분절차에 의하여 임의경매절차를 정지시킬 수는 없다(대법원 2004. 8. 17. 자 2004카기93 결정)'고 판시하여, 통상의 가처분의 방법으로는 불가능하다고 밝힌 바 있습니다.

■ 가압류된 토지를 매수하고 싶은데, 매수한 후 소유권이전등기까지 마친다면 위 토지에 대한 가처분을 취소할 수 있는지요?

Q 갑은 토지거래허가구역 내의 토지를 매수하면서 관할관청의 허가를 받지 못했지만 갑이 소유권이전등기청구권을 보전하기 위하여 매매대상 토지에 대하여 처분금지가처분을 해놓았습니다. 저는 위 가압류된 토지를 매수하고 싶은데 제가 매수한 후 소유권이전등기까지 마친다면 위 토지에 대한 가처분을 취소할 수 있는지요?

A 국토의 계획 및 이용에 관한 법률상의 토지거래계약 허가구역 내의 토지에 관하여 관할관청의 허가를 받을 것을 전제로 한 매매계약은 법률상 미완성의 법률행위로서 허가받기 전의 상태에서는 아무런 효력이 없어, 그 매수인이 매도인을 상대로 하여 권리의 이전 또는 설정에 관한 어떠한 이행청구도 할 수 없고, 이행청구를 허용하지 않는 취지에 비추어 볼 때 그 매매계약에 기한 소유권이전등기청구권 또는 토지거래계약에 관한 허가를 받을 것을 조건으로 한 소유권이전등기청구권을 피보전권리로 한 부동산처분금지가처분신청 또한 허용되지 않습니다.(대법원 2010. 8. 26. 자 2010마818 결정 참조.) 따라서, 피보전권리가 없음에도 그 권리보전이라는 구실 아래 처분금지가처분 결정을 받았다 하더라도, 피보전권리가 없다는 것은 가처분 결정에 대한 이의 사유로 할 수 있으나 또한 피보전권리 없음이 분명히 되었다는 것을 사정변경으로 보아 민사집행법 제301조 , 제288조 에 의한 사정변경으로 인한 가처분 취소신청을 할 수 있다는 것이 판례의 태도입니다. 그러므로, 가처분 목적물을 양수한 귀하 또한 사정변경으로 인한 가처분 취소신청을 할 수 있습니다.(대법원 2006.9.22. 선고 2004다50235판결 참조).

2-2-10. 유치권

① 유치권은 다른 사람의 물건 또는 유가증권을 점유한 사람이 그 물건이나 유가증권에 관해 생긴 채권이 변제기에 있는 경우에 그 변제를 받을 때까지 해당 물건 또는 유가증권을 점유할 권리를 말합니다(민법 제320조제1항).

② 경매 물건에 설정된 유치권은 등기 순위에 관계없이 매수인에게 인수됩니다(민사집행법 제91조제5항).

③ (예시)

등기 순위	권리	권리자	일자	권리내용	권리의 말소·인수
1	전세권	갑	2006. 02. 23.	보증금 200,000,000 (배당요구)	말소(최선순위)
2	저당권	을	2006. 04. 02.	채권액 100,000,000	말소
	유치권	병	2007. 09. 15.	채권액 50,000,000	인수
3	가압류	정	2008. 09. 15.	채권액 150,000,000	말소
4	임의경매	을	2009. 01. 16.		

④ 이 경우 을의 저당권은 매수로 인해 말소되고, 말소기준등기인 저당권 이후에 설정된 가압류는 말소되며, 선순위인 전세권은 전세권자 갑의 배당요구로 인해 말소됩니다. 그러나 유치권은 등기 순위에 관계없이 말소되지 않습니다. 따라서 매수인에게는 병의 유치권이 인수됩니다.

■ **경매개시결정 기입등기 후, 해당 부동산의 점유를 이전받아 건물과 관련된 채권을 취득한 사람이 유치권을 행사할 수 있는지요?**

Q 乙 소유 A부동산에 경매개시결정 기입등기가 된 후 甲은 乙로부터 위 부동산의 점유를 이전받아 건물과 관련된 공사를 시행함으로써 乙에 대한 공사대금채권 및 유치권을 취득하였습니다. 丙이 위 경매절차에서 건물의 소유권을 취득하여 甲에게 건물의 인도를 구한다면, 甲은 유치권을 이유로 건물의 인도를 거절할 수 있을까요?

A 채무자 소유의 부동산에 경매개시결정의 기입등기가 경료 되어 압류의 효력이 발생한 이후에는 압류의 처분금지효에 의해 채무자는 해당 부동산에 대한 처분행위를 할 수 없습니다. 대법원은 채권자가 채무자로부터 위 부동산의 점유를 이전받고 이에 관한 공사 등을 시행함으로써 채무자에 대한 공사대금채권 및 이를 피담보채권으로 한 유치권을 취득한 경우, 이러한 점유의 이전은 목적물의 교환가치를 감소시킬 우려가 있는 처분행위에 해당하여 민사집행법 제92조 제1항, 제83조 제4항에 따른 압류의 처분금지효에 저촉되므로, 위와 같은 경위로 부동산을 점유한 채권자로서는 위 유치권을 내세워 그 부동산에 관한 경매절차의 매수인에게 대항할 수 없다고 판단하고(대법원 2005. 8. 19. 선고 2005다22688 판결 참조), 또한 이 경우 위 부동산에 경매개시결정의 기입등기가 경료되어 있음을 채권자가 알았는지 여부 또는 이를 알지 못한 것에 관하여 과실이 있는지 여부 등은 채권자가 그 유치권을 경락인에게 대항할 수 없다는 결론에 아무런 영향을 미치지 못한다고 합니다(대법원 2006. 8. 25. 선고 2006다22050 판결 참조).

즉, 경매개시결정 기입등기 후 부동산의 점유를 이전받아 공사를 시행한 甲은 기입등기의 경료 사실을 알았는지 여부를 불문하고 유치권을 이유로 丙에게 대항할 수 없습니다.

■ 유치권자의 신청으로 강제경매절차가 개시된 후 근저당권자에 의하여 임의경매절차가 개시된 경우, 유치권을 행사할 수 있을까요?

Q 유치권자 甲의 신청으로 A부동산에 대한 강제경매절차가 개시된 후, 근저당권자 乙의 신청으로 임의경매절차가 개시되었습니다. 丙은 위 임의경매절차에서 A부동산을 낙찰 받아 소유권을 취득하였습니다. 甲은 丙에게 유치권을 행사할 수 있을까요?

A 민법 제322조 제1항에 의하여 실시되는 유치권에 의한 경매도 강제경매나 담보권 실행을 위한 경매와 마찬가지로 목적부동산 위의 부담을 소멸시키는 것을 법정매각조건으로 하여 실시되고 우선채권자뿐만 아니라 일반채권자의 배당요구도 허용되며, 유치권자는 일반채권자와 동일한 순위로 배당을 받을 수 있다고 봄이 상당합니다. 다만 집행법원은 부동산 위의 이해관계를 살펴 위와 같은 법정매각조건과는 달리 매각조건 변경결정을 통하여 목적부동산 위의 부담을 소멸시키지 않고 매수인으로 하여금 인수하도록 정할 수 있습니다(대법원 2011. 6. 15. 선고 2010마1059 결정, 대법원 2011. 6. 17. 선고 2009마2063 결정 등 참조).

그런데 부동산에 관한 강제경매 또는 담보권 실행을 위한 경매절차에서의 매수인은 유치권자에게 그 유치권으로 담보하는 채권을 변제할 책임이 있고(민사집행법 제91조 제5항, 제268조), 유치권에 의한 경매절차는 목적물에 대하여 강제경매 또는 담보권 실행을 위한 경매절차가 개시된 경우에는 정지되도록 되어 있으므로(민사집행법 제274조 제2항), 유치권에 의한 경매절차가 정지된 상태에서 그 목적물에 대한 강제경매 또는 담보권 실행을 위한 경매절차가 진행되어 매각이 이루어졌다면, 유치권에 의한 경매절차가 소멸주의를 원칙으로 하여 진행된 경우와는 달리 그 유치권은 소멸하지 않는다고 봄이 상당합니다(대법원 2011. 8. 18. 선고 2011다35593 판결). 본 사안의 경우 역시 임의경매절차 개시로 인하여 유치권에 기한 경매절차는 정지되었으므로 甲은 유치권의 부담까지 함께 인수받은 丙에게 유치권을 행사할 수 있습니다.

■ 건물의 유치권자가 실제로 그 건물을 점유하고 있다면 그 건물의 부지를 점유하는 자로 볼 수 있는지요?

Q 甲은 2013. 1. 1. 乙에게 이 사건 건물의 보수공사를 도급하였고, 乙은 2013. 7. 1. 해당공사를 완료하여 甲에 대한 공사대금채권을 취득하였습니다. 그러나 甲이 공사대금을 지급하지 않자 乙은 이 사건 건물을 점유하고 유치권을 행사하기 시작하였습니다. 한편, 甲은 이 사건 건물부지의 소유자인 丙과 대지임대차계약을 체결하여 이 사건 건물을 이용하여 왔는데, 2014. 1. 1. 자로 갱신없이 임대차계약이 종료되었습니다. 위와 같은 상태가 유지되다가 丙은 2015. 1. 1. 丙이 乙에게 차임 상당의 부당이득반환을 청구한바 丙의 청구는 이유 있는가요?

A 결국 이 사건 대지의 점유자가 누구인지가 丙 청구의 타당성 인정기준이 될 것입니다. 일반적으로 판례는 사회통념상 건물은 그 부지를 떠나서는 존재할 수 없으므로 건물의 부지가 된 토지는 건물의 소유자가 점유하는 것이고, 이 경우 건물의 소유자가 현실적으로 건물이나 그 부지를 점거하고 있지 않다 하더라도 건물의 소유를 위하여 그 부지를 점유하는 것으로 보며, 미등기건물을 양수하여 건물에 관한 사실상의 처분권을 보유하게 됨으로써 건물부지 역시 아울러 점유하고 있다고 볼 수 있는 등의 특별한 사정이 없는 한 건물의 소유명의자가 아닌 자는 실제 건물을 점유하고 있다 하더라도 그 부지를 점유하는 자로 볼 수는 없다고 합니다(대법원 2003. 11. 13. 선고 2002다57935 판결, 대법원 2008. 7. 10. 선고 2006다39157 판결)

결국 이 사건 부지의 점유자는 건물의 소유자인 甲이 되는 것이고, 乙은 건물의 점유자로서 건물사용이익 부분에 대해 건물소유자인 甲에게 반환할 의무가 있음은 별론으로 하더라도, 대지의 점유자가 아니어서 대지소유자인 丙에게 토지사용이익 부분에 대한 부당이득반환책임은 없다고 할 것입니다(대법원 2009. 9. 10. 선고 2009다28462 판결). 따라서 丙의 청구는 이유 없습니다.

■ 경매부동산에 관한 채권자는 경매개시결정의 기입등기가 된 후 취득한 유치권으로 대항이 가능한지요?

Q 乙소유 부동산에 관한 공사대금 채권자인 甲은, 그 공사대금조로 乙소유 부동산의 점유를 이전받고 유치권을 취득하였습니다. 그런데 甲은 乙소유 부동산이 이미 경매개시결정의 기입등기가 되어 있는 상태인 것을 뒤늦게 알게 되었습니다. 이 경우에도 甲은 그 공사대금을 변제받을 때까지 해당 부동산에 대한 유치권을 행사할 수 있나요?

A 민사집행법 제83조 제4항에서는 경매개시결정의 기입등기가 된 때 압류의 효력이 생긴다고 규정하고 있습니다. 해당 부동산이 압류가 되면 그 부동산에 대한 처분제한의 효력이 생기게 되므로, 채무자는 그 부동산을 다른 곳에 양도하거나 담보권 또는 용익권을 설정하는 방법으로 처분하여도 압류채권자에게 대항하지 못합니다(대법원 2005. 8. 19. 선고 2005다22688판결 등). 따라서 채무자 소유의 건물에 관하여 증·개축 등 공사를 도급받은 수급인이 경매개시결정의 기입등기가 마쳐지기 전에 채무자로부터 그 건물의 점유를 이전받았다 하더라도 경매개시결정의 기입등기가 마쳐져 압류의 효력이 발생한 후에 공사를 완공하여 공사대금채권을 취득함으로써 그때 비로소 유치권이 성립한 경우에는, 수급인은 그 유치권을 내세워 경매절차의 매수인에게 대항할 수 없습니다(대법원 2011. 10. 13. 선고 2011다55214판결).

■ 본압류 이후에 취득한 유치권도 이를 주장할 수 있는지요?

Q 甲은 경매부동산에 대한 공사대금채권을 가지고 있었는데, 경매개시결정의 등기가 된 이후에 비로소 경매부동산에 대한 점유를 이전받아 유치권을 취득하였습니다. 甲은 경매부동산의 매수인을 상대로 유치권을 주장할 수 있는지요?

A 민사집행법 제91조 제5항은 매수인은 유치권자에게 그 유치권으로 담보하는 채권을 변제할 책임이 있다고 규정하고 있습니다. 그러나 우리 판례는 "경매부동산의 압류 이후에 경매부동산에 관한 기존의 채권을 담보할 목적으로 뒤늦게 채무자로부터 그 점유를 이전받음으로써 유치권을 취득하게 된 경우는 경매절차의 매수인에 대항할 수 없다고 보아야 할 것이어서 매수인에게 인수되는 유치권에 해당하지 않는다."고 판시한 바 있습니다(대법원 2005. 8. 19. 선고 2005다22688 판결).

■ 유치권자의 승낙 없이 압류된 목적물이 강제경매된 경우 목적물에 대한 유치권자의 권리는 어떤 주장을 할 수 있나요?

Q 저는 甲의 농기계를 수리하였으나 甲이 수리대금을 지급하지 않아 유치권을 행사하여 농기계를 점유하던 중 유치권에 의한 경매를 신청하였습니다. 저는 유치권에 의한 경매절차가 개시된 다음 집행관에게 농기계를 제출하였습니다. 유치권에 의한 경매가 진행되던 중 甲의 다른 채권자인 乙이 농기계를 압류하자 법원에서는 유치권에 의한 경매절차를 정지하고 乙을 위한 강제경매절차를 진행하여 농기계가 丙에게 매각되었습니다. 丙은 집행관에게 농기계를 인도하여 달라고 요구하고 있고, 저는 유치권을 주장하여 丙에게 인도하면 안 된다고 주장하고 있는데 이러한 상황에서 제가 무엇을 주장해야 하는지 궁금합니다.

A 민사집행법 제189조 제1항은 "채무자가 점유하고 있는 유체동산의 압류는 집행관이 그 물건을 점유함으로써 한다. 다만, 채권자의 승낙이 있거나 운반이 곤란한 때에는 봉인(封印), 그 밖의 방법으로 압류물임을 명확히 하여 채무자에게 보관시킬 수 있다."고 하여 유체동산을 압류하는 방법을 규정하고 있습니다.
또한 「민사집행법」 제191조는 "채권자 또는 물건의 제출을 거부하지 아니하는 제3자가 점유하고 있는 물건은 제189조의 규정을 준용하여 압류할 수 있다."고 하여 채무자 소유의 물건을 제3자가 점유하고 있는 경우에는 그 제3자가 채권자의 강제집행을 위하여 집행관에게 그 물건을 제출한 경우에 한하여 허용되는 것으로 규정하고 있습니다.

유치권자는 「민사집행법」 제191조의 물건을 점유하고 있는 제3자라고 할 것이므로 물건에 대한 강제집행은 유치권가 채권자의 강제집행을 위하여 집행관에게 그 물건을 제출한 경우에 한하여 허용된다고 할 것입니다.

판례는 "유치권자가 점유하고 있는 채무자의 유체동산에 대한 강제집행은 유치권자가 채권자의 강제집행을 위하여 집행관에게 그 물건을 제출한 경우에 한하여 허용된다. … 유치권에 의한 경매를 신청하고 집행관에게 그 목적물을 제출하여 유치권에 의한 경매절차가 개시된 때에도 그 목적물에 대한 유치권자의 유치권능은 유지되고 있다고 보아야 하므로, 유치권에 의한 경매절차가 개시된 유체동산에 대하여 다른 채권자가 민사집행법 제215조 에 정한 이중압류의 방법으로 강제집행을 하기 위해서는 채권자의 압류에 대한 유치권자의 승낙이 있어야 한다."고 판시하여 유치권에 의한 경매가 개시된 때에도 물건에 대한 유치권자의 유치권능은 유지되는 것으로 보고, 다른 채권자가 이중압류의 방법으로 강제집행을 하기 위해서는 채권자의 압류에 대한 유치권자의 승낙이 있어야 한다고 하였습니다.

또한 위 판례는 "유치권자의 승낙 없이 … 유치권에 의한 경매절차를 정지하고 채권자를 위한 강제경매절차를 진행하였다면, 그 강제경매절차에서 목적물이 매각되었더라도 유치권자의 지위에는 영향을 미칠 수 없고 유치권자는 그 목적물을 계속하여 유치할 권리가 있다고 보아야 한다."고 판시하여 물건이 강제경매되더라도 압류를 승낙하지 않은 유치권자의 지위에는 영향이 없다고 하였습니다.(대법원 2012. 9. 13. 2011그213 결정)

귀하의 사례에서도 귀하가 유치권에 의한 경매를 위하여 농기계를 집행관에게 제출하였더라도 그 농기계에 대한 귀하의 유치권능은 계속해서 유지되는 것이므로, 압류를 승낙하지 않은 귀하는 유체동산 강제경매에도 불구하고 유치권자로서의 지위에 영향을 받지 않습니다. 따라서 위와 같은 법리를 통하여 농기계가 丙에게 인도되어서는 안 된다는 주장을 하실 수 있을 것입니다.

2-2-11. 법정지상권 및 분묘기지권

① 법정지상권은 토지와 그 지상건물이 각각 다른 소유자에게 속한 경우에 건물소유자가 토지를 사용할 수 있는 권리를 말합니다(민법 제305조제1항, 제366조, 가등기담보 등에 관한 법률 제10조 및 입목에 관한 법률 제6조제1항).

② 분묘기지권은 분묘를 수호하고 봉제사(奉祭祀)하는 목적을 달성하는 데 필요한 범위 내에서 다른 사람의 토지를 사용할 수 있는 권리를 말합니다(대법원 2001. 8. 21. 선고 2001다28367 판결).

③ 경매 물건에 설정된 법정지상권 및 분묘기지권은 등기 순위에 관계없이 매수인에게 인수됩니다.

④ 예고등기제도의 폐지
예고등기는 기존 등기의 원인 무효나 취소로 인한 등기의 말소 또는 회복의 소가 제기된 경우에 다른 사람이 그 소송사실을 알 수 있게 법원에 촉탁해서 이루어지는 등기를 말합니다. 그러나 입법취지와 달리 강제집행절차를 방해할 목적으로 남용되고 있다는 이유로, 예고등기제도는 부동산등기법(법률 제10580호)이 개정됨에 따라 2011년 10월 13일부터 폐지되었습니다. 2011년10월13일 이전에 이미 이루어진 예고등기는 기존의 말소절차에 따라 말소되므로 유의하시기 바랍니다.

⑤ 말소기준권리란 (근)저당권, (가)압류, 경매개시결정등기 중 가장 먼저 등기된 권리로 여러 가지 권리에 대한 말소·인수의 기준이 됩니다.

⑥ 말소·인수되는 권리의 정리

말소되는 권리	인수되는 권리
- (근)저당권, (가)압류 - 말소기준권리보다 후에 설정된 지상권·지역권·배당요구를 하지 않은 전세권·등기된 임차권·가처분 - 배당요구를 한 전세권 - 담보가등기	- 유치권, 법정지상권, 분묘기지권 - 말소기준권리보다 먼저 설정된 지상권·지역권·배당요구를 하지 않은 전세권·등기된 임차권·순위보전을 위한 가등기·가처분 - 후순위 가처분 중 토지소유자가 지상건물에 대한 철거를 위해 한 처분금지가처분

[서식 예] 법정지상권 존속기간확인 청구의 소

소　　　　장

원　　고　　○○○ (주민등록번호)
　　　　　○○시 ○○구 ○○길 ○○(우편번호 ○○○-○○○)
　　　　　전화·휴대폰번호:
　　　　　팩스번호, 전자우편(e-mail)주소:
피　　고　　◇◇◇ (주민등록번호)
　　　　　○○시 ○○구 ○○길 ○○(우편번호 ○○○-○○○)
　　　　　전화·휴대폰번호:
　　　　　팩스번호, 전자우편(e-mail)주소:

지상권존속기간확인청구의 소

청　구　취　지

1. 피고소유의 별지1 부동산목록 제1기재 토지에 관하여 별지2 도면표시 "1, 2, 3, 4, 1"의 각 점을 차례로 연결한 선내의 (가)부분 107.6㎡ 지상에 건축된 별지1 부동산목록 제2기재 건물의 이용을 위한 법정지상권의 지상권존속기간은 30년임을 확인한다.
2. 소송비용은 피고의 부담으로 한다.
라는 판결을 구합니다.

청　구　원　인

1. 원고는 20○○. ○. ○. 소외 ◉◉◉로부터 별지1 부동산목록 제1기재 토지(이하 '이 사건 토지'라고 함)를 매수한 뒤 같은 해 7. 5. 매매를 원인으로 한 소유권이전등기를 마친 사실이 있습니다. 그 뒤 원고는 20○○. ○. ○○. 이 사건 토지 지상에 별지2 도면표시 "1, 2, 3, 4, 1"의 각 점을 차례로 연결한 선내의 (가)부분 107.6㎡ 지상에 별지1 부동산목록 제2기재 건물(이하 '이 사건 건물'이라고 함)을 건축하여 원고의 가족들과 생활하여 왔습니다.
2. 원고는 20○○. ○○. ○. 소외 ◈◈◈로부터 80,000,000원을 차용하면서 이 사건 토지를 소외 ◈◈◈에게 담보제공 하였고, 같은 달 16일 제1순위 근저당권을 설정하여준 사실이 있습니다. 그런데 원고는 위 차용금을 변제기한인 20○○. ○○. ○○.까지 소외 ◈◈◈에게 변제하지 못하여, 소외 ◈◈◈는 같은 해 6. 5. 위 토지에 대하여 근저당권실행을 위한 경매를 신청하여 같은 해 12. 5. 피고에게 매각되었습니다.
3. 그런데 피고는 이 사건 토지에 대한 이 사건 건물의 이용을 위한 법정지상권을

인정하면서도 그 존속기간은 5년만 인정하겠다고 하면서 5년 뒤에는 위 건물을 철거하여야 한다고 주장합니다. 그러므로 원고는 피고에게 이 사건 건물의 이용을 위한 법정지상권의 존속기간은 이 사건 건물이 민법 제280조 제1항 제1호의 견고한 건물에 해당되어 30년이라고 주장하였으나 피고는 전혀 원고의 주장을 받아들이지 않고 있습니다.

4. 따라서 원고는 피고를 상대로 이 사건 토지에 관하여 별지2 도면표시 "1, 2, 3, 4, 1"의 각 점을 차례로 연결한 선내의 (가)부분 107.6㎡ 지상에 건축된 이 사건 건물의 이용을 위한 법정지상권존속기간은 30년임을 확인하여 줄 것을 청구하게 된 것입니다.

입 증 방 법

1. 갑 제1호증　　　　　　　토지등기사항증명서
1. 갑 제2호증　　　　　　　건물등기사항증명서
1. 갑 제3호증　　　　　　　토지대장등본
1. 갑 제4호증　　　　　　　건축물대장등본

첨 부 서 류

1. 위 입증방법　　　　　　　각 1통
1. 소장부본　　　　　　　　1통
1. 송달료납부서　　　　　　1통

20○○.　○.　○.
위 원고　○○○　(서명 또는 날인)

○○지방법원　귀중

[별 지1]

부동산의 표시

1. ○○시 ○○구 ○○동 ○○○
   대 151㎡.
2. 위 지상
   철근콘크리트조 슬래브지붕 단층주택
   107.6㎡. 끝.

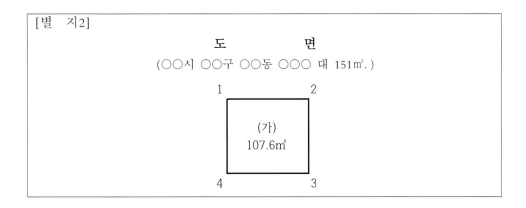

[별　지2]

■ **강제경매의 경우 관습상 법정지상권의 성립요건인 '토지와 지상 건물이 동일인에 속하였는지 여부'의 기준시점은?**

Q 丙은 乙 소유이던 토지 위에 건립되어 있던 건물에 丙명의로 소유권보존등기를 경료 하였고, 이 건물에 관하여 채권자를 위하여 가압류등기 및 강제경매개시결정이 각 경료 되었습니다. 저는 乙로부터 토지를 매수하여 소유권이전등기를 경료하고 丙으로부터 건물을 매수하여 소유권이전등기를 경료 하였으나, 이후 건물이 甲에게 매각되어 甲의 대금 완납 이후 甲 명의로 소유권이전등기가 경료 되었습니다. 이 경우 제가 건물에 대한 관습상 법정지상권을 취득하나요?

A 토지와 건물이 동일한 소유자에게 속하였다가, 건물 또는 토지가 매매 기타 원인으로 인하여 양자의 소유자가 다르게 된 때, 당사자 사이에 그 건물을 철거하기로 하는 합의가 있었다는 등의 특별한 사정이 없으면, 건물소유자는 토지소유자에 대하여 그 건물을 위한 관습법상 법정지상권을 취득하게 됩니다(대법원 1997. 1. 21. 선고 96다40080 판결).

강제경매의 목적이 된 토지 또는 그 지상 건물의 소유권이 강제경매로 인하여 그 절차상의 매수인에게 이전된 경우에 건물의 소유를 위한 관습상 법정지상권이 성립하는가 하는 문제에 있어서는 그 매수인이 소유권을 취득하는 매각대금의 완납시가 아니라 그 압류의 효력이 발생하는 때를 기준으로 하여 토지와 그 지상 건물이 동일인에 속하였는지 여부가 판단되어야 하는데, 이는 강제경매개시결정의 기입등기가 이루어져 압류의 효력이 발생한 후에 경매목적물의 소유권을 취득한 이른바 제3취득자는 그의 권리를 경매절차상의 매수인에게 대항하지 못하고, 나아가 그 명의로 경료된 소유권이전등기는 매수인이 인수하지 아니하는 부동산의 부담에 관한 기입에 해당하므로(민사집행법 제144조 제1항 제2호 참조) 그 매각대금이 완납되면 직권으로 그 말소가 촉탁되어야 하는 것이어서(대법원 2002. 8. 23. 선고 2000다29295 판결 등 참조), 결국 매각대금 완납 당시 소유자가 누구인지는 이 문제맥락에서 별다른 의미를 가질 수 없다는 점 등을 고려하여 보면 더욱 그러하다고 하고 있으며, 한편 강제경매개시결정 이전에 가압류가 있는 경우에는, 그 가압류가 강제경매개시결정으로 인하여 본압류로 이행되어 가압류집행이 본집행에 포섭됨으로써 당초부터 본집행이 있었던 것과 같은 효력이 있고, 따라서 경매의 목적이 된 부동산에 대하여 가압류가 있고 그것이 본압류로 이행되어 경매절차가 진행된 경우에는 애초 가압류가 효력을 발생하는 때를 기준으로 토지와 그 지상 건물이 동일인에 속하였는지 여부를 판단할 것이라고 하였습니다(대법원 2012. 10. 18. 선고 2010다 52140 전원합의체 판결).

귀하의 경우 위 경매의 목적물인 이 사건 건물에 대하여는 이 사건 강제경매개시결정 이전에 황산농업협동조합의 가압류가 있었고 그 후 그 가압류가 본압류로 이행하였으므로, 위 경매절차상의 매수인인 甲이 관습상 법정지상권을 취득하는지 하는 문제에 있어서 甲이 그 매각대금을 완납한 시점이 아니라 위 가압류가 효력을 발생한 시점을 기준으로 이 사건 토지와 그 지상의 이 사건 건물이 동일인에게 속하였는지를 판단하여야 할 것이며, 가압류의 효력 발생시 토지와 그 지상 건물의 소유자가 동일인이 아니었으므로 귀하에게는 건물의 소유를 위한 관습법상 법정지상권이 성립하지 않습니다.

■ 법정지상권의 성립요건은 어떻게 되나요?

Q 甲은 A토지와 A건물을 모두 소유하고 있었습니다. 甲은 乙 로부터 돈을 대여하면서 위 채권의 담보로 A 토지에 한하여 저당권을 설정해주었습니다. 이후 甲이 채권을 변제하지 못하자, 乙이 A토지에 대한 임의경매를 신청하여 A토지 소유권이 甲에서 丙으로 변동되었습니다. 그렇다면 丙은 A토지 소유권에 대한 방해배제청구권을 행사하여 甲의 A건물을 철거해달라고 요구할 수 있나요?

A 민법 제366조는 "저당물의 경매로 인하여 토지와 그 지상건물이 다른 소유자에 속한 경우에는 토지소유자는 건물소유자에 대하여 지상권을 설정한 것으로 본다. 그러나 지료는 당사자의 청구에 의하여 법원이 이를 정한다."라고 규정하고 있습니다. 위 법정지상권의 성립요건은 ① 최선순위의 저당권 설정 당시 건물의 존재, ② 저당권설정 당시 토지와 건물이 동일소유자에게 속할 것, ③ 토지나 건물의 양쪽 또는 어느 한쪽에 저당권이 설정될 것, ④ 경매로 인하여 소유자가 달라질 것입니다. 甲의 A건물은 위 요건을 모두 충족시키므로, A건물에는 법정지상권이 설정되었다고 볼 수 있습니다. 따라서 甲은 丙에게 법정지상권으로 대항할 수 있으므로, 丙은 甲에게 A건물 철거를 요구할 수 없습니다.

■ 관습상 분묘기지권의 시효취득 요건 및 분묘기지권이 미치는 범위는?

Q 甲은 乙 소유의 토지 중 일정 부분에 관하여 甲의 부모 등의 분묘를 설치하기 위하여 분묘기지사용계약을 체결하였는데, 계약부분을 초과한 토지를 乙로부터 인도받아 여러 기의 분묘를 설치한 후 묘의 설치목적인 분묘의 수호 및 제사에 필요한 범위 내에서 20년간 평온, 공연하게 그 분묘의 기지를 점유하였습니다. 이 경우 甲은 분묘기지사용계약 부분을 초과하는 토지에 관하여 시효취득을 주장할 수 있는지요?

A 타인 소유의 토지에 소유자의 승낙 없이 분묘를 설치한 경우에는 20년간 평온, 공연하게 그 분묘의 기지를 점유하면 지상권 유사의 관습상의 물권인 분묘기지권을 시효로 취득합니다(대법원 1996. 6. 14. 선고 96다14036 판결 등 참조). 이 때 분묘기지권은 분묘를 수호하고 봉제사하는 목적을 달성하는 데 필요한 범위 내에서 타인의 토지를 사용할 수 있는 권리를 의미하는 것으로서, 분묘기지권은 분묘의 기지 자체 뿐만 아니라 그 분묘의 설치목적인 분묘의 수호 및 제사에 필요한 범위 내에서 분묘의 기지 주위의 공지를 포함한 지역에까지 미치는 것이라고 합니다(대법원 1994. 12. 23. 선고 94다15530 판결 등 참조).

따라서 위 사안에서 甲은 계약부분을 초과하는 토지에 관하여 지상권 유사의 관습상의 물권인 분묘기지권을 시효취득하였고, 그 분묘기지권은 위와 같이 설치된 수기의 분묘의 수호 및 제사에 필요한 범위 내에 속하는 이 사건 초과 토지에까지 미친다고 할 수 있습니다(대법원 2011.11.10. 선고 2011다63017,63024 판결 참조).

⚖ 관련판례

분묘기지권은 분묘를 수호하고 봉제사하는 목적을 달성하는 데 필요한 범위 내에서 타인의 토지를 사용할 수 있는 권리를 의미하는 것으로서, 이 분묘기지권에는 그 효력이 미치는 지역의 범위 내라고 할지라도 기존의 분묘 외에 새로운 분묘를 신설할 권능은 포함되지 아니하는 것이므로, 부부 중 일방이 먼저 사망하여 이미 그 분묘가 설치되고 그 분묘기지권이 미치는 범위 내에서 그 후에 사망한 다른 일방을 단분형태로 합장하여 분묘를 설치하는 것도 허용되지 않는다(대법원 2001. 8. 21. 선고 2001다28367 판결).

■ **분묘기지권을 시효취득한 경우에도 그 사용료를 지급해야 하는지요?**

Q 저의 조부의 묘는 30년 전부터 타인의 임야에 설치되어 있었는데, 최근 그 임야를 매수한 甲이 묘지부분의 사용대가를 지급하라고 요구하고 있습니다. 이러한 경우 甲이 요구한 사용대가를 지급해야 하는지요?

A 분묘기지권이란 타인의 토지 위에 있는 분묘기지(墳墓基地)에 대하여 관습법상 인정되는 지상권에 유사한 일종의 물권입니다. 이러한 분묘기지권이 성립하는 경우로는 ①토지소유자의 승낙을 얻어 분묘를 설치한 경우(대법원 2000. 9. 26. 선고 99다14006 판결), ②토지소유자의 승낙 없이 분묘를 설치한 후 20년간 평온, 공연하게 점유하여 시효취득 한 경우(대법원 1996. 6. 14. 선고 96다14036 판결), ③자기소유의 토지에 분묘를 설치한 후 그 분묘기지에 대한 소유권을 보유하거나 분묘이전약정 없이 토지를 처분한 경우(대법원 1967. 10. 12. 선고 67다1920 판결) 등입니다. 그리고 분묘기지권은 봉분 등 외부에서 분묘존재를 인식할 수 있는 형태를 갖추고 있는 경우에 한하여 인정되고, 평장 또는 암장되어 객관적으로 인식할 수 있는 외형을 갖추지 아니한 경우에는 인정되지 않으므로 이러한 특성상 분묘기지권은 등기 없이 취득하게 됩니다(대법원 1996. 6. 14. 선고 96다14036 판결).

그런데 장사 등에 관한 법률에서 토지소유자의 승낙 없이 해당토지에 설치한 분묘, 묘지설치자 또는 연고자의 승낙 없이 해당묘지에 설치한 분묘의 어느 하나에 해당하는 분묘의 연고자는 해당 토지소유자, 묘지설치자 또는 연고자에게 토지사용권이나 그 밖에 분묘의 보존을 위한 권리를 주장할 수 없다고 규정하고 있는데(장사 등에 관한 법률 제27조 제1항, 제3항), 이 규정은 2001. 1. 13. 이후에 설치되는 분묘부터 적용됩니다{장사 등에 관한 법률(법률 제6158호) 부칙 제2조}. 그러므로 2001. 1. 13. 이전에 설치된 분묘에 관해서는 위와 같은 분묘기지권이 계속 인정될 것이지만, 2001. 1. 13. 이후에 토지소유자 등의 승낙 없이 설치되는 분묘에 대하여는 분묘기지권이 인정되기 어려울 것으로 보입니다.

다음으로 분묘기지권의 사용료를 지급하여야 하는지 판례를 보면, 지상권에 있어서 지료지급은 그 요소가 아니어서 지료에 관한 약정이 없는 이상 지료지급을 구할 수 없는 점에 비추어 보면 '분묘기지권을 시효취득 하는 경우'에도 지료를 지급할 필요가 없다고 하였습니다(대법원 1995. 2. 28. 선고 94다37912 판결).

따라서 귀하의 조부의 분묘는 이미 30년 전에 설치된 것이므로 분묘기지권을 시효취득 한 경우라고 보아 사용대가를 지급하지 않아도 될 것으로 보입니다. 다만 최근 대법원은 "자기 소유의 토지 위에 분묘를 설치한 후 토지의 소유권이 경매 등으로 타인에게 이전되면서 분묘기지권을 취득한 경우"에는 지료를 청구할 수 있고, 지료를 2년분 이상 연체시 법정지상권 소멸규정을 유추해 소멸청구를 할 수 있다고 보았습니다(대법원 2015. 7. 23. 선고 2015다 206850 판결). 따라서 분묘기지권자가 있으면 무조건 지료청구를 못하는 것이 아니라, 분묘기지권 성립유형을 잘 살펴보아 적어도 '자기 소유의 토지 위에 분묘를 설치한 후 토지의 소유권이 경매 등으로 타인에게 이전되면서 분묘기지권을 취득한 경우'엔 지료를 청구할 수 있고, 2년분 이상 연체됐다는 이유로 소멸청구도 할 수 있다는 점을 유의할 필요가 있습니다.

⚖️ 관련판례 1

분묘기지권은 분묘를 수호하고 봉제사하는 목적을 달성하는 데 필요한 범위 내에서 타인의 토지를 사용할 수 있는 권리를 의미하는 것으로서, 이 분묘기지권에는 그 효력이 미치는 지역의 범위 내라고 할지라도 기존의 분묘 외에 새로운 분묘를 신설할 권능은 포함되지 아니하는 것이므로, 부부 중 일방이 먼저 사망하여 이미 그 분묘가 설치되고 그 분묘기지권이 미치는 범위 내에서 그 후에 사망한 다른 일방을 단분형태로 합장하여 분묘를 설치하는 것도 허용되지 않는다(대법원 2001. 8. 21. 선고 2001다28367 판결).

⚖️ 관련판례 2

분묘의 기지인 토지가 분묘소유권자 아닌 다른 사람의 소유인 경우에 그 토지 소유자가 분묘소유자에 대하여 분묘의 설치를 승낙한 때에는 그 분묘의 기지에 대하여 분묘소유자를 위한 지상권 유사의 물권(분묘기지권)을 설정한 것으로 보아야 하므로, 이러한 경우 그 토지소유자는 분묘의 수호·관리에 필요한, 상당한 범위 내에서는 분묘기지가 된 토지부분에 대한 소유권의 행사가 제한될 수밖에 없다(대법원 2000. 9. 26. 선고 99다14006 판결).

■ **입찰에 참여할 부동산에 유치권이 설정되어 있는데, 부동산의 매수인으로 결정되면 이 유치권이 저에게 인수되나요?**

Q 입찰에 참여할 부동산에 유치권이 설정되어 있는데, 부동산의 매수인으로 결정되면 이 유치권이 저에게 인수되나요?

A 경매 물건에 설정된 유치권은 등기 순위에 관계없이 매수인에게 인수됩니다. 따라서 말소기준권리보다 후에 등기되었더라도 매수인의 매수로 인해 말소되지 않고 매수인에게 인수됩니다.

◇ 유치권

다른 사람의 물건 또는 유가증권을 점유한 사람이 그 물건이나 유가증권에 관해 생긴 채권이 변제기에 있는 경우에 그 변제를 받을 때까지 해당 물건 또는 유가증권을 점유할 권리입니다.

◇ 등기 순위에 관계없이 인수되는 권리

유치권, 법정지상권, 분묘기지권 등

■ 권리분석은 왜 하는 건가요?

Q 권리분석은 왜 하는 건가요?

A ① 권리분석은 경매를 통해 권리를 취득하는 경우에 이 권리(예를 들어, 부동산 소유권) 외에 다른 권리(예를 들어, 전세권)가 매수인에게 인수되는지를 사전에 확인하는 과정입니다. 즉, 경매 물건의 매수인으로 결정되어 매각대금을 모두 지급하면 소유권 등 매각의 목적인 권리를 취득하는 동시에 전세권·저당권 등 경매 물건에 설정되어 있던 권리 중 말소되지 않은 권리를 인수하게 됩니다.

② 경매 물건에 설정된 권리를 인수하면 매수인의 부담이 늘어날 수 있으며, 해당 물건에 대한 소유권을 행사할 때 제약을 받을 수 있습니다. 예를 들어, 경매의 목적인 소유권과 함께 전세권이 인수된다면 전세권자에게 전세금을 변제해줘야 하므로 비용부담이 늘어나게 됩니다. 따라서 입찰에 참여하기 전에 매수인이 인수하게 되는 권리가 있는지를 확인할 필요가 있습니다.

③ 매수인에게 인수되는 권리가 있는지는 법원에서 제공하는 매각물건명세서, 현황조사보고서 및 감정평가서 사본만으로는 확인하기 어렵습니다. 따라서 부동산등기기록, 건축물대장, 토지대장, 토지이용계획 확인서 등의 공적 기록을 검토해서 어떤 권리가 말소 또는 인수되는지를 확인하고 입찰 참여의 적절성 여부를 판단하는 것이 좋습니다.

④ 한편, 법정지상권, 유치권, 분묘기지권 등 공적 기록에 드러나지 않는 권리가 설정되어 있을 수 있으므로 공적 기록 등을 통한 권리분석이 끝난 후에는 직접 현장을 방문해서 권리사항을 다시 점검해야 합니다.

■ 주택 경매에 참가하려고 합니다. 어떤 사항을 확인해야 하나요?

Q 주택 경매에 참가하려고 합니다. 어떤 사항을 확인해야 하나요?

A 주택의 입찰에 참여하려는 경우에는
① 부동산등기기록 등 공적 기록을 통한 권리분석을 해야 합니다.
② 주민등록표를 열람해서 해당 주택에 소유자가 거주하고 있는지, 대항력 있는 임차인이 거주하고 있는지 등을 확인해 보아야 합니다. 대항력 있는 임차권은 매수인에게 인수될 수 있기 때문입니다.
③ 현장조사를 통해 다음 사항들을 확인하는 것이 도움이 됩니다.
  1. 건물면적, 모양, 난방방식, 시설의 노후화 및 수리 필요성 등 건물 상태
  2. 건물 위치, 전망·일조권, 주차 공간, 교통시설, 학교, 시장 등 주거 환경
  3. 관리비 등 미납 여부(아파트 등 공동주택인 경우)
  4. 향후 택지개발 가능성
④ 양도소득세의 경우 기존에 주택을 소유한 사람이 경매를 통해 주택을 매수하면 1가구 2주택이 되어 중과세될 수 있음을 염두에 두는 것이 좋습니다.

◇ 주민등록표의 열람 신청
시·군·구청이나 읍·면·동 또는 그 출장소에 신청할 수 있으며, 신청 시 경매 신청 등의 필요성을 밝힐 수 있는 자료를 제출해야 합니다.

Q 관심 부동산을 권리분석해 보니 전세권이 1순위, 저당권이 2순위로 설정되어 있어요. 매수인으로 결정되면 이 권리도 인수되나요?

A 경매 물건에 설정된 전세권은 매수인의 매수로 인해 말소될 수도, 매수인에게 인수될 수도 있습니다. 즉, 말소기준권리(여기서는 저당권)가 등기된 이후 설정된 전세권은 소멸하는 반면, 이보다 먼저 설정된 전세권은 매수인에게 인수됩니다. 그러나 선순위라 하더라도 전세권자가 배당요구를 하면 그 전세권이 말소되어 매수인에게 인수되지 않습니다.

따라서 전세권이 1순위로 등기되고, 2순위로 저당권이 등기된 경우에 전세권은 말소되지 않고 매수인에게 인수되지만, 전세권자가 배당요구를 했다면 전세권이 말소되어 매수인에게 그 권리가 인수되지 않습니다.

◇ 말소기준권리

말소의 기준이 되는 최선순위 권리는 (근)저당권, (가)압류, 담보가등기, 경매개시결정등기 중 가장 먼저 등기된 권리가 됩니다. 이 말소기준권리보다 먼저 등기된 권리(선순위 권리)는 매수인에게 인수되며, 말소기준권리보다 후에 등기된 권리(후순위 권리)는 대부분 말소됩니다.

◇ 전세권

전세금을 지급하고 다른 사람의 부동산을 점유해서 그 부동산의 용도에 따라 사용·수익할 수 있는 권리입니다.전세권자는 그 부동산 전부에 대해 후순위권리자 및 그 밖의 채권자보다 전세금을 우선변제 받을 수 있습니다.

■ 상가건물 경매에 참가하려고 합니다. 어떤 사항을 확인해야 하나요?

Q 상가건물 경매에 참가하려고 합니다. 어떤 사항을 확인해야 하나요?

A 상가건물의 입찰에 참여하려는 경우에는
① 매수 목적을 잘 생각해야 합니다.

예를 들어, 임대수익을 올리려는 경우에는 역세권이나 유동인구가 많은 상업지구의 상가건물이 유리할 수 있으며, 가족단위 고객을 상대로 영업하려는 경우에는 상업지구가 아닌 아파트 등 대규모 주택지역이 더 적합할 수 있습니다.

② 대규모상가, 아파트단지 내 상가 등에는 특정 영업이 제한될 수 있으므로 상가운영회 등을 통해 미리 확인할 필요가 있습니다.

③ 대항력 있는 임차인이 있는지 해당 건물의 등록사항을 열람해서 확인해 보아야 합니다. 보증금이 전액 변제되지 않은 대항력 있는 임차권은 매수인에게 인수될 수 있기 때문입니다.

④ 현장조사를 통해 다음 사항들을 확인하는 것이 도움이 됩니다.
  1. 건물위치, 접근성, 주차 공간, 역세권, 유동인구, 실수요층 등 상업공간으로서의 환경
  2. 건물의 보존상태, 수리 필요성 등 건물 상태
  3. 관리비 등 미납 여부(오피스텔 등 집합건물인 경우)
  4. 향후 택지개발 가능성

◇ 건물 등록사항의 열람 신청

관할 세무서를 방문해서 해당 건물에 대한 등록사항의 열람을 신청할 수 있습니다.

■ **입찰에 참여할 부동산에 임차권이 등기되어 있는데, 부동산의 매수인으로 결정되면 이 임차권이 저에게 인수되나요?**

Q 입찰에 참여할 부동산에 임차권이 등기되어 있는데, 부동산의 매수인으로 결정되면 이 임차권이 저에게 인수되나요?

A 경매 물건에 등기된 임차권은 매수인의 매수로 인해 말소될 수도, 매수인에게 인수될 수도 있습니다. 즉, 말소기준권리가 설정된 이후 등기된 임차권은 소멸하는 반면, 이보다 먼저 등기된 임차권은 매수인에게 인수됩니다.

◇ 말소기준권리

말소의 기준이 되는 최선순위 권리는 (근)저당권, (가)압류, 담보가등기, 경매개시결정등기 중 가장 먼저 등기된 권리가 됩니다. 이 말소기준권리보다 먼저 등기된 권리(선순위 권리)는 매수인에게 인수되며, 말소기준권리보다 후에 등기된 권리(후순위 권리)는 대부분 말소됩니다.

제3장

입찰시 준비해야 할
사항은 무엇인지요?

제3장 입찰시 준비해야 할 사항은 무엇인지요?

1. 경매 정보의 수집 및 관심 물건의 선정

1-1. 경매 대상에 대한 정보 수집

1-1-1. 매각기일 공고 등의 확인

① 입찰에 참여하려면 먼저 어떤 부동산이 매각될 예정인지 파악해야 하는데, 매각 예정 물건에 대한 정보는 법원 게시판, 관보·공보 또는 신문이나 대법원 홈페이지 법원공고란(http://www.courtauction.go.kr/)을 통해 얻을 수 있습니다(민사집행법 제104조제1항, 민사집행규칙 제11조제1항).

② 위 공고에서 확인할 수 있는 사항은 다음과 같습니다(민사집행법 제106조, 제268조 및 민사집행규칙 제56조).

- 부동산의 표시
- 강제집행 또는 임의경매로 매각한다는 취지와 그 매각방법
- 부동산의 점유자, 점유의 권원, 점유해서 사용할 수 있는 기간, 차임 또는 보증금약정 및 그 액수
- 매각기일의 일시·장소, 매각기일을 진행할 집행관의 성명 및 기간입찰의 방법으로 매각할 경우에는 입찰기간·장소
- 최저매각가격
- 매각결정기일의 일시·장소
- 매각물건명세서·현황조사보고서 및 감정평가서 사본을 매각기일 전에 법원에 비치해서 누구든지 볼 수 있도록 제공한다는 취지
- 등기부에 기입할 필요가 없는 부동산에 대한 권리를 가진 사람은 채권을 신고해야 한다는 취지
- 이해관계인은 매각기일에 출석할 수 있다는 취지
- 일괄매각결정을 한 경우에는 그 취지
- 매수신청인의 자격을 제한한 경우에는 그 제한의 내용
- 매수신청의 보증금액과 보증제공방법

1-1-2. 대법원 홈페이지 법원공고란에서 경매정보 찾는 방법

대법원 법원경매정보 사이트(http://www.courtauction.go.kr)의 초기화면에서 '빠른물건검색'에 원하는 조건을 기재한 후 검색을 누르면 매각공고된 물건 목록(보통 수 건 내지 수백 건에 달함)을 볼 수 있습니다.

〈참고-경매정보 찾는 방법〉

사건번호	물건번호 용도	소재지 및 내역	비고	감정평가액 최저매각가격 (단위:원)	담당계 매각기일 (입찰기간)	진행 상태
서울중앙 지방법원 2008타경 ○○○○	1 아파트	서울특별시 ○○구 ○○동 123-1번지 ○○아파트 ○동 ○○○호 (집합건물 철근콘크리트조 87.59㎡)	-대금지급기일(기한) 이후 지연이자율:연 2할 -임대차:물건명세서와 같음	1,000,000,000 800,000,000 (80%)	경매 1계 2009.08.12	유찰 1회
서울중앙 지방법원 2077타경 ○○○○	1 상가 오피스텔 근린시설	서울특별시 ○○구 ○○동 109-12번지 2층 201호(집합건물 철근콘크리트조 105.47㎡)	-대금지급기일(기한) 이후 지연이자율:연 2할 -특별매각조건:매수보증금 20%	2,000,000,000 800,000,000 (40%)	경매 2계 2009.08.20 2009.08.28. ~2009.09.04	유찰 4회
서울중앙 지방법원 2007타경 ○○○○	2 상가 오피스텔 근린시설	서울특별시 ○○구 ○○동 109-12번지 2층 202호(집합건물 철근콘크리트조 105.47㎡)	-대금지급기일(기한) 이후 지연이자율:연 2할 -특별매각조건:매수보증금 20%	2,000,000,000 800,000,000 (40%)	경매 2계 2009.08.20 2009.08.28. ~2009.09.04	유찰 4회

용어해설

- **사건번호**: 한 개의 경매 사건에 부여된 고유의 번호입니다.
- **물건번호 및 용도**: 물건번호는 한 사건에서 2개 이상의 물건이 개별매각되는 경우에 각 물건을 특정하기 위해 부여한 번호이며, 용도는 경매 물건의 사용용도로서 자신의 목적에 부합하는 경매 물건을 찾는 하나의 기준이 될 수 있습니다.
- **소재지 및 내역**: 경매 물건의 소재지 및 건물의 구조와 면적 등을 알 수 있습니다.
- **비고**: 특별매각조건, 일괄매각 등 법원이 특별히 정하고 있는 사항을 알 수 있습니다.
- **감정평가액 및 최저매각가격**: 법원은 감정인의 감정평가액을 참고해서 최저매각가격을 정하는데, 유찰될 때마다 최저매각가격이 조금씩 낮아집니다. 법원이 특별히 정하는 경우를 제외하고는 최저매각가격의 10%를 매수신청보증으로 제공해야 하므로, 여기서는 최저매각가격 외에도 매수신청보증금액을 계산 할 수 있습니다.
- **매각기일 및 입찰기일**: 매각기일 및 입찰기일을 통해서 기일입찰인지, 기간입찰인지를 알 수 있습니다. 기일입찰인 경우 매각기일에 출석해서 입찰에 참여 하므로 매각기일과 입찰기일이 동일하지만, 기간입찰인 경우 입찰 기간이 마 감된 후 매각기일이 열리므로 매각기일과 입찰기간에 차이가 있습니다.
- **진행상태**: 해당 경매 사건이 신건인지 유찰인지를 알 수 있습니다. 유찰이 계속된 경우에는 경매 물건에 문제가 있을 수 있으므로 권리분석과 현장조사를 더욱 철저히 하는 것이 좋습니다.
- 대법원 법원경매정보 사이트 경매 물건의 사건번호를 클릭하면 현황조사서, 감정평가서, 기일내역 등을 확인할 수 있으며, 부동산등기부도 열람할 수 있습니다.

■ 재매각기일 전 대금을 납부할 경우 재매각절차가 취소되는지요?

Q 저는 법원의 경매절차에서 매각하는 주택 1동을 매수하였으나 대금지급기한을 지키지 못하여 법원은 위 주택의 재매각을 명하였습니다. 이 경우 제가 지금이라도 대금을 마련하여 납부한다면 위 주택을 취득할 수 있는지요?

A 민사집행법 제138조 제1항은 "매수인이 대금지급기한 또는 제142조 제4항의 다시 정한 기한까지 그 의무를 완전히 이행하지 아니 하였고, 차순위매수신고인이 없는 때에는 법원은 직권으로 부동산의 재매각을 명하여야 한다."라고 규정하고 있습니다.

여기서 재매각의 요건을 보면 다음과 같습니다.

첫째, 매수인이 그 매각대금지급의무를 완전히 이행하지 아니하여야 합니다.
둘째, 매수인이 대금지급기한 또는 민사집행법 제142조 제4항의 다시 정한 기한까지 대금지급의무를 이행하지 아니하여야 합니다.
셋째, 차순위매수신고인이 없어야 합니다. 차순위매수신고인이 있을 경우에는 차순위매수신고인에 대한 매각허가여부를 결정하여야 합니다(민사집행법 제137조 제1항).
넷째, 의무불이행이 재매각명령 시까지 존속하여야 합니다.

그런데 「민사집행법」제138조 제3항은 "매수인이 재매각기일의 3일 이전까지 대금, 그 지급기한이 지난 뒤부터 지급일까지의 대금에 대한 대법원규칙이 정하는 이율에 따른 지연이자와 절차비용을 지급한 때에는 재매각절차를 취소하여야 한다. 이 경우 차순위매수신고인이 매각허가결정을 받았던 때에는 위 금액을 먼저 지급한 매수인이 매매목적물의 권리를 취득한다."라고 규정하고 있습니다.

여기서 '재매각기일의 3일 이전까지'라 함은 재매각기일의 전일로부터 소급하여 3일이 되는 날의 전일까지를 의미하는 것이 아니라 재매각기일의 전일로부터 소급하여 3일이 되는 날(즉, 3일째 날이 포함)까지를 의미합니다.

그리고 전매수인이 재경매기일 3일 이전까지 위 법조 소정의 매입대금 등을 납부하여 오면 경매법원은 반드시 재매각명령을 취소하여야 합니다(대법원 1992. 6. 9.자 91마500 결정, 1999. 11. 17.자 99마2551 결정).

따라서 귀하의 경우에도 재매각기일 3일 이전까지 대금 등을 납부한다면 위 주택의 소유권을 취득하게 될 것입니다. 다만 차순위매수신고인이 매각허가를 받았다면 그 차순위매수신고인보다 먼저 대금 등을 납부하여야만 할 것입니다.

■ 경매법원이 새 매각기일마다 최저매각가격을 낮추는 것이 위법이 아닌지요?

Q 甲은 그의 소유 부동산이 강제경매 개시되었으나 수차의 매각기일에 최고가매수신고인이 정해지지 못하고 새 매각기일이 정해졌습니다. 이 경우 경매법원이 새 매각기일이 정해질 때마다 매번 최저매각가격을 10%씩 낮추는 것이 위법한 것이 아닌지요?

A 새 매각기일에 관하여 「민사집행법」제119조는 "허가할 매수가격의 신고가 없이 매각기일이 최종적으로 마감된 때에는 제91조 제1항의 규정에 어긋나지 아니하는 한도에서 법원은 최저매각가격을 상당히 낮추고 새 매각기일을 정하여야 한다. 그 기일에 허가할 매수가격의 신고가 없는 때에도 또한 같다."라고 규정하고 있고, 같은 법 제91조 제1항은 "압류채권자의 채권에 우선하는 채권에 관한 부동산의 부담을 매수인에게 인수하게 하거나, 매각대금으로 그 부담을 변제하는데 부족하지 아니하다는 것이 인정된 경우가 아니면 그 부동산을 매각하지 못한다."라고 규정하고 있습니다.

그리고 과도하게 가격을 낮춘 최저매각가격을 낮추는 절차의 효력에 관하여 판례는 "신경매로 인한 경매목적물의 최저경매가액을 저감함에 있어서 합리적이고 객관적인 타당성을 구비하지 못할 정도로 과도하게 가격을 낮춘 최저경매가격 저감절차는 위법하여 무효이다."라고 하였으나(대법원 1994. 8. 27.자 94마1171 결정), "경매법원은 경매절차의 진행과 각 이해관계인의 이해를 비교·교량하여 자유재량에 의하여 최저경매가격 저감의 정도를 정할 수 있는 것인바, 경매목적물의 규모와 그 감정평가액, 이해관계인의 이해 등 여러 사정에 비추어, 경매법원이 매 입찰불능시 마다 최저경매가격을 10%씩 저감한 것에 위법이 있다고 볼 수 없다."라고 한 사례가 있습니다(대법원 1997. 4. 24.자 96마1929 결정).

그러므로 단순히 경매법원이 새 매각기일이 정해질 때마다 매번 최저매각가격을 10%씩 낮추었다는 이유만으로 그 경매절차에 위법이 있다고 볼 수는 없을 것입니다. 다만, 제반 사정에 비추어 과도하게 가격을 낮춘 최저매각가격을 낮추는 절차는 위법하여 무효일 것이지만, 과도하게 가격을 낮춘 최저매각가격을 낮추는 절차인지의 여부는 구체적 사안에 따라 개별적으로 판단하여야 할 것으로 보입니다.

⚖️ 관련판례

최초의 경매가격을 결정한 후 상당한 시일이 경과되고 부동산 가격에 변동이 있다고 하더라도 평가의 전제가 된 중요한 사항이 변경된 경우와 같은 특별한 사정이 없는 한 경매법원이 부동산 가격을 재평가하여야 하는 것은 아니다(대법원 1999. 7. 27. 선고 98다32540 판결).

■ 강제경매의 채무자 겸 소유자가 새 매각기일의 최저매각가격의 낮춤에 대하여 다툴 수 있는지요?

Q 甲은 그의 소유 부동산이 강제경매개시 되었으나 수차의 매각기일에 최고가 매수신고인이 정해지지 못하고 계속 새 매각기일이 정해졌습니다. 또한, 경매법원은 새 매각기일이 정해질 때마다 최저매각가격을 부당하게 낮추고 있는 바, 채무자 겸 소유자인 甲이 그것을 다툴 수 있는지요?

A 남을 가망이 없을 경우의 경매취소에 관하여 「민사집행법」제102조는 "①법원은 최저매각가격으로 압류채권자의 채권에 우선하는 부동산의 모든 부담과 절차비용을 변제하면 남을 것이 없겠다고 인정한 때에는 압류채권자에게 이를 통지하여야 한다. ②압류채권자가 제1항의 통지를 받은 날부터 1주 이내에 제1항의 부담과 비용을 변제하고 남을 만한 가격을 정하여 그 가격에 맞는 매수신고가 없을 때에는 자기가 그 가격으로 매수하겠다고 신청하면서 충분한 보증을 제공하지 아니하면, 법원은 경매절차를 취소하여야 한다. ③제2항의 취소결정에 대하여는 즉시항고를 할 수 있다."라고 규정하고 있고, 인수주의와 잉여주의의 선택 등에 관하여 같은 법 제91조 제1항은 "압류채권자의 채권에 우선하는 채권에 관한 부동산의 부담을 매수인에게 인수하게 하거나, 매각대금으로 그 부담을 변제하는 데 부족하지 아니하다는 것이 인정된 경우가 아니면 그 부동산을 매각하지 못한다."라고 규정하고 있습니다.

또한, 새 매각기일에 관하여 같은 법 제119조는 "허가할 매수가격의 신고가 없이 매각기일이 최종적으로 마감된 때에는 제91조 제1항의 규정에 어긋나지 아니하는 한도에서 법원은 최저매각가격을 상당히 낮추고 새 매각기일을 정하여야 한다. 그 기일에 허가할 매수가격의 신고가 없는 때에도 또한 같다."라고 규정하고 있습니다.

그런데 위와 같은 「민사집행법」제91조 제1항, 제102조, 제119조의 규정에 어긋난 매각절차를 채무자 겸 소유자가 다툴 수 있는지가 문제됩니다.

이에 관하여 판례는 "민사소송법 제608조(현행 민사집행법 제91조) 제1항, 제616조(현행 민사집행법 제102조), 제631조(현행 민사집행법 제119조)의 규정은 압류채권자가 집행에 의해서 변제를 받을 가망이 전혀 없는데도 무익한 경매가 행해지는 것을 막고 또 우선채권자가 그 의사에 반한 시기에 투자의 회수를 강요당하는 것과 같은 부당한 결과를 피하기 위한 것으로서 우선채권자나 압류 채권자를 보호하기 위한 규정일 뿐 결코 채무자나 그 목적부동산

소유자의 법률상 이익이나 권리를 위한 것이 아니므로, 강제경매에 있어서의 채무자 겸 경매목적물의 소유자는 경락(매각)절차에 있어서의 규정에 어긋나 잘못이 있음을 다툴 수 있는 이해관계인에 해당하지 않는다."라고 하였습니다 (대법원 1984. 8. 23.자 84마454 결정, 1987. 10. 30.자 87마861 결정). 따라서 위 사안의 경우 채무자 겸 매각목적물의 소유자인 甲으로서는 최저매 각가격을 부당하게 낮추었다는 이유로 다툴 수 없을 것으로 보입니다.

⚖ 관련판례

과잉경매로 인한 채무자의 불이익은 경락단계에서 경락을 허가하지 아니함으로써 막을 수 있는 점에 비추어 볼 때, 경매실시 전 단계에 있어서 부동산의 최저경매가격과 각 채권자의 채권 및 집행비용을 비교하여 그 중 일부 부동산만 경매하여도 그 채권 등의 변제에 충분하다고 인정된다고 하더라도 일부 부동산에 대하여서만 경매를 실시할 것인지 아니면 나머지 부동산에 대하여도 함께 경매를 실시할 것인지 여부는 집행법원의 재량에 속한다(대법원 1999. 7. 27. 선고 98다32540 판결).

■ 매각기일과 매각결정기일의 통지 누락된 경우 채무자를 상대로 손해배상을 청구할 수 있는지요?

Q 甲의 부동산은 甲에 대한 일반채권자 乙의 강제경매가 개시된 후 근저당권자 丙의 담보권실행을 위한 경매신청이 있어 이중경매개시결정이 되었습니다. 그런데 乙의 선행경매가 취소되었고, 丙의 후행경매가 진행되면서, 선행경매절차에서 甲이 등기부상의 주소와 다른 현재 주소로 변경을 신고하였음에도 불구하고 집행법원은 매각기일과 매각결정기일의 통지를 등기부 상 甲의 주소로 하여 甲은 매각기일에 참석하지 못하였습니다. 이 경우 甲이 국가를 상대로 손해배상을 청구할 수 있는지요?

A 먼저 선행경매절차에서 한 주소변경신고의 효력이 후행경매절차에 영향을 미치는지에 관하여 판례는 "강제경매 또는 담보권실행을 위한 경매개시결정이 이루어진 부동산에 대하여 다른 채권자로부터 또 다시 경매신청이 있어 이중경매개시결정을 하는 경우에 먼저 개시결정 한 경매신청이 취하되거나 그 절차가 취소 또는 정지되지 아니하는 이상 뒤의 경매개시결정에 의하여 경매절차를 진행할 수는 없는 것이지만, 선행한 경매신청이 취하되거나 그 절차가 취소 또는 정지된 경우에는 후행의 경매신청인을 위하여 그때까지 진행되어 온 선행의 경매절차를 인계하여 당연하게 경매절차를 속행하여야 하는 것이고, 이 경우에 선행한 경매절차의 결과는 후행한 경매절차에서 유효한 범위에서 그대로 승계 되어 이용되는 것이므로, 선행한 경매절차에서 경매채무자가 주소변경신고를 하였다면 선행절차가 취소되었다고 하더라도 그 주소변경신고는 후행절차에 의하여 속행된 경매절차에서 당연하게 효력이 있다."라고 하였습니다(대법원 2001. 7.10. 선고 2000다66010 판결).

그리고 매각기일과 매각결정기일의 통지가 누락된 경우 채무자에게 손해가 발생될 것인지에 관하여 위 판례는 "민사소송법(현재는 민사집행법)상 부동산입찰(매각)절차의 이해관계인에게 입찰(매각)기일과 낙찰(매각결정)기일을 통지하도록 규정하고 있는 취지는, 입찰(매각)절차의 이해관계인은 입찰(매각)기일에 출석하여 목적부동산이 지나치게 저렴하게 매각되는 것을 방지하기 위하여 필요한 조치를 취할 수도 있고, 채무자를 제외하고는 스스로 매수신청을 하는 등 누구에게 얼마에 매각되느냐에 대하여 직접적인 이해관계를 가지고 있을 뿐 아니라, 입찰(매각)기일에 출석하여 의견진술을 할 수 있는 권리가 있는 이해관계를 가진 사람들이므로, 입찰(매각)기일과 낙찰(매각결정)기일을 공고만으로 고지하는 것은 충분하지 못하다는 점을 고려하여 개별적으로 이러한 기일에 관하여 통지를 함으로써 입찰(매각)절차에 참여할 기회를 부여한다는 데에 있다 할 것인바, 이와 같이 입찰(매각)기일과 낙찰(매각결정)기일을 채무자에게 통지하는 취지에 비추어 보면, 스스로는 매수신청을 할 수 없는 채무자에게 입찰(매각)기일과 낙찰(매각결정)기일을 통지하지 아니하여 채무자가 절차의 진행을 알지 못하여 입찰(매각)절차에 참가할 수 없었던 상황에서 경매목적물이 제3자에게 낙찰되어 그 낙찰대금(매각대금)을 납입함으로써 채무자가 경매목적물의 소유권을 상실하게 되었다고 하더라도, 특별한 사정이 없는 이상 입찰(매각)기일 및 낙찰(매각결정)기일 등을 통지 받지 못하였다는 그러한 절차상의 위법사유만으로는 그로 인하여 채무자에게 어떠한 손해가 발생하였다고 볼 수는 없다."라고 하였습니다.

따라서 위 사안의 경우 甲도 매각기일과 매각결정기일의 통지를 받지 못하였다는 사실만으로 국가배상을 청구하기는 어려울 것으로 보입니다.

1-1-3. 매각물건명세서, 현황조사보고서 및 감정평가서의 열람

① 법원의 공고를 통해 1차적으로 경매 물건에 대한 정보를 수집했다면, 매각물건명세서·현황조사보고서 및 감정평가서 사본을 열람해서 경매 물건에 대한 보다 구체적인 정보를 얻을 수 있습니다.

② 매각물건명세서·현황조사보고서 및 감정평가서 사본은 매각기일(기간입찰의 방법으로 진행하는 경우에는 입찰기간의 개시일)마다 그 1주일 전까지 법원에 비치되거나 그 기재내용이 전자통신매체로 공시되므로(민사집행법 제105조제2항 및 민사집행규칙 제55조), 직접 법원에 방문해서 열람하거나 인터넷 법원경매공고란(http://www.courtauction.go.kr/) 등의 전자통신매체에 공시된 내용을 확인하는 방법으로 정보를 수집할 수 있습니다.

③ 매각물건명세서

매각물건명세서에서 확인할 수 있는 사항은 다음과 같습니다(민사집행법 제105조제1항).

– 부동산의 표시

– 부동산의 점유자와 점유의 권원, 점유할 수 있는 기간, 차임 또는 보증금에 관한 관계인의 진술

– 등기된 부동산에 대한 권리 또는 가처분으로서 매각으로 효력을 잃지 않는 것

– 매각에 따라 설정된 것으로 보게 되는 지상권의 개요

④ 현황조사보고서

현황조사보고서에서 확인할 수 있는 사항은 다음과 같습니다(민사집행법 제85조 및 민사집행규칙 제46조).

– 사건의 표시

– 부동산의 표시

– 조사의 일시·장소 및 방법

– 부동산의 현상, 점유관계, 차임 또는 보증금의 액수 및 그 밖의 현황

– 그 밖에 법원이 명한 사항 등에 대해 조사한 내용

– 부동산의 현황을 알 수 있는 도면, 사진 등

⑤ 감정평가서

감정평가서에서 확인할 수 있는 사항은 다음과 같습니다(민사집행법 제97조제1항 및 민사집행규칙 제51조).

– 사건의 표시

- 부동산의 표시
- 부동산의 평가액과 평가일
- 부동산이 있는 곳의 환경
- 평가의 목적이 토지인 경우에는 지적, 법령에서 정한 규제 또는 제한의 유무와 그 내용 및 공시지가, 그 밖에 평가에 참고가 된 사항
- 평가의 목적이 건물인 경우에는 그 종류·구조·평면적, 그 밖에 추정되는 잔존 내구연수 등 평가에 참고가 된 사항
- 평가액 산출의 과정
- 그 밖에 법원이 명한 사항
- 부동산의 모습과 그 주변의 환경을 알 수 있는 도면·사진

1-2. 관심 물건의 선정

입찰에 참여하려는 사람은 위의 정보수집 과정을 통해 얻은 정보를 비교·분석하고 자신의 입찰참여 목적(예를 들어 주거목적, 사업목적, 경작목적 등)과 비용 등을 고려해서 관심 있는 부동산을 개략적으로 선정하는 것이 좋습니다.

[서식 예] 매각에 의한 소유권이전등기촉탁신청서

매각에 의한 소유권이전등기촉탁신청

사   건   20○○타경○○○○○호 부동산담보권실행을 위한 경매
채 권 자   ○○○(주민등록번호)
          ○○시 ○○구 ○○길 ○○(우편번호)
          전화·휴대폰번호:
          팩스번호, 전자우편(e-mail)주소:
채 무 자   ◇◇◇(주민등록번호)
          ○○시 ○○구 ○○길 ○○(우편번호)
          전화·휴대폰번호:
          팩스번호, 전자우편(e-mail)주소:
소 유 자   ◆◆◆(주민등록번호)
          ○○시 ○○구 ○○길 ○○(우편번호)
          전화·휴대폰번호:
          팩스번호, 전자우편(e-mail)주소:
매 수 인   ◉◉◉(주민등록번호)
          ○○시 ○○구 ○○길 ○○(우편번호)
          전화·휴대폰번호:
          팩스번호, 전자우편(e-mail)주소:

   위 경매사건에 관하여 매수인은 매각대금 전부를 지급하고 별지목록 기재 부동산에 대하여 소유권을 취득하였으므로 매수인 앞으로 소유권이전등기를 촉탁하여 주시기 바랍니다.

경락대금   금 ○○○○○만원정
1. 등록면허세(이전등기)   금 ○○○○원정(지방교육세포함)
2. 등록면허세(말소등기)   금 ○○○원정(지방교육세포함)
3. 합계   금 ○○○○원정

국민주택채권매입금   금 ○○○○원

과세시가표준

1. 토지   ○○○㎡×○○○○원(면적단위가격) = ○○○○○원
2. 건물   ○○○.○㎡×○○○○원 = ○○○○원 (지역번호 ○○, 구조번호 ○, 분류번호 ○○, 신축 19○○년)

첨 부 서 류

1. 토지대장등본   1통
1. 건축물대장등본   1통
1. 부동산등기사항증명서(토지 및 건물)   각 1통
1. 주민등록표등본   1통
1. 매각허가결정정본   1통
1. 매각대금납부영수증   1통
1. 국민주택채권매입필증   1통
1. 등록면허세 및 지방교육세영수필통지서·영수필확인서   각 1통

20○○.　○.　○.

위 매수인 ◉●◉ (서명 또는 날인)

○○지방법원　귀중

[별 지]

부동산의 표시

1. ○○시 ○○구 ○○동 ○○○ 대 ○○○.○㎡
2. 위 지상 철근콘크리트조 슬래브지붕 4층 유치원
   1층 ○○.○㎡
   2층 ○○.○㎡
   3층 ○○.○㎡
   4층 ○○.○㎡
   지층　○○.○㎡. 끝.

■ 매각물건명세서를 신뢰한 경매매수인과 임차인의 대항력 주장이 가능한지요?

Q 주택 경매절차의 매수인이 매각물건명세서에 기재되어 공시된 내용을 기초로 권리신고 및 배당요구를 한 주택임차인의 배당순위가 1순위 근저당권자보다 우선한다고 신뢰하여 임차보증금반환채무를 인수하지 않는다는 전제 아래 매수가격을 정하여 낙찰을 받아 주택에 관한 소유권을 취득한 경우, 임차인의 대항력 주장이 가능한지요?

A 주택임대차보호법에 따른 주택임차인의 대항력 발생일과 임대차계약서상 확정일자가 모두 당해 주택에 관한 1순위 근저당권 설정일보다 앞서는 경우, 주택임차인은 특별한 사정이 없는 한 대항력뿐 아니라 1순위 근저당권자보다 선순위의 우선변제권도 가지므로, 그 주택에 관하여 개시된 경매절차에서 배당요구종기 이전에 배당요구를 하였다면 1순위 근저당권자보다 우선하는 배당순위를 가집니다. 주택임차인이 주택에 관하여 개시된 경매절차에서 임차보증금 액수, 주택인도일, 주민등록일(전입신고일), 임대차계약서상 확정일자 등 대항력 및 우선변제권 관련 사항을 밝히고 권리신고 및 배당요구를 한 경우 그 내용은 매각물건명세서에 기재되어 공시되므로, 매수희망자는 보통 이를 기초로 매각기일에서 신고할 매수가격을 정하게 됩니다.

따라서 乙이 권리신고 및 배당요구를 한 甲의 배당순위가 1순위 근저당권자보다 우선한다고 신뢰하여 임차보증금 전액이 매각대금에서 배당되어 임차보증금반환채무를 인수하지 않는다는 전제 아래 매수가격을 정하여 낙찰을 받아 주택에 관한 소유권을 취득하였다면, 설령 甲이 1순위 근저당권자에게 무상거주확인서를 작성해 준 사실이 있어 임차보증금을 배당받지 못하게 되었다고 하더라도, 그러한 사정을 들어 주택의 인도를 구하는 乙에게 주택임대차보호법상 대항력을 주장하는 것은 신의칙에 위반되어 허용될 수 없습니다(대법원 2017. 4. 7. 선고 2016다248431 판결).

⚖ 관련판례

입찰물건명세서 및 입찰기일공고가 입찰 목적물의 취득에 농지법 소정의 농지취득자격증명이 필요하지 않음에도 불구하고 이와 반대의 취지로 작성되어, 일반인에게 입찰대상 물건에 대한 필요한 정보를 제공하는 역할을 할 부동산 표시를 그르친 하자가 있는 경우, 이와 같은 하자는 일반 매수희망자가 매수의사나 매수신고가격을 결정함에 있어 심대한 영향을 끼쳤다고 할 것이므로, 이는 구「민사소송법」(2002. 1. 26. 법률 제6626호로 전문 개정되기 전의 것) 제633조제5호, 제6호에 정한 낙찰불허가사유에 해당한다(대법원 2003. 12. 30. 자 2002마1208 결정).

■ 법원이 매각물건명세서작성을 잘못한 경우 법원으로부터 손해배상을 받을 수 있을까요?

Q 저는 경매사건에서 다가구주택인 X주택과 Y토지에 관하여 일괄 낙찰받았습니다. X주택은 9세대로 이루어진 다가구주택으로, 각 세대별 전세권설정등기가 마쳐져 있었는데 저는 매각물건명세서에 '등기된 부동산에 관한 권리 또는 가처분으로 매각허가에 의하여 그 효력이 소멸되지 아니하는 것'에 '해당사항 없음'이라고 기재된 것을 확인하고 매각신청을 하여 매각허가결정까지 받았지만 경매집행법원에서 매각허가결정으로 말소되지 않는 최선순위 전세권자가 있다는 이유로 매각허가결정을 취소하였습니다. 이후 매각물건명세서에는 '매각으로 말소되지 않을 최선순위 전세권 있음'이라고 기재되었고, 저는 집행법원에 어떤 전세권이 말소되지 않는지를 확인하였고 집행법원 공무원은 최선순위 전세권만을 인수하면 된다는 답변을 하였습니다. 이에 저는 재차 매각허가결정을 받고 매각대금을 납부하여 등기를 마쳤는데 이후 6세대의 전세권이 모두 말소될 수 없다는 이유로 전세권설정등기의 말소회복등기가 되었습니다. 6세대의 전세금을 모두 돌려줘야한다면 이 경매물건을 낙찰받을 이유가 없었는데, 저는 법원으로부터 손해배상을 받을 수 있을까요?

A 집행법원은 민사집행법 제105조 각 조항에 따라 매각물건명세서를 작성하고 현황조사보고서 및 평가서의 사본과 함께 법원에 비치하여 누구나 볼 수 있도록 하여야 합니다. 이는 경매절차에 있어서 매수희망자가 매각대상부동산의 현황을 되도록 정확히 파악하여 예측하지 못한 손해를 입지 않도록 하는 것을 목적으로 합니다. 그럼에도 집행법원이나 그 소속 공무원이 매각물건명세서의 작성에 관한 직무상의 의무를 위반하여 매각물건명세서에 매각대상 부동산의 현황과 권리관계에 관한 사항을 법원에 제출된 자료와 다르게 작성하거나 불분명하게 정보를 제공하여 매수인의 매수신고가격 결정에 영향을 미쳐 매수인으로 하여금 불측의 손해를 입게 하였다면 국가는 이로 인하여 매수인에게 발생한 손해에 대한 배상책임을 지게 됩니다(대법원 2008. 1. 31. 선고 2006다913 판결 등). 귀하의 사건에서 귀하가 관련법령이나 등기부등본 등의 자료를 제대로 검토하지 않은 귀하의 과실을 이유로 일정 부분 상계가 이루어질 수 있을 것으로 보이지만, 귀하가 입은 손해는 각 전세권을 인수함으로써 예측하지 못하고 부담하게 된 금전채무액 또는 각 전세권을 인수하게 될 것을 알았다면 기입하였을 매수신고가격과 귀하가 실제로 기입한 매수신고가격 간의 차액에 상당할 것으로 보입니다. 따라서 이를 주장, 증명하면 국가를 상대로 손해배상을 구할 수 있습니다.

Q 저는 A아파트 경매에 입찰하였습니다. 그런데 매각기일 5일 전에 이를 경정하였음에도 매각기일을 변경하지 않고 경매를 진행한 결과 갑이 A아파트를 낙찰 받았습니다. 위 경우 갑의 낙찰은 유효한 것인지 궁금합니다.

A 민사집행법 제105조 제2항은 "법원은 매각물건명세서·현황조사보고서 및 평가서의 사본을 법원에 비치하여 누구든지 볼 수 있도록 하여야 한다."고 규정하고, 민사집행규칙 제55조 는 "매각물건명세서·현황조사보고서 및 평가서의 사본은 매각기일(기간입찰의 방법으로 진행하는 경우에는 입찰기간의 개시일)마다 그 1주 전까지 법원에 비치하여야 한다. 다만, 법원은 상당하다고 인정하는 때에는 매각물건명세서·현황조사보고서 및 평가서의 기재내용을 전자통신매체로 공시함으로써 그 사본의 비치에 갈음할 수 있다."고 규정하고 있습니다. 경매절차에 있어서 매각물건명세서의 작성은 입찰대상 부동산의 현황을 되도록 정확히 파악하여 일반인에게 그 현황과 권리관계를 공시함으로써 매수 희망자가 입찰대상 물건에 필요한 정보를 쉽게 얻을 수 있게 하여 예측하지 못한 손해를 입는 것을 방지하고자 하는 데 그 취지가 있으므로(대법원 2004. 11. 9.자 2004마94 결정 등 참조.) 매각기일로부터 5일 전에 매각물건명세서를 정정하고 입찰결정에 중대한 영향을 미치는 정정내용을 일반 매수희망자들에게 따로 고지하지도 아니한 채 매각절차를 진행하였다면 이는 이해관계인의 이익이 침해되거나 매각절차의 공정성을 해칠 우려가 있는 중대한 절차 위반에 해당하여 민사집행법 제123조, 제121조 제7호에 의한 매각불허가사유에 해당합니다.

따라서 법원이 직권으로 매각불허가 결정을 하지 않는다면 귀하는 위 A아파트 매각허가 결정에 이의신청을 할 수 있습니다.

2. 부동산등기기록·건축물대장 등의 확인 및 현장조사

2-1. 경매 물건의 권리분석 및 현장조사

① 경매 물건의 매수인으로 결정되어 매각대금을 모두 지급하면 소유권 등 매각의 목적인 권리를 취득하게 됩니다. 이와 동시에 매수인이 인수하지 않는 권리는 말소되며, 말소되지 않는 권리는 매수인이 부담하게 됩니다.

② 경매 받은 물건에 말소되지 않는 권리가 남아있으면(예를 들어, 전세권이 인수되는 경우 등) 매수인이 그 물건에 대해 권리를 완전히 행사하는 것이 어려울 수 있습니다.

③ 그러나 법원이 비치하는 매각물건명세서, 감정평가서만으로는 물건을 취득할 때 인수되는 권리가 있는지 확인하기 쉽지 않습니다. 따라서 부동산등기기록, 건축물대장, 토지대장, 토지이용계획 확인서 등으로 권리 여부를 확인하고, 입찰참여의 적절성 여부를 판단하는 것이 좋습니다.

④ 법정지상권, 유치권에 관한 사항 등은 부동산등기기록 등의 공적 기록을 통해서 드러나지 않기 때문에 추후 매수인이 예상치 못한 손해를 입을 수 있습니다.

⑤ 따라서 권리분석이 끝난 후에는 현장을 직접 방문해서 권리 사항을 다시 점검하고, 부동산의 보존상태, 입지, 주변 여건 등을 살피는 것이 좋습니다.

2-2. 부동산등기기록의 확인
2-2-1. 부동산등기기록에서 확인할 수 있는 사항

① 부동산등기기록은 부동산에 관한 표시와 그에 관한 권리관계를 기재해 놓은 공적 기록으로 권리의 객체인 1개의 부동산을 단위로 편성되어 있습니다(부동산등기법 제15조제1항).

② 부동산등기기록에는 부동산의 표시와 그 변경에 관한 사항, 소유권, 지상권·지역권·전세권·저당권·권리질권·채권담보권·임차권 등의 설정과 그 변동, 가등기·압류등기·가압류등기·가처분등기 등에 관한 사항이 기재되므로, 해당 물건에 현재 설정되어 있는 권리가 무엇인지, 그 권리가 매수로 인해 말소되는지 아니면 인수되는지를 확인할 수 있습니다.

2-2-2. 등기부의 구조와 등기부를 보는 방법

① 구 등기부는 한자를 사용하고 세로쓰기를 하여 읽기가 불편했으나 새로이 편성된 등기부는 한글과 가로쓰기를 사용하므로 읽기가 매우 쉬워졌습니다.

② 신 등기부에는 그 작성당시 효력이 없는 과거의 권리관계는 기재하지 아니하고 있으므로 오래된 권리관계까지 알아보려면 폐쇄된 등기부를 열람하여야 합니다.

③ 토지등기부와 건물등기부는 따로 있으므로 집을 사려면 양쪽을 다 보아야 합니다.

④ 등기부는 등기번호란, 표제부(아파트등 집합건물의 경우에는 표제부가 2개임), 갑구, 을구의 4부분으로 되어 있습니다.

2-2-2-1. 표 제 부

표제부에는 토지와 건물의 내용 즉 소재지(예 : 서울특별시 중구 서소문 1), 면적(예 : 100㎡), 용도(예 : 대지, 임야, 주택, 창고), 구조(예 : 2층, 목조건물)등이 변경된 순서대로 적혀 있습니다.

표　　제　　부(부동산의 표시)			
표시번호	표　시　란	표시번호	표　시　란
1	① 접수 20○○년 ○월 ○○일 ② ○○시 ○○구 ○○동 ○○ ③ 대 ○○○㎡ ④ 대법원 예규 제218호에 의하여 구 등기부 제59책 제12장(구등기번호 5149호)에서 이기 20○○년 ○월 ○○일		

① 접수 19○○년 ○월 ○○일 : 등기접수 연월일

② ○○시 ○○구 ○○동 ○○ : 부동산소재지

③ 대 ○○○㎡ : 지목(대) 및 면적 (○○○㎡)

④ 대법원 예규 제218호에 의하여 구 등기부 제59책 제12장(구 등기번호 5149호)에서 이기 20○○년 ○월 ○○일 : 이것은 원래 등기부가 부책식으로 되어 있던 것을 대법원 예규 제218호에 의하여 현재의 카드식으로 바꾸어 기재하였다는 뜻입니다.

<단일건물의 표제부>

표 제 부(부동산의 표시)			
표시 번호	표 시 란	표시번호	표 시 란
1	① 접수 20○○년 ○월 ○일 ② ○○시 ○○구 ○○동 ○○ ③ 시멘트벽돌조 기와지붕 ④ 단층주택 ⑤ ○○○㎡		

① 접수 20○○년 ○월 ○○일 : 등기접수 연월일

② ○○시 ○○구 ○○동 ○○ : 부동산소재지

③ 시멘트벽돌조 기와지붕 : 건물 및 지붕구조

④ 단층주택 : 건물층수 및 용도

⑤ ○○○㎡ : 건물면적

<집합건물의 표제부> (공통표제부)

표 제 부			
표 시 번 호	표 시 란 (1동의 건물의 표시)	표시 번호	표 시 란 (대지권의 목적인 토지의 표시)
1	① 접수 20○○년 ○월 ○일 ② ○○시 ○○구 ○○동 ○ ③ ○○아파트 ④ 철근콘크리트조 슬래브지붕 ⑤ 5층 아파트 ○○○동 ⑥ 1층 518㎡ ⑦ 2층 518㎡ ⑧ 3층 518㎡ ⑨ 4층 518㎡ ⑩ 5층 518㎡ ⑪ 지하실 234.8㎡ ⑫ 옥탑 153㎡ ⑬ 도면 편철장 제 18책 2장		⑭ ○○시 ○○구 ○○동 ○○ ⑮ 대 ○○○○㎡ ⑯ 20○○년 ○월 ○○일

※ 이 등기부는 아파트의 공통표제부로써 ○○동 ○○번지 소재 ○○아파트 ○○○동 전체의 건물크기를 알 수 있게 표시되어 있습니다.

①, ⑯ 접수 20○○년 ○월 ○○일 : 등기접수 연월일

②, ⑭ ○○시 ○○구 ○○동 ○○ : 부동산소재지

③ ○○아파트 : 아파트 명칭

④ 철근콘크리트조 슬래브지붕 : 건물 및 지붕구조

⑤ 5층 아파트 ○○○동 : 아파트 층수 및 동

⑥ ~ ⑪ 1층 518㎡ 등 : 각 층의 면적

⑫ 옥탑 153㎡ : 옥탑의 면적

⑬ 도면 편철장 제 18책 2장 : 건물도면이 철해진 장부의 위치

⑮ 대 ○○○○㎡ : 아파트가 건축되어 있는 땅의 넓이입니다.

<집합건물의 표제부> (구분건물의 표제부)

표 제 부			
표시 번호	표 시 란 (전유부분의 건물의 표시)	표시 번호	표 시 란 (대지권의 표시)
1	① 접수 20○○년 ○월 ○일 ② 철근콘크리트조 ③ 3층 306호 ④ 73㎡ ⑤ 도면 편철장 제18책 2장		⑥ 소유권 ○○○○분의 ○ ○○ ⑦ 20○○년 ○월 ○○일 대지권

①, ⑦ 접수 20○○년 ○월 ○○일 : 구분건물 및 대지권 등기 접수연월일

② 철근콘크리트조 : 건물구조

③ 3층 306호 : 구분건물의 표시

④ 73㎡ : 구분건물의 면적

⑤ 도면 편철장 제18책 2장 : 건물도면이 철해진 장부 위치

⑥ 소유권 ○○○○분의 ○○○ : 대지권 지분

2-2-2-2. 갑 구

① 갑구는 소유권에 관한 사항이 접수된 일자 순으로 적혀 있습니다.

② 맨 처음 기재된 것이 소유권 보존등기(최초의 소유자)이고 소유권이 전등기가 계속되어 갑니다.

③ 각 등기사항 중 변경되는 것이 있으면(예컨대 소유자의 주소변경) 변경등기(부기등기)를 합니다. 만약에 소유권이전등기가 무효라고 하여 제3자가 소송을 제기하면 법원에서 등기부에 예고등기를 해두는 것이 보통입니다.

④ 소송결과 무효가 확정되어 소유권이전등기의 말소등기를 하면 이전 등기 하기 전의 상태로 돌아갑니다.

⑤ 그 외에 압류등기, 가처분등기 등이 있습니다. 주의할 것은 가등기 입니다. 가등기는 순위보전의 효력이 있으므로 나중에 본등기를 하게 되면 가등기보다 늦게 된 등기는 원칙적으로 무효가 됩니다.

갑 　 　 구(소유권)			
순위 번호	사 　 항 　 란	순위 번호	사 항 란
1	① 소유권보존 ② 접수 20○○년 ○월 ○○일 제 ○호 ③ 소유자 ○○○ 　 111111-1111111 　 ○○시 ○○구 ○○동 ○○		
2	④ 소유권이전 ⑤ 접수 20○○년 ○월 ○일 제○호 ⑥ 원인 20○○년 ○월 ○○일 매매 ⑦ 소유자 ○○○ 　 111111-1111111 　 ○○시 ○○구 ○○동 ○○		

[순위번호 1번]

① 소유권보존 : 등기의 종류

② 접수 19○○년 ○월 ○○일 제 ○○○○호 : 등기접수 연월일 및 등기번호

③ 소유자 ○○○ 111111-1111111, ○○시 ○○구 ○○동 ○○ : 소유자의 이름, 주민등록번호, 주소

[순위번호 2번]

④ 소유권이전 : 등기의 종류(매매에 의해 소유권이 이전됨)

⑤ 접수 19○○년 ○월 ○일 제○○○○호 : 등기접수연월일 및 등기번호

⑥ 원인 19○○년 ○월 ○○일 매매 : 등기원인 발생일 및 원인
⑦ 소유자 ○○○ 111111-1111111, ○○시 ○○구 ○○동 ○○ : 소
유자의 이름, 주민등록번호, 주소

2-2-2-3. 을 구

① 을구는 소유권 이외의 권리, 즉 저당권, 지상권 같은 제한물권에 관한 사항을 기재합니다.

② 특히 주의할 점은 근저당권 설정등기인데 채권최고액이란 것이 있어서 등기부에 기재된 최고액을 한도로 부동산의 가격에서 담보책임을 지게 되므로 실제 채무액이 얼마인가를 따로 파악하여야 합니다.

을　　　　구(소유권 이외의 권리)			
순위 번호	사　　항　　란	순위 번호	사　항　란
1	① 근저당권 설정 ② 접수 20○○년 ○월 ○○일 제 ○○○○호 ③ 원인 20○○년 ○월 ○○일 설정계약 ④ 채권최고액 금 50,000,000원 ⑤ 채무자 △△△ 　 ○○시 ○○구 ○○동 ○○ ⑥ 근저당권자 주식회사 ○○은행 　 11111-1111111 　 ○○시 ○○구 ○○동 ○○ 　 취급점 : ○○동 지점		
2	⑦ 1번 근저당권 말소 ⑧ 접수 20○○년 ○월 ○○일 제 ○○○○호 ⑨ 원인 20○○년 ○월 ○일 해지		
3	⑩ 임차권 설정 ⑪ 접수 20○○년 ○월 ○○일 제 ○○○○호 ⑫ 원인 20○○년 ○월 ○일 설정계약 ⑬ 임차보증금 50,000,000원 　 차임 월 100,000원 ⑭ 차임지급시기 매월 20일 ⑮ 존속기간 20○○년 ○월 ○일까지 ⑯ 임차권자 ○○○ 　 111111-1111111 　 ○○시 ○○구 ○○동 ○○		

[순위번호 1번]

① 근저당권 설정 : 등기의 종류

② 접수 19○○년 ○월 ○○일 제 ○○○○호 : 등기접수 연월일 및 등기번호

③ 원인 19○○년 ○월 ○○일 설정계약 : 등기원인사실 발생일 및 원인

④ 채권최고액 금 50,000,000원 : 차용금액

⑤ 채무자 △△△, ○○시 ○○구 ○○동 ○○ : 돈을 빌린 사람의 이름 및 주소

⑥ 근저당권자 주식회사 ○○은행, 111111-1111111, ○○시 ○○구 ○○동 ○○

취급점 : ○○동 지점 : 돈을 빌려준 사람의 이름 및 주소

즉, 19○○년 ○월 ○○일 당시 소유자인 "△△△"이 ○○은행으로 부터 돈 5,000만원을 빌리고 본 부동산에 근저당권을 설정한 내용임

[순위번호 2번]

⑦ 1번 근저당권 말소 : 등기의 종류

⑧ 접수 20○○년 ○월 ○○일 제 ○○○○호 : 등기접수 연월일 및 번호

⑨ 원인 20○○년 ○월 ○○일 해지 : 등기원인사실 발생일 및 원인

즉, 1순위 근저당 계약을 해지하여 말소시킴

[순위번호 3번]

⑩ 임차권 설정 : 등기의 종류

⑪ 접수 20○○년 ○월 ○○일 제 ○○○○호 : 등기접수 연월일 및 등기번호

⑫ 원인 20○○년 ○월 ○○일 설정계약 : 등기원인사실 발생일 및 원인

⑬ 임차보증금 50,000,000원, 차임 월 100,000원 : 계약 내용

⑭ 차임지급시기 매월 20일 : 계약 내용

⑮ 존속기간 20○○년 ○월 ○○일까지 : 계약 존속기간

⑯ 임차권자 ○○○, 111111-1111111, ○○시 ○○구 ○○동 ○○ : 권리자의 성명, 주민등록번호, 주소

즉, ○○○는 △△△와 △△△소유의 부동산을 임차보증금 5,000만원, 월차임 10만원에 임차한 내용임.

2-2-2-4. 기 타

① 등기부를 볼 적에 가장 중요한 점은 갑구와 을구에 기재된 가등기, 소유권이전등기, 저당권설정등기 등의 등기의 전후와 접수일자(접수번호)를 잘 살펴보아야 한다는 것입니다.

② 등기된 권리의 우선순위는 같은 갑구나 을구에서는 등기의 전후(순위번호)에 의하여, 갑구와 을구 간에서는 접수번호에 의하여 결정되기 때문입니다.

2-2-3. 부동산등기기록의 열람 또는 부동산등기사항증명서의 발급

① 부동산등기기록에 기록되어 있는 사항의 전부 또는 일부에 관해서는 소정의 수수료만 내면 누구든지 열람을 청구할 수 있습니다(부동산등기법 제19조).

② 부동산등기기록의 열람은 등기소(관할 등기소가 아니어도 가능)나 대법원 인터넷등기소 홈페이지(http://www.iros.go.kr)에서 열람할 수 있습니다 [부동산등기법 제19조, 부동산등기규칙 제26조, 제28조 및 인터넷에 의한 등기기록의 열람 등에 관한 업무처리지침(대법원 등기예규 제1669호, 2019. 1. 9. 발령, 2019. 1. 11. 시행) 제2조].

③ 부동산 등기사항의 전부 또는 일부에 대한 증명서인 등기사항증명서 역시 수수료만 내면 누구나 발급받을 수 있으며, 대법원 인터넷등기소 홈페이지를 통해서도 발급받을 수 있습니다(부동산등기법 제19조 및 부동산등기규칙 제26조부터 제28조까지 및 인터넷에 의한 등기기록의 열람 등에 관한 업무처리지침 제2조)

[서식 예] 문서송부촉탁신청서(경매사건기록)

문 서 송 부 촉 탁 신 청

사   건   20○○가단○○○○○ 배당이의
원   고   ○○○
피   고   ◇◇◇

위 사건에 관하여 원고는 주장사실을 입증하고자 다음과 같이 부동산경매신청사건 기록등본 송부촉탁을 신청합니다.

다   음

1. 등본송부촉탁할 문서
   사건번호 : 20○○타경○○○○○호
   사 건 명 : 부동산임의경매
   범   위 : 위 사건기록 일체

2. 위 문서의 보관장소
   ○○지방법원 경매 ○계

20○○.   ○.   ○.
위 원고   ○○○ (서명 또는 날인)

○○지방법원 제○○민사단독   귀중

■ 부동산등기기록에는 어떤 권리들이 기재되어 있는지요?

Q 부동산등기기록에는 어떤 권리들이 기재되어 있는지요?

A 부동산등기기록에는 소유권에 관한 사항 외에도 각종 권리사항이 기재되어 있는데, 그 권리의 내용은 다음과 같습니다.

① 가등기: 종국등기를 할 수 있을만한 실체법적 또는 절차법적 요건을 구비하지 못한 경우나 권리의 설정, 이전, 변경, 소멸의 청구권을 보전하기 위해 하는 등기(담보가등기)와 그 청구권이 시한부, 조건부이거나 장래에 있어서 확정할 것인 때에 그 본등기를 위해 미리 그 순위를 보존하게 되는 효력을 가지는 등기(순위보전을 위한 가등기)를 말합니다(부동산등기법 제88조 및 제91조).

② 가처분: 다툼의 대상이 그 현상이 바뀌면 당사자가 권리를 실행하지 못하거나 이를 실행하는 것이 매우 곤란한 염려가 있는 경우에 그 다툼의 대상에 대해 현상변경을 하지 못하도록 하거나, 다툼이 있는 권리관계에 대해 임시의 지위를 정하는 것을 말합니다(민사집행법 제300조).

③ 가압류: 금전채권이나 금전으로 환산할 수 있는 채권에 관해 장래 그 집행을 보전하려는 목적으로 미리 채무자의 재산을 압류해서 채무자가 처분하지 못하도록 하는 것을 말합니다(「민사집행법」 제276조).

④ 저당권: 채권자가 채무자 또는 제3자가 점유를 이전하지 않고 채무의 담보로 제공한 부동산에 대해 다른 채권자보다 자기채권을 우선변제 받을 수 있는 권리를 말합니다(「민법」 제356조). 경매 물건이 매각되면 저당권은 그 순위번호에 관계없이 모두 소멸됩니다(「민사집행법」 제91조제2항).

⑤ 전세권: 전세권자가 전세금을 지급하고 다른 사람의 부동산을 점유해서 그 부동산의 용도에 따라 사용·수익하며, 그 부동산 전부에 대해 후순위권리자 및 그 밖에 채권자보다 전세금을 우선변제 받을 수 있는 권리를 말합니다(「민법」 제303조). 경매 물건이 매각되면 전세권은 저당권·압류채권·가압류채권에 대항할 수 없는 경우에는 매각으로 소멸되며, 그 외의 경우에는 매수인이 인수합니다. 그러나 전세권자가 배당요구를 하는 경우에는 매각으로 소멸되어 매수인에게 인수되지 않습니다(「민사집행법」 제91조제3항 및 제4항).

⑥ 지상권: 다른 사람의 토지에 건물, 그 밖의 공작물이나 수목을 소유하기 위해 그 토지를 사용할 수 있는 권리를 말합니다(「민법」 제279조). 지상권은 부동

산의 일부분에도 성립할 수 있습니다. 경매 물건이 매각되면 지상권은 저당권·압류채권·가압류채권에 대항할 수 없는 경우에는 매각으로 소멸되며, 그 외의 경우에는 매수인이 인수합니다(「민사집행법」 제91조제3항 및 제4항).

⑦ 지역권: 통행, 일조량 확보를 위한 건축금지 등 일정한 목적을 위해 다른 사람의 토지를 자기 토지의 편익에 이용하는 권리를 말합니다(「민법」 제291조). 지역권은 부동산의 일부분에도 성립할 수 있습니다. 경매 물건이 매각되면 지역권은 저당권·압류채권·가압류채권에 대항할 수 없는 경우에는 매각으로 소멸되며, 그 외의 경우에는 매수인이 인수합니다(「민사집행법」 제91조제3항 및 제4항).

⑧ 권리질권: 동산 외의 재산권을 목적으로 하는 질권을 말합니다(「민법」 제345조).

⑨ 채권담보권: 채권자가 채무자로부터 채권의 변제를 확보하기 위해서 저당권으로 채권을 담보하는 것을 말합니다(「민법」 제348조).

⑩ 임차권: 임차인이 임대차에 기해 차임을 지급하고 임차 목적물을 사용·수익할 수 있는 권리를 말합니다(「부동산등기법」 제156조).

※ 예고등기제도의 폐지

기존 등기의 원인 무효나 취소로 인한 등기의 말소 또는 회복의 소가 제기된 경우에 다른 사람이 그 소송사실을 알 수 있게 법원이 촉탁해서 이루어지는 예고등기제도는 「부동산등기법」(법률 제10580호)이 개정됨에 따라 2011년 10월 13일부터 폐지되었습니다. 2011년 10월 13일 이전에 이미 이루어진 예고등기는 기존의 말소절차에 따라 말소되므로 유의하시기 바랍니다.

■ 임차목적물인 일가구용 단독주택의 등기기록상의 지번과 주민등록상의 지번이 일치하지 않은 경우 대항력을 취득하나요?

Q 甲은 일가구용 단독주택(등기기록상 ○○동 313의1)을 임차하였으나, 주민등록상 전입신고를 함에 있어서 전입주소지를 인접한 ○○동 313의 2로 신고하였습니다. 이러한 경우 甲은 주택임대차보호법의 대항력을 취득하나요?

A 주택임대차보호법 제3조 제1항 에서 주택의 인도와 더불어 임대차의 대항력 발생 요건으로 규정하고 있는 주민등록은 거래의 안전을 위하여 임대차의 존재를 제3자가 명백히 인식할 수 있게 하는 공시방법으로 마련된 것이라고 볼 것이므로, 주민등록이 어떤 임대차를 공시하는 효력이 있는가의 여부는 일반사회의 통념상 그 주민등록으로써 임차인이 당해 임대차건물에 주소 또는 거소를 가진 자로 등록되어 있음을 인식할 수 있는지의 여부에 따라 결정됩니다(대법원 2001. 4. 24. 선고 2000다44799 판결).

따라서 , '위 312의 2'라는 지번은 피고가 임차한 주택의 부지인 '위 313의 1' 토지와 인접하기는 하지만 이와 명백히 구별되는 별개의 부동산을 표상하고 있으므로 일반사회의 통념상 제3자가 피고를 주민등록상 '위 313의 1'에 소재한 건물에 주소 또는 거소를 가진 자로 등록되어 있다고 인식할 수 있다고 보기 어렵습니다.

결국 甲은 '위 313의 1'에 소재한 임차주택에 주택임대차보호법 제3조 제1항 소정의 유효한 공시방법인 주민등록을 마치지 못하였으므로 대항력을 취득하지 못할 것입니다.

2-3. 건축물대장의 확인

2-3-1. 건축물대장에서 확인할 수 있는 사항

① 건축물대장은 건축물의 소유·이용 상태를 확인하거나 건축정책의 기초 자료로 활용하기 위해 건축물과 그 대지의 현황 및 건축물의 구조내력 (構造耐力)에 관한 정보를 표시해 놓은 공적 장부입니다(건축법 제38조 제1항).

② 건축물대장에서는 건축물의 대지면적, 연면적, 건축면적, 부속건축물의 현황, 오수정화시설 및 사용용도 등을 확인할 수 있습니다.

2-3-2. 건축물대장의 열람

① 건축물대장 등기사항증명서는 해당 시·군·구청이나 민원24 인터넷홈페이지에서 발급받거나 열람할 수 있습니다(건축물대장의 기재 및 관리 등에 관한 규칙 제11조).

② 건축물대장 등기사항증명서를 발급받거나 열람할 때는 건축물대장의 표제부 또는 표제부의 전체면 또는 건물현황도 등에서 필요한 부분을 선택해서 신청해야 합니다(건축물대장의 기재 및 관리 등에 관한 규칙 제11조제1항).

③ 건축물현황도는 건축물소유자에 한해 본인임을 확인한 경우에만 인터넷을 통해 발급하거나 열람하게 할 수 있습니다(건축물대장의 기재 및 관리 등에 관한 규칙 제11조제7항).

④ 건축물대장 등기사항증명서를 발급받거나 열람하려는 사람은 수수료를 납부해야 합니다(건축물대장의 기재 및 관리 등에 관한 규칙 제11조제8항).

■ 하나의 대지 위에 단독주택과 다세대 주택이 함께 건립되어 있고, 단독주택에 대해 집합건축물대장이 작성된 경우 전입신고 방법은?

Q ○○동 1-114 대지에는 단독주택과 다세대 주택이 함께 건립되어 있는데, 두 건물 모두 甲 앞으로 소유권보존등기가 마쳐졌고, 각 등기부 표제부의 표시를 보면 단독주택에 대하여는 '○○동 1-114 ○○빌라 102동 101호'로, 다세대 주택에 대하여는 '○○동 1-114 ○○빌라 에이동 101호', '○○동 1-114 ○○빌라 에이동 102호' 등으로 기재되어 있습니다. 한편, 단독주택에 대하여는 소재지 '○○동 1-114', 명칭 또는 번호 '○○빌라 102동 101호', 전유부분의 면적 및 용도 '1층 ××㎡, 2층 ××㎡, 단독주택'으로 기재된 집합건축물대장이 작성되어 있습니다. 이 경우 甲으로부터 단독주택을 임차한 乙이 적법하게 주민등록 전입신고를 하려면, 동·호수를 기재하여야만 하나요?

A 「건축법」 또는 「주택법」상 공동주택과는 달리, 단독주택이나 다가구주택은 그 건물의 일부나 전부를 임차하여 전입신고를 하는 경우에 지번만 기재하는 것으로 충분하고, 나아가 건물거주자의 편의상 구분하여 놓았을 뿐인 호수까지 기재할 의무나 필요는 없습니다(대법원 1998. 1. 23. 선고 97다47828 판결 등 참조). 그런데 이 사안에서는 한 필지의 대지, 즉 같은 지번의 토지 위에 단독주택과 다세대주택이 모두 건립되어 있고, 단독주택에도 동·호수가 표시되어 있으므로, 그 중 단독주택을 임차한 자가 주택임대차보호법상 대항요건을 갖추기 위해서 동·호수까지 전입신고를 마쳐야만 하는지가 문제입니다.

유사한 사실관계가 문제된 사건에 관하여, 판례는 "하나의 대지 위에 단독주택과 다세대 주택이 함께 건립되어 있고, 등기부상으로 단독주택과 다세대 주택의 각 구분소유 부분에 대하여 지번은 동일하나 그 동·호수가 달리 표시되어 있으며, 나아가 위 단독주택에 대하여 위 등기부와 같은 지번과 동·호수로 표시된 집합건축물관리대장까지 작성된 경우라면, 위 단독주택의 임차인은 그 지번 외에 등기부와 집합건축물관리대장상의 동·호수까지 전입신고를 마쳐야만 그 임대차의 유효한 공시방법을 갖추었다고 할 것이다."라고 판시한 바 있습니다(대법원 2002. 3. 15. 선고 2001다80204 판결).

특히 위 판례는 이 사안의 사실관계와 구분하여, "원래 단독주택으로 건축허가를 받아 건축되고, 건축물관리대장에도 구분소유가 불가능한 건물로 등재된 이른바 다가구용 단독주택에 관하여 나중에 집합건물의소유및관리에관한법률에 의하여 구분건물로의 구분등기가 경료되었음에도 불구하고, 소관청이 종전에 단독주택으로 등록한 일반건축물관리대장을 그대로 둔 채 집합건축물관리대장을 작성하지 않은 경우에는, 주민등록법시행령 제9조 제3항에 따라 임차인이 위 건물의 일부나 전부를 임차하여 전입신고를 하는 경우 지번만 기재하는 것으로 충분하고, 나아가 그 전유부분의 표시까지 기재할 의무나 필요가 있다고 할 수 없다."라고 설시하였습니다.

요컨대 건물 소재지로의 전입신고 시 지번의 기재만을 요하는 단독주택 내지 다가구주택인지, 아니면 동·호수까지 정확히 기재할 것을 요하는 다세대주택인지 여부는 원칙적으로 건물의 현황에 관한 건축물관리대장의 표시가 중요한바, 이 사안에서 乙은 지번뿐만 아니라 동·호수까지 정확하게 주민등록 전입신고를 하여야 할 것입니다.

■ 지적도, 토지대장, 건축물대장 등의 지번표시가 등기부상 지번과 달라진 경우 주민등록은 임대차의 유효한 공시방법이라고 할 수 있나요?

Q A아파트의 소유권보존등기 당시 등기부상 지번은 ○○동 산30번지였는데, 이후 위 토지가 ○○동 산30번지 및 산33-2번지로 분할되었고, A아파트의 등기부상 지번은 산33-2번지로 변경되었습니다. 그러나 위 토지의 임야대장 상으로는 산33번지와 산33-2번지로 분할됨과 동시에 산33-2번지는 다시 100-1번지로 등록전환 되었고, 건축물관리대장에도 A아파트의 지번은 ○○동 100-1번지로 기재되어 있습니다. 이러한 상황에서 甲은 A아파트에 전입을 하면서 지번을 건축물관리대장에 따라 '○○동 100-1번지 A아파트 ××동 ××호'로 신고하였습니다. 甲의 주민등록은 임대차의 유효한 공시방법이라고 할 수 있나요?

A "주택임대차보호법 제3조 제1항 에서 주택의 인도와 더불어 대항력의 요건으로 규정하고 있는 주민등록은 거래의 안전을 위하여 임차권의 존재를 제3자가 명백히 인식할 수 있게 하는 공시방법으로 마련된 것이라고 볼 것이므로, 주민등록이 어떤 임대차를 공시하는 효력이 있는가의 여부는 일반사회 통념상 그 주민등록으로 당해 임대차건물에 임차인이 주소 또는 거소를 가진 자로 등록되어 있다고 인식할 수 있는가의 여부에 따라 결정된다고 할 것"입니다(대법원 1999. 9. 3. 선고 99다15597 판결, 대법원 2000. 4. 21. 선고 2000다 1549, 1556 판결 등 참조).

유사한 사실관계가 문제된 사건에 관하여, 판례는 "주택의 인도와 주민등록이라는 임대차의 공시방법은 어디까지나 등기라는 원칙적인 공시방법에 갈음하여 마련된 것이고, 제3자는 주택의 표시에 관한 사항과 주택에 관한 권리관계에 관한 사항을 통상 등기부에 의존하여 파악하고 있으므로, 임대차 공시방법으로서의 주민등록이 등기부상의 주택의 현황과 일치하지 않는다면 원칙적으로 유효한 공시방법이라고 할 수 없으나, 다만 주택의 소유권보존등기가 이루어진 후 토지의 분할 등으로 인하여 지적도, 토지대장, 건축물대장 등의 주택의 지번표시가 분할 후의 지번으로 등재되어 있으나 등기부에는 여전히 분할 전의 지번으로 등재되어 있는 경우, 임차인이 주민등록을 함에 있어 토지대장 및 건축물대장에 일치하게 주택의 지번과 동호수를 표시하였다면 설사 그것이 등기부의 기재와 다르다고 하여도 일반의 사회통념상 원고가 그 지번에 주소를 가진 것으로 제3자가 인식할 수 있다고 봄이 상당하므로 유효한 임대차의 공시방법이 된다고 보아야 할 것이다."라고 판시하였습니다(대법원 2001. 12. 27. 선고 2001다63216 판결).

그렇다면, 甲은 적법한 주민등록 전입신고를 마쳤으므로, 「주택임대차보호법」에 따른 대항력을 취득할 수 있습니다.

■ 건축물대장의 용도변경신청에 대한 거부처분을 다툴 수 있는지요?

Q 甲은 건물을 매수하여 액화석유가스를 판매할 목적으로 액화석유가스 판매사업 허가를 받아 건물의 용도를 창고시설에서 위험물저장 및 처리시설로 변경하는 용도변경신청을 하였는데 거부당하였습니다. 이에 대하여 다툴 수 있는지요?

A 대법원은 위와 같은 사안에서 "구 건축법(2005. 11. 8. 법률 제7696호로 개정되기 전의 것) 제14조 제4항의 규정은 건축물의 소유자에게 건축물대장의 용도변경신청권을 부여한 것이고, 한편 건축물의 용도는 토지의 지목에 대응하는 것으로서 건물의 이용에 대한 공법상의 규제, 건축법상의 시정명령, 지방세 등의 과세대상 등 공법상 법률관계에 영향을 미치고, 건물소유자는 용도를 토대로 건물의 사용·수익·처분에 일정한 영향을 받게 되는 점 등을 고려해 보면, 건축물대장의 용도는 건축물의 소유권을 제대로 행사하기 위한 전제요건으로서 건축물 소유자의 실체적 권리관계에 밀접하게 관련되어 있으므로 건축물대장 소관청의 용도변경신청 거부행위는 국민의 권리관계에 영향을 미치는 것으로서 항고소송의 대상이 되는 행정처분에 해당한다."고 하였습니다(대법원 2009.1.30. 선고 2007두7277 판결).

따라서 甲은 위 판결을 근거로 건축물대장의 용도변경신청에 대한 거부처분을 다툴 수 있을 것입니다.

2-4. 토지대장의 확인

2-4-1. 토지대장에서 확인할 수 있는 사항

① 토지대장은 토지의 소재지, 지번, 지목, 면적, 토지의 소유자 등을 기재해 놓은 공적 장부입니다(공간정보의 구축 및 관리 등에 관한 법률 제71조 및 동법 시행규칙 제68조제1항).

② 토지대장에서는 위의 사항 외에도 공유 여부·공유 지분 및 공유자에 관한 사항, 대지권 등기여부·대지권 비율 및 소유자에 관한 사항 등을 확인할 수 있습니다(공간정보의 구축 및 관리 등에 관한 법률 제71조).

2-4-2. 토지대장의 열람

토지대장은 해당 시·군·구청이나 민원24(http://www.minwon.go.kr) 인터넷홈페이지에서 발급받거나 열람할 수 있습니다(공간정보의 구축 및 관리 등에 관한 법률 제75조 및 동법 시행규칙 제74조).

2-5. 토지이용계획 확인서의 확인

2-5-1. 토지이용계획 확인서에서 확인할 수 있는 사항

① 토지이용계획확인서는 지역·지구 등의 지정내용과 그 지역·지구 등 안에서의 행위제한 내용을 기재해 놓은 서류입니다(토지이용규제 기본법 제10조제1항, 동법 시행령 제9조제4항 및 동법 시행규칙 제2조제2항).

② 토지이용계획 확인서에서는 해당 지역의 토지 이용, 도시계획 시설 결정 여부 및 규제사항 등(예를 들어 재개발, 도로개설 여부 등)을 확인할 수 있습니다.

2-5-2. 토지이용계획 확인서의 발급

토지이용계획 확인서는 시·군·구청이나 민원24 인터넷홈페이지에서 발급받을 수 있으며, 토지이용규제 정보서비스 홈페이지에서도 열람할 수 있습니다(토지이용규제 기본법 제10조 및 동법 시행령 제9조).

2-6. 현장조사

① 부동산등기기록, 각종 대장, 토지이용계획 확인서 등을 열람한 후에는 직접 현장에 가서 그 물건의 입지, 보존 상태, 점유 상태, 하자 여부 및 실거래가격 등을 확인하고, 자신의 입찰 목적에 부합하는지를 평가합니다.

② 특히, 현장조사에서는 각종 공적 기록 또는 서류에서 드러나지 않은 사항

이 있는지를 확인할 필요가 있습니다. 예를 들어, 유치권의 경우 따로 등기되지 않으므로 이 권리의 설정 여부는 반드시 현장조사를 통해서 확인해야 합니다.

③ 현장조사를 할 때는 권리에 관한 사항 외에도 해당 물건이 자신의 경매 목적에 맞는지 등을 확인해야 합니다. 예를 들어, 음식점 창업을 목적으로 상가건물을 입찰하려는 경우에는 현장조사에서 주변 입지·상권 등에 관한 사항을 살펴볼 필요가 있으며, 주택을 입찰하려는 경우에는 서류상의 거주관계와 실제 거주관계가 동일한지(아니라면 현재 거주자가 어떤 권원에 의해 점유하고 있는지)를 살펴보는 것이 좋습니다.

④ 기준시가, 공시지가, 공시가격 등 부동산 관련 시가는 국토교통부 부동산 공시가격 알리미 홈페이지(http://www.kais.kr/realtyprice)에서 조회할 수 있습니다.

■ 관심 부동산에 직접 방문해 보려고 합니다. 현장조사를 할 때 어떤 사항을 중점적으로 확인해야 하나요?

Q 관심 부동산에 직접 방문해 보려고 합니다. 현장조사를 할 때 어떤 사항을 중점적으로 확인해야 하나요?

A 경매 물건을 직접 방문해서 살피는 것은 부동산등기기록 등 각종 기록에 기재된 사항이 사실에 부합하는지를 확인한다는 점에서 권리분석을 한 이후에 하는 것이 좋습니다.

현장을 방문하면 해당 물건의 입지, 보존 상태, 하자 여부 및 실거래가격 등을 확인하고 각종 공적 기록에 드러나지 않은 사항이 있는지를 살펴보아야 합니다. 예를 들어, 소유자와 실거주자가 다름에도 불구하고 이 사실이 등기되어 있지 않다면 공적 기록만으로는 전혀 확인할 수 없기 때문입니다.

또한, 해당 물건이 자신이 경매에 참여하는 목적에 맞는지를 판단해야 합니다. 예를 들어, 음식점 창업을 목적으로 상가건물 입찰에 참여하려는 경우에는 주변 입지, 상권 등에 관한 사항을 살펴볼 필요가 있습니다.

■ 부동산경매절차에서 부동산의 입찰절차 및 주의사항은 어떠한 것이 있는지요?

Q 저는 일반적으로 시가보다 저렴하다고 알고 있는 법원의 경매절차에서 부동산을 구입하고자 합니다. 경매절차에서 부동산의 입찰절차 및 주의사항은 어떠한 것이 있는지요?

A 강제경매의 방법에 관하여 「민사집행법」제103조는 "①부동산의 매각은 집행법원이 정한 매각방법에 따른다. ②부동산의 매각은 매각기일에 하는 호가경매(呼價競賣), 매각기일에 입찰 및 개찰하게 하는 기일입찰 또는 입찰기간 이내에 입찰하게 하여 매각기일에 개찰하는 기간입찰의 세 가지 방법으로 한다. ③부동산의 매각절차에 관하여 필요한 사항은 대법원규칙으로 정한다."라고 규정하고 있으며, 이 규정은 부동산을 목적으로 하는 담보권 실행을 위한 경매절차에도 준용되게 됩니다(같은 법 제268조).

위와 같은 세 가지 부동산 경매방법 중 통상 행하여지고 있는 기일입찰에 관하여 살펴보면 다음과 같습니다.

첫째, 기일입찰에서의 입찰은 매각기일에 입찰표를 집행관에게 제출하는 방법으로 하게 되고(민사집행규칙 제62조 제1항), 기일입찰의 입찰장소에는 입찰자가 다른 사람이 알지 못하게 입찰표를 적을 수 있도록 설비가 갖추어져 있습니다(같은 규칙 제61조 제1항).

입찰자는 입찰표에 ①사건번호와 부동산의 표시, ②입찰자의 이름과 주소, ③대리인을 통하여 입찰을 하는 때에는 대리인의 이름과 주소, ④입찰가격(입찰가격은 일정한 금액으로 표시하여야 하며, 다른 입찰가격에 대한 비례로 표시하지 못함)을 적어야 하고, 법인인 입찰자는 대표자의 자격을 증명하는 문서를 집행관에게 제출하여야 하며, 입찰자의 대리인은 대리권을 증명하는 문서를 집행관에게 제출하여야 하고, 공동으로 입찰하는 때에는 입찰표에 각자의 지분을 분명하게 표시하여야 하며, 입찰은 취소·변경 또는 교환할 수 없습니다(같은 규칙 제62조 제2항 내지 제6항).

입찰자는 특별매각조건으로 달리 정한 경우가 아닌 한 최저매각가격의 10분의 1의 매수신청의 보증금액을 입찰표와 함께 집행관에게 체출하여야 하는데, 매수신청의 보증은 ①금전, ②은행법의 규정에 따른 금융기관이 발행한 자기앞수표로서 지급제시기간이 끝나는 날까지 5일 이상의 기간이 남아 있는 것, ③은행 등이 매수신청을 하려는 사람을 위하여 일정액의 금전을 법원의 최고에 따라 지급한다는 취지의 기한의 정함이 없는 지급보증위탁계약이 매수신청을 하려는 사람과 은행 등 사이에 맺어진 사실을 증명하는 문서의 제출로서 하여야 합니다(민사집행법 제113조, 민사집행규칙 제63조, 제64조). 집행관이 입찰을 최고 하는 때에는 입찰마감시간과 개찰시각을 고지하는바, 입찰표는 입찰마감시간 이내에 제출하여야 합니다(같은 규칙 제65조 제1항).

최고가매수신고인 등의 결정에 있어서 최고가매수신고를 한 사람이 둘 이상인 때에는 집행관은 그 사람들에게 다시 입찰하게 하여 최고가매수신고인을 정하게 되는데, 이 경우 그 입찰자들은 전의 입찰가격에 못미치는 가격으로는 입찰할 수 없으며, 그들 모두가 입찰에 응하지 아니하거나(전의 입찰가격에 못미치는 가격으로 입찰할 경우에는 입찰에 응하지 아니한 것으로 본다.) 두 사람 이상이 다시 최고의 가격으로 입찰한 때에는 추첨으로 최고가매수신고인을 정하게 됩니다(같은 규칙 제66조).

최고가매수신고인 외의 매수신고인은 매각기일을 마칠 때까지 집행관에게 최고가매수신고인이 대금지급기한까지 그 의무를 이행하지 아니하면 자기의 매수신고에 대하여 매각을 허가하여 달라는 취지의 신고(차순위매수신고)를 할 수 있고, 차순위매수신고는 그 신고액이 최고가매수신고액에서 그 보증액을 뺀 금액을 넘는 때에만 할 수 있으며(민사집행법 제114조), 차순위매수신고를 한 사람이 둘 이상인 때에는 신고한 매수가격이 높은 사람을 차순위매수신고인으로 정하고, 신고한 매수가격이 같은 때에는 추첨으로 차순위매수신고인을 정하게 됩니다(같은 법 제115조 제2항).

최고가매수신고인과 차순위매수신고인을 제외한 다른 매수신고인은 매각기일종결의 고지에 따라 매수의 책임을 벗게 되고, 즉시 매수신청의 보증을 돌려 줄 것을 신청할 수 있습니다(같은 법 제115조 제3항).

둘째, 매각결정기일은 매각기일로부터 1주 이내로 정해지게 되는데(같은 법 제109조 제1항), 매각결정기일에 매각허가결정을 선고하게 되고(같은 법 제126조), 매각허가결정이 확정되면 법원은 대금의 지급기한을 정하고, 이를 매수인과 차순위매수신고인에게 통지하여야 하며, 매수인은 대금지급기한까지 매각대금을 지급하여야 하고(같은 법 제142조 제1항, 제2항), 대금지급기한은 매각허가결정이 확정된 날부터 1월 안으로 정해지게 됩니다(같은 규칙 제78조).

매수신청의 보증으로 금전이 제공된 경우에는 그 금전은 매각대금에 넣게 되고, 금전 외의 것이 제공된 경우로서 매수인이 매각대금 중 보증액을 뺀 나머지 금액만을 낸 때에는, 법원은 보증을 현금화하여 그 비용을 뺀 금액을 보증액에 해당하는 매각대금 및 이에 대한 지연이자에 충당하고, 모자라는 금액이 있으면 다시 대금지급기한을 정하여 매수인으로 하여금 내게 합니다(같은 법 제142조 제3항, 제4항). 차순위매수신고인은 매수인이 대금을 모두 지급한 때 매수의 책임을 벗게 되고 즉시 매수신청의 보증을 돌려 줄 것을 요구할 수 있습니다(같은 법 제142조 제6항). 차순위매수신고인이 있는 경우에 매수인(최고가매수신고인)이 대금지급기한까지 그 의무를 이행하지 하지 아니한 때에는 차순위매수신고인에게 매각을 허가할 것인지를 결정하여야 하고(다만, 민사집행법 제142조 제4항의 경우는 제외), 차순위매수신고인에 대한 매각허가결정이 있는 때에는 매수인은 매수신청의 보증을 돌려 줄 것을 요구하지 못합니다. 매수인이 대금지급기한 또는 「민사집행법」제142조 제4항의 다시 정한 기한까지 그 의무를 완전히 이행하지 아니하였고, 차순위매수신고인이 없을 경우에는 법원은 직권으로 재매각을 명하게 되는데 다만, 매수인이 재매각기일의 3일 이전까지 대금, 그 지급기한이 지난 뒤부터 지급일까지의 대금에 대한 대법원규칙이 정하는 이율(연 1할5푼)에 따른 지연이자와 절차비용을 지급한 때에는 재매각절차를 취소하여야 하고, 차순위매수신고인이 매각허가결정을 받았던 때에는 위 금액을 먼저 지급한 매수인이 매매목적물의 권리를 취득하며, 재매각절차에서 전의 매수인은 매수신청을 할 수 없으며 매수신청의 보증을 돌려 줄 것을 요구하지 못합니다(같은 법 제138조, 같은 규칙 제75조).

셋째, 매수인은 매각대금을 다 낸 때에 매각의 목적인 권리를 취득하며(같은 법 제135조), 매각대금이 지급되면 법원사무관 등은 매각허가결정의 등본을 붙여 ①매수인 앞으로 소유권을 이전하는 등기, ②매수인이 인수하지 아니한 부동산의 부담에 관한 기입을 말소하는 등기, ③제94조 및 제139조 제1항의 규정에 따른 경매개시결정등기를 말소하는 등기를 촉탁하게 되는바, 이 등기에 드는 비용은 매수인이 부담하게 됩니다(같은 법 제144조).

또한, 법원은 매수인이 대금을 낸 뒤 6월 이내에 신청하면 채무자·소유자 또는 부동산 점유자에 대하여 부동산을 매수인에게 인도하도록 명할 수 있으며 다만, 점유자가 매수인에게 대항할 수 있는 권원에 의하여 점유하고 있는 것으로 인정되는 경우에는 인도명령을 할 수 없습니다(같은 법 제136조 제1항).

넷째, 주의사항으로는 매각된 부동산에 주택이 포함되어 있을 경우에는 그 주택에서 최선순위의 저당권이 설정된 날짜보다 먼저 주민등록 전입신고를 마치고 거주하고 있는 주택임차인이 있을 때에는 그 주택임차보증금을 매수인이 인수하여야 하는 경우가 생길 수 있습니다(주택임대차보호법 제3조 제3항).

또한, 소유권이전에 농지취득자격증명이 요구되는 농지는 최고가매수인으로 결정되더라도 농지취득자격증명원을 제출하여야 낙찰이 허가됩니다(농지법 제8조, 민사집행법 제121조 제2호).

☜ 관련판례 1

재경매는 종전의 경매절차를 속행하는 것으로서, 「민사소송법」 제648조제2항에 의하여 재경매명령 후 최초의 재경매기일에 적용되는 최저경매가격 기타 매각조건이라 함은 전 경락인이 최고가매수신고인으로 호창받은 경매기일에서 정하여졌던 최저경매가격 기타 매각조건을 가리킨다(대법원 1998. 10. 28. 자 98마1817 결정).

☜ 관련판례 2

최초의 경매가격을 결정한 후 상당한 시일이 경과되고 부동산 가격에 변동이 있다고 하더라도 평가의 전제가 된 중요한 사항이 변경된 경우와 같은 특별한 사정이 없는 한 경매법원이 부동산 가격을 재평가하여야 하는 것은 아니다(대법원 1998. 10. 28. 자 98마1817 결정).

☜ 관련판례 3

과잉경매로 인한 채무자의 불이익은 경락단계에서 경락을 허가하지 아니함으로써 막을 수 있는 점에 비추어 볼 때, 경매실시 전 단계에 있어서 부동산의 최저경매가격과 각 채권자의 채권 및 집행비용을 비교하여 그 중 일부 부동산만 경매하여도 그 채권 등의 변제에 충분하다고 인정된다고 하더라도 일부 부동산에 대하여서만 경매를 실시할 것인지 아니면 나머지 부동산에 대하여도 함께 경매를 실시할 것인지 여부는 집행법원의 재량에 속한다(대법원 1998. 10. 28. 자 98마1817 결정).

☜ 관련판례 4

경매의 대상이 된 토지 위에 생립하고 있는 채무자 소유의 미등기 수목은 토지의 구성 부분으로서 토지의 일부로 간주되어 특별한 사정이 없는 한 토지와 함께 경매되는 것이므로 그 수목의 가액을 포함하여 경매 대상 토지를 평가하여 이를 최저경매가격으로 공고하여야 하고, 다만 「입목에 관한 법률」에 따라 등기된 입목이나 명인방법을 갖춘 수목의 경우에는 독립하여 거래의 객체가 되므로 토지 평가에 포함되지 아니한다(대법원 1998. 10. 28. 자 98마1817 결정).

3. 관심 물건의 종류에 따른 권리분석

3-1. 주택

① 기존 주택을 소유한 사람이 경매를 통해 주택을 매수하면 1가구 2주택이 되어 양도소득세 등이 중과세될 수 있으므로 이 점을 염두에 두는 것이 좋습니다.

② 주택의 경우 주민등록표를 열람해서 해당 주택에 소유자가 거주하고 있는지, 아니면 대항력 있는 임차인이 거주하고 있는지를 확인해 보아야 합니다. 선순위(先順位)의 대항력 있는 임차인이 거주하고 있는 경우에는 그 임차권이 매수인에게 인수될 수 있기 때문입니다(민사집행법 제91조제4항 및 제148조).

③ 여기에서 대항력이란 임차인이 제3자(여기서는 매수인)에게 임대차의 내용을 주장할 수 있는 법률상의 권원을 말합니다. 대항력은 별도로 등기를 할 필요없이 주택의 인도와 주민등록을 마치면 그 다음날부터 생깁니다(주택임대차보호법 제3조제1항).

④ 주민등록표의 열람은 시·군·구청이나 읍·면·동 또는 출장소에 신청할 수 있는데(주민등록법 제29조제1항), 이 경우 경매신청 등의 필요성을 밝힐 수 있는 자료를 제출해야 합니다(주민등록법 제29조제2항제2호, 동법 시행규칙 제13조제1항 및 별표).

⑤ 주택의 입찰에 참여하려는 사람은 임차인의 거주 여부 외에도 현장조사를 통해 다음 사항들을 확인하는 것이 좋습니다.
- 건물 면적, 모양, 난방방식, 시설의 노후화 및 수리 필요성 등 건물 상태
- 건물 위치, 전망·일조권, 주차 공간, 교통시설, 학교, 시장 등 주거 환경
- 관리비 등 미납 여부(아파트 등 공동주택인 경우)
- 향후 택지개발 가능성

[서식 예] 건물인도청구의 소(대항력없는 주택임차인을 상대로)

소　　　장

원　　고　　○○○ (주민등록번호)
　　　　　　○○시 ○○구 ○○길 ○○(우편번호 ○○○-○○○)
　　　　　　전화·휴대폰번호:
　　　　　　팩스번호, 전자우편(e-mail)주소:
피　　고　　◇◇◇ (주민등록번호)
　　　　　　○○시 ○○구 ○○길 ○○(우편번호 ○○○-○○○)
　　　　　　전화·휴대폰번호:
　　　　　　팩스번호, 전자우편(e-mail)주소:

건물인도청구의 소

청 구 취 지

1. 피고는 원고에게 별지목록 기재 건물을 인도하라.
2. 소송비용은 피고가 부담한다.
3. 위 제1항은 가집행할 수 있다.
라는 판결을 구합니다.

청 구 원 인

1. 원고는, 별지목록 기재 건물 및 그 대지에 대한 각 제1번 근저당권자인 신청외 주식회사 ◉◉은행이 신청한 서울지방법원 20○○타경○○○ 부동산경매사건에서 매수신고를 하여 ○○○만원에 매수인으로 매각허가결정을 받아, 20○○. ○. ○. 위 매각대금을 모두 냄으로써 별지목록 기재 건물 및 그 대지의 소유권을 취득하였습니다.
2. 그리고 위 건물의 등기부상으로는 제1번 근저당권자에 앞서는 용익물권자가 전혀 없고, 갑구에도 위 제1번 근저당권 설정일 이전의 가등기·가처분 등이 전혀 없었으므로, 원고는 위 매각대금을 다 냄으로써 위 각 부동산에 대하여 어떠한 제한도 없는 완전한 소유권을 취득하였습니다.
3. 그런데 피고는 20○○. ○. ○. 별지목록 기재 건물(주택)을 당시 소유자인 소외 ◆◆◆으로부터 임차하여 주민등록전입신고를 하지 않고 거주하고 있는 자로서 위 경매절차의 매수인 원고에게 대항할 수 없는 주택임차인임이 분명함에도 이사할 곳이 없다는 이유로 위 건물의 인도를 거부하고 있습니다.
4. 따라서 원고는 피고로부터 별지목록 기재 건물을 인도 받기 위하여 이 사건 소송제기에 이르게 되었습니다.

입 증 방 법

1. 갑 제1호증의 1, 2	각 등기사항증명서
1. 갑 제2호증	건축물대장등본
1. 갑 제3호증	매각허가결정문사본
1. 갑 제4호증	매각대금납입영수증
1. 갑 제5호증	임대차관계조사서사본

첨 부 서 류

1. 위 입증방법	각 1통
1. 토지대장등본	1통
1. 소장부본	1통
1. 송달료납부서	1통

20○○. ○. ○.

위 원고   ○○○   (서명 또는 날인)

○○지방법원 귀중

[별 지]

부동산의 표시

○○시 ○○구 ○○동 ○○

[도로명주소] ○○시 ○○구 ○○길 ○○ 지상 철근콘크리트조 슬래브지붕 단층주택 ○○.○○㎡. 끝.

■ 참 고 ■

관할법원	※ 아래(1)참조	소멸시효	○○년(☞소멸시효일람표)
제출부수	소장원본 1부 및 피고 수만큼의 부본 제출		
비 용	·인지액 : ○○○원(☞산정방법) ※ 아래(2)참조 ·송달료 : ○○○원(☞적용대상사건 및 송달료 예납기준표)		
불복절차 및 기 간	·항소(민사소송법 제390조) ·판결서가 송달된 날부터 2주 이내(민사소송법 제396조 제1항)		

※ (1) 관 할

1. 소(訴)는 피고의 보통재판적(普通裁判籍)이 있는 곳의 법원의 관할에 속하고, 사람의 보통재판적은 그의 주소에 따라 정하여지나, 대한민국에 주소가 없거나 주소를 알 수 없는 경우에는 거소에 따

라 정하고, 거소가 일정하지 아니하거나 거소도 알 수 없으면 마지막 주소에 따라 정하여짐.

2. 부동산에 관한 소를 제기하는 경우에는 부동산이 있는 곳의 법원에 제기할 수 있음.

3. 따라서 위 사안에서 원고는 피고의 주소지를 관할하는 법원이나 부동산이 있는 곳의 관할 법원에 소를 제기할 수 있음.

※ (2) 인 지

소장에는 소송목적의 값에 따라 민사소송등인지법 제2조 제1항 각 호에 따른 금액 상당의 인지를 붙여야 함. 다만, 대법원 규칙이 정하는 바에 의하여 인지의 첩부에 갈음하여 당해 인지액 상당의 금액을 현금이나 신용카드·직불카드 등으로 납부하게 할 수 있는바, 현행 규정으로는 인지첩부액이 1만원 이상일 경우에는 현금으로 납부하여야 하고 또한 인지액 상당의 금액을 현금으로 납부할 수 있는 경우 이를 수납은행 또는 인지납부대행기관의 인터넷 홈페이지에서 인지납부대행기관을 통하여 신용카드 등으로도 납부할 수 있음(민사소송등인지규칙 제27조 제1항 및 제28조의 2 제1항).

3-2. 상가건물

① 상가건물을 매수하려는 경우에는 우선 매수 목적을 잘 생각해야 합니다. 예를 들어, 임대수익을 올리려는 경우에는 역세권이나 유동인구가 많은 상업지구의 상가건물이 유리할 수 있으며, 가족단위 고객을 상대로 영업을 하려는 경우에는 상업지구가 아닌 아파트 등 대규모 주택지역이 더 적합할 수 있기 때문입니다.

② 또한, 대규모상가·아파트 단지 내 상가 등에는 특정 영업이 제한될 수 있으므로 상가운영회 등을 통해 미리 확인할 필요가 있습니다.

③ 상가건물의 경우 주택과 마찬가지로 해당 건물에 대항력 있는 임차인이 있는지를 확인해 보아야 합니다. 보증금이 전액 변제되지 않은 대항력 있는 임차권은 매수인에게 인수될 수 있기 때문입니다(민사집행법 제91조제4항, 제148조, 상가건물 임대차보호법 제3조 및 제8조).

④ 대항력 있는 임차인의 존재 여부를 확인하려면 해당 건물의 관할 세무서를 방문해서 해당 건물 등록사항의 열람을 신청하면 됩니다(상가건물 임대차보호법 제4조).

⑤ 상가의 입찰에 참여하려는 사람은 상가건물의 임차 여부 외에도 현장조사를 통해 다음의 사항 등을 확인하는 것이 좋습니다.
  - 건물 위치, 접근성, 주차 공간, 역세권, 유동인구, 실수요층 등 상업공간으로서의 환경
  - 건물의 보존상태, 수리 필요성 등 건물 상태
  - 관리비 등 납부 여부(오피스텔 등 집합건물인 경우)
  - 향후 택지개발 가능성

[서식 예] 건물인도청구의 소(경락인이 임차인들을 상대로, 상가)

소   장

원   고   ○○주식회사
            ○○시 ○○구 ○○길 ○○(우편번호 ○○○-○○○)
            대표이사   ○○○
            전화·휴대폰번호:
            팩스번호, 전자우편(e-mail)주소:

피   고   1. 최◇◇ (주민등록번호)
               ○○시 ○○구 ○○길 ○○(우편번호 ○○○-○○○)
               전화·휴대폰번호:
               팩스번호, 전자우편(e-mail)주소:
            2. 정◇◇ (주민등록번호)
               ○○시 ○○구 ○○길 ○○(우편번호 ○○○-○○○)
               전화·휴대폰번호:
               팩스번호, 전자우편(e-mail)주소:
            3. 이◇◇ (주민등록번호)
               ○○시 ○○구 ○○길 ○○(우편번호 ○○○-○○○)
               전화·휴대폰번호:
               팩스번호, 전자우편(e-mail)주소:

건물인도청구의 소

청 구 취 지

1. 원고에게,
   가. 피고 최◇◇는 별지목록 기재 건물 1층 ○○○㎡ 중 별지도면 표시 1, 2, 6,
       5, 1의 각 점을 차례로 연결하는 선내 (가)부분 ○○.○㎡를,
   나. 피고 정◇◇는 별지목록 기재 건물 1층 ○○○㎡ 중 별지도면 표시 2, 3, 7,
       6, 2의 각 점을 차례로 연결하는 선내 (나)부분○○.○㎡를,
   다. 피고 이◇◇는 별지목록 기재 건물 1층 ○○○㎡ 중 별지도면 표시 3, 4, 8,
       7, 3의 각 점을 차례로 연결하는 선내 (다)부분 ○○.○㎡를
   각 인도하라.
2. 소송비용은 피고들이 부담한다.
3. 위 제1항은 가집행 할 수 있다.
라는 판결을 구합니다.

청 구 원 인

1. 원고는, 별지목록 기재 건물 및 그 대지의 각 제1번 근저당권자인 신청외 주식회사 ◆◆은행이 신청한 ○○지방법원 20○○타경○○○ 부동산경매사건에서 매수신고하여, 별지목록 기재 건물 및 그 대지를 금 ○○○원에 매수하여, 20○○. ○. ○. 매각대금을 다 냄으로써 별지목록 기재 건물 및 그 대지의 소유권을 취득하였습니다.

   위 각 부동산들의 등기사항증명서상으로는 신청외 주식회사 ◆◆은행의 제1번 근저당권에 앞서는 용익물권이 전혀 없었고, 갑구에도 신청외 주식회사 ◆◆은행의 제1번 근저당권 설정일 이전의 가등기·가처분 등이 전혀 없었으므로, 원고는 위 매각대금을 다 냄으로써 위 각 부동산들에 대하여 어떠한 제한도 없는 완전한 소유권을 취득하였다고 할 것입니다.

2. 가. 피고1 최◇◇은 별지목록 기재 건물 1층 ○○○㎡ 중 별지도면 표시 1, 2, 6, 5, 1의 각 점을 차례로 연결하는 선내 (가)부분 ○○.○㎡를 당시 소유자인 주식회사 ◎◎으로부터 임차하여 수퍼마켓으로 사용하고 있는 자인바, 자신의 임대차보증금을 임대인으로부터 원만히 돌려 받기 어렵게 되자, 위 경매절차의 매각허가결정에 대하여 아무런 사유도 없이 항고 및 재항고를 하는 등 그 절차의 지연을 획책하였고, 원고가 소유권을 취득한 현재에 있어서도 이사할 곳이 없다는 이유로 위 점유부분의 반환을 거절하고 있으며,

   나. 피고2 정◇◇는 199○. ○. ○. 별지목록 기재 건물 1층 ○○○㎡ 중 별지도면 표시 2, 3, 7, 6, 2의 각 점을 차례로 연결하는 선내 (나)부분○○.○㎡를 역시 주식회사 ◎◎으로부터 전세금 ○억원, 존속기간 20○○. ○. ○.까지로 한 전세권설정등기를 경료 받은 전세권자로서 이를 미용실로 사용하고 있으나, 위 부동산경매로 인하여 그 권리가 소멸하여 위 부동산을 점유할 권원이 없어지고 그 전세금도 돌려 받기 어렵게 되자, 위 피고1 및 피고3과 함께 경매절차의 매각허가결정에 대하여 아무런 사유도 없이 항고 및 재항고를 하는 등 그 절차의 지연을 획책하였고 원고가 소유권을 취득한 현재에 있어서도 이사할 곳이 없다는 이유로 위 점유부분의 반환을 거절하고 있고,

   다. 피고3 이◇◇은 199○. ○.경 별지목록 기재 건물 1층 ○○○㎡ 중 별지도면 표시 3, 4, 8, 7, 3의 각 점을 차례로 연결하는 선내 (다)부분 ○○.○㎡를 역시 주식회사 ◎◎으로부터 임대차보증금 ○억원에 임차 받아 이를 점유하고 있으나, 위 부동산경매로 인하여 그 권리가 소멸하여 위 부동산을 점유할 권원이 없어지고 그 임대차보증금도 돌려 받기 어렵게 되자, 위 점유부분의 반환을 거절하고 있습니다.

3. 따라서 원고는 피고들로부터 별지목록 기재 건물에 대하여 청구취지 제1항과 같은 부분을 인도 받기 위하여 이 사건 소송제기에 이른 것입니다.

입 증 방 법

1. 갑 제1호증의 1, 2   각 부동산등기사항증명서
1. 갑 제2호증   건축물대장등본
1. 갑 제3호증   매각허가결정문사본
1. 갑 제4호증   매각대금납입영수증
1. 갑 제5호증   임대차관계조사서사본

첨 부 서 류

1. 위 입증방법   각 1통
1. 법인등기사항증명서   1통
1. 토지대장등본   1통
1. 소장부본   3통
1. 송달료납부서   1통

20○○. ○. ○.

위 원고   ○○주식회사

대표이사   ○○○   (서명 또는 날인)

○○지방법원 귀중

3-3. 농지

① 농지란 다음의 어느 하나에 해당하는 토지, 토지의 개량시설 및 그 토지에 설치하는 농축산물 생산시설을 말합니다(농지법 제2조제1호, 동법 시행령 제2조, 동법 시행규칙 제2조 및 제3조).

　가. 전·답, 과수원 및 그 밖에 법적 지목을 불문하고 실제로 농작물 경작지 또는 다년생식물 재배지로 이용되는 토지. 다만, 공간정보의 구축 및 관리 등에 관한 법률에 따른 지목이 전·답, 과수원이 아닌 토지(지목이 임야인 토지 제외)로서 농작물 경작지 또는 다년생식물 재배지로 계속해서 이용되는 기간이 3년 미만인 토지, 공간정보의 구축 및 관리 등에 관한 법률에 따른 지목이 임야인 토지로서 산지관리법에 따른 산지전용허가(다른 법률에 따라 산지전용허가가 의제되는 인가·허가·승인 등 포함)를 거치지 않고 농작물의 경작 또는 다년생식물의 재배에 이용되는 토지, 초지법에 따라 조성된 초지는 제외됩니다.

　나. 위 토지의 개량시설로 다음의 어느 하나에 해당하는 시설

　　– 유지(溜池), 양·배수시설, 수로, 농로, 제방

　　– 그 밖에 농지의 보전이나 이용에 필요한 시설로서 토양의 침식이나 재해로 인한 농작물의 피해를 방지하기 위하여 설치한 계단·흙막이·방풍림과 그 밖에 이에 준하는 시설

　다. 위 토지에 설치하는 농축산물 생산시설로 다음의 어느 하나에 해당하는 시설

　　– 고정식온실·버섯재배사 및 비닐하우스와 「농지법 시행규칙」 제3조제1항에서 정하는 그 부속시설

　　– 축사·곤충사육사와 「농지법 시행규칙」 제3조제2항에서 정하는 그 부속시설

　　– 간이퇴비장

　　– 농막·간이저온저장고 및 간이액비저장조 중 「농지법 시행규칙」 제3조의2에서 정하는 시설

② 농지는 자기의 농업경영에 이용하려는 경우에만 소유할 수 있으므로(농지법 제6조제1항), 농지를 취득할 때는 이에 대한 증명서류인 농지취득자격증명을 제출해야 합니다(농지법 제8조제4항).

③ 따라서 농지의 입찰에 참여하려는 사람은 미리 시·구·읍 또는 면사무소에 문의해서 본인이 농지취득자격증명을 발급받을 수 있는지를 사전에 확인해

야 합니다(농지법 제8조제1항 및 제4항).

④ 그러나 농업경영 목적과 상관없이 농지소유가 가능한 경우도 있습니다. 예외적으로 자기의 농업경영 이외의 목적으로 농지소유가 가능한 경우는 다음의 어느 하나에 해당하는 경우에는 자기의 농업경영에 이용하지 않더라도 농지를 소유할 수 있습니다(농지법 제6조)

- 국가나 지방자치단체가 농지를 소유하는 경우
- 「초·중등교육법」 및 「고등교육법」에 따른 학교, 농림수산식품부령으로 정하는 공공단체·농업연구기관·농업생산자단체 또는 종묘나 그 밖의 농업 기자재 생산자가 그 목적사업을 수행하기 위해 필요한 시험지·연구지·실습지 또는 종묘생산지로 쓰기 위해 농림수산식품부령으로 정하는 바에 따라 농지를 취득해서 소유하는 경우
- 주말·체험영농(농업인이 아닌 개인이 주말 등을 이용해서 생활이나 여가활동으로 농작물을 경작하거나 다년생식물을 재배하는 것을 말한다. 이하 같다)을 하려고 농지를 소유하는 경우
- 상속[상속인에게 한 유증을 포함한다. 이하 같다]으로 농지를 취득하여 소유하는 경우
- 8년 이상 농업경영을 하던 자가 이농한 후에도 이농 당시 소유하고 있던 농지를 계속 소유하는 경우
- 「농지법」 제13조제1항에 따라 담보농지를 취득하여 소유하는 경우(「자산유동화에 관한 법률」 제3조에 따른 유동화전문회사등이 제13조제1항제1호부터 제4호까지에 규정된 저당권자로부터 농지를 취득하는 경우를 포함한다)
- 「농지법」 제34조제1항에 따른 농지전용허가[다른 법률에 따라 농지전용허가가 의제되는 인가·허가·승인 등을 포함한다]를 받거나 제35조 또는 제43조에 따른 농지전용신고를 한 자가 그 농지를 소유하는 경우
- 「농지법」 제34조제2항에 따른 농지전용협의를 마친 농지를 소유하는 경우
- 「한국농어촌공사 및 농지관리기금법」 제24조제2항에 따른 농지의 개발사업지구에 있는 농지로서 대통령령으로 정하는 1천500제곱미터 미만의 농지나 「농어촌정비법」 제84조제3항에 따른 농지를 취득하여 소유하는 경우
- 다음 각 목의 어느 하나에 해당하는 경우
  가. 「한국농어촌공사 및 농지관리기금법」에 따라 한국농어촌공사가 농지를 취득하여 소유하는 경우

나. 「농어촌정비법」 제16조·제40조·제58조·제68조 또는 제86조에 따라 농지를 취득하여 소유하는 경우

　　다. 「공유수면매립법」에 따라 매립농지를 취득하여 소유하는 경우

　　라. 토지수용으로 농지를 취득하여 소유하는 경우

　　마. 「공익사업을 위한 토지 등의 취득 및 보상에 관한 법률」에 따라 농지를 취득하여 소유하는 경우

　　바. 그 밖에 대통령령으로 정하는 토지 등의 개발사업과 관련하여 사업시행자 등이 농지를 취득하여 소유하는 경우

⑤ 농지의 입찰에 참여하려는 사람은 농지취득자격증명의 발급 가능 여부 외에도 현장조사를 통해 다음의 사항 등을 확인하는 것이 좋습니다.

- 토질, 수량, 농로, 수로, 경지정리 등 농업생산기반시설의 정비 여부
- 상습 침수 가능성 및 인근 농지로부터의 피해 가능성
- 도로, 경계, 방위 등 농지의 위치 및 주변 환경
- 향후 택지개발 가능성 및 농지전용 가능성

3-4. 산지

① 산지란 다음 어느 하나에 해당하는 토지를 말합니다(산지관리법 제2조제1호 본문).

- 입목·죽이 집단적으로 생육하고 있는 토지
- 집단적으로 생육한 입목·죽이 일시 상실된 토지
- 입목·죽의 집단적 생육에 사용하게 된 토지
- 임도, 작업로 등 산길
- 위 제1호부터 제3호까지의 토지에 있는 암석지 및 소택지

② 농지, 초지, 주택지[주택조성사업이 완료되어 「공간정보의 구축 및 관리 등에 관한 법률」 제67조제1항에 따른 지목이 대(垈)로 변경된 토지], 도로(입목·죽이 집단적으로 생육하고 있는 토지로서 도로로서의 기능이 상실된 토지는 제외), 전·답·과수원·목장용지, 차밭·꺽꽂이순·접순의 채취원, 건물 담장 안의 토지, 논두렁·밭두렁, 하천, 제방·구거·유지, 산지전용허가를 받거나 산지전용신고를 한 후 복구의무를 면제받거나 산지 외의 용지로 사용되고 있는 토지는 산지에서 제외됩니다.

③ 산지는 그 특성상 분묘가 설치된 경우가 많아 분묘기지권(墳墓基地權)이 문제될 수 있습니다. 분묘기지권에 종속되는 분묘는 임의로 훼손하거나 멸

실할 수 없으므로 매수인의 토지 이용에 제한이 따를 수 있습니다.

④ 분묘기지권은 부동산등기부 등의 공부에 등기되는 권리가 아니므로 산지의 입찰에 참여하려는 사람은 현장을 방문해서 분묘기지권 여부를 확실히 조사하는 것이 좋습니다.

⑤ 분묘기지권이란 분묘를 수호하고 봉제사(奉祭祀)하는 목적을 달성하는 데 필요한 범위 내에서 다른 사람의 토지를 사용할 수 있는 권리로서(대법원 2001. 8. 21. 선고 2001다28367 판결) 당사자 사이에 특별한 사정이 없으면 그 분묘가 존속하는 동안 계속 유지됩니다. 분묘기지권이 인정되는 경우는 다음과 같습니다.

– 토지소유자의 승낙을 얻어 그의 소유지 안에 분묘를 설치한 경우

– 다른 사람 소유의 토지에 그 소유자의 승낙 없이 분묘를 설치한 후 20년간 평온·공연하게 분묘의 기지를 점유한 경우

– 자기 소유의 토지에 분묘를 설치한 사람이 그 분묘기지에 대한 소유권을 보류하거나 또는 분묘도 함께 이전한다는 특약 없이 매매 등으로 토지를 양도한 경우

⑥ 이 외에도 해당 산지에 유실수나 조경수 등이 식재되어 있는 경우에 그 수목이 따로 소유권보존등기되어 있는지 확인해 볼 필요가 있습니다. 소유권보존등기가 된 입목의 경우에는 토지와 분리해서 경매될 수 있기 때문입니다(입목에 관한 법률 제2조 및 제3조).

⑦ 산지의 입찰에 참여하려는 사람은 분묘기지권과 입목의 등기 여부 외에도 현장조사를 통해 다음의 사항 등을 확인하는 것이 좋습니다.

1. 산지의 방향, 산세, 도로접근성 등 입지
2. 산지의 경계
3. 향후 택지개발 가능성

4. 입찰참여 물건 및 입찰 가격의 결정

4-1. 입찰참여 물건의 확정

관심 물건에 대한 권리분석과 현장조사가 끝나면 입찰참여 여부와 입찰에 참여할 물건을 최종적으로 결정합니다. 이 때는 자신의 재산 상황, 입찰에 드는 비용, 해당 물건을 낙찰 받을 경우에 드는 비용 등을 종합적으로 고려해서 결정하는 것이 좋습니다.

4-2. 입찰 가격의 결정 및 필요비용의 확보

4-2-1. 입찰가격의 결정

① 입찰에 참여할 물건을 결정했다면 어느 정도의 가격으로 입찰할 것인지를 정해야 합니다. 입찰가격을 정할 때는 부동산의 최저매각가격(민사집행법 제97조제1항), 시세, 권리분석 및 현장조사 결과, 가치평가 등으로 고려하는 것이 좋으며, 입찰하려는 물건과 유사한 조건을 가진 부동산의 낙찰가율을 참고하는 것도 하나의 방법이 될 수 있습니다.

② 낙찰가율은 감정가격 대비 낙찰가격의 비율을 말하며, [(낙찰가/감정평가액) X 100]으로 산정합니다.

4-2-2. 필요비용의 확보

① 입찰에 참여할 때는 통상 경매 물건의 최저매각가격의 10분의 1에 해당하는 금액을 매수신청의 보증을 제공해야 하므로(민사집행법 제113조, 민사집행규칙 제63조 및 제71조), 사전에 이 비용을 준비해 두어야 합니다.

② 물건을 매수하게 되면 매각대금 외에도 취득세, 지방교육세 등 관련 비용이 지출되므로, 이 비용을 충분히 확보할 수 있어야 합니다.

③ 또한, 매수인에게 인수되는 권리가 있는 경우에는 그에 대한 비용 역시 고려해야 합니다. 예를 들어, 기존의 임차인이 계속 거주하는 조건으로 부동산을 낙찰 받은 경우에는 그 임차인에게 보증금을 변제해 줄 수 있어야 합니다.

[전산양식 A3364] 공동입찰 신고서

공 동 입 찰 신 고 서

법원 집행관 귀하

사건번호   20 타경   호
물건번호
공동입찰자   별지 목록과 같음

    위 사건에 관하여 공동입찰을 신고합니다.

20 년 월 일

신청인   외   인(별지목록 기재와 같음)

※ 1. 공동입찰을 하는 때에는 <u>입찰표에 각자의 지분을 분명하게 표시하여야 합니다.</u>
    2. 별지 공동입찰자 목록과 사이에 <u>공동입찰자 전원이 간인</u>하십시오.

[전산양식 A3365] 공동입찰자 목록

공 동 입 찰 자 목 록

번호	성 명	주 소		지분
		주민등록번호	전화번호	
	(인)			
		−		
	(인)			
		−		
	(인)			
		−		
	(인)			
		−		

■ 입찰가격을 결정할 때 고려하면 좋은 사항으로 무엇이 있을까요?

Q 입찰가격을 결정할 때 고려하면 좋은 사항으로 무엇이 있을까요?

A 입찰가격을 정할 때는 해당 부동산의 최저매각가격, 시세, 권리분석 및 현장조사 결과, 가치평가 등을 고려하는 것이 좋습니다.입찰하려는 물건과 유사한 조건을 가진 부동산의 낙찰가율을 참고하는 것도 하나의 방법이 될 수 있습니다. 한편, 입찰에 참여할 때는 통상 경매 물건의 최저 매각가격의 10분의 1에 해당하는 금액을 매수신청 보증금으로 제공해야 하므로, 이 비용을 사전에 준비해 두어야 합니다.

◇ 낙찰가율
감정가격 대비 낙찰가격의 비율을 말하며, [(낙찰가/감정평가액) X 100]으로 산정합니다.

■ 중대하자를 이유로 매각불허된 경우 최저입찰가격을 어떻게 정하여 매각을 진행하게 되는지요?

Q 甲은 乙의 부동산에 대하여 강제경매를 신청하여 제3회의 매각기일에서 입찰을 실시한 결과 매각되었으나, 위 부동산 중 토지와 건물부분의 최선순위근저당권설정일자가 서로 다름에도 물건명세서에 이를 구분하지 않은 중대한 흠이 있어 매각불허결정이 났습니다. 이 경우 제3회의 매각기일에서 매각을 실시한 결과 매각되었다가 매각불허가 된 경우이므로, 다시 매각기일을 진행하면서 최저매각가격을 어떻게 정하여 매각을 진행하게 되는지요?

A 「민사집행법」 제121조 제5호는 '최저매각가격의 결정, 일괄매각의 결정 또는 매각물건명세서의 작성에 중대한 흠이 있는 때'에는 매각허가에 대한 이의사유에 해당된다고 규정하고 있습니다. 그리고 같은 법 제123조 제2항 본문은 "제121조에 규정한 사유가 있는 때에는 직권으로 매각을 허가하지 아니한다."라고 규정하고 있습니다.

그런데 위 사안에서와 같이 제3회의 매각기일에서 입찰을 실시한 결과 매각되었다가 물건명세서작성에 중대한 흠이 있음을 이유로 매각불허가 된 경우, 다시 매각기일을 진행하면서 최저매각가격을 제1회 매각기일의 최저매각가격, 제2회 매각기일의 최저매각가격, 제3회 매각기일의 최저매각가격 중 어떠한 최저매각가격을 기준으로 입찰을 실시할 것인지 문제됩니다.

이에 관하여 판례는 "물건명세서 작성에 중대한 하자가 있음을 이유로 낙찰을 불허하고 다시 입찰기일을 진행하게 된 경우, 물건명세서 작성의 하자가 계속된 채 진행된 입찰기일들은 모두 위법하여 그 입찰기일에서 최저입찰가격이 저감되었다고 하더라도 이 역시 위법하다는 이유로 경매법원으로서는 위법하게 저감된 최저입찰가격이 아닌 당초의 최저입찰가격을 최저입찰가격으로 하여 입찰을 진행하여야 된다."라고 한 사례가 있습니다(대법원 2000. 8. 16.자 99마5148 결정).

따라서 위 사안에서도 매각물건명세서 작성의 흠이 계속된 채 진행된 매각기일들은 모두 위법하여 그 매각기일에서 최저매각가격이 낮추어졌다고 하더라도 이 역시 위법하다고 하여야 할 것이므로, 위법하게 낮추어진 최저매각가격이 아닌 당초의 최저매각가격을 최저매각가격으로 하여 입찰을 진행하게 될 것으로 보입니다.

■ 입찰기일공고에 있어서 최저입찰가격을 누락하거나 착오로 잘못 기재한 경우에 그 입찰기일공고는 적합한 것인지요?

Q 저는 X부동산의 근저당권자입니다. X부동산에 관하여 甲이 담보권실행을 위한 경매신청을 하여 경매개시결정이 내려졌는데 최초 입찰기일에 관한 공고에 최저입찰가격이 잘못 기재되어 공고되었고, 아무런 입찰신고가 없자 집행법원이 여기에서 최저입찰가격을 저감하여 신입찰기일을 정하였습니다. 집행법원은 이 절차에서 최고가입찰자 甲에게 낙찰결정을 하였다가 절차위법을 이유로 낙찰을 불허하고 같은 최저입찰가격으로 다시 입찰을 일시하여 최고가로 입찰한 乙에게 낙찰결정을 했습니다. 乙에 대한 이러한 낙찰은 적법한가요?

A 입찰기일공고에 있어서 최저입찰가격을 누락하거나 착오로 잘못 기재한 경우, 그 입찰기일공고의 적부 및 입찰기일공고 등의 위법으로 낙찰을 불허하고 재입찰하는 경우의 최저입찰가격에 관하여 판례는, "우리 민사소송법이 부동산에 대한 집행에 있어서 최저입찰(경매)가격제도를 채용하고 있는 것은(민사소송법 제615조, 제728조), 재산으로서의 중요성이 인정되는 부동산이 그 실시세보다 훨씬 저가로 매각되게 되면 채무자 또는 소유자의 이익을 해치게 될 뿐만 아니라 채권자에게도 불이익하게 되므로 부동산의 공정타당한 가격을 유지하여 부당하게 염가로 매각되는 것을 방지함과 동시에 목적부동산의 적정한 가격을 표시하여 입찰신고를 하려는 사람에게 기준을 제시함으로써 입찰이 공정하게 이루어지도록 하고자 함에 있다 할 것인 바, 이러한 최저입찰가격은 가장 중요한 매각조건으로서 입찰기일의 공고내용에 포함되어 있을 뿐만 아니라(민사소송법 제618조 제5호), 특히 최초의 입찰기일에 관한 공고의 요지를 신문에 게재함에 있어서 최저입찰가격은 반드시 이를 기재하도록 정하여져 있는 것이다(민사소송법 제621조 제2항, 민사소송규칙 제159조, 제153조의 2).
위와 같은 최저입찰가격의 의미 및 이를 입찰기일의 공고내용에 포함시켜 둔 법규정의 취지 등에 비추어 볼 때 입찰기일을 공고함에 있어서 최저입찰가격을 누락한 경우는 물론 착오로 잘못 기재한 경우에도 그것이 극히 사소한 것이 아니라면 그 입찰기일의 공고는 적법한 공고가 되지 못한다고 보아야 할 것이다. 그리고 최저입찰가격은 입찰법원이 직권으로 변경할 수 있지만, 그 변경은 수긍할 만한 합리적인 이유가 있는 경우에 한하여 허용된다 할 것이고, 한편 입찰기일에 허가할 입찰신고가 없으면 입찰법원은 신기일을 정하면서 최저입찰가격을 상당히 저감할 수 있으나, 이는 어디까지나 그 입찰기일이 적법하게 열린

입찰기일이어야 하는 것이므로 입찰기일의 공고내용에 흠결사항이 있는 등 입찰기일이 적법하게 열릴 수 없는 경우라면 그 입찰기일에 허가할 입찰신고가 없더라도 최저입찰가격을 저감할 수는 없다 할 것이며, 따라서 입찰기일공고 등의 위법으로 낙찰을 불허하고 다시 입찰을 하는 경우에 있어서 최저입찰가격은 당초의 최저가격에 의하여야 하고 위법한 절차에 의하여 저감된 가격에 의할 수는 없다 할 것이다(대법원 1994. 11. 30. 자 94마1673 결정)"라고 하여 이러한 경우 입찰기일공고가 부적법하며 이러한 경우 재입찰에 있어 최저입찰가격은 당초의 최저가격에 의하여야 한다고 하고 있습니다.

이와 같은 판례의 태도에 따를 때, 乙에게 낙찰결정을 한 입찰의 입찰기일공고는 공고내용에 흠결사항이 있는 것으로서 부적법하다 할 것이며, 재입찰에 있어 최저입찰가격은 1회 저감되어 있던 입찰가격이 아닌 당초 공고하려 했던 최저입찰가격에 의하여야 할 것이라고 판단됩니다.

■ 입찰가격보다 높은 가격을 기재하였다는 사유로 매각을 불허할 수 있는지요?

Q 부동산의 감정평가액이 9억 5,000만 원이고, 3회 동안 입찰자가 없어 최저매각가격 4억 8,640만 원으로 진행된 4회 매각기일에서 甲이 53억 2,800만 원으로 최고가매수신고를 하였으나, 당일 甲은 "5억 3,280만 원을 입찰가격으로 기재하려 하였는데 실수로 0을 하나 더 기재한 것"이라는 이유로 매각불허가신청을 하였고 매각불허가결정이 되었습니다. 이 결정이 정당한가요?

A 민사집행법에 의한 부동산 경매절차에서 최고가매수신고인이 착오로 본래 기재하려고 한 입찰가격보다 높은 가격을 기재하였다는 사유로 매각을 불허할 수 있는지 여부에 관하여 판례는, "민사집행법에 의한 부동산 경매절차에서는 민사집행법 제121조 각 호 및 제124조 제1항에 규정된 사유가 아닌 이상 매각을 불허할 수 없고, 최고가매수신고인이 착오로 자신이 본래 기재하려고 한 입찰가격보다 높은 가격을 기재하였다는 사유는 민사집행법 제121조 각 호 및 제124조 제1항의 어디에도 해당한다고 볼 수 없으므로, 결국 그러한 사유로는 매각을 불허할 수 없다고 할 것이다(대법원 2010.2.16. 자 2009마2252 결정)"라고 하여 이를 부정하고 있습니다.

이에 따를 때, 최고가매수신고인인 甲이 착오로 입찰가격에 0을 하나 더 기재하여 자신이 본래 기재하려고 한 입찰가격보다 높은 가격을 기재한 것은 매각불허사유에 해당하지 않으므로, 이를 이유로 매각불허결정을 내릴 수는 없을 것이며 이해관계인은 이에 대해 항고할 수 있을 것이라 판단됩니다.

■ **최저경매가격으로 단독으로 입찰한 경우에 낙찰 받을 수 있나요?**

Q 저는 최저경매가가 2억으로 정해진 A아파트 경매에 입찰하여 단독으로 최저 경매가 보다 낮은 1억 8천만원에 입찰하였습니다. 이 경우에 제가 A아파트를 낙찰 받을 수 있나요?

A 최저매각가격은 절대적인 법정매각조건이므로 이에 미달하는 매수가격의 신고 는 허용되지 않습니다. 만약 최저가격에 미달하는 입찰가로 매각을 허가하는 것은 위법이며 매각허가결정에 대한 즉시항고사유가 됩니다. 또한 이러한 최저 매각가격은 이해관계인의 동의에 의하여도 변경할 수 없습니다.(민사집행법 제 110조 제1항). 위와 같이 최저매각가격 이상의 가격으로 매수신고를 한 사람 이 없어 신매각를 하는 경우에는 법원이 직권으로 종전의 최저매각가격에서 상당히 낮춘 가격을 신경매기일의 새로운 최저매각가격으로 하게 됩니다(민사 집행법 제119조). 그러므로 귀하는 A아파트를 낙찰 받을 수 없습니다.

■ 회사 입찰의 평가위원이 청탁을 받고 재산상 이익을 취득한 경우 형사처벌될 가능성은 없는 것인지요?

Q 甲은 ○○회사의 □□사업 입찰의 평가위원으로 위촉될 것이 사실상 확정된 상태에서 위 입찰에 참가하는 乙로부터 "잘 부탁한다"는 부탁을 받고 재산상 이익을 취득하였습니다. 甲은 공무원이 아니므로 甲과 乙이 뇌물죄로 처벌될 수는 없을 것 같은데, 그렇다면 甲과 乙이 형사처벌될 가능성은 없는 것인지요?

A 형법 제357조 제1항은 "타인의 사무를 처리하는 자가 그 임무에 관하여 부정한 청탁을 받고 재물 또는 재산상의 이익을 취득하거나 제3자로 하여금 이를 취득하게 한 때에는 5년 이하의 징역 또는 1천만원 이하의 벌금에 처한다"고 규정하는데, 이러한 범죄를 배임수재죄라 합니다. 또한 같은 조 제2항은 "제1항의 재물 또는 이익을 공여한 자는 2년 이하의 징역 또는 500만원 이하의 벌금에 처한다"고 규정하는데, 이러한 범죄를 배임증재죄라 합니다.

위 사안과 유사한 사안에 관하여 대법원은 "형법 제357조 제1항이 규정하는 배임수재죄는 타인의 사무를 처리하는 자가 그 임무에 관하여 부정한 청탁을 받고 재물 또는 재산상 이익을 취득하는 경우에 성립하는 범죄로서 재물 또는 이익을 공여하는 사람과 취득하는 사람 사이에 부정한 청탁이 개재되지 않는 한 성립하지 않는다고 할 것이다. 여기서 '부정한 청탁'이라 함은 반드시 업무상 배임의 내용이 되는 정도에 이를 것을 요하지 않으며, 사회상규 또는 신의성실의 원칙에 반하는 것을 내용으로 하는 것이면 족하고, 이를 판단함에 있어서는 청탁의 내용 및 이와 관련된 대가의 액수, 형식, 보호법익인 거래의 청렴성 등을 종합적으로 고찰하여야 한다"고 하며 장래에 담당할 임무에 관하여 부정한 청탁을 받고 재물 또는 재산상 이익을 취득한 후 그 임무를 현실적으로 담당하게 된 경우 배임수재죄가 성립한다고 판단하였습니다(대법원 2013. 10. 11. 선고 2012도13719 판결).

결국, 위 사안에서 甲은 배임수재죄로, 乙은 배임증재죄로 처벌될 가능성이 있어 보입니다.

입찰에 참여자격 및 참여방법은?

제4장 입찰에 참여자격 및 참여방법은?

1. 입찰참여 자격 및 참여방법

1-1. 입찰참여 자격

① 입찰참여의 제한

다음의 어느 하나에 해당하는 사람은 입찰에 참여할 수 없습니다(민법 제5조, 민사집행법 제138조제4항, 민사소송법 제41조, 제50조 및 민사집행규칙 제59조).

- 법정대리인의 동의 없는 미성년자(대법원 1969. 11. 19. 69마989 결정)
- 채무자
- 매각 절차에 관여한 집행관
- 매각 부동산을 평가한 감정인(감정평가법인이 감정인인 경우에는 그 감정평가법인 또는 소속 감정평가사)
- 매각사건에 이해관계가 있는 법관 및 법원사무관
- 재매각 사건인 경우 전 매수인

② 매각장소의 질서유지를 위해 집행관이 다음 어느 하나에 해당한다고 인정되는 사람에 대해서는 입찰을 하지 못하도록 할 수 있습니다(민사집행법 제108조).

- 다른 사람의 매수신청을 방해한 사람
- 부당하게 다른 사람과 담합하거나 그 밖에 매각의 적정한 실시를 방해한 사람
- 위 제1호 또는 제2호의 행위를 교사(教唆)한 사람
- 민사집행절차에서의 매각에 관해 다음의 죄로 유죄판결을 받고 그 판결 확정일부터 2년이 지나지 않은 사람: 「형법」 제136조, 「형법」 제137조, 「형법」 제140조, 「형법」 제140조의2, 「형법」 제142조, 「형법」 제315조, 「형법」 제323조, 「형법」 제324조, 「형법」 제324조의2, 「형법」 제324조의3, 「형법」 제324조의4, 「형법」 제324조의5, 「형법」 제324조의6, 「형법」 제325조, 「형법」 제326조 및 「형법」 제327조

③ 위계 또는 위력이나 그 밖의 방법으로 경매 또는 입찰의 공정을 해한 사람은 2년 이하의 징역 또는 700만원 이하의 벌금에 처해집니다(형법 제315조).

④ 이 외에도 법원은 법령의 규정에 따라 취득이 제한되는 부동산에 관해서는 매수신청을 할 수 있는 사람을 정해진 자격을 갖춘 사람으로 제한하는 결정을 할 수 있습니다(민사집행규칙 제60조).

■ 개업공인중개사(구 공인중개업자)를 통해서 매수신청이나 입찰을 할 수 있나요?

Q 개업공인중개사(구 공인중개업자)를 통해서 매수신청이나 입찰을 할 수 있나요?

A 개업공인중개사(「공인중개사법」에 의해 중개사무소의 개설등록을 한 사람을 말함)는 「민사집행법」에 의한 경매 및 「국세징수법」 그 밖의 법령에 의한 공매대상 부동산에 대한 권리분석 및 취득의 알선과 매수신청 또는 입찰신청을 대리를 할 수 있습니다(「공인중개사법」 제14조제2항).

그러나 개업공인중개사라고 해서 모두 매수신청 또는 입찰신청의 대리를 할 수 있는 것은 아닙니다. 법원에 매수신청대리인으로 등록된 개업공인중개사만이 이를 할 수 있으므로, 매수신청을 위임하려는 경우에는 중개사무소에 게시된 매수신청대리인등록증 등을 확인하시기 바랍니다(「공인중개사법」 제14조제3항, 「공인중개사의 매수신청대리인 등록 등에 관한 규칙」 제4조, 제8조 및 제9조).

법원에 매수신청대리인으로 등록된 개업공인중개사에게 위임할 수 있는 행위는 다음과 같습니다(「공인중개사의 매수신청대리인 등록 등에 관한 규칙」 제2조).

1. 매수신청보증의 제공
2. 입찰표의 작성 및 제출
3. 차순위매수신고
4. 매수신청보증 반환의 요청
5. 공유자의 우선매수신고
6. 임차인의 임대주택 우선매수신고
7. 공유자 또는 임대주택 임차인의 우선매수신고에 따라 차순위매수신고인으로 보게 되는 경우 그 차순위매수신고인의 지위를 포기하는 행위 매수신청대리인이 된 개업공인중개사는 매수신청대리를 함에 있어 고의 또는 과실로 인해 위임인에게 재산상 손해를 발생하게 한 경우에 그 손해를 배상할 책임이 있습니다(「공인중개사의 매수신청대리인 등록 등에 관한 규칙」 제11조제1항).

■ 공인중개업자를 통해서 입찰에 참여할 수 있나요?

Q 공인중개업자를 통해서 입찰에 참여할 수 있나요?

A 법원에 매수신청대리인 등록을 한 공인중개업자를 통해서도 입찰에 참여할 수 있습니다. 이 경우 공인중개업자는 매수신청대리를 하면서 고의 또는 과실로 위임인에게 재산상 손해를 발생하게 한 경우에는 그 손해를 배상할 책임이 있습니다.
'공인중개사의 업무 및 부동산 거래신고에 관한 법률'('06.1.30시행) 제14조 제3항의 규정에 의하면 중개업자가 민사집행법에 의한 경매대상 부동산의 매수신청 또는 입찰신청의 대리를 하고자 하는 때에는 대법원규칙이 정하는 요건을 갖추어 법원에 등록을 하고 그 감독을 받도록 되어 있습니다.

■ 입찰 당일에 출장이 잡혀서 출석할 수 없습니다. 친구 등의 대리인을 내세워서 입찰에 참여할 수 있나요?

Q 입찰 당일에 출장이 잡혀서 출석할 수 없습니다. 친구 등의 대리인을 내세워서 입찰에 참여할 수 있나요?

A 입찰에 본인이 직접 참여하지 못할 경우에는 대리인이 입찰에 참여할 수 있습니다. 대리인을 통해 입찰할 때는 본인의 인감도장이 날인된 위임장과 인감증명서, 대리인의 신분증 및 도장이 필요합니다.

⚖ 관련판례
미성년자는 법정대리인의 관여없이 부동산 경매절차에서 경락인이 될 수 없다(대법원 1969. 11. 19. 69마989 결정).

■ 중개업자가 경매부동산의 취급이 가능한지요?

Q 중개업자가 경매부동산의 취급이 가능한지요?

A 부동산중개업법에서 중개법인이 아닌 중개업자의 경매업무 취급을 직접 금지하고 있지는 않으나, 경매업무의 구체적 사안에 따라 변호사법에 저촉되어 처벌받을 수 있습니다. 동 법 제9조의2의 규정에 의하여 중개법인의 경우는 경.공매대상 부동산에 대한 권리분석 및 취득의 알선이 가능하도록 되어 있습니다.

참고적으로, 판례에 의하면 부동산중개업법 제9조의2 중개법인의 업무중 제6호의 '경매 또는 공매 부동산에 대한 권리분석 및 취득의 알선'은 의뢰인을 위하여 입찰을 대리하는 등 경매절차에 구체적으로 개입하여 적극적인 활동을 하는 것까지 포괄하는 개념이 아니라 경매대상 부동산에 대하여 자료를 전시하고 정보를 제공하는 등의 방법으로 그 취득을 도와주는 것까지를 의미한다고 판시하고 있습니다.

Q 중개업자가 경·공매 부동산의 알선, 입찰대리 등 전반에 관하여 업무를 할 경우 업무를 개시하기 위한 사전절차, 관련 의무사항은 무엇인지요?

A 「공인중개사의 업무 및 부동산 거래신고에 관한 법률」제14조 제2항 및 제3항의 규정에 따르면 중개업자는 민사집행법에 의한 "경매" 및 국세징수법 그 밖의 법령에 의한 "공매"대상 부동산에 대한 권리분석 및 취득의 알선과 매수신청 또는 입찰신청의 대리를 할 수 있음. 중개업자가 민사집행법에 의한 경매대상 부동산의 매수신청 또는 입찰신청의 대리를 하고자 하는 때에는 대법원규칙이 정하는 요건을 갖추어 법원에 등록을 하고 그 감독을 받도록 되어 있습니다.

또한 동 법에서 위임된 '공인중개사의 매수신청대리인 등록 등에 관한 규칙'(대법원 규칙)에 따르면 매수신청대리인이 되고자 하는 중개업자는 관할 지방법원(중개사무소가 있는 곳)에 등록을 하여야 하며, 그 등록 요건으로는 부동산 경매에 관한 실무교육 이수 및 보증 설정 등을 할 것으로 되어 있습니다.

1-2. 입찰 방법

1-2-1. 부동산 경매의 입찰 방법

① 입찰 방법에는 호가경매, 기일입찰, 기간입찰의 세 종류가 있습니다(민사집행법 제103조제2항 및 제268조).

② 부동산 경매의 경우 기일입찰 또는 기간입찰의 방법으로 매각하는 것을 원칙으로 합니다[부동산 등에 대한 경매절차 처리지침(대법원재판예규 제1631호, 2016. 12. 2. 발령, 2017. 1. 1. 시행) 제3조제1항].

③ 입찰 방법은 부동산 경매를 집행하는 법원이 정하는 방법에 따르기 때문에(민사집행법 제103조제1항 및 제268조), 입찰하려는 부동산이 어떤 입찰 방법을 따르는지는 매각기일의 공고내용에서 확인할 수 있습니다(민사집행법 제106조제2호)

④ 매각기일의 공고는 법원 게시판, 관보·공보 또는 신문이나 전자통신매체(http://www.courtauction.go.kr/)를 통해 확인할 수 있습니다(민사집행법 제104조제1항, 제268조 및 민사집행규칙 제11조제1항).

1-2-2. 기일입찰

① 기일입찰이란 입찰자가 매각기일에 출석해서 입찰표를 집행관에게 제출하고 개찰을 하는 방식으로 진행되는 입찰절차를 말합니다(민사집행법 제103조제2항·제3항 및 민사집행규칙 제62조제1항).

② 기일입찰에서 입찰표는 다른 사람이 알지 못하도록 따로 마련된 장소에서 기재해서 집행관에게 제출합니다(민사집행법 제103조제3항, 민사집행규칙 제61조).

③ 개찰은 입찰자를 참여시킨 상태에서 하며, 그 중 가장 높은 가격을 적어낸 사람을 최고가매수신고인으로 결정합니다(민사집행법 제103조제3항, 제115조제1항 및 민사집행규칙 제65조제2항).

1-2-3. 기간입찰

① 기간입찰이란 입찰자가 1주일 ~ 1개월의 입찰기간 내에 입찰표에 매수가격을 기재해서 집행관에게 직접 또는 등기우편으로 제출하고, 매각기일에 개찰을 하는 방식으로 진행되는 입찰절차를 말합니다(민사집행법 제103조제2항·제3항, 민사집행규칙 제68조 및 제69조).

② 기간입찰은 정해진 입찰기간 내에 입찰표를 직접 또는 등기우편으로 제출하면 되므로 기일입찰과 달리 출석할 필요가 없습니다.

③ 개찰은 입찰기간이 끝난 후 1주일 내에 매각기일을 정해서 실시하는데, 입찰자는 이 개찰절차에 출석할 수 있습니다(민사집행법 제103조제3항, 민사집행규칙 제65조제2항, 제68조 및 제71조).

■ 호가경매가 무엇인가요?

Q 호가경매가 무엇인가요?

A 호가경매란 입찰자가 호가경매기일에 출석해서 매수신청 금액을 서로 올려 부르는 방식으로 진행되는 입찰절차를 말합니다(민사집행법 제103조제2항·제3항 및 민사집행규칙 제72조제1항).

호가경매에서 매수신청을 한 사람, 즉 매수가격을 부른 사람은 더 높은 가격을 부르는 사람이 없으면 최고가매수신고인으로 결정됩니다(민사집행법 제103조제3항 및 민사집행규칙 제72조제2항·제3항).

현재 법원의 부동산 경매는 기일입찰 또는 기간입찰의 방법을 원칙으로 하므로, 호가경매 방법은 이용되지 않고 있습니다(부동산 등에 대한 경매절차 처리지침 제3조제1항).

■ 부동산에 대한 강제경매에 있어서 호가경매, 기일입찰, 기간입찰의 차이는 무엇인가요?

Q 부동산에 대한 강제경매에 있어서 호가경매, 기일입찰, 기간입찰의 차이는 무엇인가요?

A 호가경매란 가장 높은 가격을 부른 사람을 매수인으로 정하는 것이고, 기일입찰은 특정 입찰기일에 입찰장소에서 매수가격을 적은 입찰표를 입찰함에 투입하도록 한 다음 바로 개찰을 실시하여 그 중 가장 높은 매수가격을 적은 사람을 매수인으로 정하는 것이며, 기간입찰이란 일정한 입찰기간을 정하여 입찰을 실시하는 것입니다.

2. 기일입찰의 참여

2-1. 매각기일에 경매 집행 법원에 출석

① 특별한 사유가 없는 한 매각기일은 법원 안에서 진행됩니다(민사집행법 제107조). 따라서 입찰에 참여하려는 사람은 법원이 공고한 매각기일에 경매를 집행하는 법원에 출석해야 합니다.

② 집행관은 매각기일이 열리는 장소의 질서유지를 위해서 필요하다고 인정하는 경우에는 그 장소에 출입하는 사람의 신분을 확인할 수 있으며(민사집행규칙 제57조제1항), 매각장소의 질서유지를 위해 다음의 어느 하나에 해당한다고 인정되는 사람에 대해서는 매각장소에 들어오지 못하도록 하거나 매각장소에서 내보내거나, 입찰하지 못하도록 할 수 있으므로 각별히 유의해야 합니다(민사집행법 제108조).

- 다른 사람의 매수신청을 방해한 사람
- 부당하게 다른 사람과 담합하거나 그 밖에 매각의 적정한 실시를 방해한 사람
- 위 제1호 또는 제2호의 행위를 교사(敎唆)한 사람
- 민사집행절차에서의 매각에 관해 다음의 죄로 유죄판결을 받고 그 판결 확정일부터 2년이 지나지 않은 사람: 「형법」 제136조, 「형법」 제137조, 「형법」 제140조, 「형법」 제140조의2, 「형법」 제142조, 「형법」 제315조, 「형법」 제323조, 「형법」 제324조, 「형법」 제324조의2, 「형법」 제324조의3, 「형법」 제324조의4, 「형법」 제324조의5, 「형법」 제324조의6, 「형법」 제325조, 「형법」 제326조 및 「형법」 제327조

2-2. 입찰게시판의 확인

① 매각기일이 공고된 이후에도 경매신청의 취하 신청이나 경매 취소사유가 있으면 경매가 취소될 수 있으며, 매각기일 또는 입찰기간 등이 변경될 수도 있습니다[민사집행법 제18조, 제93조, 제96조, 제102조 및 부동산 등에 대한 경매절차 처리지침(대법원 예규 제1631호, 2016. 12. 20. 발령, 2017. 1. 1. 시행) 제9조제2항].

② 따라서 입찰이 개시되기 전에 법원의 게재된 입찰게시판을 확인해 보는 것이 좋습니다.

③ 경매신청의 취하, 경매절차의 취소 여부는 집행관 사무실이나 인터넷 법원 경매공고란(http://www.courtauction.go.kr/)에서도 확인할 수 있습니다.

2-3. 입찰의 개시

① 입찰 절차의 진행은 집행관이 합니다(부동산 등에 대한 경매절차 처리지침 제26조제1항).

② 집행관은 매각사건목록과 함께 매각물건명세서·현황조사보고서 및 감정평가서 사본을 비치 또는 게시해서 입찰에 참여하려는 사람이 그 내용을 볼 수 있도록 하고, 특별한 매각조건이 있으면 이를 고지하며, 특별히 정한 매각방법(여기서는 기일입찰 방법)에 따라 매수가격을 신고하도록 최고합니다(민사집행법 제112조 및 부동산 등에 대한 경매절차 처리지침 제13조제1항).

③ 입찰은 입찰의 개시를 알리는 종이 울린 후 집행관이 입찰표의 제출을 최고하고 입찰마감시각과 개찰시각을 고지함으로써 시작됩니다(민사집행규칙 제65조제1항 및 부동산 등에 대한 경매절차 처리지침 제32조제1항).

2-4. 입찰표의 작성

① 입찰 장소에는 다른 사람이 알지 못하게 입찰표를 적을 수 있는 설비가 마련되어 있습니다. 기일입찰에 참여하려는 사람은 이 곳에서 기일입찰표를 작성합니다(민사집행규칙 제61조제1항).

② 기일입찰표에는 다음의 사항을 기재해야 합니다(민사집행규칙 제62조제2항 및 제5항).

- 사건번호와 부동산의 표시
- 입찰자의 이름과 주소
- 대리인을 통해 입찰을 하는 경우에는 대리인의 이름과 주소
- 입찰가격: 입찰가격은 일정한 금액으로 표시해야 하며, 다른 입찰가격에 대한 비례로 표시할 수 없습니다(민사집행규칙 제62조제2항 후단). 예를 들어, 입찰가격을 '100,000,000원'의 형식으로 기재하는 것은 가능하지만, '최고가매수인이 제출한 금액의 1.2배'라고 기재하는 것은 불가능합니다.
- 공동으로 입찰하는 경우에는 각자의 지분

③ 입찰표는 한번 제출하면 취소·변경·교환이 허용되지 않습니다. 또한, 기재사항이 정확하지 않으면 개찰에서 제외될 수 있으므로 신중히 작성해야 합니다.

2-5. 매수신청보증의 제공 및 입찰 서류의 제출

2-5-1. 매수신청보증의 제공

① 입찰자는 매각물건의 최저매각가격의 10분의 1에 해당하는 금액(법원이 달리 정할 수도 있음)을 매수신청의 보증으로 제공해야 합니다(민사집행법 제63조 및 제113조).

② 매수신청보증은 다음의 방법으로 제공할 수 있습니다(민사집행규칙 제64조 및 부동산 등에 대한 경매절차 처리지침 제28조).

　－ 금전

　－ 자기앞수표(「은행법」에 따른 은행이 발행한 자기앞수표로서 지급제시 기간이 끝나는 날까지 5일 이상의 기간이 남아 있는 것)

　－ 보증서

　※ 보증서란 은행 등이 입찰자를 위해 일정액의 금전을 법원의 최고에 따라 지급한다는 취지의 기한의 정함이 없는 지급보증위탁계약이 입찰자와 은행 등 사이에 체결된 사실을 증명하는 문서(경매보증보험증권)를 말합니다(민사집행규칙 제64조제3호 및 부동산 등에 대한 경매절차 처리지침 제2조제1호).

③ 매수신청보증의 제공을 다음과 같이 한 경우에는 입찰이 무효로 되므로 유의하시기 바랍니다(부동산 등에 대한 경매절차 처리지침 제33조제5항·제6항 및 별지 5).

매수신청보증 유형	무 효 사 유
현금·자기앞수표	· 제공한 금액이 정해진 매수신청보증금액에 미달하는 경우
보증서	· 보증서상 보험계약자의 이름과 입찰표상 입찰자 본인의 이름이 불일치하는 경우 · 보험가입금액이 매수신청보증액에 미달하는 경우 · 보증서상의 사건번호와 입찰표상의 사건번호가 불일치하는 경우 · 입찰자가 금융기관 또는 보험회사인 경우에 자기를 지급보증위탁계약의 쌍방 당사자로 하는 보증서를 제출한 경우

2-5-2. 입찰 서류의 제출

① 기일입찰표의 작성이 끝나면 매수신청보증을 넣고 봉한 뒤, 날인한 매수신청보증봉투(흰색의 작은 봉투)와 기일입찰표를 함께 기일입찰봉투(황색의 큰 봉투)에 넣어 다시 봉하고 날인한 후 입찰봉투의 입찰자용 수취

증 절취선상에 집행관의 날인을 받고 집행관의 면전에서 입찰자용 수취증을 떼어 내 따로 보관하고 기일입찰봉투를 입찰함에 투입합니다(부동산 등에 대한 경매절차 처리지침 제31조제5호).

② 매수신청보증으로 보증서를 제출하는 경우에는 그 보증서를 매수신청보증봉투에 따로 넣지 않습니다.

③ 한편, 집행관은 입찰자의 자격흠결로 인한 분쟁이 생기지 않도록 입찰자의 본인 여부와 행위능력 또는 정당한 대리권의 여부에 대한 확인을 실시하는데, 이를 위해서 입찰자는 다음의 서류를 미리 준비해야 합니다.

– 본인이 입찰하는 경우에는 주민등록증이나 그 밖의 신분을 증명하는 서면
– 법인의 입찰자인 경우에는 대표자의 자격을 증명하는 문서
– 입찰자의 대리인인 경우에는 대리권을 증명하는 문서

■ 일반적으로 시가보다 저렴하다고 알고 있는 법원의 경매절차에서 부동산을 구입하려는 경우 경매절차에서 부동산의 입찰절차 및 주의사항은 어떠한 것이 있는지요?

Q 저는 일반적으로 시가보다 저렴하다고 알고 있는 법원의 경매절차에서 부동산을 구입하고자 합니다. 경매절차에서 부동산의 입찰절차 및 주의사항은 어떠한 것이 있는지요?

A 강제경매의 방법에 관하여 「민사집행법」제103조는 "①부동산의 매각은 집행법원이 정한 매각방법에 따른다. ②부동산의 매각은 매각기일에 하는 호가경매(呼價競賣), 매각기일에 입찰 및 개찰하게 하는 기일입찰 또는 입찰기간 이내에 입찰하게 하여 매각기일에 개찰하는 기간입찰의 세 가지 방법으로 한다. ③부동산의 매각절차에 관하여 필요한 사항은 대법원규칙으로 정한다."라고 규정하고 있으며, 이 규정은 부동산을 목적으로 하는 담보권 실행을 위한 경매절차에도 준용되게 됩니다(같은 법 제268조).

위와 같은 세 가지 부동산 경매방법 중 통상 행하여지고 있는 기일입찰에 관하여 살펴보면 다음과 같습니다.

첫째, 기일입찰에서의 입찰은 매각기일에 입찰표를 집행관에게 제출하는 방법으로 하게 되고(민사집행규칙 제62조 제1항), 기일입찰의 입찰장소에는 입찰자가 다른 사람이 알지 못하게 입찰표를 적을 수 있도록 설비가 갖추어져 있습니다(같은 규칙 제61조 제1항).

입찰자는 입찰표에 ①사건번호와 부동산의 표시, ②입찰자의 이름과 주소, ③대리인을 통하여 입찰을 하는 때에는 대리인의 이름과 주소, ④입찰가격(입찰가격은 일정한 금액으로 표시하여야 하며, 다른 입찰가격에 대한 비례로 표시하지 못함)을 적어야 하고, 법인인 입찰자는 대표자의 자격을 증명하는 문서를 집행관에게 제출하여야 하며, 입찰자의 대리인은 대리권을 증명하는 문서를 집행관에게 제출하여야 하고, 공동으로 입찰하는 때에는 입찰표에 각자의 지분을 분명하게 표시하여야 하며, 입찰은 취소·변경 또는 교환할 수 없습니다(같은 규칙 제62조 제2항 내지 제6항).

입찰자는 특별매각조건으로 달리 정한 경우가 아닌 한 최저매각가격의 10분의 1의 매수신청의 보증금액을 입찰표와 함께 집행관에게 체출하여야 하는데, 매수신청의 보증은 ①금전, ②은행법의 규정에 따른 금융기관이 발행한 자기앞수표로서 지급제시기간이 끝나는 날까지 5일 이상의 기간이 남아 있는 것, ③은 행 등이 매수신청을 하려는 사람을 위하여 일정액의 금전을 법원의 최고에 따라 지급한다는 취지의 기한의 정함이 없는 지급보증위탁계약이 매수신청을 하려는 사람과 은행 등 사이에 맺어진 사실을 증명하는 문서의 제출로서 하여야 합니다(민사집행법 제113조, 민사집행규칙 제63조, 제64조).

집행관이 입찰을 최고 하는 때에는 입찰마감시간과 개찰시각을 고지하는바, 입찰표는 입찰마감시간 이내에 제출하여야 합니다(같은 규칙 제65조 제1항).

최고가매수신고인 등의 결정에 있어서 최고가매수신고를 한 사람이 둘 이상인 때에는 집행관은 그 사람들에게 다시 입찰하게 하여 최고가매수신고인을 정하게 되는데, 이 경우 그 입찰자들은 전의 입찰가격에 못미치는 가격으로는 입찰할 수 없으며, 그들 모두가 입찰에 응하지 아니하거나(전의 입찰가격에 못미치는 가격으로 입찰할 경우에는 입찰에 응하지 아니한 것으로 본다.) 두 사람 이상이 다시 최고의 가격으로 입찰한 때에는 추첨으로 최고가매수신고인을 정하게 됩니다(같은 규칙 제66조).

최고가매수신고인 외의 매수신고인은 매각기일을 마칠 때까지 집행관에게 최고가매수신고인이 대금지급기한까지 그 의무를 이행하지 아니하면 자기의 매수신고에 대하여 매각을 허가하여 달라는 취지의 신고(차순위매수신고)를 할 수 있고, 차순위매수신고는 그 신고액이 최고가매수신고액에서 그 보증액을 뺀 금액을 넘는 때에만 할 수 있으며(민사집행법 제114조), 차순위매수신고를 한 사람이 둘 이상인 때에는 신고한 매수가격이 높은 사람을 차순위매수신고인으로 정하고, 신고한 매수가격이 같은 때에는 추첨으로 차순위매수신고인을 정하게 됩니다(같은 법 제115조 제2항).

최고가매수신고인과 차순위매수신고인을 제외한 다른 매수신고인은 매각기일종결의 고지에 따라 매수의 책임을 벗게 되고, 즉시 매수신청의 보증을 돌려 줄 것을 신청할 수 있습니다(같은 법 제115조 제3항).

둘째, 매각결정기일은 매각기일로부터 1주 이내로 정해지게 되는데(같은 법 제109조 제1항), 매각결정기일에 매각허가결정을 선고하게 되고(같은 법 제126조), 매각허가결정이 확정되면 법원은 대금의 지급기한을 정하고, 이를 매수인과 차순위매수신고인에게 통지하여야 하며, 매수인은 대금지급기한까지 매각대금을 지급하여야 하고(같은 법 제142조 제1항, 제2항), 대금지급기한은 매각허가결정이 확정된 날부터 1월 안으로 정해지게 됩니다(같은 규칙 제78조).

매수신청의 보증으로 금전이 제공된 경우에는 그 금전은 매각대금에 넣게 되고, 금전 외의 것이 제공된 경우로서 매수인이 매각대금 중 보증액을 뺀 나머지 금액만을 낸 때에는, 법원은 보증을 현금화하여 그 비용을 뺀 금액을 보증액에 해당하는 매각대금 및 이에 대한 지연이자에 충당하고, 모자라는 금액이 있으면 다시 대금지급기한을 정하여 매수인으로 하여금 내게 합니다(같은 법 제142조 제3항, 제4항). 차순위매수신고인은 매수인이 대금을 모두 지급한 때 매수의 책임을 벗게 되고 즉시 매수신청의 보증을 돌려 줄 것을 요구할 수 있습니다(같은 법 제142조 제6항). 차순위매수신고인이 있는 경우에 매수인(최고가매수신고인)이 대금지급기한까지 그 의무를 이행하지 하지 아니한 때에는 차순위매수신고인에게 매각을 허가할 것인지를 결정하여야 하고(다만, 민사집행법 제142조 제4항의 경우는 제외), 차순위매수신고인에 대한 매각허가결정이 있는 때에는 매수인은 매수신청의 보증을 돌려 줄 것을 요구하지 못합니다(같은 법 제137조).

매수인이 대금지급기한 또는 「민사집행법」제142조 제4항의 다시 정한 기한까지 그 의무를 완전히 이행하지 아니하였고, 차순위매수신고인이 없을 경우에는 법원은 직권으로 재매각을 명하게 되는데 다만, 매수인이 재매각기일의 3일 이전까지 대금, 그 지급기한이 지난 뒤부터 지급일까지의 대금에 대한 대법원규칙이 정하는 이율(연 1할5푼)에 따른 지연이자와 절차비용을 지급한 때에는 재매각절차를 취소하여야 하고, 차순위매수신고인이 매각허가결정을 받았던 때에는 위 금액을 먼저 지급한 매수인이 매매목적물의 권리를 취득하며, 재매각절차에서 전의 매수인은 매수신청을 할 수 없으며 매수신청의 보증을 돌려 줄 것을 요구하지 못합니다(같은 법 제138조, 같은 규칙 제75조).

셋째, 매수인은 매각대금을 다 낸 때에 매각의 목적인 권리를 취득하며(같은 법 제135조), 매각대금이 지급되면 법원사무관 등은 매각허가결정의 등본을 붙여 ①매수인 앞으로 소유권을 이전하는 등기, ②매수인이 인수하지 아니한 부동산의 부담에 관한 기입을 말소하는 등기, ③제94조 및 제139조 제1항의 규정에 따른 경매개시결정등기를 말소하는 등기를 촉탁하게 되는바, 이 등기에 드는 비용은 매수인이 부담하게 됩니다(같은 법 제144조).

또한, 법원은 매수인이 대금을 낸 뒤 6월 이내에 신청하면 채무자·소유자 또는 부동산 점유자에 대하여 부동산을 매수인에게 인도하도록 명할 수 있으며 다만, 점유자가 매수인에게 대항할 수 있는 권원에 의하여 점유하고 있는 것으로 인정되는 경우에는 인도명령을 할 수 없습니다(같은 법 제136조 제1항).

넷째, 주의사항으로는 매각된 부동산에 주택이 포함되어 있을 경우에는 그 주택에서 최선순위의 저당권이 설정된 날짜보다 먼저 주민등록 전입신고를 마치고 거주하고 있는 주택임차인이 있을 때에는 그 주택임차보증금을 매수인이 인수하여야 하는 경우가 생길 수 있습니다(주택임대차보호법 제3조 제3항).

또한, 소유권이전에 농지취득자격증명이 요구되는 농지는 최고가매수인으로 결정되더라도 농지취득자격증명원을 제출하여야 낙찰이 허가됩니다(농지법 제8조, 민사집행법 제121조 제2호).

2-6. 입찰의 종결

2-6-1. 입찰의 마감

① 입찰의 마감을 알리는 종이 울린 후 집행관이 이를 선언함으로써 입찰이 마감됩니다. 그러나 입찰표의 제출을 최고한 후 1시간이 지나지 않으면 입찰을 마감하지 못합니(민사집행규칙 제65조제1항 단서 및 부동산 등에 대한 경매절차 처리지침 제32조제2항).

② 입찰을 마감할 때까지 허가할 매수가격의 신고가 없는 경우에는 1회에 한해 집행관이 즉시 매각기일의 마감을 취소하고 같은 방법으로 매수가격을 신고하도록 최고할 수 있습니다(민사집행법 제115조제4항 및 제5항).

③ 매수가격의 신고가 없어 바로 입찰을 마감하거나 두 번째 입찰에서도 매수가격의 신고가 없어 입찰을 최종적으로 종결하는 경우에 법원은 최저매각가격을 상당히 낮추고 새 매각기일을 정합니다(민사집행법 제115조제4항·제5항, 제119조 및 부동산 등에 대한 경매절차 처리지침 제35조제2항·제3항).

2-6-2. 개찰

① 개찰은 입찰마감시각으로부터 10분 안에 시작됩니다(부동산 등에 대한 경매절차 처리지침 제33조제1항).

② 입찰자는 개찰에 참여할 수 있으며, 입찰자가 아무도 참여하지 않으면 법원의 서기관·법원사무관·법원주사 또는 법원주사보 등 상당하다고 인정되는 사람이 참여합니다(민사집행규칙 제65조제2항 및 부동산 등에 대한 경매절차 처리지침 제33조제2항).

③ 개찰할 때 집행관은 입찰자의 면전에서 먼저 기일입찰봉투만 개봉해서 기일입찰표에 의해 사건번호(필요 시에는 물건번호 포함), 입찰목적물, 입찰자의 이름 및 입찰가격을 부릅니다(민사집행규칙 제65조제3항 및 부동산 등에 대한 경매절차 처리지침 제33조제3항).

④ 현금이나 자기앞수표로 매수신청보증을 제공한 경우에 매수신청보증봉투는 최고의 가격으로 입찰한 사람의 것만 개봉해서 정해진 보증금액에 해당하는지를 확인합니다(부동산 등에 대한 경매절차 처리지침 제33조제5항).

⑤ 매수신청보증이 정해진 보증금액에 미달하는 경우에는 그 입찰자의 입찰이 무효로 되고, 차순위의 가격으로 입찰한 사람의 매수신청보증을 확인합니다.

⑥ 보증서로 매수신청보증을 제공한 경우에는 최고의 가격으로 입찰한 사람의 것만 정해진 보증금액에 해당하는지를 확인합니다(부동산 등에 대한 경매절차 처리지침 제33조제6항).

⑦ 보증서가 다음의 무효사유에 해당하는 경우에는 그 입찰자의 입찰이 무효로 되고, 차순위의 가격으로 입찰한 사람의 매수신청보증을 확인합니다.
- 보증서상 보험계약자의 이름과 입찰표상 입찰자 본인의 이름이 불일치하는 경우
- 보험가입금액이 매수신청보증액에 미달하는 경우
- 보증서상의 사건번호와 입찰표상의 사건번호가 불일치하는 경우
- 입찰자가 금융기관 또는 보험회사인 경우에 자기를 지급보증위탁계약의 쌍방 당사자로 하는 보증서를 제출한 경우

2-6-3. 최고가매수신고인의 결정

① 개찰 결과 최고의 가격으로 입찰한 사람을 최고가매수신고인으로 정합니다(부동산 등에 대한 경매절차 처리지침 제34조제1항 본문).

② 최고의 가격으로 입찰한 사람이 두 사람 이상일 경우에는 그 입찰자들만을 상대로 추가입찰을 실시해서 최고가매수신고인을 정합니다. 그러나 추가입찰의 자격이 있는 사람 모두가 추가입찰에 응하지 않거나 또는 종전 입찰가격보다 낮은 가격으로 입찰한 경우에는 그들 중에서 추첨을 통해 최고가매수신고인을 정하며, 두 사람 이상이 다시 최고의 가격으로 입찰한 경우에는 그들 중에서 추첨을 통해 최고가매수신고인을 정합니다.

③ 이 때 입찰자 중 출석하지 않은 사람 또는 추첨하지 않은 사람이 있는 경우에는 법원의 서기관·법원사무관·법원주사 또는 법원주사보 등 상당하다고 인정되는 사람이 대신 추첨하게 됩니다.

■ 공유자의 우선매수신고가 있으면, 최고가매수신고를 한 사람은 어떻게 되나요?

Q 공유자의 우선매수신고가 있으면, 최고가매수신고를 한 사람은 어떻게 되나요?

A 우선매수신고란 공유물지분의 경매에서 채무자가 아닌 다른 공유자가 매각기일까지(집행관이 매각기일을 종결한다는 고지를 하기 전까지) 최저매각가격의 10분의 1에 해당하는 금액(법원이 달리 정하는 경우에는 그 금액)을 매수신청보증으로 제공하고 최고가매수신고가격과 같은 가격으로 채무자의 지분을 우선매수하겠다는 신고를 하는 것을 말합니다(「민사집행법」 제140조제1항, 「민사집행규칙」 제63조 및 제76조제1항).

공유자의 우선매수신고가 있으면 법원은 최고가매수신고가 있더라도 공유자에게 최고가매수신고가격과 같은 가격으로 매각으로 허가해야 하며, 다른 매수신고가 없으면 최저매각가격으로 매각을 허가해야 합니다(「민사집행법」 제140조제1항·제2항 및 「민사집행규칙」 제76조제2항).

이 경우 최고가매수신고인은 차순위매수신고인으로 보게 되는데, 그 매수신고인은 집행관이 매각기일을 종결한다는 고지를 하기 전까지 차순위매수신고인의 지위를 포기할 수 있습니다.

2-6-4. 차순위매수신고인의 결정

① 차순위매수신고는 집행관에게 최고가매수신고인이 대금지급기한까지 그 의무를 이행하지 않으면 자기의 매수신고에 대해 매각을 허가해 달라는 취지의 신고를 하는 것을 말합니다(민사집행법 제114조제1항).

② 최고가매수신고액에서 매수신청보증을 뺀 금액을 넘는 금액으로 매수신고를 한 사람으로서 차순위매수신고를 한 사람은 차순위매수신고인이 됩니다(민사집행법 제114조 및 부동산 등에 대한 경매절차 처리지침 제34조제3항 전단).

③ 차순위매수신고를 한 사람이 두 사람 이상인 경우에는 매수신고가격이 높은 사람을 차순위매수신고인으로 정하고, 신고한 매수가격이 같은 경우에는 추첨으로 차순위매수신고인을 정합니다(민사집행법 제115조제2항 및 부동산 등에 대한 경매절차 처리지침 제34조제4항).

2-6-5. 입찰의 종결

① 집행관은 최고가매수신고인의 성명과 그 가격을 부르고 차순위매수신고를 최고한 뒤, 적법한 차순위매수신고가 있으면 차순위매수신고인을 정해 그 성명과 가격을 부른 다음 입찰절차가 종결되었음을 고지합니다(민사집행법 제115조제1항 및 부동산 등에 대한 경매절차 처리지침 제35조제1항).

② 매수가격의 신고가 없는 경우에는 매각기일을 마감하고, 법원이 「민사집행법」 제91조제1항의 규정에 어긋나지 않는 한도에서 최저매각가격을 상당히 낮추고 새 매각기일을 정합니다(민사집행법 제119조 및 부동산 등에 대한 경매절차 처리지침 제35조).

2-6-6. 매수신청보증의 반환

① 입찰절차의 종결이 고지되면 최고가매수신고인과 차순위매수신고인을 제외한 다른 입찰자는 매수의 책임을 벗게 되고, 즉시 매수신청의 보증을 돌려 줄 것을 신청할 수 있습니다(민사집행법 제115조제3항).

② 매수신청보증으로 금전 또는 자기앞수표를 제공한 경우에는 입찰자용 수취증과 주민등록증(본인 여부 확인용)을 제출해서 매수신청보증을 즉시 반환받을 수 있습니다(부동산 등에 대한 경매절차 처리지침 제40조제1항).

③ 매수신청보증으로 보증서를 제공한 경우에는 입찰자용 수취증과 주민등록증을 제시해서 본인 여부를 확인받은 후 보증서를 반환받을 수 있습니다(부동산 등에 대한 경매절차 처리지침 제44조제1항제1호).

법원보관금 환급신청서

사건번호   타경   호
채 권 자
채 무 자

  위 사건에 관하여 신청채권자가 납부한 경매예납잔여금의 환급을 신청합니다.

환급청구금액   원
신청인 주소
신청인 주민등록번호

년   월   일

신청인(채권자)   (인)
연락처(☎)

지방법원   귀중

☞유의사항

1) 환급청구금액을 정확히 알지 못하는 경우 공란으로 제출하시고 신청인은 주민등록증과 도장을 지참하십시오.
2) 대리인에게 위임시 위임장과 인감증명을 제출하여야 합니다.

2-6-7. 기일입찰의 절차도

매각기일에 출석 ➡ 입찰개시관의 확인 ➡ 입찰의 개시 ➡ 입찰표의 작성 ➡ 매수신청보증의 제공 및 입찰서류의 제출 ➡ 입찰의 종결

■ 기일입찰에는 어떻게 참여하나요?

Q 기일입찰에는 어떻게 참여하나요?

A 기일입찰은 정해진 매각기일에 법원에 출석해서 입찰표와 매수신청보증금을 제출하고 같은 날 개찰하는 방식으로 진행되는 경매 절차입니다.

◇ 절차
① 매각기일에 출석→ ② 입찰의 개시→ ③ 입찰표 작성, 매수신청보증금 제공 및 입찰 서류 제출→ ④ 입찰의 마감 및 개찰→ ⑤ 최고가 매수신고인 및 차순위 매수신고인의 결정→ ⑥입찰의 종결 및 매수신청보증금의 반환

■ 기일입찰 시 보증금액이 부족한 경우 집행관의 결정에 대하여 이의할 수 있는지요?

Q 甲은 기일입찰에서 매수신청의 보증금액을 141,143,700원으로 안내받았습니다. 그런데 甲이 매각기일에서 최고가액을 매수가격으로 제시하였음에도 불구하고, 착오로 인하여 매수신청의 보증금액에서 100원이 모자란 141,143,600원을 매수신청의 보증액으로 제공하였다는 이유로 법원의 집행관은 해당 매수신고를 무효로 하고 다른 사람을 최고가매수인으로 신고하였습니다. 甲은 집행관의 결정에 대하여 이의할 수 있는지요?

A 「민사집행법」제113조는 매수신청의 보증은 대법원규칙이 정하는 바에 따라 집행법원이 정하는 금액과 방법에 맞는 것이어야 한다고 규정하여, 집행법원이 정하는 금액을 매수신청의 보증금액으로 제공하도록 규정하고 있습니다.

■ **매각기일에 최고가 매수신고인으로 결정됐는데 경매 물건의 공유자가 우선매수신고를 했을 경우, 경매 물건은 누구에게 매수되는 건가요?**

Q 매각기일에 최고가 매수신고인으로 결정됐는데 경매 물건의 공유자가 우선매수신고를 했어요. 이렇게 되면 경매 물건은 누구에게 매수되는 건가요?

A 경매 물건이 공유물인 경우에 그 공유자가 우선매수신고를 하면 법원은 최고가 매수신고인이 있더라도 공유자에게 최고가 매수신고가격과 같은 가격으로 매각을 허가해야 합니다.

공유자의 우선매수신고가 있으면 최고가 매수신고인은 차순위 매수신고인으로 보게 되는데, 그 매수신고인은 집행관이 매각기일을 종결한다는 고지를 하기 전까지 차순위 매수신고인의 지위를 포기할 수 있습니다.

◇ 우선매수신고

공유물지분의 경매에서 채무자가 아닌 다른 공유자가 매각기일까지(집행관이 매각기일을 종결한다는 고지를 하기 전까지) 매수신청보증을 제공하고 최고가 매수신고가격과 같은 가격으로 채무자의 지분을 우선매수하겠다는 신고를 하는 것을 말합니다.

ⵑⵑ **관련판례 1**

집행법원이 여러 개의 부동산을 일괄매각하기로 결정한 경우, 집행법원이 일괄매각결정을 유지하는 이상 매각대상 부동산 중 일부에 대한 공유자는 특별한 사정이 없는 한 매각대상 부동산 전체에 대하여 공유자의 우선매수권을 행사할 수 없다고 봄이 상당하다(대법원 2006. 3. 13. 자 2005마1078 결정).

ⵑⵑ **관련판례 2**

구 「민사소송법」(2002. 1. 26. 법률 제6626호로 전문 개정되기 전의 것) 제650조제1항은 공유자는 경매기일까지 보증을 제공하고 최고매수신고가격과 동일한 가격으로 채무자의 지분을 우선매수할 것을 신고할 수 있다고 규정하고, 같은 조 제2항은 제1항의 경우에 법원은 최고가매수신고에 불구하고 그 공유자에게 경락을 허가하여야 한다고 규정하고 있는바, 이와 같은 공유자의 우선매수권은 일단 최고가매수신고인이 결정된 후에 공유자에게 그 가격으로 경락 내지 낙찰을 받을 수 있는 기회를 부여하는 제도이므로, 입찰의 경우에도 공유자의 우선매수신고 및 보증의 제공은 집행관이 입찰의 종결을 선언하기 전까지이면 되고 입찰마감시각까지로 제한할 것은 아니다(대법원 2004. 10. 14. 자 2004마581 결정).

⚜ 관련판례 3

「민사소송법」 제627조의 규정에 의하면 집행관은 입찰기일에서 최고가매수신고인이 있으면 그의 성명과 가격을 호창하고 경매의 종결을 고지하여야 하는바, 입찰기일에 최고가매수신고인이 한 사람임에도 불구하고 집행관이 그의 성명과 가격을 호창하고 경매의 종결을 고지하는 절차를 취함이 없이 같은 법 제665조에서 정하는 추가입찰을 실시하였다면, 그 일련의 절차는 같은 법 제627조의 규정에 위반한 것이고, 비록 그 추가입찰에서 최고가매수신고인이 나왔다고 하더라도 이러한 경우는 같은 법 제633조제7호에서 정하는 '제627조의 규정에 위반한 때'에 해당하므로 같은 법 제635조제2항 본문의 규정에 의하여 직권으로 경락을 불허할 사유가 된다(대법원 2000. 3. 28. 자 2000마724 결정).

⚜ 관련판례 4

「민사소송법」 제650조제1항은 공유자는 경매기일까지 보증을 제공하고 최고매수신고가격과 동일한 가격으로 채무자의 지분을 우선매수할 것을 신고할 수 있다고 규정하고, 같은 조 제2항은 제1항의 경우에 법원은 최고가매수신고에 불구하고 그 공유자에게 경락을 허가하여야 한다고 규정하고 있는데, 여기서 '경매기일까지'라 함은 집행관이 경매기일을 종결시키기 전까지를 의미하는 것으로서 공유자는 집행관이 최고가매수신고인의 성명과 가격을 호창하고 경매의 종결을 선언하기 전까지는 우선매수신고를 할 수 있다 할 것이고, 공유자의 우선매수권을 규정한 위 민사소송법 규정은 같은 법 제663조제2항에 의하여 입찰의 경우에도 준용된다 할 것인바, 위와 같은 공유자의 우선매수권은 일단 최고가매수신고인이 결정된 후에 공유자에게 그 가격으로 경락 내지 낙찰을 받을 수 있는 기회를 부여하는 제도이고, 경매와 입찰은 최고가매수인을 결정하는 방법에 불과한 점을 고려하면 입찰의 경우에도 공유자의 우선매수신고시기는 집행관이 입찰의 종결을 선언하기 전까지이면 되지 경매와 달리 입찰마감시각까지로 제한할 것은 아니다(대법원 2000. 1. 28. 자 99마5871 결정).

3. 기간입찰의 참여

3-1. 입찰표의 작성

① 기간입찰에 참여하려는 사람은 기간입찰표를 작성해야 하는데, 그 기재내용은 다음과 같습니다(민사집행규칙 제62조제2항부터 제6항 및 제71조).

- 사건번호와 부동산의 표시
- 입찰자의 이름과 주소
- 대리인을 통해 입찰을 하는 경우에는 대리인의 이름과 주소
- 입찰가격: 입찰가격은 일정한 금액으로 표시해야 하며, 다른 입찰가격에 대한 비례로 표시할 수 없습니다(민사집행규칙 제62조제2항 후단). 예를 들어, 입찰가격을 '100,000,000원'의 형식으로 기재하는 것은 가능하지만, '최고가매수인이 제출한 금액의 1.2배'라고 기재하는 것은 불가능합니다.
- 공동으로 입찰하는 경우에는 각자의 지분

② 입찰표는 한번 제출하면 철회·변경·교환이 허용되지 않습니다. 또한, 기재사항이 정확하지 않으면 개찰에서 제외될 수 있으므로 신중히 작성해야 합니다.

③ 기간입찰표, 기간입찰봉투, 입금증명서, 공동입찰신고서, 공동입찰자목록은 법원 집행과 및 집행관 사무실에 비치되어 있습니다(부동산 등에 대한 경매절차 처리지침 제14조제2항).

[전산양식 A3392] 기간입찰표

(앞면)

기 간 입 찰 표

지방법원 집행관 귀하　　　　　　매각(개찰)기일 :　년　월　일

사 건 번 호		타 경 　 호			물 건 번 호	※ 물건번호가 여러 개 있는 경우에는 꼭 기재
입찰자	본인	성　명			전화번호	
		주민(사업자)등록번호		법인등록번호		
		주　소				
	대리인	성　명			본인과의 관계	
		주민등록번호			전화번호	－
		주　소				

입찰가격	천억	백억	십억	억	천만	백만	십만	만	천	백	십	일	원	보증금액	백억	십억	억	천만	백만	십만	만	천	백	십	일	원

보증의 제공방법	□ 입금증명서　□ 보증서	보증을 반환 받았습니다.　입찰자

주의사항.

1. 입찰표는 물건마다 별도의 용지를 사용하십시오, 다만, 일괄입찰시에는 1매의 용지를 사용하십시오.
2. 한 사건에서 입찰물건이 여러개 있고 그 물건들이 개별적으로 입찰에 부쳐진 경우에는 사건번호외에 물건번호를 기재하십시오.
3. 입찰자가 법인인 경우에는 본인의 성명란에 법인의 명칭과 대표자의 지위 및 성명을, 주민등록란에는 입찰자가 개인인 경우에는 주민등록번호를, 법인인 경우에는 사업자등록번호를 기재하고, 대표자의 자격을 증명하는 서면(법인의 등기사항증명서)을 제출하여야 합니다.
4. 주소는 주민등록상의 주소를, 법인은 등기기록상의 본점소재지를 기재하시고, 신분확인상 필요하오니 주민등록등본이나 법인등기사항전부증명서를 동봉하십시오.
5. 입찰가격은 수정할 수 없으므로, 수정을 요하는 때에는 새 용지를 사용하십시오.
6. 대리인이 입찰하는 때에는 입찰자란에 본인과 대리인의 인적사항 및 본인과의 관계 등을 모두 기재하는 외에 본인의 위임장(입찰표 뒷면을 사용)과 인감증명을 제출하십시오.

7. 위임장, 인감증명 및 자격증명서는 이 입찰표에 첨부하십시오.
8. 입찰함에 투입된 후에는 입찰표의 취소, 변경이나 교환이 불가능합니다.
9. 공동으로 입찰하는 경우에는 공동입찰신고서를 입찰표와 함께 제출하되, 입찰표의 본인란에는"별첨 공동입찰자목록 기재와 같음"이라고 기재한 다음, 입찰표와 공동입찰신고서 사이에는 공동입찰자 전원이 간인하십시오.
10. 입찰자 본인 또는 대리인 누구나 보증을 반환 받을 수 있습니다(입금증명서에 의한 보증은 예금계좌로 반환됩니다).
11. 보증의 제공방법(입금증명서 또는 보증서)중 하나를 선택하여 ☑표를 기재 하십시오.

(뒷면)

위 임 장

대리인	성 명		직업	
	주민등록번호	–	전화번호	
	주 소			

위 사람을 대리인으로 정하고 다음 사항을 위임함.

다   음

지방법원   타경   호 부동산

경매사건에 관한 입찰행위 일체

본인1	성 명	(인감인)	직 업	
	주민등록번호	–	전 화 번 호	
	주 소			
본인2	성 명	(인감인)	직 업	
	주민등록번호	–	전 화 번 호	
	주 소			
본인3	성 명	(인감인)	직 업	
	주민등록번호	–	전 화 번 호	
	주 소			

★ 본인의 인감 증명서 첨부
★ 본인이 법인인 경우에는 주민등록번호란에 사업자등록번호를 기재

지방법원 귀중

3-2. 매수신청보증의 제공 및 입찰 서류의 제출

3-2-1. 매수신청보증의 제공

① 입찰자는 매각물건의 최저매각가격의 10분의 1에 해당하는 금액(법원이 달리 정할 수도 있음)을 매수신청의 보증으로 제공해야 합니다(민사집행법 제113조, 민사집행규칙 제63조 및 제71조).

② 매수신청보증은 다음의 방법으로 제공할 수 있습니다(민사집행규칙 제70조 및 부동산 등에 대한 경매절차 처리지침 제16조제1항).

- 입금증명서

- 보증서

※ 입금증명서란 법원의 예금계좌에 일정액의 금전을 입금했다는 내용으로 금융기관이 발행한 증명서를 말하며, 보증서란 은행 등이 입찰자를 위해 일정액의 금전을 법원의 최고에 따라 지급한다는 취지의 기한의 정함이 없는 지급보증위탁계약이 입찰자와 은행 등 사이에 체결된 사실을 증명하는 문서(경매보증보험증권)를 말합니다(민사집행규칙 제64조제3호 및 부동산 등에 대한 경매절차 처리지침 제2조제1호·제2호).

③ 매수신청보증의 제공을 다음과 같이 한 경우에는 입찰이 무효로 되므로 유의하시기 바랍니다(부동산 등에 대한 경매절차 처리지침 제37조제4항 및 별지 5).

무효사유
- 보증서상 보험계약자의 이름과 입찰표상 입찰자 본인의 이름이 불일치하는 경우
- 보험가입금액이 매수신청보증액에 미달하는 경우
- 보증서상의 사건번호와 입찰표상의 사건번호가 불일치하는 경우
- 입찰자가 금융기관 또는 보험회사인 경우에 자기를 지급보증위탁계약의 쌍방 당사자로 하는 보증서를 제출한 경우

3-2-2. 입찰 서류의 준비

기간입찰표의 작성이 끝나면 다음의 서류와 함께 기간입찰봉투에 넣어 봉함을 한 후, 기간입찰봉투의 겉면에 매각기일을 적습니다(민사집행규칙 제69조, 부동산 등에 대한 경매절차 처리지침 제18조 및 제19조).

가. 입금증명서 또는 보증서

나. 매수신청인의 자격 증명을 위한 서류

- 개인이 입찰하는 경우에는 주민등록등본

- 법인의 대표자 등이 입찰하는 경우에는 법인 등기사항증명서

- 법정대리인이 입찰하는 경우에는 가족관계등록부 등 법정대리권을 증명하는 문서
- 임의대리인이 입찰하는 경우에는 대리위임장, 인감증명서
- 2인 이상이 공동입찰하는 경우에는 공동입찰신고서, 공동입찰자목록

3-2-3. 입찰 서류의 제출

① 기간입찰봉투는 집행관에게 직접 제출하거나 등기우편으로 제출할 수 있습니다(민사집행규칙 제69조 및 부동산 등에 대한 경매절차 처리지침 제18조).

② 기간입찰봉투를 집행관에게 직접 제출하려는 경우에는 입찰기간 중의 평일 9:00부터 12:00까지, 13:00부터 18:00까지 사이에 집행관 사무실에 접수하고 입찰봉투접수증을 교부받습니다. 만일, 정해진 접수시간에 제출하지 못한 경우에는 당직근무자에게 제출할 수도 있습니다(민사집행규칙 제69조 및 부동산 등에 대한 경매절차 처리지침 제20조).

③ 기간입찰봉투를 우편으로 제출하려는 경우에는 입찰기간 개시일 00:00부터 종료일 24:00까지 접수되어야 합니다(민사집행규칙 제69조 및 부동산 등에 대한 경매절차 처리지침 제21조).

Q 기간입찰표나 기간입찰봉투에 흠이 있으면 어떻게 처리되나요?

A 기간입찰표나 기간입찰봉투에 흠이 있으면 접수가 되지 않을 수 있으며, 접수가 되더라도 개찰에서는 제외될 수 있으니 기간입찰표를 작성하고 등기우편으로 부칠 때까지 세심한 주의가 필요합니다.

기간입찰표와 기간입찰봉투 및 첨부 서류에 흠이 있는 경우에는 다음과 같이 처리됩니다(부동산 등에 대한 경매절차 처리지침 별지 1, 별지 2 및 별지 4].

⟨기간입찰표의 유·무효 처리기준⟩

흠결사항	처리기준
매각기일을 적지 않거나 잘못 적은 경우	입찰봉투의 기재에 의해 그 매각기일의 것임을 특정할 수 있으면 개찰에 포함
사건번호를 적지 않은 경우	입찰봉투, 보증서, 입금증명서 등 첨부서류의 기재에 의해 사건번호를 특정할 수 있으면 개찰에 포함
매각물건이 여러 개인데, 물건번호를 적지 않은 경우	개찰에서 제외. 단, 물건의 지번·건물의 호수 등을 적거나 보증서, 입금증명서 등 첨부서류의 기재에 의해 특정할 수 있는 경우, 물건이 1개인 경우, 여러 개의 물건이 일괄매각되는 경우에는 개찰에 포함
본인 또는 대리인의 이름을 적지 않은 경우	개찰에서 제외. 단, 고무인·인장 등이 선명해서 용이하게 판독할 수 있거나, 대리인의 이름만 기재되어 있으나 위임장·인감증명서에 본인의 기재가 있는 경우에는 개찰에 포함
본인과 대리인의 주소·이름이 함께 적혀 있지만(이름 아래 날인이 있는 경우 포함) 위임장이 붙어 있지 않은 경우	본인의 입찰로서 개찰에 포함
본인의 주소·이름이 적혀 있고 위임장이 붙어 있지만, 대리인의 주소·이름이 적혀 있지 않은 경우	본인의 입찰로서 개찰에 포함
위임장이 붙어 있고, 대리인의 주소·이름이 적혀 있으나, 본인의 주소·이름이 적혀 있지 않은 경우	위임장의 기재로 보아 본인의 주소·이름을 특정할 수 있으면 개찰에 포함

한 사건에서 동일인이 본인인 동시에 다른 사람의 대리인이거나, 동일인이 2인 이상의 대리인을 겸하는 경우	쌍방의 입찰을 개찰에서 제외
입찰자 본인 또는 대리인의 주소나 이름이 위임장 기재와 다른 경우	이름이 다른 경우에는 개찰에서 제외. 이름이 같고 주소만 다른 경우에는 개찰에 포함
입찰자가 법인인 경우 대표자의 이름을 적지 않은 경우(날인만 있는 경우도 포함)	개찰에서 제외. 단, 법인 등기사항증명서로 그 자리에서 자격은 확인할 수 있거나, 고무인·인장 등이 선명하며 용이하게 판독할 수 있는 경우에는 개찰에 포함
본인 또는 대리인의 성명 다음에 날인이 없는 경우	개찰에 포함
입찰가격의 기재를 정정한 경우	정정인(訂正印) 날인 여부를 불문하고, 개찰에서 제외
입찰가격의 기재가 불명확한 경우(예, 5와 8, 7과 9, 0과 6 등)	개찰에서 제외
보증금액의 기재가 없거나 그 기재된 보증금액이 매수신청보증과 다른 경우	보증서 또는 입금증명서에 의해 정해진 매수신청보증 이상의 보증제공이 확인되는 경우에는 개찰에 포함
보증금액을 정정하고 정정인이 없는 경우	보증서 또는 입금증명서에 의해 정해진 매수신청보증 이상의 보증제공이 확인되는 경우에는 개찰에 포함
동일인이 2개 이상의 입찰봉투를 제출한 경우	입찰봉투에 날인된 접수인을 기준으로 먼저 제출된 것을 유효한 것으로 해서 개찰에 포함
동일인이 하나의 입찰봉투 속에 2개 이상의 입찰표를 제출한 경우	하나의 물건에 대한 여러 장의 입찰표를 제출한 경우에는 개찰에서 제외
보증의 제공방법에 관한 기재가 없거나 기일입찰표를 작성·제출한 경우	개찰에 포함
위임장은 붙어 있으나 위임장이 사문서로서 인감증명서가 붙어 있지 않은 경우, 위임장과 인감증명서의 인영이 틀린 경우	최고가매수신고인 결정전까지 인감증명서를 제출하거나 그 밖에 이에 준하는 확실한 방법으로 위임장의 진정성립을 증명하는 때에는 그 입찰자를 최고가매수신고인(차순위매수신고인)으로 결정할 수 있음

매각물건이 여러 개인데 입찰표에는 물건번호를 특정해서 기재했으나 보증서에는 물건번호 기재가 누락된 경우	집행법원이 정한 보증금액과 비교해서 해당 매각물건에 관해 발행된 보증서라는 것이 명백한 경우 개찰에 포함
입금증명서와 함께 붙어 있는 법원보관금 영수필통지서에 보관금종류가 기간입찰 매수신청보증금으로 기재되어 있지 않고 경매예납금 등으로 기재된 경우	개찰에 포함시키고, 집행관은 취급점에 정정통지서를 작성해서 즉시 통지하고 납입여부를 확인

3-3. 매각기일에 경매법정에 출석

① 매각기일에는 개찰절차가 진행됩니다. 입찰자는 개찰에 참여할 수 있으므로 원하는 경우에는 매각기일에 경매법정에 출석하면 됩니다(민사집행규칙 제65조제2항, 제71조 및 부동산 등에 대한 경매절차 처리지침 제37조제1항 본문).

② 최고 가격으로 입찰한 사람이 둘 이상인 경우에는 그 입찰자들만을 상대로 기일입찰의 방법으로 추가입찰을 실시하는데, 매각기일에 출석하지 않으면 이 추가입찰 자격이 부여되지 않습니다(「부동산 등에 대한 경매절차 처리지침」 제38조제1항 및 제2항).

③ 집행관은 매각기일이 열리는 장소의 질서유지를 위해서 필요하다고 인정하는 경우에는 그 장소에 출입하는 사람의 신분을 확인할 수 있으며(「민사집행규칙」 제57조제1항), 매각장소의 질서유지를 위해 어느 하나에 해당한다고 인정되는 사람에 대해서는 매각장소에 들어오지 못하도록 하거나 매각장소에서 내보낼 수 있으므로 각별히 유의해야 합니다(민사집행법 제108조).

– 다른 사람의 매수신청을 방해한 사람

– 부당하게 다른 사람과 담합하거나 그 밖에 매각의 적정한 실시를 방해한 사람

– 위 제1호 또는 제2호의 행위를 교사(教唆)한 사람

– 민사집행절차에서의 매각에 관해 다음의 죄로 유죄판결을 받고 그 판결 확정일부터 2년이 지나지 않은 사람: 「형법」 제136조, 「형법」 제137조, 「형법」 제140조, 「형법」 제140조의2, 「형법」 제142조, 「형법」 제315조, 「형법」 제323조, 「형법」 제324조, 「형법」 제324조의2, 「형법」 제324조의3, 「형법」 제324조의4, 「형법」 제324조의5, 「형법」 제324조의6, 「형법」 제325조, 「형법」 제326조 및 「형법」 제327조

3-4. 입찰의 종결

3-4-1. 개찰

① 집행관은 매각기일에 입찰함을 경매법정으로 옮긴 후, 입찰자의 면전에서 입찰함을 엽니다. 입찰자는 개찰에 참여할 수 있으며, 입찰자가 아무도 참여하지 않으면 법원의 서기관·법원사무관·법원주사 또는 법원주사보 등 상당하다고 인정되는 사람이 참여합니다(민사집행규칙 제65조제2항 및 부동산 등에 대한 경매절차 처리지침 제37조제1항).

② 개찰할 때 집행관은 입찰자의 면전에서 먼저 기간입찰봉투를 개봉해서 기간입찰표에 의해 사건번호(필요시에는 물건번호 포함), 입찰목적물,

입찰자의 이름 및 입찰가격을 부릅니다(민사집행규칙 제65조제3항 및 부동산 등에 대한 경매절차 처리지침 제37조제2항).

③ 매수신청보증은 최고의 가격으로 입찰한 사람의 것만 개봉해서 정해진 보증금액에 해당하는지를 확인합니다(부동산 등에 대한 경매절차 처리지침 제37조제4항 본문).

④ 입금증명서상 입금액이 정해진 보증금액에 미달하거나 보증서가 아래의 무효사유에 해당하는 경우에는 그 입찰자의 입찰이 무효로 되고, 차순위의 가격으로 입찰한 사람의 매수신청보증을 확인합니다.

- 보증서상 보험계약자의 이름과 입찰표상 입찰자 본인의 이름이 불일치하는 경우
- 보험가입금액이 매수신청보증액에 미달하는 경우
- 보증서상의 사건번호와 입찰표상의 사건번호가 불일치하는 경우
- 입찰자가 금융기관 또는 보험회사인 경우에 자기를 지급보증위탁계약의 쌍방 당사자로 하는 보증서를 제출한 경우

3-4-2. 최고가매수신고인의 결정

① 개찰 결과 최고의 가격으로 입찰한 사람을 최고가매수신고인으로 합니다(부동산 등에 대한 경매절차 처리지침 제38조제1항 본문).

② 최고의 가격으로 입찰한 사람이 두 사람 이상일 경우에는 그 입찰자들만을 상대로 기일입찰의 방법으로 추가입찰을 실시해서 최고가매수신고인을 정합니다.

③ 그러나 추가입찰의 자격이 있는 사람 모두가 추가입찰에 응하지 않거나 또는 종전 입찰가격보다 낮은 가격으로 입찰한 경우에는 그들 중에서 추첨을 통해 최고가매수신고인을 정하며, 두 사람 이상이 다시 최고의 가격으로 입찰한 경우에는 그들 중에서 추첨을 통해 최고가매수신고인을 정합니다. 이 때, 입찰자 중 출석하지 않은 사람에게는 추가입찰 자격이 부여되지 않습니다(민사집행규칙 제66조, 제70조 및 부동산 등에 대한 경매절차 처리지침 제38조).

3-4-3. 차순위매수신고인의 결정

① 최고가매수신고액에서 매수신청보증을 뺀 금액을 넘는 금액으로 매수신고를 한 사람으로서 차순위매수신고를 한 사람은 차순위매수신고인이 됩니다(민사집행법 제114조, 부동산 등에 대한 경매절차 처리지침 제34조제4항 및 제38조제3항).

② 차순위매수신고를 한 사람이 두 사람 이상인 경우에는 매수신고가격이 높은 사람을 차순위매수신고인으로 정하고, 신고한 매수가격이 같은 경우에는 추첨으로 차순위매수신고인을 정합니다(민사집행법 제115조제2항, 부동산 등에 대한 경매절차 처리지침 제34조제4항 및 제38조제3항).

3-4-4. 입찰의 종결

① 집행관은 최고가매수신고인의 성명과 그 가격을 부르고 차순위매수신고를 최고한 뒤, 적법한 차순위매수신고가 있으면 차순위매수신고인을 정해 그 성명과 가격을 부른 다음 입찰절차가 종결되었음을 고지합니다(민사집행법 제115조제1항, 부동산 등에 대한 경매절차 처리지침 제35조제1항 및 제39조제1항).

② 매수가격의 신고가 없는 경우에는 매각기일을 마감하고, 법원이 「민사집행법」 제91조제1항의 규정에 어긋나지 않는 한도에서 최저매각가격을 상당히 낮추고 새 매각기일을 정합니다(민사집행법 제119조, 부동산 등에 대한 경매절차 처리지침 제39조제2항).

3-4-5. 매수신청보증의 반환

① 입찰절차의 종결이 고지되면 최고가매수신고인과 차순위매수신고인을 제외한 다른 입찰자는 매수의 책임을 벗게 되고, 즉시 매수신청의 보증을 돌려 줄 것을 신청할 수 있습니다(민사집행법 제115조제3항).

② 매수신청보증을 미리 법원보관금으로 납부하고 그 입금증명서를 제공한 경우에는 은행 등 법원보관금 취급점에서 그 금액을 반환받을 수 있습니다.

③ 즉, 취급점은 세입세출외현금출납공무원으로부터 환급지시사항을 받으면 제1영업일 이내에 법원보관금납부서에 기재된 예금계좌로 매수신청보증금을 입금해야 하고, 예금계좌로 입금이 되지 않은 경우에는 지체 없이 납부자에게 우편 또는 전화로 그 사실을 통지해서 환급이 이루어질 수 있도록 해야 합니다(법원보관금취급규칙 제21조의2).

④ 매수신청보증으로 보증서를 제공한 경우에는 주민등록증을 제시해서 본

인 여부를 확인받은 후 보증서를 반환받을 수 있습니다(부동산 등에 대한 경매절차 처리지침 제44조제1항제2호 및 제2항).

3-6. 기간입찰의 절차도

■ 기간입찰에는 어떻게 참여하나요?

Q 기간입찰에는 어떻게 참여하나요?

A 기간입찰은 먼저 입찰기간 내에 입찰표와 매수신청보증을 집행관에게 직접 또는 등기우편으로 제출하고 정해진 매각기일에 법원에 출석해서 개찰하는 방식으로 진행되는 경매 절차입니다.

◇ 절차
① 입찰표 작성, 매수신청보증금 제공 및 입찰 서류 제출→ ② 매각기일에 출석→ ③ 개찰→ ④ 최고가 매수신고인 및 차순위 매수신고인의 결정→ ⑤ 입찰의 종결 및 매수신청보증금의 반환

부동산경매예납금 계산기준표

가. **매각수수료계산방식**{집행관수수료규칙 제16조, 집행관에게 지급할 부동산 경매수수료의 예납 및 지급에 관한 예규(재민 79-5) 제3조 제1항}
  ○ 경매신청서 표시채권 10만원까지 : 5,000원
  ○ 경매신청서 표시채권 10만원 초과~1,000만원까지 : (경매신청서 표시채권 -10만원)÷100,000×2,000＋5,000원
  ○ 경매신청서 표시채권 1,000만원 초과~5,000만원까지 : (경매신청서 표시채권 -1,000만원)÷100,000×1,500＋203,000원
  ○ 경매신청서 표시채권 5,000만원 초과~1억 원까지 : (경매신청서 표시채권 -5,000만원)÷100,000×1,000＋803,000원
  ○ 경매신청서 표시채권 1억 원 초과~3억 원까지 : (경매신청서 표시채권 -1억 원)÷100,000×500＋1,303,000원
  ○ 경매신청서 표시채권 3억 원 초과~5억 원까지 : (경매신청서 표시채권 -3억 원)÷100,000×300＋2,303,000원
  ○ 경매신청서 표시채권 5억 원 초과~10억 원까지 : (경매신청서 표시채권 -5억 원)÷100,000×200＋2,903,000원
  ○ 경매신청서 표시채권 10억 원 초과 : 3,903,000원
  ※ 초과금액이 10만원에 미달하여도 10만원으로 산정함.

나. **감정료 계산방식**{감정인등 선정과 감정료 산정기준 등에 관한 예규 제31조, 제35조, 제34조}
  ○ 기본감정료 : 감정가액(임료, 사용료 감정의 경우는 시가액)에 따라 『감정평가업자의 보수에 관한 기준』 (위 기준 중 법원의 소송평가에 대하여는 할증율을 적용하여 산정하기로 하는 제3조 제3항 제11호는 적용하지 아니한다)이 정한 평가수수료의 금액에 80%[다만「부동산가격 공시 및 감정평가에 관한 법률」제2조에 따른 아파트의 경우에는 70%]를 곱한 금액
  ○ 동일한 감정명령에 의한 시가 등의 총감정료가 240,000원 미만인 때에는 240,000원으로 하고, 6,000,000원을 초과할 때에는 6,000,000원으로 함.
  ○ 여비는 다음과 같은 기준으로 민사소송비용규칙 소정의 여비정액으로 한다.
    1. 감정가액이 2억원까지는 1인 2회
    2. 감정가액이 2억원초과는 2인 2회

다. **현황조사 수수료**(집행관수수료규칙 제15조, 제3조 제1항, 제22조 및 법원공무원여비규칙 제13조 별표1)
  ○ 5만원까지 : 2,000원＋여비 등 비용
  ○ 10만원까지 : 2,500원＋여비 등 비용

○ 25만원까지 : 4,000원＋여비 등 비용
　　○ 50만원까지 : 6,000원＋여비 등 비용
　　○ 75만원까지 : 8,000원＋여비 등 비용
　　○ 100만원까지 : 10,000원＋여비 등 비용
　　○ 300만원까지 : 20,000원＋여비 등 비용
　　○ 500만원까지 : 30,000원＋여비 등 비용
　　○ 500만원 초과 : 40,000원＋여비 등 비용

라. **신문공고료 산출방식**(민사소송비용법 제10조, 제8조)
　　○ 기본(2필지까지) : 200,000원
　　○ 추가(2필지 초과되는 경우임) : 1필지당 100,000원 추가

마. **유찰수수료**{집행관수수료규칙 제17조, 집행관에게 지급할 부동산 경매수수료의 예납 및 지급에 관한 예규(재민 79-5) 제3조 제2항} : 5,000원(1,000원×5회)

바. **송달료계산** : (이해관계인 수＋3)×3,720원×10회분{송달료규칙의 시행에 따른 업무처리요령, 재판예규 제1453호}

사. **등록면허세** : 가액×2/1,000(부동산소재지 구청납부, 지방세법 제28조 제1항 제1호)
　　지방교육세 : 등록세액의 20/100(부동산소재지 구청납부, 지방세법 제151조)

아. **인 지** : 5,000원(민사소송등인지법 제9조 제3항 제1호)

자. **증 지** : 3,000원(1필지당)

경매물건의 매수절차는
어떻게 되나요?

제5장 경매물건의 매수절차는 어떻게 되나요?

1. 매각 절차

1-1. 매수신고인의 경매 물건 보호 조치

압류채권자 또는 최고가매수신고인은 채무자·소유자 또는 부동산의 점유자가 부동산의 가격을 현저히 감소시키거나 감소시킬 우려가 있는 행위를 하는 경우에 경매의 실효성을 확보하기 위해 법원에 신청해서 매각허가결정이 있을 때까지 담보를 제공하게 하거나 담보를 제공하게 하지 않고 그 행위를 하는 사람에 대해 그 행위를 금지하거나 일정한 행위를 하도록 할 수 있습니다(민사집행규칙 제44조제1항).

1-2. 법원의 매각허가여부 결정

① 법원은 매각기일로부터 1주일 이내에 매각결정기일을 열어 이해관계인의 의견을 들은 후 매수인에 대한 매가허가결정 또는 매각불허가결정을 합니다(민사집행법 제109조).

② 매각불허가결정을 하면 매수인 또는 매각허가를 주장한 매수신고인은 매수에 관한 책임이 면제되며, 법원은 직권으로 새 매각기일을 정해야 합니다(민사집행법 제125조 및 제133조).

1-3. 매수인의 매각대금 지급 및 소유권 취득

① 매각허가결정이 선고되면 매수인은 대금지급기한 내에 매각대금을 지급해야 합니다(민사집행법 제142조제2항 및 민사집행규칙 제78조).

② 매수인은 매각대금을 다 낸 때에 경매 물건의 권리를 취득합니다(「민사집행법」 제135조).

■ 재매각기일 전 대금을 납부할 경우 재매각절차가 취소되는지요?

Q 저는 법원의 경매절차에서 매각하는 주택 1동을 매수하였으나 대금지급기한을 지키지 못하여 법원은 위 주택의 재매각을 명하였습니다. 이 경우 제가 지금이라도 대금을 마련하여 납부한다면 위 주택을 취득할 수 있는지요?

A 민사집행법 제138조 제1항은 "매수인이 대금지급기한 또는 제142조 제4항의 다시 정한 기한까지 그 의무를 완전히 이행하지 아니 하였고, 차순위매수신고인이 없는 때에는 법원은 직권으로 부동산의 재매각을 명하여야 한다."라고 규정하고 있습니다.

여기서 재매각의 요건을 보면 다음과 같습니다.

첫째, 매수인이 그 매각대금지급의무를 완전히 이행하지 아니하여야 합니다.
둘째, 매수인이 대금지급기한 또는 민사집행법 제142조 제4항의 다시 정한 기한까지 대금지급의무를 이행하지 아니하여야 합니다.
셋째, 차순위매수신고인이 없어야 합니다. 차순위매수신고인이 있을 경우에는 차순위매수신고인에 대한 매각허가여부를 결정하여야 합니다(민사집행법 제137조 제1항).
넷째, 의무불이행이 재매각명령 시까지 존속하여야 합니다.

그런데 「민사집행법」제138조 제3항은 "매수인이 재매각기일의 3일 이전까지 대금, 그 지급기한이 지난 뒤부터 지급일까지의 대금에 대한 대법원규칙이 정하는 이율에 따른 지연이자와 절차비용을 지급한 때에는 재매각절차를 취소하여야 한다. 이 경우 차순위매수신고인이 매각허가결정을 받았던 때에는 위 금액을 먼저 지급한 매수인이 매매목적물의 권리를 취득한다."라고 규정하고 있습니다.

여기서 '재매각기일의 3일 이전까지'라 함은 재매각기일의 전일로부터 소급하여 3일이 되는 날의 전일까지를 의미하는 것이 아니라 재매각기일의 전일로부터 소급하여 3일이 되는 날(즉, 3일째 날이 포함)까지를 의미합니다.

그리고 전매수인이 재경매기일 3일 이전까지 위 법조 소정의 매입대금 등을 납부하여 오면 경매법원은 반드시 재매각명령을 취소하여야 합니다(대법원 1992. 6. 9.자 91마500 결정, 1999. 11. 17.자 99마2551 결정).

따라서 귀하의 경우에도 재매각기일 3일 이전까지 대금 등을 납부한다면 위 주택의 소유권을 취득하게 될 것입니다. 다만 차순위매수신고인이 매각허가를 받았다면 그 차순위매수신고인보다 먼저 대금 등을 납부하여야만 할 것입니다.

■ 재매각절차에서 이전의 매수신고인이 부동산을 취득하기 위한 방법이 있는가요?

Q 甲은 부동산의 강제집행절차에서 차순위매수신고인으로 정하여졌는데, 최고가매수신고인이 대금지급의무를 이행하지 아니하여 甲에게 매각허가결정이 되었음에도 매각대금을 구하지 못하여 결국 법원에서 위 부동산의 재매각명령이 나오게 되었고, 재매각기일이 정하여졌습니다. 甲이 후에 매각대금을 마련하였는데 재매각 결정에도 불구하고 위 경매절차에서 위 부동산을 낙찰 받을 수 있는 방법이 있는가요?

A 매각허가결정을 받은 매수인(최고가매수신고인 혹은 차순위매수신고인)이 대금지급기한 또는 민사집행법 제142조 제4항의 다시 정한 기한까지 대금지급의무를 완전히 이행하지 아니한 때에는 법원은 직권으로 부동산의 재매각을 명하게 됩니다(민사집행법 제138조 제1항). 그러나 매수인이 재매각명령 전에 매각대금 및 지연이자와 절차비용을 지급한 경우에는 재매각절차를 진행하지 않게 됩니다(민사집행법 제138조 제3항). 또한 법원은 재매각명령 이후이더라도 이전의 매수인이 재매각기일의 3일 이전까지 대금, 그 지급기한이 지난 뒤부터 지급일까지의 대금에 대한 대법원규칙이 정하는 이율에 의한 지연이자와 절차이용을 낸 때에는 재매각절차를 취소하여야 합니다(민사집행법 제138조 제3항 전문). 이때 대법원규칙이 정하는 이율은 연 15%입니다(민사집행규칙 제75조).

위 사안과 같이 최초의 매수인이 대금지급의무를 이행하지 아니하여 차순위매수신고인에게 매각허가를 하였는데(민사집행법 제137조 제1항), 차순위매수신고인조차 대금지급의무를 이행하지 아니하여 재매각을 명한 때에는, 최초의 매수인이나 제2의 매수인이나 모두 같은 입장이기 때문에 둘 중에서 위 금액(대금과 지연이자 및 절차비용)을 먼저 낸 매수인이 매매목적물의 소유권을 취득하게 됩니다(민사집행법 제138조 제3항 후문).

따라서 甲이 위 사안에서 위 부동산을 낙찰받기 위해서는 재매각기일의 3일 이전까지 최고가매수신고인이 매각대금 등을 납부하기 전에 먼저 위 금액을 납부하면 위 경매절차에서 위 부동산의 소유권을 취득하게 될 것입니다.

2. 경매물건의 매수

2-1. 경매 물건에 대한 침해행위 방지를 위한 조치

① 가격감소행위 등의 금지청구

압류채권자 또는 최고가매수신고인은 경매의 실효성을 확보하기 위해 채무자·소유자 또는 부동산의 점유자가 부동산을 훼손하는 등 부동산의 가격을 현저히 감소시키거나 감소시킬 우려가 있는 행위(이하 "가격감소행위 등"이라 함)를 하면 법원에 신청해서 매각허가결정이 있을 때까지 그 행위를 하는 사람에 대해 가격감소행위 등을 금지하거나 일정한 행위를 하도록 할 수 있습니다(민사집행규칙 제44조제1항).

② 담보 제공

또한, 부동산을 점유하는 채무자·소유자 또는 부동산의 점유자로서 그 점유권원을 압류채권자·가압류채권자 또는 「민사집행법」 제91조제2항부터 제4항까지의 규정에 따라 소멸하는 권리를 갖는 사람에 대해 대항할 수 없는 사람이 위의 가격감소행위 금지 등 명령을 위반하거나 가격감소행위 등을 하는 경우에 위 명령으로는 부동산 가격의 현저한 감소를 방지할 수 없다고 인정되는 특별한 사정이 있는 때에는 법원은 압류채권자 또는 최고가매수신고인의 신청에 따라 매각허가결정이 있을 때까지 담보를 제공하게 하고 그 명령에 위반한 사람 또는 그 행위를 한 사람에 대하여 부동산의 점유를 풀고 집행관에게 보관하게 할 것을 명할 수 있습니다(민사집행규칙 제44조제2항). 이에 관한 법원의 결정은 상대방에게 송달되기 전에도 집행할 수 있지만, 신청인에게 고지된 날부터 2주가 지나면 집행할 수 없습니다(민사집행규칙 제44조제7항 및 제8항). 이러한 법원의 결정에 대해서는 즉시항고할 수 있으며, 추후 사정이 변경되면 그 취소 또는 변경을 신청할 수 있습니다(민사집행규칙 제44조제4항 및 제5항).

[서식 예] 경매부동산매수신청서

경매부동산매수신청

채 권 자 ○○○(주민등록번호)
　　　　○○시 ○○구 ○○길 ○○(우편번호)
　　　　전화·휴대폰번호 :
　　　　팩스번호, 전자우편(e-mail)주소 :

채 무 자 ◇◇◇(주민등록번호)
　　　　○○시 ○○구 ○○길 ○○(우편번호)
　　　　전화·휴대폰번호 :
　　　　팩스번호, 전자우편(e-mail)주소 :

　위 당사자 사이의 귀원 20○○타경○○○호 부동산강제경매사건에 관하여, 채권자는 귀원으로부터 민사집행법 제102조 제1항에 의한 통지를 20○○. ○. ○. 받았는 바, 압류채권자는 아래의 금액으로 매수신고가 없을 때에는 압류채권자가 같은 가격으로 매수하고자 그 담보로 매수신청액과 최저매각가격의 차액 금 ○○○원을 귀원 20○○ 금 제○○○호로 공탁하였기에 위 경매절차를 속행하여 주시기 바랍니다.

아　　　래

매수신고액 : 금 ○○○원

첨　부　서　류

　　1. 공탁서정본　　　　　　　　　　1통

20○○.　　○.　　○.
위 압류채권자 ○○○ (서명 또는 날인)

○○지방법원　귀중

■ 참 고 ■

제출법원	집행법원		
제출부수	신청서 1부	관련법규	민사집행법 제102조
비 용	인지액 : 불첨부		
기 타	남을 가망이 없을 경우의 경매취소 : ①법원은 최저매각가격으로 압류채권자의 채권에 우선하는 부동산의 모든 부담과 절차비용을 변제하면 남을 것이 없겠다고 인정한 때에는 압류채권자에게 이를 통지하여야 함. ②압류채권자가 제1항의 통지를 받은 날부터 1주 이내에 제1항의 부담과 비용을 변제하고 남을 만한 가격을 정하여 그 가격에 맞는 매수신고가 없을 때에는 자기가 그 가격으로 매수하겠다고 신청하면서 충분한 보증을 제공하지 아니하면, 법원은 경매절차를 취소하여야 함. ③제2항의 취소 결정에 대하여는 즉시항고를 할 수 있음(민사집행법 제102조). ·압류채권자가 1주 기간이 지난 후라도 법원의 취소결정 전에 적법한 매수신청 및 보증의 제공을 하면 경매절차가 취소되지 않고 계속하여 진행됨(대법원 1975. 3. 28.자 75마64결정) ·최저경매가격이 압류채권자의 채권에 우선하는 채권과 절차비용에 미달하는데도 불구하고 경매법원이 이를 간과하고 민사소송법 제616조(민사집행법 제102조)소정의 조치를 취하지 아니한 채 경매절차를 진행한 경우에, 최고가매수신고인의 매수가액이 우선채권총액과 절차비용을 초과하는 한 그 절차위반의 하자가 치유되지만, 그 매수가액이 우선채권총액과 절차비용에 미달하는 때에는 경매법원은 경락을 불허가하는 결정을 하여야 하며, 경매법원이 절차를 그대로 진행하였다고 하여 매수가액이 우선채권총액과 절차비용에 미달함에도 불구하고 그 법조항위반의 하자가 치유된다고는 할 수 없음(대법원 1995.12.1.자 95마1143 결정).		

2-2. 법원의 매각허가여부 결정

2-2-1. 매각결정기일의 결정

매각기일에 최고가매수신고인이 정해지면 통상 매각기일부터 1주 이내에 매각결정기일이 정해집니다(민사집행법 제109조제1항).

2-2-2. 매각결정기일의 통지

매각기일이 종결된 후에 매각결정기일이 변경되면 등기우편의 방법으로 최고가매수신고인, 차순위매수신고인 및 이해관계인에게 변경된 매각결정기일이 통지됩니다(민사집행규칙 제73조).

2-3. 매각허가여부의 결정

2-3-1. 법원의 매각허가

① 법원은 매각결정기일에 출석한 이해관계인의 의견을 듣고, 매각불허가 사유가 있는지를 조사한 다음 매각허가결정 또는 매각불허가결정을 선고합니다(민사집행법 제120조제1항, 제123조 및 제126조제1항).

② 이해관계인의 범위

경매절차의 이해관계인은 압류채권자와 집행력 있는 정본에 의해 배당을 요구한 채권자, 채무자 및 소유자, 등기부에 기입된 부동산 위의 권리자, 부동산 위의 권리자로서 그 권리를 증명한 사람을 말합니다(민사집행법 제90조).

③ 매각허가결정 또는 매각불허가결정은 그 선고를 한 때에 고지의 효력이 발생합니다(민사집행법 제126조 및 민사집행규칙 제74조).

2-3-2. 매각허가결정

① 매각허가결정이 선고되면 매수인은 법원이 정한 대금지급기한 내에 매각대금을 지급해야 합니다(민사집행법 제142조제1항 및 제2항). 매수신고인은 매수인이 대금을 모두 지급한 때 매수의 책임이 면제되므로 즉시 매수신청보증의 반환을 요구할 수 있습니다(민사집행법 제142조제6항).

② 매각대금을 전부 지급하면 매수인은 소유권 등 매각의 목적인 권리를 취득하게 됩니다(민사집행법 제135조).

2-3-3. 매각불허가결정

① 법원은 직권으로 판단하거나 이해관계인의 이의신청이 정당하다고 인정

되는 경우에 매각불허가결정을 합니다(민사집행법 제123조).

② 법원의 매각불허가 사유는 다음과 같으며, 이는 이해관계인의 이의신청 사유와 동일합니다(「민사집행법」 제120조제2항 및 제121조).

- 강제집행을 허가할 수 없거나 집행을 계속 진행할 수 없을 때
- 최고가매수신고인이 부동산을 매수할 능력이나 자격이 없는 때(단, 법원이 직권으로 판단하는 경우에는 그 흠이 제거되지 않은 경우에 한함)
- 부동산을 매수할 자격이 없는 사람이 최고가매수신고인을 내세워 매수신고를 한 때(단, 법원이 직권으로 판단하는 경우에는 그 흠이 제거되지 않은 경우에 한함)
- 최고가매수신고인, 그 대리인 또는 최고가매수신고인을 내세워 매수신고를 한 사람이 민사집행법 제108조 각호 가운데 어느 하나에 해당되는 때
- 최저매각가격의 결정, 일괄매각의 결정 또는 매각물건명세서의 작성에 중대한 흠이 있는 때
- 천재지변, 그 밖에 자기가 책임을 질 수 없는 사유로 부동산이 현저하게 훼손된 사실 또는 부동산에 관한 중대한 권리관계가 변동된 사실이 경매절차의 진행 중에 밝혀진 때
- 경매절차에 그 밖의 중대한 잘못이 있는 때

③ 이 외에도 법원은 여러 개의 부동산을 매각하는 경우에 한 개의 부동산의 매각대금으로 모든 채권자의 채권액과 강제집행비용을 변제하기에 충분하면 다른 부동산(단, 일괄매각의 경우는 제외)에 대해 매각불허가결정을 합니다(민사집행법 제124조).

④ 위의 사유로 매각을 허가하지 않고 다시 매각을 명하는 경우에는 법원이 직권으로 새 매각기일을 정해 매각 절차를 새롭게 진행하게 됩니다(민사집행법 제125조제1항).

⑤ 한편, 매각불허가결정이 선고되면 매수인과 매각허가를 주장한 매수신고인의 매수에 관한 책임이 면제되므로(민사집행법 제133조), 매수인과 매수신고인은 매수신청보증의 반환을 요구할 수 있습니다.

2-4. 매각허가결정의 취소신청

매각허가결정이 확정된 후에 천재지변, 그 밖에 자기가 책임질 수 없는 사유로 부동산이 현저하게 훼손된 사실 또는 부동산에 관한 중대한 권리관계가 변동된 사실이 밝혀지면 매수인은 대금을 낼 때까지 매각허가결정의 취소를 신청할 수 있습니다(민사집행법 제127조제1항).

■ 법원의 매각허가결정이 선고된 후에도 경매신청이 취하될 수 있나요?

Q 법원의 매각허가결정이 선고된 후에도 경매신청이 취하될 수 있나요?

A 경매를 신청한 채권자는 경매신청을 취하해서 해당 경매절차를 종료시킬 수 있습니다.

경매신청의 취하는 경매절차가 진행되는 동안 언제든지 할 수 있기 때문에 매수인 또는 매수신고인이 예상치 못한 손해를 입을 수 있습니다. 이를 방지하기 위해 「민사집행법」은 매수신고가 있기 전까지는 다른 사람의 동의를 받을 필요가 없지만, 매수신고가 있은 뒤에 경매신청을 취하하려면 최고가매수신고인 또는 매수인과 차순위매수신고인의 동의를 얻도록 하고 있습니다(민사집행법 제93조제2항).

■ 매수신고를 했는데 경매가 취소될 수 있나요?

Q 매수신고를 했는데 경매가 취소될 수 있나요?

A 경매를 신청한 채권자는 경매신청을 취하해서 해당 경매절차를 종료시킬 수 있습니다.

매수신고가 있기 전까지는 다른 사람의 동의를 받을 필요 없이 경매신청을 취하할 수 있지만, 매수신고가 있고 난 뒤에 경매신청을 취하하려면 최고가 매수신고인 또는 매수인과 차순위 매수신고인의 동의를 받도록 하고 있습니다.

따라서 질문의 경우처럼 매수신고가 있은 이후에는 실질적으로 매수인의 동의가 있어야만 경매가 취소될 수 있습니다.

■ 최고가매수신고인으로 결정되면 바로 돈을 주고 소유권을 취득할 수 있나요?

Q 최고가매수신고인으로 결정되면 바로 돈을 주고 소유권을 취득할 수 있나요?

A 매각기일에 최고가매수신고인으로 정해졌다고 해서 바로 경매 물건의 매수인으로 정해지는 것은 아닙니다. 법원이 매각결정기일을 열어 매각허가 여부를 결정하고, 기한 내에 매각대금을 지급하는 절차가 남았습니다.

매각결정기일은 통상 매각기일로부터 1주일 이내에 정해집니다. 법원은 매각결정기일에 출석한 이해관계인의 의견을 듣고, 매각불허가 사유가 있는지를 조사해서 매각허가결정 또는 매각불허가결정을 선고합니다.

매각허가결정이 선고되면 매수인은 법원이 정한 대금지급기한 내에 매각대금을 지급하고 소유권 등 매각의 목적인 권리를 취득합니다.

매각불허가결정이 선고되면 매수인은 매수에 관한 책임이 면제되므로 매수신청보증금의 반환을 요구할 수 있습니다.

◇ 매각허가결정의 취소신청

매각허가결정이 확정된 후에 천재지변, 그 밖에 자기가 책임질 수 없는 사유로 부동산이 현저하게 훼손된 사실 또는 부동산에 관한 중대한 권리관계가 변동된 사실이 밝혀지면 매수인은 매각대금을 낼 때까지 매각허가결정의 취소를 신청할 수 있습니다.

♣♣ 관련판례

「민사집행법」 제127조제1항, 제121조제6호의 취지는 매수인에게 매각허가결정의 취소신청을 할 수 있도록 허용함으로써 매수인의 불이익을 구제하려는 데 있는 점, 「민사집행법」 제138조제1항에 의하면 재매각명령이 나면 확정된 매각허가결정의 효력이 상실되는 점, 「민사집행법」 제138조제3항의 취지는 재매각 절차가 전 매수인의 대금지급의무 불이행에 기인하는 것이어서 전 매수인이 법정의 대금 등을 완전히 지급하려고 하는 이상 구태여 번잡하고 시일을 요하는 재매각 절차를 반복하는 것보다는 최초의 매각 절차를 되살려서 그 대금 등을 수령하는 것이 경매의 목적에 합당하다는 데에 있는 점 등을 종합하여 보면, 매수인은 재매각명령이 난 이후에는 매각허가결정의 취소신청을 할 수 없다고 봄이 상당하다(대법원 2009. 5. 6. 자 2008마1270 결정).

Q 甲은 채무자의 부동산에 대하여 담보권 실행을 위한 경매를 신청하여 경매절차가 진행되던 중 집행법원에서 제5회 매각기일과 매각결정기일을 통지하면서 최저매각가격을 착오로 잘못 기재하여 통지하였습니다. 그리고 위 부동산은 제5회 매각기일에서 최고가매수신고를 한 乙에게 매각허가결정이 되었습니다. 이 경우 甲이 최저매각가격을 잘못 기재하여 통지하였다는 사유로 위 매각허가결정의 취소를 청구할 수 있는지요?

A 민사집행법 제104조 제2항은 "법원은 매각기일과 매각결정기일을 이해관계인에게 통지하여야 한다."라고 규정하고 있습니다.

그런데 경매법원이 이해관계인에게 매각기일을 통지함에 있어 최저매각가격을 잘못 통지한 경우, 매각허가결정에 대한 취소사유가 되는지에 관하여 판례는 "민사소송법 제663조 제2항, 제617조(현행 민사집행법 제104조) 제2항에서 입찰(매각)절차의 이해관계인에게 입찰(매각)기일과 낙찰(매각결정)기일을 통지하도록 규정하고 있는 취지는, 입찰(매각)절차의 이해관계인은 입찰(매각)기일에 출석하여 목적 부동산이 지나치게 저렴하게 매각되는 것을 방지하기 위하여 필요한 조치를 취할 수도 있고, 채무자를 제외하고는 스스로 매수신청을 하는 등 누구에게 얼마에 매각되느냐에 대하여 직접적인 이해관계를 가지고 있을 뿐 아니라, 입찰(매각)기일에 출석하여 의견진술을 할 수 있는 권리가 있는 이해관계를 가진 사람들이므로, 입찰(매각)기일과 낙찰(매각결정)기일을 공고만으로 고지하는 것은 충분하지 못하다는 점을 고려하여, 개별적으로 이러한 기일에 관하여 통지를 함으로써 입찰(매각)절차에 참여할 기회를 주기 위한 것으로서, 특별한 사정이 없는 한 위와 같은 기일통지 없이는 강제집행을 적법하게 속행할 수 없고, 이러한 통지를 게을리 하거나 통지의 내용에 하자가 있는 경우에는 경락(매각결정)에 대한 이의사유가 되는 것이지만, 경매법원이 이해관계인에게 통지할 의무가 있는 사항은 입찰(매각)기일과 낙찰(매각결정)기일에 관한 것에 한하고 최저입찰(최저매각)가격은 통지의무가 있는 사항이 아니므로, 당사자의 편의를 위해 통지하여 주는 것에 지나지 않는 최저입찰(최저매각)가격을 착오로 잘못 통지하였다고 하여도 낙찰(매각결정)을 허가한 경매법원의 결정을 취소할 만한 사유가 될 수 없다."라고 하였습니다(대법원 1999. 7. 22.자 99마2906 결정, 2001. 7. 10. 선고 2000다66010 판결).

따라서 위 사안에서 甲으로서는 매각기일과 매각결정기일의 통지를 받은 이상 그 통지서에 최저매각가격이 잘못 기재되었다는 사유로 매각허가결정의 취소를 청구할 수는 없을 것으로 보입니다.

⚖️ 관련판례

경매절차에서 부동산 현황조사는 매각대상 부동산의 현황을 정확히 파악하여 일반인에게 그 부동산의 현황과 권리관계를 공시함으로써 매수 희망자가 필요한 정보를 쉽게 얻을 수 있게 하여 예상 밖의 손해를 입는 것을 방지하고자 함에 있는 것이고, 매각 절차의 법령상 이해관계인에게는 매각기일에 출석하여 의견진술을 할 수 있는 권리의 행사를 위해 매각기일 등 절차의 진행을 통지하여 주도록 되어 있는 반면, 「주택임대차보호법」상의 대항요건을 갖춘 임차인이라고 하더라도 매각허가결정 이전에 경매법원에 스스로 그 권리를 증명하여 신고하지 않는 한 집행관의 현황조사결과 임차인으로 조사·보고되어 있는지 여부와 관계없이 이해관계인이 될 수 없으며, 대법원예규에 따른 경매절차 진행사실의 주택임차인에 대한 통지는 법률상 규정된 의무가 아니라 당사자의 편의를 위하여 경매절차와 배당제도에 관한 내용을 안내하여 주는 것에 불과하므로, 이해관계인 아닌 임차인은 위와 같은 통지를 받지 못하였다고 하여 경매절차가 위법하다고 다툴 수 없다(대법원 2008. 11. 13. 선고 2008다43976 판결).

■ 부동산에 대한 강제경매절차에서 최고가매수신고인에 대한 매각이 불허된 경우 차순위 매수신고인에 대하여 매각허가결정을 할 수 있는지요?

Q 갑은 부동산에 대한 강제경매절차의 차순위 매수신고인입니다. 그런데 최고가 매수신고인에 대한 매각 결정이 불허된 경우 민사집행법에 따라 갑이 매각 허가결정을 받을 수 있나요?

A 부동산에 대한 강제경매절차에 있어서 최고가매수신고인에 대한 매각이 불허된 경우에는 민사집행법 제114조 소정의 차순위매수신고제도에 의한 차순위매수신고인이 있다고 하더라도 그에 대하여 매각허가결정을 하여서는 안 되고, 새로 매각을 실시하여야 한다. 매수인이 대금을 지급하지 아니한 경우에 차순위매수신고인에 대하여 매각을 허가할 것인지를 결정하도록 규정한 같은 법 제137조 제1항 의 취지는, 매수인이 대금을 지급하지 않음으로써 매각대금의 일부가 되는 매수신청의 보증금과 차순위매수신고인의 매수신고액의 합이 최고가매수신고인의 매수신청액을 초과하므로(같은 법 제114조 제2항 참조) 재매각을 실시하지 아니하고 당해 매각절차를 속행할 수 있도록 한다는 데 있다고 봅니다. 그런데 최고가매수신고인에 대한 매각불허가가 있는 경우에는 그 매수신청의 보증금이 매각대금에 포함되지 아니하므로, 그와 같은 취지를 이에 적용하지는 아니합니다(대법원 2011. 2. 15. 자 2010마1793 결정). 따라서 갑이 매각허가결정을 받을 수는 없습니다.

⚖ **관련판례**

경매법원의 명령에 따른 집행관의 현황조사 과정에서 임대차관계를 제대로 확인하지 않은 직무상 잘못이 있고, 그 결과 임차인이 경매법원으로부터 경매절차의 진행에 관한 통지를 받지 못하여 우선변제권의 행사에 필요한 조치를 취하지 못해 손해를 입었다 하더라도, 그러한 사정만으로는 집행관의 위 직무상 잘못이, 「민사집행법」제90조에 따른 권리신고절차를 취하지 아니하여 경매절차상 이해관계인이 아닌 임차인에 대한 관계에서 불법행위를 구성한다고 할 수 없고, 스스로 우선변제권의 행사에 필요한 법령상 조치를 취하지 아니함으로써 발생한 임차인의 손해와 위 잘못 사이에 상당인과관계가 있다고 할 수도 없다(대법원 2008. 11. 13. 선고 2008다43976 판결).

Q 저는 甲에 대한 부동산경매절차에서 최고가 매수신고인 乙에 이어 차순위매수 신고인으로 신고하였습니다. 그런데 乙에 대하여 법원의 매각불허가 결정이 내려진 경우에도 최고가 매수신고인이 대금지급기한까지 대금지급을 하지 않은 경우처럼 차순위매수신고인인 제가 매각허가결정을 받을 수 있을까요?

A 부동산에 대한 강제경매절차에 있어서 최고가매수신고인에 대한 매각이 불허된 경우에는 민사집행법 제114조 소정의 차순위매수신고제도에 의한 차순위매수 신고인이 있다고 하더라도 그에 대하여 매각허가결정을 하여서는 안 되고, 새로 매각을 실시하여야 합니다. 매수인이 대금을 지급하지 아니한 경우에 차순위매수신고인에 대하여 매각을 허가할 것인지를 결정하도록 규정한 같은 법 제137조 제1항의 취지는, 매수인이 대금을 지급하지 않음으로써 매각대금의 일부가 되는 매수신청의 보증금과 차순위매수신고인의 매수신고액의 합이 최고가 매수신고인의 매수신청액을 초과하므로(같은 법 제114조 제2항 참조) 재매각을 실시하지 아니하고 당해 매각절차를 속행할 수 있도록 하여 신속한 경매절차가 진행될 수 있게 하는 것입니다. 그런데 최고가매수신고인에 대한 매각불허가가 있는 경우에는 그 매수신청의 보증금이 매각대금에 포함되지 아니하므로 최고가매수신청인이 대금을 지급하지 않은 것과 동일하게 볼 수는 없고 판례 역시 이와 같은 취지로 판시하고 있습니다(대법원 2011.2.15 선고 2010마1793).

🐾 **관련판례**

매각허가에 대한 이의신청사유를 규정한 「민사집행법」 제121조제6호에서 말하는 '부동산에 관한 중대한 권리관계의 변동'이라 함은 부동산에 물리적 훼손이 없는 경우라도 선순위 근저당권의 존재로 후순위 처분금지가처분(내지 가등기)이나 대항력 있는 임차권 등이 소멸하거나 또는 부동산에 관하여 유치권이 존재하지 않는 것으로 알고 매수신청을 하여 매각허가결정까지 받았으나 그 이후 선순위 근저당권의 소멸로 인하여 처분금지가처분(내지 가등기)이나 임차권의 대항력이 존속하는 것으로 변경되거나 또는 부동산에 관하여 유치권이 존재하는 사실이 새로 밝혀지는 경우와 같이 매수인이 소유권을 취득하지 못하거나 또는 매각부동산의 부담이 현저히 증가하여 매수인이 인수할 권리가 중대하게 변동되는 경우를 말한다(대법원 2005. 8. 8. 자 2005마643 결정).

Q 매각허가에 대한 이의신청사유를 규정한 민사집행법 제121조 제6호에서 말하는 부동산에 관한 중대한 권리관계의 변동의 의미는?

A 민사집행법 제121조 제6호에서 매각허가에 관한 이의사유로 규정한 '천재지변, 그 밖에 자기가 책임을 질 수 없는 사유로 부동산이 현저하게 훼손된 사실 또는 부동산에 관한 중대한 권리관계가 변동된 사실이 경매절차의 진행 중에 밝혀진 때'라는 것은 매각대상 부동산이 천재지변이나 자기가 책임질 수 없는 사유로 물리적으로 현저하게 훼손되거나, 매수인이 소유권을 취득하지 못하거나, 인수할 권리가 변동되어 매각부동산의 부담이 현저하게 증가하는 것과 같이 중대한 권리관계의 변동이 매각절차 진행 중에 발생하거나 발견되는 경우를 말합니다.

이 중 중대한 권리관계의 변동이 매각절차 진행 중에 발생하거나 발견되는 경우와 관련하여 대법원은 "선순위 근저당권의 존재로 후순위 임차권의 대항력이 소멸하는 것으로 알고 부동산을 낙찰 받았으나, 그 이후 선순위 근저당권의 소멸로 인하여 임차권의 대항력이 존속하는 것으로 변경됨으로써 낙찰부동산의 부담이 현저히 증가하는 경우에는, 낙찰인으로서는 민사소송법 제639조 제1항의 유추적용에 의하여 낙찰허가결정의 취소신청을 할 수 있다.

매각허가에 대한 이의신청사유를 규정한 민사집행법 제121조 제6호에서 말하는 '부동산에 관한 중대한 권리관계의 변동'이라 함은 부동산에 물리적 훼손이 없는 경우라도 선순위 근저당권의 존재로 후순위 처분금지가처분(내지 가등기)이나 대항력 있는 임차권 등이 소멸하거나 또는 부동산에 관하여 유치권이 존재하지 않는 것으로 알고 매수신청을 하여 매각허가결정까지 받았으나 그 이후 선순위 근저당권의 소멸로 인하여 처분금지가처분(내지 가등기)이나 임차권의 대항력이 존속하는 것으로 변경되거나 또는 부동산에 관하여 유치권이 존재하는 사실이 새로 밝혀지는 경우와 같이 매수인이 소유권을 취득하지 못하거나 또는 매각부동산의 부담이 현저히 증가하여 매수인이 인수할 권리가 중대하게 변동되는 경우를 말한다."라고 판시하고 있습니다(대법원 1998. 8. 24. 자 98마1031 결정, 대법원 2005. 8. 8. 자 2005마643 결정 참조).

위 법리에 따르면 위 사안은 1순위 저당권의 존재로 소멸될 줄 알았던 대항력 있는 임차권이 소멸되지 아니하고 甲에게 인수되어 매각부동산의 권리관계에 중대한 변경을 초래한 경우에 해당된다고 할 것인바, 甲은 매각허가결정이 선고되기 전까지 매각결정기일에 출석하여 말로 이의진술을 하거나 서면을 제출하는 방법으로 동법 제121조 제6호의 이의사유를 주장해야 합니다. 만약 매각허가결정이 확정된 뒤에 위 사유가 밝혀진 경우에, 甲은 대금을 낼 때까지 매각허가결정의 취소신청을 할 수 있습니다(동법 제127조 제1항 참조).

⚖ 관련판례

「민사집행법」제129조제1항, 제2항에 의한 부동산매각허가결정에 대한 즉시항고는 이해관계인, 매수인 및 매수신고인만이 제기할 수 있고, 여기서 이해관계인이란 같은 법 제90조 각 호에서 규정하는 압류채권자와 집행력 있는 정본에 의하여 배당을 요구한 채권자, 채무자 및 소유자, 등기부에 기입된 부동산 위의 권리자, 부동산 위의 권리자로서 그 권리를 증명한 자를 말하고, 경매절차에 관하여 사실상의 이해관계를 가진 자라 하더라도 위에서 열거한 자에 해당하지 아니한 경우에는 경매절차에 있어서의 이해관계인이라고 할 수 없다(대법원 2005. 5. 19. 자 2005마59 결정).

- **집행법원이 최고가매수신고인에 대하여 특별한 사정 없이 매각허가 여부의 결정을 하지 않는 경우, '집행에 관한 이의'를 할 수 있는지요?**

Q 저는 甲이 소유한 X부동산에 관하여 실시된 매각기일에서 乙보다 높은 매수가격을 신고하였는데, 집행관이 신고가격을 오인하여 乙을 최고가매수신고인으로 정하여 매각기일을 종결하였고, 집행법원이 乙에 대한 매각불허가결정을 하였을 뿐 저에 대하여 매각허가결정을 하고 있지 않습니다. 이 때 제가 법원에 대해 어떠한 조치를 할 수 있나요?

A 관련된 판례는, 집행법원은 매각기일에서의 최고가매수신고인에 대하여 매각을 허가하거나 허가하지 아니하는 결정을 하여야 하는 것이므로(민사집행법 제126조), 집행법원이 최고가매수신고인임이 명백한 자에 대하여 특별한 사정 없이 매각허가 여부의 결정을 하지 아니할 때에는 최고가매수신고인은 민사집행법 제16조에 정한 집행에 관한 이의에 의하여 불복할 수 있다(대법원 2008. 12. 29. 자 2008그205 결정)고 하고 있습니다.

이에 따를 때, 집행법원은 집행관의 매각기일진행에 잘못이 있더라도 이에 구속되지 않고 그 잘못을 시정하여 최고가매수신고인임이 명백한 귀하에 대하여 매각허가 여부의 결정을 하여야 함에도 불구하고 아무런 결정을 하고 있지 않으므로 귀하는 집행법원에 대하여 집행에 관한 이의로 불복할 수 있을 것이라고 보입니다.

⚖ **관련판례**

경매물건명세서의 작성에 경매의 결과에 영향을 미치지 아니할 정도의 하자가 있는 경우 이를 경락불가 사유로 삼을 수는 없는 것이고, 그 하자가 경락을 허가하지 아니하여야 할 정도로 중대한가의 여부는 그 하자가 일반 매수희망자가 매수의사나 매수신고가격을 결정함에 있어 어떠한 영향을 받을 정도의 것이었는지를 중심으로 하여 부동산경매와 경매물건명세서 제도의 취지에 비추어 구체적 사안에 따라 합리적으로 판단하여야 할 것이다(대법원 1994. 1. 15. 자 93마1601 결정).

3. 매각허가결정에 대한 즉시항고 여부의 확인

3-1. 즉시항고의 의의

① 항고란 소송절차에 관한 신청을 기각한 결정이나 명령에 대한 불복신청 방법을 말합니다(민사소송법 제439조).

② 불복신청 기간에 제한이 없는 통상항고와 달리 즉시항고는 재판의 신속한 확정을 위해 불복신청 기간을 재판이 고지된 날부터 1주일(불변기간)로 제한하고 있습니다(민사소송법 제444조).

3-2. 매각허가결정에 대한 즉시항고의 확인 필요성

① 법원의 매각허가결정에 대한 즉시항고서가 접수되면 항고심이 진행됩니다.

② 항고심이 진행되면 그 만큼 매각 절차가 지연되며, 매각대금을 납부한 경우에는 항고심이 진행되는 동안 그 대금을 돌려받을 수 없으므로 계획에 차질이 생길 수 있습니다. 따라서 매각허가결정이 선고되면 그 즉시 매각대금을 지급하기보다는 선고일로부터 1주일(즉시항고가 가능한 기간임) 정도 여유를 갖고 즉시항고가 있는지를 확인하는 것이 좋습니다.

3-3. 매각허가여부의 결정에 대한 즉시항고

① 법원의 매각허부결정에 대해서 매각허가에 정당한 이유가 없거나 결정에 적은 것 외의 조건으로 허가해야 한다고 주장하는 매수인 또는 매각허가를 주장하는 매수신고인은 즉시항고를 할 수 있으며, 이해관계인 역시 매각허가여부의 결정에 따라 손해를 볼 경우에는 그 결정에 대한 즉시항고를 할 수 있습니다(「민사집행법」 제129조제2항). 그러나 다른 이해관계인의 권리에 관한 이유로는 항고를 제기할 수 없습니다(민사집행법 제122조 및 제131조제3항).

② 매각허가를 주장하는 매수신고인이 즉시항고를 하는 경우에 그 매수신고인은 자신이 매수신청을 한 가격에 구속됩니다(민사집행법 제129조제3항). 즉, 매수신고인은 자신이 제시한 매수신고가격에 구속되므로 그 가격 이하로는 매각허가를 주장할 수 없습니다.

3-4. 즉시항고 절차
3-4-1. 제기기간 및 관할 법원

즉시항고를 하려면 매각허가결정 또는 매각불허가결정의 선고일부터 1주일 이내에 항고장을 원심법원(여기서는 매각허부결정을 한 법원)에 제출해야 합니다(민사집행법 제15조제2항).

3-4-2. 항고장의 작성

① 항고장에는 항고이유를 적어야 하며, 항고이유를 적지 않은 경우에는 항고장을 제출한 날부터 10일 이내에 항고이유서를 원심법원에 제출해야 합니다(민사집행법 제15조제3항).

② 항고이유서를 제출하지 않으면 그 즉시항고는 각하됩니다(민사집행법 제15조제5항).

③ 항고이유는 원심법원의 매각허가결정 또는 매각불허가결정에 대한 취소나 변경을 구하는 사유를 구체적으로 적어야 하는데, 그 사유가 ① 법령위반인 경우에는 그 법령의 조항 또는 내용과 법령에 위반되는 사유를, ② 사실의 오인인 경우에는 오인에 관계되는 사실을 구체적으로 밝혀야 합니다(민사집행법 제15조제4항 및 민사집행규칙 제13조).

④ 항고이유가 위의 내용에 위반되면 그 즉시항고는 각하됩니다. 또한, 항고가 부적법하고 이를 보정할 수 없음이 분명한 경우에도 그 즉시항고가 각하되므로 유의하시기 바랍니다(민사집행법 제15조제5항).

3-4-3. 보증금의 공탁

① 매각허가결정에 대해 항고를 하려는 사람은 보증으로 매각대금의 10분의 1에 해당하는 금전 또는 법원이 인정한 유가증권을 공탁해야 합니다(민사집행법 제130조제3항).

② 항고를 제기하면서 보증을 제공했음을 증명하는 서류를 붙이지 않으면 그 항고가 각하되므로 유의하시기 바랍니다(민사집행법 제130조제4항).

3-4-4. 항고심의 진행

항고법원은 항고장 또는 항고이유서에 적힌 이유에 대해서만 조사합니다. 그러나 원심재판에 영향을 미칠 수 있는 법령위반 또는 사실오인이 있는지에 대해서는 직권으로 조사할 수 있으며(「민사집행법」 제15조제7항), 필요한 경우에는 반대진술을 하게 하기 위해 항고의 상대방을 정할 수 있습니다(민사집행법 제131조제1항).

3-4-5. 항고심의 효력

① 항고심에서 집행법원(원심법원)의 결정이 취소되면 해당 물건의 매각허가여부에 대한 결정은 항고법원이 아닌 원심법원이 합니다(민사집행법 제132조).

② 항고인이 항고를 취하하거나 항고법원에서 항고가 기각되면 집행법원의 원심대로 절차가 진행됩니다. 이 경우 항고인이 채무자와 소유자라면 그들이 제공한 보증금은 모두 배당금액에 산입되어 보증으로 제공한 금전이나 유가증권을 돌려줄 것을 요구할 수 없으며(「민사집행법」 제130조제6항·제8항 및 제147조제1항제3호), 항고인이 채무자와 소유자 이외의 사람이라면 보증으로 제공한 금전이나 유가증권을 현금화한 금액 가운데 항고를 한 날부터 항고기각결정이 확정된 날까지의 매각대금에 대한 이자(연 1할 5푼)는 돌려줄 것을 요구할 수 없습니다(민사집행법 제130조제7항·제8항 및 민사집행규칙 제75조).

③ 다만, 채무자 및 소유자 외의 사람이 항고인인 경우 보증으로 제공한 유가증권을 현금화하기 전에 그에 대한 매각대금지연이자를 지급하면 유가증권을 돌려줄 것을 요구할 수 있습니다(민사집행법 제130조제7항 단서).

■ 매각허가결정에 대하여 즉시항고를 제기하는 항고인이 2인 이상인 경우, 항고인별로 금전 또는 유가증권을 공탁하여야 하는지요?

Q 저는 X부동산에 관한 매각기일에서 甲이 최고가매수인으로 매각허가결정을 받은 데 대해 불복하여 항고하고자 하는데, 다른 이해관계인인 乙이 마찬가지로 항고하고 민사집행법 제130조 제3항에서 정한 매매대금의 10분의 1에 해당하는 금전을 공탁한 것을 확인했습니다. 제가 항고를 하려면 乙과 별도로 공탁을 하여야 하나요?

A 매각허가결정에 대하여 즉시항고를 제기하는 항고인이 2인 이상인 경우, 항고인별로 민사집행법 제130조 제3항에 정한 '매매대금의 10분의 1에 해당하는 금전 또는 유가증권'을 공탁하여야 하는지 여부에 관하여 판례는 '민사집행법 제130조 제3항은 "매각허가결정에 대하여 항고를 하고자 하는 사람은 보증으로 매각대금의 10분의 1에 해당하는 금전 또는 법원이 인정한 유가증권을 공탁하여야 한다."고 규정하고 있는바, 위 규정의 입법 취지는 매각허가결정에 불복하는 모든 항고인에 대하여 보증금을 공탁할 의무를 지움으로써 무익한 항고를 제기하여 절차를 지연시키는 것을 방지하고자 하는 데에 있는 점, 매각허가결정에 대한 항고는 이해관계인이 매각허가에 대한 이의신청사유가 있는 경우 등에만 할 수 있는데, 그 이의에 대하여 민사집행법 제122조는 다른 이해관계인의 권리에 관한 이유로 이의를 신청하지 못한다고 규정하고 있는 점, 민사집행법 제90조에서 경매절차의 이해관계인이 될 수 있는 사람을 제한적으로 열거하고 있는 점, 복수의 항고인이 매각허가결정에 대하여 항고를 제기하는 경우 항고장을 함께 제출하는지 별도로 제출하는지라는 우연한 사정에 따라 제공할 보증의 액이 달라지는 것은 불합리한 점 등을 종합하여 보면, 매각허가결정에 대하여 즉시항고를 제기하는 항고인이 2인 이상인 경우에는, 그들이 경매절차에서의 이해관계의 기초가 되는 권리관계를 공유하는 등의 특별한 사정이 없는 한, 항고인별로 각각 매각대금의 10분의 1에 해당하는 금전 또는 유가증권을 공탁하여야 한다고 봄이 상당하다.(대법원 2006. 11.23.자 2006마513 결정)'고 하고 있습니다.

이와 같은 판례의 태도에 따를 때, 귀하가 乙과 경매절차에서 이해관계의 기초가 되는 권리관계를 공유하는 등의 특별한 사정이 없는 한, 귀하는 을과 별도로 매각대금의 10분의 1에 해당하는 금전 또는 유가증권을 공탁하여야 할 것이라 보입니다.

「민사집행법」 제90조 각 호에서 열거한 자에 해당하지 아니한 자가 한 매각허가결정
에 대한 즉시항고는 부적법하고 또한 보정할 수 없음이 분명하므로 같은 법 제15조
제5항에 의하여 집행법원이 결정으로 즉시항고를 각하하여야 하고, 집행법원이 항고
각하결정을 하지 않은 채 항고심으로 기록을 송부한 경우에는 항고심에서 항고를 각
하하여야 한다(대법원 2005. 5. 19. 자 2005마59 결정).

■ 부동산매각허가결정에 대한 즉시항고를 제기할 수 있는 이해관계인의 범위는?

Q X부동산에 대하여 甲의 경매신청으로 경매개시결정이 되었고, 이 때 배당요구의 종기까지 권리신고를 한 바 없고 이후 설정된 후순위근저당권자 乙이 X에 대해 중복하여 경매를 신청하여 경매개시결정이 되었습니다. 乙이 선행사건의 낙찰허가결정에 대하여 즉시항고를 제기할 수 있나요?

A 선행사건의 배당요구의 종기 이후에 설정된 후순위 근저당권자로서 위 배당요구의 종기까지 아무런 권리신고를 하지 아니한 위 배당요구의 종기 이후의 이중경매신청인은 선행사건에서 이루어진 낙찰허가결정에 대하여 즉시항고를 제기할 수 있는지 여부에 관하여 판례는, "민사집행법 제129조 제1항, 제2항에 의한 부동산매각허가결정에 대한 즉시항고는 이해관계인, 매수인 및 매수신고인만이 제기할 수 있고, 여기서 이해관계인이란 민사집행법 제90조 각 호에서 규정하는 압류채권자와 집행력 있는 정본에 의하여 배당을 요구한 채권자, 채무자 및 소유자, 등기부에 기입된 부동산 위의 권리자, 부동산 위의 권리자로서 그 권리를 증명한 자를 말하고, 경매절차에 관하여 사실상의 이해관계를 가진 자라 하더라도 위에서 열거한 자에 해당하지 아니한 경우에는 경매절차에 있어서의 이해관계인이라고 할 수 없으며(대법원 2004. 7. 22. 선고 2002다52312 판결 참조), 이에 해당하지 아니한 자가 한 매각허가결정에 대한 즉시항고는 부적법하고 또한 보정할 수 없음이 분명하므로 민사집행법 제15조 제5항에 의하여 집행법원이 결정으로 즉시항고를 각하하여야 하고, 집행법원이 항고각하결정을 하지 않은 채 항고심으로 기록을 송부한 경우에는 항고심에서 항고를 각하하여야 한다(대법원 2004. 9. 13.자 2004마505 결정 참조).
또한, 민사집행법 제87조 제1항은 강제경매절차 또는 담보권 실행을 위한 경매절차를 개시하는 결정을 한 부동산에 대하여 다른 강제경매의 신청이 있는 때에는 법원은 다시 경매개시결정을 하고, 먼저 경매개시결정을 한 집행절차에 따라 경매한다고 규정하고 있으므로, 이러한 경우 이해관계인의 범위도 선행의 경매사건을 기준으로 정하여야 한다(대법원 2005.5.19. 자 2005마59 결정)."고 하고 있습니다.
이와 같은 판례의 태도에 따를 때, 귀하가 질의한 사안의 경우 乙은 선행의 경매사건에서의 이해관계인에 해당하지 않으므로 낙찰허가결정에 대하여 즉시항고를 제기할 수 없으리라고 보입니다.

⚖️ 관련판례 1

「민사집행법」제87조제1항은 강제경매절차 또는 담보권실행을 위한 경매절차를 개시하는 결정을 한 부동산에 대하여 다른 강제경매의 신청이 있는 때에는 법원은 다시 경매개시결정을 하고, 먼저 경매개시결정을 한 집행절차에 따라 경매한다고 규정하고 있으므로, 이러한 경우 이해관계인의 범위도 선행의 경매사건을 기준으로 정하여야 하는바, 선행사건의 배당요구의 종기 이후에 설정된 후순위 근저당권자로서 위 배당요구의 종기까지 아무런 권리신고를 하지 아니한 위 배당요구의 종기 이후의 이중경매신청인은 선행사건에서 이루어진 낙찰허가결정에 대하여 즉시항고를 제기할 수 있는 이해관계인이 아니다(대법원 2005. 5. 19. 자 2005마59 결정).

⚖️ 관련판례 2

「민사집행법」제130조제3항은 "매각허가결정에 대하여 항고를 하고자 하는 사람은 보증으로 매각대금의 10분의 1에 해당하는 금전 또는 법원이 인정한 유가증권을 공탁하여야 한다"고 규정하고 있는바, 위 규정의 입법 취지는 매각허가결정에 불복하는 모든 항고인에 대하여 보증금을 공탁할 의무를 지움으로써 무익한 항고를 제기하여 절차를 지연시키는 것을 방지하고자 하는 데 있는 점, 매각허가결정에 대한 항고는 이해관계인이 매각허가에 대한 이의신청사유가 있는 경우 등에만 할 수 있는데, 그 이의에 대하여 「민사집행법」제122조는 다른 이해관계인의 권리에 관한 이유로 이의를 신청하지 못한다고 규정하고 있는 점, 「민사집행법」제90조에서 경매절차의 이해관계인이 될 수 있는 사람을 제한적으로 열거하고 있는 점, 복수의 항고인이 매각허가결정에 대하여 항고를 제기하는 경우 항고장을 함께 제출하는지 별도로 제출하는지라는 우연한 사정에 따라 제공할 보증의 액이 달라지는 것은 불합리한 점 등을 종합하여 보면, 매각허가결정에 대하여 즉시항고를 제기하는 항고인이 2인 이상인 경우에는, 그들이 경매절차에서의 이해관계의 기초가 되는 권리관계를 공유하는 등의 특별한 사정이 없는 한, 항고인별로 각각 매각대금의 10분의 1에 해당하는 금전 또는 유가증권을 공탁하여야 한다고 봄이 상당하다(대법원 2006. 11. 23. 자 2006마513 결정).

⚖️ 관련판례 3

항고장에 「민사집행법」제130조제4항에 정한 보증으로 매각대금의 10분의 1에 해당하는 현금 또는 법원이 인정한 유가증권을 담보로 공탁하였음을 증명하는 서류를 붙이지 아니한 경우 법원이 항고장을 각하함에 있어 적당한 기간을 정하여 그 공탁을 명하거나 그 서류를 제출할 것을 내용으로 하는 보정명령을 하여야 하는 것은 아니다(대법원 2006. 11. 23. 자 2006마513 결정).

⚜ 관련판례 4

「민사집행법」 제129조제1항, 제2항에 의한 부동산매각허가결정에 대한 즉시항고는 이해관계인, 매수인 및 매수신고인만이 제기할 수 있고, 여기서 이해관계인이란 같은 법 제90조 각 호에서 규정하는 압류채권자와 집행력 있는 정본에 의하여 배당을 요구한 채권자, 채무자 및 소유자, 등기부에 기입된 부동산 위의 권리자, 부동산 위의 권리자로서 그 권리를 증명한 자를 말하고, 경매절차에 관하여 사실상의 이해관계를 가진 자라 하더라도 위에서 열거한 자에 해당하지 아니한 경우에는 경매절차에 있어서의 이해관계인이라고 할 수 없다(대법원 2005. 5. 19. 자 2005마59 결정).

⚜ 관련판례 5

「민사집행법」 제90조 각 호에서 열거한 자에 해당하지 아니한 자가 한 매각허가결정에 대한 즉시항고는 부적법하고 또한 보정할 수 없음이 분명하므로 같은 법 제15조제5항에 의하여 집행법원이 결정으로 즉시항고를 각하하여야 하고, 집행법원이 항고각하결정을 하지 않은 채 항고심으로 기록을 송부한 경우에는 항고심에서 항고를 각하하여야 한다(대법원 2005. 5. 19. 자 2005마59 결정).

⚜ 관련판례 6

「민사집행법」 제87조제1항은 강제경매절차 또는 담보권실행을 위한 경매절차를 개시하는 결정을 한 부동산에 대하여 다른 강제경매의 신청이 있는 때에는 법원은 다시 경매개시결정을 하고, 먼저 경매개시결정을 한 집행절차에 따라 경매한다고 규정하고 있으므로, 이러한 경우 이해관계인의 범위도 선행의 경매사건을 기준으로 정하여야 하는바, 선행사건의 배당요구의 종기 이후에 설정된 후순위 근저당권자로서 위 배당요구의 종기까지 아무런 권리신고를 하지 아니한 위 배당요구의 종기 이후의 이중경매신청인은 선행사건에서 이루어진 낙찰허가결정에 대하여 즉시항고를 제기할 수 있는 이해관계인이 아니다(대법원 2005. 5. 19. 자 2005마59 결정).

4. 매수인의 매각대금 지급

4-1. 매각대금 지급기한의 통지

① 매각허가결정이 확정되면 법원은 매각허가결정이 확정된 날부터 1개월 안의 날(단, 경매사건기록이 상소법원에 있는 경우에는 그 기록을 송부받은 날부터 1월 안의 날)로 대금의 지급기한을 정하고 이를 매수인과 차순위매수신고인에게 통지합니다(민사집행법 제142조제1항 및 민사집행규칙 제78조).

② 매수인은 법원이 정한 대금지급기한까지 매각대금을 지급해야 합니다(민사집행법 제142조제2항).

4-2. 매각대금의 지급방법

① 매각대금을 지급하려면 사건담임자(여기서는 법원담당공무원)로부터 법원보관금납부명령서를 교부받아 법원 지정 취급점에 매각대금을 납부하고 법원보관금영수증서를 교부받습니다[법원보관금취급규칙 제9조제3항, 제10조제1항 및 법원보관금취급규칙의 시행에 따른 업무처리지침(대법원재판예규 제1713호, 2019. 1. 31. 발령, 2019. 3. 1. 시행) 제8조제1항].

② 매수신청보증으로 금전을 제공한 경우에는 그 금액을 제외한 금액만 매각대금으로 지급하면 됩니다. 매수신청보증으로 금전 외의 것을 제공하고 그 보증액을 뺀 나머지 금액만 매각대금으로 지급한 경우에는 법원이 보증을 현금화해서 그 비용을 뺀 금액을 보증액에 해당하는 매각대금 및 이에 대한 지연이자(연 1할 5푼)에 충당하고, 모자라는 금액이 있으면 다시 대금 지급기한을 정해 매수인이 낼 수 있도록 합니다(민사집행법 제142조제3항부터 제5항까지, 민사집행규칙 제75조 및 제80조제1항).

③ 매수신청보증을 현금화하는 경우에는 보증을 제공한 사람이 그 현금화에 드는 비용을 부담합니다(민사집행규칙 제80조제1항).

④ 매수인은 매각조건에 따라 부동산의 부담을 인수할 수도 있고, 배당표의 실시에 관해 매각대금의 한도에서 관계 채권자의 승낙이 있으면 대금의 지급에 갈음해서 채무를 인수할 수 있습니다. 또한, 채무자가 매수인인 경우에는 매각결정기일이 끝날 때까지 법원에 신고하고 배당받아야 할 금액을 제외한 대금을 배당기일에 낼 수 있습니다. 이 경우 매수인이 인수한 채무에 대해 이의가 제기되면 매수인은 배당기일이 끝날 때까지 이에 해당하는 대금을 내야 합니다(민사집행법 제143조).

⑤ 한편, 채권자가 매수인인 경우에는 매각결정기일이 끝날 때까지 법원에 신고하고 배당받아야 할 금액을 제외한 대금을 배당기일에 낼 수 있습니다. 만일, 매수인이 배당받아야 할 금액에 대해 이의가 제기되면 매수인은 배당기일이 끝날 때까지 이에 해당하는 대금을 내야 합니다(민사집행법 제143조제2항 및 제3항).

4-3. 매각대금의 지급 효과

① 매수인은 매각대금을 다 낸 때에 경매의 목적인 권리를 취득합니다(민사집행법 제135조). 매각대금이 지급되면 법원서기관·법원사무관·법원주사 또는 법원주사보는 매각허가결정의 등기사항증명서를 붙여 다음 각호의 등기

를 촉탁해야 합니다(민사집행법 제144조제1항).

- 매수인 앞으로 소유권을 이전하는 등기
- 매수인이 인수하지 않은 부동산의 부담에 관한 기입을 말소하는 등기
- 경매개시결정등기를 말소하는 등기

② 차순위매수신고인은 매수인이 대금을 모두 지급한 때 매수의 책임을 벗게 되므로, 즉시 매수신청보증의 반환을 요구할 수 있습니다(민사집행법 제142조제6항).

③ 매수인이 매각대금을 지급하면 법원은 배당기일을 열어 채권자에게 배당을 실시합니다(민사집행법 제145조).

4-4. 매각대금의 미지급

① 매수인이 대금지급기한까지 매각대금을 지급하지 않은 경우에 차순위매수신고인이 있으면 법원은 차순위매수신고인에게 매각을 허가할 것인지를 결정해야 합니다.

② 그러나 대금지급기한(매수인이 제공한 금전 외의 매수신청보증을 현금화하고 매각대금 충당에 모자라는 차액을 지급하도록 정한 기한을 말함)을 다시 정한 경우에는 그렇지 않습니다(민사집행법 제137조제1항).

③ 차순위매수신고인에 대한 매각허가결정이 있으면 매수인은 매수신청보증을 반환받을 수 없습니다(민사집행법 제137조제2항).

4-5. 재매각

① 매수인이 대금지급기한 또는 다시 정한 대금지급기한까지 대금을 전부 지급하지 않았고, 차순위매수신고인이 없는 경우에는 법원이 직권으로 부동산의 재매각을 명해야 합니다. 재매각 절차에서는 종전에 정한 최저매각가격과 그 밖의 매각조건이 그대로 적용됩니다(민사집행법 제138조제1항 및 제2항)

② 매수인이 재매각기일의 3일 이전까지 대금과 그 지급기한이 지난 뒤부터 지급일까지의 대금에 대한 지연이자(연 1할 5푼) 및 절차비용을 지급하면 재매각 절차가 취소됩니다.

③ 한편, 차순위매수신고인이 매각허가결정을 받고도 대금지급기한까지 매각대금을 지급하지 않으면 최고가매수신고인과 차순위매수신고인 중 위 금액을 먼저 지급한 매수인이 경매 물건의 소유권을 취득하게 됩니다(민사집행법 제138조제3항 및 민사집행규칙 제75조).

■ 전의 매수인도 재매각 절차에 참여할 수 있나요?

Q 전의 매수인도 재매각 절차에 참여할 수 있나요?

A 재매각 절차는 대금지급기한까지 매수인이 대금을 지급하지 않아 실시되는 절차이므로 전의 매각절차에서 매수인으로 결정된 사람은 재매각 절차에 참여할 수 없습니다(민사집행법 제138조제4항).
전의 매수인은 재매각 절차에 참여할 수 없는 외에도 매수신청보증의 반환을 요구할 수 없습니다(민사집행법 제138조제4항). 다만, 재매각 절차가 취소되거나 경매신청이 취하된 경우에는 매수신청보증을 반환받을 수 있습니다.

■ 부동산을 매수했으나 기한 내에 매각대금을 못 내면 어떻게 되나요?

Q 부동산을 매수했으나 기한 내에 매각대금을 못 내면 어떻게 되나요?

A 기한 내에 매각대금을 지급하지 못하면 차순위 매수신고인에게 매각허가결정이 이루어지거나 재매각결정이 이루어질 수 있습니다. 이 경우 매수인은 매수신청보증금을 반환받을 수 없으며, 재매각 절차에 참여할 수 없습니다.
그러나 재매각 절차가 취소되거나 경매신청이 취하된 경우에는 매수신청보증금을 반환받을 수 있습니다.

◇ 재매각 절차 취소
재매각결정이 되었더라도 매수인이 재매각기일의 3일 이전까지 대금과 그 지연이자(연 1할 5푼) 및 절차비용을 지급해서 재매각 절차를 취소하면 경매 물건의 권리를 취득할 수 있습니다.

■ 매각대금 납부 전 주택임차권에 대항력이 생긴 경우 매수인에 대한 구제 방안이 없는지요?

Q 저는 법원의 부동산경매절차에서 주택 및 대지를 매수하여 매각허가결정을 받았고, 매각대금지급기일이 지정되었습니다. 위 부동산에는 제1순위 근저당권(채권최고액 3,750만원)이 설정되어 있었고, 그 다음에 대항요건을 갖춘 주택임차보증금 5,000만원의 주택임차권이 존속하고 있었으며, 그 주택임차권 다음에 채권최고액 4,500만원의 후순위 근저당권이 설정되어 있었는데, 후순위 근저당권의 실행으로 경매가 진행된 것입니다. 그런데 매각허가결정 후 제1순위 근저당권이 말소되고, 소멸될 것으로 예상되었던 후순위 주택임차권의 대항력이 존속하는 것으로 변경됨으로써 경매절차의 매수인인 저로서는 위 주택임차보증금에 대한 현실적인 부담이 증가하게 되어 위 부동산을 매수할 생각이 없어졌습니다. 이에 대한 구제방안이 없는지요?

A 민사집행법 제127조 제1항은 "제121조(매각허가에 대한 이의신청사유) 제6호(천재지변 그 밖에 자기가 책임을 질 수 없는 사유로 부동산이 현저하게 훼손된 사실 또는 부동산에 관한 중대한 권리관계가 변동된 사실이 경매절차의 진행중에 밝혀진 때)에서 규정한 사실이 매각허가결정의 확정 뒤에 밝혀진 경우에는 매수인은 대금을 낼 때까지 매각허가결정의 취소신청을 할 수 있다."라고 규정하고 있습니다.

그리고 부동산에 대한 경매절차에서 주택임대차보호법 제3조에 정한 대항요건을 갖춘 임차권보다 선순위의 근저당권과 후순위의 근저당권이 각각 존재하였다가 그 중 선순위 근저당권이 매각대금지급기일 이전에 매각 이외의 사유로 소멸하는 바람에 당초와 달리 임차권의 대항력이 존속하는 것으로 변경된 경우는 위 「민사집행법」 제127조 제1항에서 규정하는 "부동산에 관한 권리관계가 변동된 때"에 해당한다고 할 것입니다(사례37참조).

따라서 귀하와 같이 선순위 근저당권의 존재로 후순위 임차권의 대항력이 소멸하는 것으로 알고 부동산을 매수하였으나, 그 이후 매각대금을 납부하기 전에 선순위 근저당권이 소멸되어 임차권의 대항력이 존속하는 것으로 변경되었다면 귀하는 위 규정을 근거로 매각허가결정에 대한 취소신청을 함으로써 구제를 받을 수 있을 것으로 보입니다.

■ 매각대금 납부 후 주택임차권에 대항력 있음을 알게 된 매수인이 취할 수 있는 구제방법이 있는지요?

Q 저는 법원의 부동산경매절차에서 매각부동산인 주택 및 대지에 대하여 매각허가결정을 받아 그 매각대금을 모두 지급하였고 배당절차만 남겨둔 상태입니다. 그런데 위 부동산에 제1순위로 설정되어 있던 甲의 근저당권이 채무변제로 인하여 매각대금지급기일 직전에 말소되었고, 그보다 후순위로 대항요건(입주와 주민등록전입신고)을 갖춘 乙의 주택임차권(보증금 5,000만원)은 확정일자를 받지 않았으므로 乙이 대항요건을 갖춘 후에 설정된 근저당채권자들에게 매각대금이 모두 배당되고 나면 전혀 배당을 받지 못하게 되었습니다. 그러므로 乙이 경매절차의 매수인인 저에게 대항력을 주장한다면 저는 예기치 않게 乙의 보증금을 변제하여야 하는데 제가 취할 수 있는 구제방법이 있는지요?

A 판례는 "담보권의 실행을 위한 부동산의 입찰절차에 있어서, 주택임대차보호법 제3조에 정한 대항요건을 갖춘 임차권보다 선순위의 근저당권이 있는 경우에는, 낙찰로 인하여 선순위 근저당권이 소멸하면 그 보다 후순위의 임차권도 선순위 근저당권이 확보한 담보가치의 보장을 위하여 그 대항력을 상실하는 것이지만, 낙찰로 인하여 근저당권이 소멸하고 낙찰인이 소유권을 취득하게 되는 시점인 '낙찰대금지급기일 이전'에 선순위 근저당권이 다른 사유로 소멸한 경우에는, 대항력 있는 임차권의 존재로 인하여 담보가치의 손상을 받을 선순위 근저당권이 없게 되므로 임차권의 대항력이 소멸하지 아니한다."라고 하였습니다 (대법원 1996. 2. 9. 선고 95다49523 판결, 1998. 8. 24.자 98마1031 결정, 2003. 4. 25. 선고 2002다70075 판결).

따라서 위 사안에서 乙도 경매절차의 매수인인 귀하에 대하여 대항력을 주장할 수 있습니다.

그러므로 선순위 근저당권의 존재로 후순위 임차권의 대항력이 소멸하는 것으로 알고 부동산을 경매절차에서 매수하였으나, 그 이후 선순위 근저당권의 소멸로 인하여 임차권의 대항력이 존속하는 것으로 변경된 경우에는 매각부동산의 부담이 현저히 증가하게 되므로, 경매절차의 매수인에 대한 구제책이 문제되는데, 이러한 경우 경매절차의 진행 정도에 따라서 구제방법을 구분하여 살펴보아야 할 것입니다.

즉, 매수가격의 신고 후 매각허가결정이 있기 전에는 매각불허가신청을 하여 구제 받아야 할 것이고, 매각허가결정이 있은 후 매각대금납부이전까지는 매각허가결정의 취소신청을 할 수 있습니다(민사집행법 제127조 제1항, 대법원 1998. 8. 24.자 98마1031 결정).

그러나 매각대금이 납부된 이후에는 경매절차의 매수인은 매각대금의 납부로 소유권을 취득하게 되므로(민사집행법 제135조), 매각불허가신청 또는 매각허가결정의 취소를 구할 수는 없다고 보아야 할 것입니다.

그런데 「민법」 제575조는 "매매의 목적물인 부동산에 '등기된 임대차계약이 있는 경우'에 매수인이 이를 알지 못한 때에는 이로 인하여 계약의 목적을 달성할 수 없는 경우에 한하여 매수인은 계약을 해제할 수 있고. 기타의 경우에는 손해배상만을 청구할 수 있고, 그 권리는 매수인이 그 사실을 안 날로부터 1년 내에 행사하여야 한다."라고 규정하고 있고, 또한 같은 법 제578조는 경매의 경우에도 위 규정에 의하여 계약의 해제와 대금의 감액을 청구할 수 있고, 채무자의 자력이 없는 때에는 경락인은 대금의 배당을 받은 채권자에 대하여 그 대금전부나 일부의 반환을 청구할 수 있으나, 손해배상은 채무자가 물건 또는 권리의 흠결을 알고 고지하지 아니하거나 채권자가 이를 알고 경매를 청구한 때에 경락인은 채무자나 채권자에게 청구할 수 있다고 규정하고 있습니다.

그러므로 선순위 근저당권의 존재로 후순위 임차권의 대항력이 소멸하는 것으로 알고 부동산을 매수하였으나, 그 이후 선순위 근저당권의 소멸로 인하여 임차권의 대항력이 존속하는 것으로 변경된 경우에도 위 규정을 유추적용 하여야 할 것으로 보이는데, 이러한 담보책임은 경매절차의 매수인이 경매절차 밖에서 별소(別訴)에 의하여 채무자 또는 채권자를 상대로 추급하는 것이 원칙이라고 할 것이나, 아직 배당이 실시되기 전이라면, 이러한 때에도 경매절차의 매수인으로 하여금 배당이 실시되는 것을 기다렸다가 경매절차 밖에서 별소에 의하여 담보책임을 추급하게 하는 것은 가혹하므로, 이 경우 경매절차의 매수인은 민사소송법 제613조(현행 민사집행법 제96조)를 유추적용 하여 집행법원에 대하여 경매에 의한 매매계약을 해제하고 납부한 매각대금의 반환을 청구하는 방법으로 담보책임을 추급할 수 있다고 하여야 할 것입니다(대법원 1997. 11. 11.자 96그64 결정 참조).

따라서 귀하의 경우에도 배당이 실시되기 이전이라면 집행법원에 대하여 경매에 의한 매매계약을 해제하고 납부한 매각대금의 반환을 청구하는 방법으로 구제를 받아야 할 것이고, 이미 배당이 끝난 후에는 채무자에 대하여 계약을 해제한 후 채무자 또는 채권자에게 부당이득반환을 청구하여야 할 것입니다.

다만, 위와 같은 경우 계약을 해제함이 없이 채무자나 매각대금을 배당 받은 채권자들을 상대로 경매목적물상의 대항력 있는 임차인에 대한 임대차보증금에 상당하는 매각대금의 전부나 일부를 부당이득 하였다고 하여 바로 그 반환을 구할 수 있는 것은 아님을 유의하여야 할 것입니다(대법원 1996. 7. 12. 선고 96다7106 판결).

매수인은 부동산을
어떻게 취득하나요?

제6장 매수인은 부동산을 어떻게 취득하나요?

1. 매수인의 부동산 취득

1-1. 소유권 등 권리의 취득

1-1-1. 매각대금 지급에 따른 매각 목적인 권리의 취득

① 법원에서 정한 매각대금지급기한까지 매각대금을 지급하면 매수인이 종전의 소유자를 상대로 등기절차를 밟지 않더라도 매각의 목적인 권리를 취득합니다(민사집행법 제135조 및 민법 제187조 본문).

② 그러나 등기를 하지 않으면 부동산을 처분할 수 없으므로, 부동산의 소유권 등 권리를 취득했다면 그에 대한 등기를 하는 것이 좋습니다(민법 제187조 단서).

③ 매각의 목적인 권리는 전세권, 지상권 등 다양할 수 있지만, 소유권이 그 대부분을 차지하고 있습니다. 따라서 아래에서는 매각으로 인해 취득할 수 있는 권리 중 소유권을 중점적으로 살펴보겠습니다.

1-1-2. 등기촉탁의 신청

① 매각대금이 지급되면 법원서기관·법원사무관·법원주사 또는 법원주사보(이하 "법원사무관 등"이라 함)는 매수인 앞으로 소유권을 이전하는 등기(소유권이전등기)와 매수인이 인수하지 않은 부동산의 부담에 관한 기입 및 경매개시결정등기를 말소하는 등기(말소등기)를 등기관에 촉탁합니다(민사집행법 제144조제1항).

② 등기촉탁을 위해 매수인은 다음의 서류를 법원사무관 등에 제출해야 합니다[부동산 등에 대한 경매절차 처리지침 제52조제2항, 제52조의2 및 제54조].

- 부동산소유권이전등기 촉탁신청서 1부
- 부동산목록 4통
- 부동산 등기사항증명서 1통
- 토지대장 등기사항증명서 1통
- 건축물대장 등기사항증명서 1통
- 주민등록등본 1통
- 등록세 영수증: 이전, 말소

- 대법원수입증지: 이전 9,000원, 말소 1건당 2,000원(토지, 건물 각각임)
- 말소할 사항(말소할 각 등기를 특정할 수 있도록 접수일자와 접수번호) 4부
- 등기필증 우편송부신청서(매수인이 우편에 의해 등기필증을 송부받길 원하는 경우에 한함)
- 매수인이 수인인 경우에는 등기필증 수령인 1인을 제외한 나머지 매수인들의 위임장 및 인감증명서

③ 법인등기부등(초)본, 주민등록등(초본), 토지대장 및 건물대장 등기사항증명서는 발행일로부터 3개월 이내의 것이어야 합니다. 또한, 등록세 영수필확인서 및 통지서에 기재된 토지의 시가표준액 및 건물의 과세표준액이 각 500만원 이상인 경우에는 국민주택채권을 매입하고 그 주택채권발행번호를 기재해야 합니다.

④ 말소등기 및 소유권이전등기에 드는 비용은 매수인이 부담합니다(민사집행법 제144조제3항).

■ 경매로 인해 부동산과 함께 종전의 영업자의 지위까지도 승계되는 경우가 있나요?

Q 경매로 인해 부동산과 함께 종전의 영업자의 지위까지도 승계되는 경우가 있나요?

A 경매를 통해 부동산 등의 영업시설·설비를 전부 인수한 경우에는 부동산 등 해당 영업시설·설비에 대한 소유권 외에도 법령에 의해 종전의 영업자의 지위까지 매수인에게 승계될 수 있습니다.

영업시설·설비의 전부 인수로 종전의 영업자의 지위가 승계되는 경우는 다음과 같습니다.

1. 「건강기능식품에 관한 법률」에 따른 영업자(제11조제2항)
2. 「건설폐기물의 재활용촉진에 관한 법률」에 따른 건설폐기물처리업자 (제 44조제4호)
3. 「게임산업진흥에 관한 법률」에 따른 영업자(제29조제3항)
4. 「공중위생관리법」에 따른 공중위생영업자(제3조의2제2항)
5. 「관광진흥법」에 따른 관광사업자(제8조제2항제1호)
6. 「도시가스사업법」에 따른 도시가스사업자(제7조제2항)
7. 「먹는물관리법」에 따른 먹는물관련영업자(제25조제2항제1호)
8. 「사료관리법」에 따른 제조업자(제9조제2항)
9. 「석유 및 석유대체연료 사업법」에 따른 석유정제업자(제2조제4호)
10. 「석탄산업법」에 따른 석탄가공업자(제20조제2항)
11. 「소방시설공사업법」에 따른 소방시설업자(제7조제2항)
12. 「소방시설 설치·유지 및 안전관리에 관한 법률」에 따른 방염업자, 소방시설관리업자(제32조제2항)
13. 「소음·진동관리법」에 따른 사업자(제10조제2항)
14. 「물환경보전법」에 따른 사업자, 폐수처리업자(제36조제2항 및 제65조제2항)
15. 「식품·의약품분야 시험·검사 등에 관한 법률」에 따른 식품 등 시험·검사기관 운영자(제6조제2항제1호)
16. 「액화석유가스의 안전관리 및 사업법」에 따른 액화석유가스 충전사업자, 액화석유가스 집단공급사업자, 액화석유가스 판매사업자, 가스용품 제조사업자 및 액화석유가스 저장자(제2조)

17. 「어장관리법」에 따른 어장정화·정비업 등록자(19조제2항제1호)
18. 「소금산업 진흥법」에 따른 소금제조업자(제25조제2항제1호)
19. 「음악산업진흥에 관한 법률」에 따른 음반·음악영상물제작업자, 음반·음악영상물배급업자 및 노래연습장업자(제23조제2항)
20. 「응급의료에 관한 법률」에 따른 이송업자(제54조제2항)

1-2. 부동산 세금의 납부

2-1-1. 세금의 납부

경매를 통해 부동산을 취득한 경우에는 그에 따른 취득세, 인지세, 지방교육세 및 농어촌특별세 등을 납부해야 합니다.

2-1-2. 취득세

① 취득세 산식

1) 취득세는 부동산의 취득에 대해서 부과되는 지방세로 다음과 같이 산정합니다(지방세법 제8조제1항, 제10조제1항 및 제11조제1항).

취득세 = 부동산 취득 당시의 가액 × 취득세의 표준세율

2) 취득세의 표준세율은 1000분의 40(농지는 1000분의 30)입니다(지방세법 제11조제1항제7호).

② 취득세의 감면

1) 지방자치단체의 장은 조례로 정하는 바에 따라 취득세의 세율을 표준세율의 100분의 50 범위에서 가감할 수 있습니다(지방세법 제14조).

2) 유상거래를 원인으로 2013년 1월 1일부터 2013년 6월 30일까지 취득한 주택이 다음 어느 하나에 해당하는 경우 위의 취득세 산식에 따라 산출된 취득세를 경감받습니다(지방세특례제한법 제40조의2제1항 및 동법 시행령 제17조의2).

취득 당시의 주택 가액	감경 정도	감경되는 경우
9억원 이하	산출한 취득세의 100분의 75을 감경	1. 1주택이 되는 경우 2. 이사, 근무지의 이동, 본인이나 가족의 취학, 질병의 요양 및 그 밖의 사유로 인해서 다른 주택을 취득했으나 종전의 주택을 처분하지 못해 일시적 2주택이 되는 경우 ※ 위의 2.에 해당하는 경우, 정당한 사유 없이 그 취득일부터 3년 이내에 1주택으로 되지 않으면 경감된 취득세의 3분의 1을 추징함.
9억원 초과 12억원 이하	산출한 취득세의 100분의 50을 감경	1. 1주택이 되는 경우 2. 이사, 근무지의 이동, 본인이나 가족의 취학, 질병의 요양 및 그 밖의 사유로 인해서 다른 주택을 취득했으나 종전의 주택을 처분하지 못해 일시적 2주택이 되는 경우 3. 12억원 이하의 주택을 취득하여 2 외의 다주택자가 되는 경우(9억원 이하의 주택 포함)

12억원 초과	산출한 취득세의 100분의 25를 감경	제한 없음

3) 유상거래를 원인으로 2013년 7월 1일부터 2013년 12월 31일까지 취득 당시의 가액이 9억원 이하인 주택을 취득해 1주택이 되거나, 대통령령으로 정하는 일시적 2주택이 되는 경우에는 위의 취득세 산식에 따라 산출 된 취득세의 100분의 50을 경감받습니다(지방세특례제한법 제40조의2제2항 및 동법 시행령 제17조의2).

4) 다만, 일시적 2주택으로 취득세를 경감받고 정당한 사유 없이 그 취득일부터 3년 이내 1주택이 되지 않은 경우 경감받은 취특세는 추징됩니다(지방세특례제한법 제40조의2제2항 단서).

5) 취득세 감면 내용은 2013년 1월 1일 이후 최초로 취득한 경우부터 적용됩니다(지방세특례제한법 부칙<법률11716호> 제2호).

2-1-3. 인지세

인지세는 부동산의 취득과 관련해서 계약서와 그 밖에 이를 증명하는 증서를 작성하는 경우에 부과되는 세금으로 다음과 같이 산정합니다(인지세법 제1조, 제3조 및 동법 시행규칙 제3조).

기 재 금 액	세 액
1천만원 초과 ~ 3천만원 이하	2만원
3천만원 초과 ~ 5천만원 이하	4만원
5천만원 초과 ~ 1억원 이하	7만원
1억원 초과 ~ 10억원 이하	15만원
10억원 초과	35만원

2-1-4. 지방교육세 및 농어촌특별세

① 이 외에도 부동산 취득에 따른 지방교육세(지방세법 제151조)와 농어촌특별세(조세특례제한법, 관세법, 지방세법 및 지방세특례제한법에 따라 감면을 받는 취득세 또는 등록면허세의 100분의 20에 해당하는 금액 또는 지방세법 제10조 및 제11조의 표준세율을 100분의 2로 적용해서 지방세법, 지방세특례제한법 및 조세특례제한법에 따라 산출한 취득세액의 100분의 10에 해당하는 금액)가 부과됩니다(농어촌특별세법 제5조).

② 지방세법 제6조의 적용 대상이 되는 농지 및 임야에 대한 취득세를 납부하는 경우에는 농어촌특별세가 부과되지 않습니다(농어촌특별세법 제4조제10호).

■ 경매로 취득한 부동산의 등기를 하려고 하는데 직접 등기소에 가서 처리해야 하나요?

Q 경매로 취득한 부동산의 등기를 하려고 하는데 직접 등기소에 가서 처리해야 하나요?

A 매수인(경매받은 자)이 직접 등기소에 가서 소유권이전등기를 할 필요가 없습니다. 매각대금을 지급하면 법원서기관, 법원사무관, 법원주사 또는 법원주사보가 매수인 앞으로 소유권을 이전하는 소유권이전등기와 매수인이 인수하지 않은 부동산의 부담에 관한 기입 및 경매개시결정등기를 말소하는 말소등기를 등기관에 촉탁합니다. 소유권이전등기 및 말소등기에 드는 비용은 매수인이 부담합니다.
등기촉탁을 위해서 필요한 다음의 서류는 매수인이 법원서기관, 법원사무관, 법원주사 또는 법원주사보에게 제출해야 합니다.

① 부동산소유권이전등기 촉탁신청서 1부
② 부동산 목록 4통
③ 부동산등기부 등본 1통
④ 토지대장 등본 1통
⑤ 건축물대장 등본 1통
⑥ 주민등록 등본 1통
⑦ 이전등록세 영수증, 말소등록세 영수증
⑧ 대법원 수입증지: 이전은 9,000원, 말소는 1건당 2,000원(토지, 건물 각각임)
⑨ 말소할 사항(말소할 각 등기를 특정할 수 있는 접수일자와 접수번호를 기재) 4부
⑩ 등기필증 우편송부신청서(매수인이 우편으로 등기필증을 받고 싶은 경우에 한함)
⑪ 매수인이 여러 명인 경우에는 등기필증 수령인 1인을 제외한 나머지 매수인들의 위임장 및 인감증명서
⑫ 국민채권 발행번호

♨ 관련판례

경락대금을 완납한 경락인은 「민사소송법」 제661조제1항의 규정에 의하여 경매법원이 경락된 부동산에 대하여 경락인 앞으로의 소유권이전등기를 촉탁함으로써 소유권이전등기를 경료받을 수 있는 것이므로 굳이 종전 소유자 등을 상대로 경락을 원인으로 한 소유권이전등기절차의 이행을 소구할 이익이 없다(대법원 1999. 7. 9. 선고 99다17272 판결).

■ 아파트 경매로 인한 소유권 변동시 낙찰자가 새로운 소유자로 소유권을 행사하는지요?

Q 아파트 경매로 인한 소유권 변동시 낙찰자가 새로운 소유자로 소유권을 행사하는지요? 또 아파트 관리비에 대한 납부책임 낙찰일로부터 발생하는지요?

A 주택법 제45조에 따라 입주자 및 사용자는 해당 공동주택의 관리비를 관리주체에게 납부하여야 하며, 주택법시행령 제58조에 따른 관리비의 세대별부담액산정방법, 징수, 보관, 예치 및 사용절차와 공동주택의 관리책임 및 비용부담에 관하여는 같은 법 시행령 제57조제1항제11호 및 제18호에 따라 관리규약으로 정하는 것이며, 같은 법 제44조제3항에 의거 관리규약은 입주자의 지위를 승계한 자에 대하여도 효력이 있으며, 해당 공동주택의 구분소유권을 취득(특별승계 포함)한 입주자는 같은 법 제44조제3항에 의거 관리비 납부 등에 관한 사항은 해당 공동주택의 관리규약을 준수하여야 하는 것입니다.

참고로 법률 제6916호(2003.5.29)에 의거 주택법 제44조의 규정이 신설 시행(2003.11.30.)되기 이전에 "특별승계인은 공용부분에서 발생한 관리비는 승계하여야 한다" 라는 2001.9.20. 대법원 판례(선고 2001다8677)를 참고하시기 바랍니다.

2. 소유권 방어를 위한 조치

2-1. 소유권 방어를 위한 조치

2-1-1. 부동산 관리명령

법원의 매각허가결정이 선고된 후 매각대금을 지급하기 전까지 사이에 채무자·소유자 또는 점유자가 해당 부동산을 훼손하는 등 그 가치를 감소시키는 행위를 하면 매수인은 예상치 못한 손해를 볼 수 있습니다. 이런 경우에 매수인 또는 채권자는 법원에 부동산 관리명령을 신청해서 관리인에게 부동산의 관리를 맡길 수 있습니다(민사집행법 제136조제2항).

2-1-2. 관리명령의 신청인

관리명령은 매수인 또는 채권자가 신청할 수 있습니다.

2-1-3. 관리명령의 신청기간

관리명령의 신청은 법원의 매각허가결정이 선고된 뒤부터 그 부동산을 인도받을 때까지 할 수 있습니다(민사집행법 제136조제2항).

2-1-4. 관리명령의 집행

① 법원의 관리명령으로 선임된 관리인은 매수인이 해당 부동산을 인도할 때까지 그 부동산을 관리합니다.

② 채무자·소유자 또는 점유자가 관리명령에 따르지 않는 등 부동산의 관리를 위해 필요한 경우에 법원은 매수인 또는 채권자의 신청에 따라 담보를 제공하게 하거나 제공하게 하지 않고 인도명령에 준하는 명령을 할 수 있습니다(민사집행법 제136조제3항).

[서식 예] 부동산관리명령신청서

부동산관리명령신청

신청인(매수인)· ○○○(주민등록번호)

　　　　　　　　○○시 ○○구 ○○길 ○○(우편번호)

　　　　　　　　전화·휴대폰번호:

　　　　　　　　팩스번호, 전자우편(e-mail)주소:

피신청인(채무자)　◇◇◇(주민등록번호)

　　　　　　　　○○시 ○○구 ○○길 ○○(우편번호)

　　　　　　　　전화·휴대폰번호:

　　　　　　　　팩스번호, 전자우편(e-mail)주소:

신 청 취 지

○○지방법원 20○○타경○○○호 부동산강제경매사건에 관하여 귀원 소속 집행관 그 밖의 적당한 자를 관리인으로 선임하고, 위 관리인에게 채무자 소유의 별지목록 기재 부동산의 관리를 명한다.

라는 재판을 구합니다.

신 청 원 인

1. 신청인(매수인)은 ○○지방법원 20○○타경○○○호 부동산강제경매절차에서 별지목록 기재 부동산을 매수한 매수인입니다.
2. 신청인은 20○○. ○. ○. 매각기일에 별지목록 기재 부동산의 최고가매수인이 되었고, 20○○. ○○. ○. 매각결정기일에 매각허가결정을 받았습니다.
3. 그런데 대금지급기한은 20○○. ○○. ○○.이고, 신청인은 아직 대금을 지급하지 않고 있는 상태인데, 별지목록 기재 부동산을 점유하고 있는 피신청인은 별지목록 기재 부동산을 훼손하고 있으므로 귀원 소속 집행관 그 밖의 적당한 자를 관리인으로 선임하고, 위 관리인에게 채무자 소유의 별지목록 기재 부동산을 관리하도록 하여 주실 것을 민사집행법 제136조 제2항에 의하여 신청합니다.

첨 부 서 류

　　　　1. 비용예납서(관리인보수 기타 관리비용)　　1통
　　　　1. 송달료납부서　　　　　　　　　　　　　1통

20○○.　　○.　　○.

위 신청인(매수인)   ○○○ (서명 또는 날인)

○○지방법원 귀중

[별 지]

부동산의 표시

1. ○○시 ○○구 ○○동 ○○ 대 ○○○○㎡
2. 위 지상 철근 콘크리트조 슬래브지붕 4층
   1층 299.66㎡
   2층 299.66㎡
   3층 299.66㎡
   4층 299.66㎡
   지하층 299.66㎡. 끝.

2-2. 부동산 인도명령

2-2-1. 인도명령

① 매수인이 매각대금을 지급하고 유효한 소유권을 취득했음에도 불구하고 채무자나 점유자가 해당 부동산을 계속 점유하고 있으면 예상치 못한 손해를 볼 수 있습니다. 이런 경우에 매수인은 법원에 부동산 인도명령을 신청해서 채무자·전소유자 또는 점유자로부터 그 부동산을 회복할 수 있습니다(민사집행법 제136조제1항 본문).

② 그러나 점유자가 매수인에게 대항할 수 있는 권원에 의해 점유하고 있는 것으로 인정되는 경우(예를 들어, 대항력을 갖춘 임차인 등)에는 인도명령을 신청할 수 없습니다(민사집행법 제136조제1항 단서).

2-2-2. 인도명령의 신청인

① 인도명령은 매수인, 매수인의 상속인이나 합병회사와 같은 매수인의 일반승계인이 신청할 수 있습니다.

② 그러나 매매 등을 원인으로 매수인으로부터 소유권을 이전받은 특별승계인은 인도명령을 신청할 수 없습니다. 인도청구는 매수인에게 허용되는 경매절차상의 권리에 속하는 것이기 때문입니다(대법원 1966. 9. 10. 자 66마713 결정).

2-2-3. 인도명령의 신청기간

인도명령의 신청은 매각대금을 낸 뒤 6개월 이내에만 할 수 있습니다(「민사집행법」 제136조제1항).

2-2-4. 인도명령의 집행

① 법원의 인도명령이 있으면 채무자·소유자 또는 점유자는 해당 부동산을 매수인에게 인도해야 합니다.

② 채무자·소유자 또는 점유자가 인도명령에 따르지 않으면 매수인 등은 집행관에게 그 집행을 위임할 수 있습니다(민사집행법 제136조제6항).

[서식 예] 부동산인도명령신청서

부동산인도명령신청

신청인(매수인)　　○○○(주민등록번호)
　　　　　　　　　　○○시 ○○구 ○○길 ○○(우편번호)
　　　　　　　　　　전화·휴대폰번호:
　　　　　　　　　　팩스번호, 전자우편(e-mail)주소:

피신청인(채무자)　　◇◇◇(주민등록번호)
　　　　　　　　　　○○시 ○○구 ○○길 ○○(우편번호)
　　　　　　　　　　전화·휴대폰번호:
　　　　　　　　　　팩스번호, 전자우편(e-mail)주소:

신 청 취 지

○○지방법원 20○○타경○○○○호 부동산강제경매사건에 관하여 피신청인은 신청인에게 별지목록 기재 부동산을 인도하라.
라는 재판을 구합니다.

신 청 이 유

1. 신청인은 ○○지방법원 20○○타경○○○○호 부동산강제경매사건의 경매절차에서 별지목록 기재 부동산을 매수한 매수인으로서 20○○. ○. ○. 매각허가결정을 받았고, 20○○. ○○. ○. 에 매각대금을 전부 납부하여 소유권을 취득하였습니다.
2. 그렇다면 위 경매사건의 채무자인 피신청인은 별지목록 기재 부동산을 신청인에게 인도하여야 할 의무가 있음에도 불구하고 신청인의 별지목록 기재 부동산인도청구에 응하지 않고 있습니다.
3. 따라서 신청인은 매각대금 납부로부터 6월이 지나지 않았으므로 피신청인으로부터 별지목록 기재 부동산을 인도 받기 위하여 이 사건 인도명령을 신청합니다.

첨 부 서 류

　　　　1. 대금납부확인서　　　　　　　　1통
　　　　1. 송달료납부서　　　　　　　　　1통

　　　　　　　20○○. ○. ○.
　　　위 신청인(매수인)　○○○ (서명 또는 날인)

○○지방법원　귀중

[별 지]

부동산의 표시

1. ○○시 ○○구 ○○동 ○○ 대 ○○○○㎡
2. 위 지상 철근 콘크리트조 슬래브지붕 4층
   1층 299.66㎡
   2층 299.66㎡
   3층 299.66㎡
   4층 299.66㎡
   지하층 299.66㎡. 끝.

[서식 예] 즉시항고장(부동산인도명령에 대한)

즉 시 항 고 장

항고인(피신청인)   ○○○(주민등록번호)
                  ○○시 ○○구 ○○길 ○○(우편번호)
                  전화·휴대폰번호:
                  팩스번호, 전자우편(e-mail)주소:

피항고인(신청인)   ◇◇◇(주민등록번호)
                  ○○시 ○○구 ○○길 ○○(우편번호)
                  전화·휴대폰번호:
                  팩스번호, 전자우편(e-mail)주소:

  위 당사자 사이의 ○○지방법원 20○○타기○○○호 부동산인도명령에 대하여 항고인은 불복하므로 즉시 항고합니다.

원재판의 표시

1. 피신청인은 신청인에게 별지목록 기재 부동산을 인도하라.

항 고 취 지

원 결정을 취소하고 다시 상당한 재판을 구합니다.

항 고 이 유

1. 신청인은 ○○지방법원 20○○타경○○○호 부동산담보권실행을 위한 경매사건에서 별지목록 기재 부동산을 매수하여 그 정당한 소유자임에 틀림없으나, 항고인이 점유하고 있는 건물은 지번은 동일하지만 경매에서 제외된 부동산으로 현재 미등기인 상태이기 때문에 신청인이 매수한 물건이 아닙니다.
2. 따라서 항고인은 신청인으로부터 인도명령을 받을 아무런 이유가 없으므로 이에 불복하여 항고합니다.

입 증 방 법

　1. 갑제 1호증의 1   경매된 벽돌조 슬라브지붕 단층주택 사진
　1. 갑제 1호증의 2   경매된 목조기와지붕단층주택 사진
　1. 갑제 1호증의 3   항고인이 현재 거주하고 있는 주택 사진

첨 부 서 류

1. 위 입증방법   각 1통
1. 항고장부본   1통
1. 송달료납부서   1통

20○○.   ○.   ○.

위 항고인 ○○○ (서명 또는 날인)

○○지방법원 귀중

■ 참 고 ■

제출법원	집행법원	제출기간	재판을 고지 받은 날부터 1주의 불변기간 이내(민사집행법 제15조제2항)
제출부수	신청서 1부	관련법규	민사집행법 제136조제5항
불복절차 및 기간	\- 재항고(민사집행법 제23조제1항, 민사소송법 제442조) \- 즉시항고에 대한 재항고도 즉시항고이므로 결정문정본을 수령한 날로부터 1주 이내 재항고하여야 함 즉시항고에 관한 규정이 준용되므로, 재판을 고지받은 날부터 1주 이내에 원심(항고)법원에 재항고장을 제출하여야 하고, 재항고장에 이유를 적지 아니한 때에는 재항고장을 제출한 날부터 10일 이내에 원심(항고)법원에 재항고이유서를 제출하여야 한다(대법원 2004.9.13.자 2004마505 결정, 민사집행법 제15조)		
비 용	\- 인지액 : 2,000원(☞민사접수서류에 붙일 인지액) \- 송달료 : 당사자수(항고인, 상대방)×3,700원(우편료)×5회분		
기 타	\- 인도명령에 기한 집행이 이미 마쳐진 경우라면 항고의 이익이 없 게 됨(대법원 2005. 11. 14.자 2005마950 결정).		

■ 법원의 인도명령결정 전에 점유자가 제3자에게 그 점유를 이전하면 어떻게 처리해야 하나요?

Q 법원의 인도명령결정 전에 점유자가 제3자에게 그 점유를 이전하면 어떻게 처리해야 하나요?

A 인도명령을 신청한 후 법원이 인도명령을 결정하기 전에 현 점유자가 제3자에게 그 점유를 이전하면 인도명령의 상대방이 달라지므로 인도명령은 그 효력을 잃게 됩니다. 이 경우에는 매각대금을 낸 뒤 6개월 이전이라면 새로운 점유자를 상대방으로 해서 인도명령을 다시 신청할 수 있으며, 매각대금을 낸 뒤 6개월 이후라면 새로운 점유자를 상대방으로 해서 명도소송을 제기해야 합니다. 그러나 이 방법은 모두 시간과 비용이 더 들기 때문에 매수인의 입장에서는 어느 정도의 손해를 감수해야 합니다.

이를 방지하기 위해 인도명령을 신청하거나 명도소송을 제기할 때는 부동산 점유이전금지가처분을 함께 신청하는 것이 좋습니다. 부동산 점유이전금지가처분을 신청하면 현 점유자가 제3자에게 점유를 이전하는 것이 금지되므로 그 실효성을 확보하는데 도움이 될 수 있습니다(「민사집행법」 제300조제1항).

부동산 점유이전금지가처분 신청은 인도명령이나 명도소송을 관할하는 법원 또는 다툼의 대상이 있는 곳을 관할하는 지방법원에 하면 됩니다(「민사집행법」 제303조).

☜ 관련판례 1

채무자가 동생 소유의 아파트에 관하여 근저당권을 설정하고 대출을 받으면서 채권자에게 자신은 임차인이 아니고 위 아파트에 관하여 일체의 권리를 주장하지 않겠다는 내용의 확인서를 작성하여 준 경우, 그 후 대항력을 갖춘 임차인임을 내세워 이를 낙찰받은 채권자의 인도명령을 다투는 것은 금반언 및 신의칙에 위배되어 허용되지 않는다고 본 사례(대법원 2000. 1. 5. 자 99마4307 결정).

☜ 관련판례 2

본조에 규정된 경매부동산의 인도청구는 경락인에게 허용된 경매절차상의 권리에 속하는 것이므로 제3자가 경락인으로부터 경락부동산의 소유권을 취득하였다 하더라도 그 제3자가 승계를 이유로 위 법조에 규정된 인도청구를 할 수 없다(대법원 1966. 9. 10. 자 66마713 결정).

■ 채무자인 처에 대한 부동산인도명령의 공동점유자인 남편의 점유를 배제할 수 있는지요?

Q 甲은 경매절차에서 주택을 매수하여 그 대금을 모두 납부하고 소유권이전등기까지 마친 뒤 경매절차의 채무자인 乙에 대한 부동산인도명령을 받았습니다. 그런데 매각부동산의 점유자는 乙의 남편 丙이 점유하고 있는바, 乙에 대한 부동산인도명령의 집행으로 그 부동산의 공동점유자인 남편 丙의 점유를 배제할 수 있는지요?

A 민사집행법 제136조 제1항은 "법원은 매수인이 대금을 낸 뒤 6월 이내에 신청하면 채무자·소유자 또는 부동산 점유자에 대하여 부동산을 매수인에게 인도하도록 명할 수 있다. 다만, 점유자가 매수인에게 대항할 수 있는 권원에 의하여 점유하고 있는 것으로 인정되는 경우에는 그러하지 아니하다."라고 규정하고 있습니다.

그런데 채무자에 대한 부동산인도명령의 집행력이 미치는 인적 범위에 관하여 판례는 "인도명령의 상대방은 경매목적물의 소유자나 채무자 이외에도 경락허가결정후의 일반승계인, 경매개시결정에 인한 압류의 효력발생 후의 특정승계인 및 불법점유자를 포함한다."라고 하였습니다(대법원 1973. 11. 30.자 73마734 결정).

또한 "부동산의 인도명령의 상대방이 채무자인 경우에 그 인도명령의 집행력은 당해 채무자는 물론 채무자와 한 세대를 구성하며 독립된 생계를 영위하지 아니하는 가족과 같이 그 채무자와 동일시되는 자에게도 미친다."라고 하면서 "근저당권의 채무자인 처에 대한 적법한 부동산인도명령의 집행 당시 대항력을 갖춘 임차권자가 아니고, 또한 처와 같은 세대를 구성하면서 그 부동산을 공동점유하고 있었던 남편의 공동점유를 본인의 의사에 반하여 배제하였다고 하여 이를 곧 점유의 위법한 침탈이라고 할 수는 없다."라고 하였습니다(대법원 1998. 4. 24. 선고 96다30786 판결, 1998. 6. 26. 선고 98다16456, 16463 판결).

따라서 위 사안에 있어서도 甲은 乙에 대한 인도명령에 기하여 丙의 점유를 배제할 수 있을 것으로 보입니다.

⚖ 관련판례

부동산인도명령이 경락인(낙찰자)에게 실체상의 권리 이상의 권리를 부여하는 것일 수는 없다는 점에서 채무자나 소유자라도 실체상의 점유권원을 가지는 경우에는 「민사소송법」 제647조제1항 단서를 유추적용하여 경락인(낙찰자)의 인도명령신청을 거절할 수 있다고 할 것인바, 매도인은 그 매매의 효과로서 매수인에 대하여 그 매도 부분에 관한 점유이전의무를 지므로 경락인이 대금납부 후 소유자, 채무자 기타 인도명령의 상대방이 될 수 있는 점유자에게 매매 등 소유권을 양도하는 행위를 한 경우에는 인도명령을 신청할 수 없다고 해석하여야 하고, 그럼에도 불구하고 부동산인도명령을 발하기 위해서는 그 매매계약이 해제되었다는 등 그 점유권원이 소멸된 사실이 인정되어야 할 것이며, 그 점유권원이 소멸되었다는 사실은 인도명령의 신청인이 입증하여야 한다(대법원 1999. 4. 16. 자 98마3897 결정).

2-3. 명도소송

2-3-1. 명도소송

① 인도명령 신청기간(매각대금을 낸 뒤 6개월 이내)이 지나거나 채무자·소유자 또는 점유자 등 인도명령 대상 이외의 사람이 해당 부동산을 점유하고 있는 경우에 매수인은 명도소송을 제기해서 그 부동산을 회복할 수 있습니다.

② 매각대금을 낸 뒤 6개월 이내에 인도명령 대상을 상대로 명도소송을 제기하는 것도 가능하지만 명도소송을 제기하는 것이 인도명령을 신청하는 것에 비해 시간과 비용이 더 든다는 점을 고려해야 합니다.

2-3-2. 명도소송의 제기권자

명도소송은 매수인, 매수인의 상속인이나 합병회사와 같은 매수인의 일반승계인이 제기할 수 있습니다.

2-3-3. 명도소송의 제기기간

인도명령과 달리 명도소송은 그 제기기간에 제한이 없습니다.

2-3-4. 명도소송의 집행

명도소송판결이 내려지고 집행문이 부여되면 강제집행을 해서 해당 부동산의 점유를 이전받을 수 있습니다(민사집행법 제24조 및 제30조제1항).

3. 소유권 방어 예시

3-1. 법정지상권이 있는 건물을 매수한 경우

① 일반적으로 토지와 건물을 함께 매수하는 것이 그 효용가치가 더 높고, 분쟁발생 확률도 낮을 뿐만 아니라 제3자에 대한 매매 등도 비교적 쉽게 이루어질 수 있습니다. 법정지상권이 설정된 건물은 그 처분 등이 어려울 수 있으므로 입찰에 참여하기 전에 이를 조사한 후 입찰 여부를 판단하는 것이 좋습니다.

② 법정지상권

법정지상권이란 토지와 그 지상건물이 각각 다른 소유자에게 속한 경우에 건물소유자가 토지를 사용할 수 있는 권리를 말합니다. 법정지상권은 다음의 경우에 인정됩니다.

– 대지와 건물이 동일한 소유자에게 속한 경우에 건물에 대해서만 전세권

을 설정한 후 대지소유자가 변경된 경우: 이 경우 대지소유자의 특별승계인은 전세권설정자에 대해 지상권을 설정한 것으로 봅니다(민법 제305조 제1항).

- 저당물의 경매로 인해 토지와 그 지상건물이 다른 소유자에게 속한 경우: 이 경우 토지소유자는 건물소유자에 대해 지상권을 설정한 것으로 봅니다(민법 제366조).

- 토지와 그 위의 건물이 동일한 소유자에게 속한 경우에 그 토지나 건물에 대해 담보권 실행(가등기담보 등에 관한 법률 제4조제2항)을 통해 소유권을 취득하거나 담보가등기에 따른 본등기가 행해진 경우: 이 경우 건물의 소유를 목적으로 그 토지 위에 지상권이 설정된 것으로 봅니다(가등기담보 등에 관한 법률 제10조).

- 입목의 경매나 그 밖의 사유로 인해 토지와 그 입목이 각각 다른 소유자에게 속하게 된 경우: 이 경우 토지소유자는 입목소유자에 대해 지상권을 설정한 것으로 봅니다(입목에 관한 법률 제6조제1항).

- 동일한 소유자의 토지와 건물 중 어느 하나가 매매, 경매 등을 원인으로 해서 소유자가 달라진 경우: 이 경우 그 건물을 철거한다는 등의 특약이 없는 한 토지소유자는 건물소유자에 대해 지상권을 설정한 것으로 봅니다(대법원 2002. 6. 20. 선고 2002다9660 전원합의체 판결, 대법원 1999. 11. 23. 선고 99다52602 판결).

③ 법정지상권의 존속기간은 석조·석회조·연와조 또는 이와 유사한 견고한 건물인 경우에는 30년, 그 외의 건물인 경우에는 15년을 최단기간으로 봅니다(민법 제280조제1항제1호 및 제2항).

④ 법정지상권은 따로 등기하지 않아도 되지만, 추후 이를 처분하려면 등기를 해야 합니다(민법 제187조).

⑤ 토지와 별개로 건물만 매수했다면 그 건물에 법정지상권이 설정되어 건물의 매수인을 보호해 줍니다. 즉, 매수인은 토지소유자와 별도의 토지이용계약을 하지 않고도 해당 토지를 이용할 수 있습니다. 이 때, 매수인이 이용할 수 있는 토지는 건물이 세워진 토지에 한정되지 않고, 그 건물의 사용을 위해 일반적으로 필요한 건물 주변의 토지를 포함합니다(대법원 1977. 7. 26. 선고 77다921 판결).

⑥ 법정지상권이 설정된 경우에 건물소유자는 토지소유자에게 해당 토지에 대한 사용대가인 지료(地料)를 지급해야 합니다. 지료는 당사자의 합의에 따

르며, 합의가 이루어지지 않으면 법원에 청구해서 정할 수 있습니다(민법 제305조제1항, 제366조 및 가등기담보 등에 관한 법률 제10조).

3-2. 분묘가 있는 토지를 매수한 경우

① 산지 등에 분묘가 있으면 그 토지를 사용하는데 제한이 따를 수 있습니다. 따라서 입찰에 참여하기 전에 해당 토지에 분묘가 있는지와 있다면 몇 기(基)가 있는지, 분묘기지권(墳墓基地權)이 있는지 등을 조사한 후 입찰 여부를 판단하는 것이 좋습니다.

② 분묘가 있는 토지를 매수했다면 우선 그 분묘에 연고자가 있는지를 확인한 후 분묘기지권이 있는지를 살펴보아야 합니다.

③ 분묘기지권이란 분묘를 수호하고 봉제사(奉祭祀)하는 목적을 달성하는 데 필요한 범위 내에서 다른 사람의 토지를 사용할 수 있는 권리로(대법원 2001. 8. 21. 선고 2001다28367 판결) 당사자 사이에 특별한 사정이 없으면 그 분묘가 존속하는 동안 계속 유지됩니다.

④ 분묘기지권이 인정되는 경우에는 분묘 관계자와 이장에 관한 협의를 하는 것이 좋으나, 합의가 어려운 경우에는 분묘가 있는 부분의 땅을 분할해서 분묘 관계자에게 매도하는 방법도 생각해 볼 수 있습니다.

⑤ 연고자가 없는 무연고 분묘이거나 분묘기지권이 없는 분묘인 경우에는 관할 특별자치도·시·군·구청에 개장허가를 신청해서 허가를 받은 후 분묘에 매장된 시신 또는 유골을 개장할 수 있습니다(장사 등에 관한 법률 제27조제1항 및 동법 시행규칙 제18조 참조).

■ **경매로 집을 샀는데, 전 주인이 집을 비워주지 않고 계속 그 집에 살고 있을 경우에 법적으로 해결할 방법이 있을까요?**

Q 경매로 집을 샀는데, 전 주인이 집을 비워주지 않고 계속 그 집에 살고 있어요. 나가라고 말해도 듣지 않는데 법적으로 해결할 방법이 있을까요?

A 법원에 부동산 인도명령 신청과 점유이전금지 가처분 신청을 하면 채무자, 전 소유자 또는 점유자로부터 그 부동산을 회복할 수 있습니다.

◇ 인도명령 신청

인도명령의 신청은 매각대금을 낸 후 6개월 이내에만 할 수 있습니다.

◇ 인도명령 신청이 불가능한 경우

그 부동산 점유자가 대항력을 갖춘 임차인처럼 매수인에게 대항할 수 있는 권원을 가지고 있는 것으로 인정되는 경우

◇ 부동산 점유이전금지 가처분

법원의 인도명령 결정 전에 현 점유자가 제3자에게 점유를 이전하면 그 인도명령은 효력을 잃어 매수인이 손해를 볼 수 있습니다. 인도명령을 신청할 때 부동산 점유이전금지가처분을 함께 신청하면 현 점유자가 제3자에게 점유를 이전하는 것이 금지되므로 실효성을 확보하는 데 도움이 됩니다.

⚖ 관련판례 1

제1, 2순위의 근저당권설정등기 사이에 소유권이전등기청구권 보전의 가등기가 경료된 부동산에 대하여 위 제1순위 근저당권의 실행을 위한 경매절차에서 매각허가결정이 확정되고 매각대금이 완납된 경우 위 가등기 및 그에 기한 본등기상의 권리는 모두 소멸하고, 위 각 등기는 「민사집행법」 제144조제1항제2호에 규정된 매수인이 인수하지 아니한 부동산의 부담에 관한 기입에 해당하여 말소촉탁의 대상이 되며, 이와 같은 매각허가결정의 확정으로 인한 물권변동의 효력은 그에 관한 등기에 관계없이 이루어지는 것이다. 그리고 소유권이전등기청구권 보전의 가등기 및 그에 기한 본등기의 말소등기절차의 이행을 구하는 소송 도중에 위 각 등기가 경료된 부동산에 대하여 매각허가결정이 확정되고 매각대금이 완납됨으로써 위 각 등기상의 권리가 모두 소멸하고 위 각 등기가 말소촉탁의 대상이 되어 장차 말소될 수밖에 없는 경우에는 더 이상 위 각 등기의 말소를 구할 법률상의 이익이 없다(대법원 2007. 12. 13. 선고 2007다57459 판결).

⚖ 관련판례 2

공유로 등기된 토지의 소유관계가 구분소유적 공유관계에 있는 경우에는 공유자 중 1인이 소유하고 있는 건물과 그 대지는 다른 공유자와의 내부관계에 있어서는 그 공유자의 단독소유로 되었다 할 것이므로 건물을 소유하고 있는 공유자가 그 건물 또는 토지지분에 대하여 저당권을 설정하였다가 그 후 저당권의 실행으로 소유자가 달라지게 되면 건물 소유자는 그 건물의 소유를 위한 법정지상권을 취득하게 되며, 이는 구분소유적 공유관계에 있는 토지의 공유자들이 그 토지 위에 각자 독자적으로 별개의 건물을 소유하면서 그 토지 전체에 대하여 저당권을 설정하였다가 그 저당권의 실행으로 토지와 건물의 소유자가 달라지게 된 경우에도 마찬가지라 할 것이다(대법원 2004. 6. 11. 선고 2004다13533 판결).

⚖ 관련판례 3

재판상의 자백에 대하여 상대방의 동의가 없는 경우에는 자백을 한 당사자가 그 자백이 진실에 부합되지 않는다는 것과 자백이 착오에 기인한다는 사실을 증명한 경우에 한하여 이를 취소할 수 있으나, 이때 진실에 부합하지 않는다는 사실에 대한 증명은 그 반대되는 사실을 직접증거에 의하여 증명함으로써 할 수 있지만 자백사실이 진실에 부합하지 않음을 추인할 수 있는 간접사실의 증명에 의하여도 가능하다고 할 것이고, 또한 자백이 진실에 반한다는 증명이 있다고 하여 그 자백이 착오로 인한 것이라고 추정되는 것은 아니지만 그 자백이 진실과 부합되지 않는 사실이 증명된 경우라면 변론의 전취지에 의하여 그 자백이 착오로 인한 것이라는 점을 인정할 수 있다(대법원 2004. 6. 11. 선고 2004다13533 판결).

⚖ 관련판례 4

관습상의 법정지상권은 동일인의 소유이던 토지와 그 지상건물이 매매 기타 원인으로 인하여 각각 소유자를 달리하게 되었으나 그 건물을 철거한다는 등의 특약이 없으면 건물 소유자로 하여금 토지를 계속 사용하게 하려는 것이 당사자의 의사라고 보아 인정되는 것이므로 토지의 점유·사용에 관하여 당사자 사이에 약정이 있는 것으로 볼 수 있거나 토지 소유자가 건물의 처분권까지 함께 취득한 경우에는 관습상의 법정지상권을 인정할 까닭이 없다 할 것이어서, 미등기건물을 그 대지와 함께 매도하였다면 비록 매수인에게 그 대지에 관하여만 소유권이전등기가 경료되고 건물에 관하여는 등기가 경료되지 아니하여 형식적으로 대지와 건물이 그 소유 명의자를 달리하게 되었다 하더라도 매도인에게 관습상의 법정지상권을 인정할 이유가 없다(대법원 2002. 6. 20. 선고 2002다9660 전원합의체 판결).

■ 관습상 분묘기지권의 시효취득 요건 및 분묘기지권이 미치는 범위는?

Q 甲은 乙 소유의 토지 중 일정 부분에 관하여 甲의 부모 등의 분묘를 설치하기 위하여 분묘기지사용계약을 체결하였는데, 계약부분을 초과한 토지를 乙로부터 인도받아 여러 기의 분묘를 설치한 후 묘의 설치목적인 분묘의 수호 및 제사에 필요한 범위 내에서 20년간 평온, 공연하게 그 분묘의 기지를 점유하였습니다. 이 경우 甲은 분묘기지사용계약 부분을 초과하는 토지에 관하여 시효취득을 주장할 수 있는지요?

A 타인 소유의 토지에 소유자의 승낙 없이 분묘를 설치한 경우에는 20년간 평온, 공연하게 그 분묘의 기지를 점유하면 지상권 유사의 관습상의 물권인 분묘기지권을 시효로 취득합니다(대법원 1996. 6. 14. 선고 96다14036 판결 등 참조). 이 때 분묘기지권은 분묘를 수호하고 봉제사하는 목적을 달성하는 데 필요한 범위 내에서 타인의 토지를 사용할 수 있는 권리를 의미하는 것으로서, 분묘기지권은 분묘의 기지 자체뿐만 아니라 그 분묘의 설치목적인 분묘의 수호 및 제사에 필요한 범위 내에서 분묘의 기지 주위의 공지를 포함한 지역에까지 미치는 것이라고 합니다(대법원 1994. 12. 23. 선고 94다15530 판결 등 참조).

따라서 위 사안에서 甲은 계약부분을 초과하는 토지에 관하여 지상권 유사의 관습상의 물권인 분묘기지권을 시효취득 하였고, 그 분묘기지권은 위와 같이 설치된 수기의 분묘의 수호 및 제사에 필요한 범위 내에 속하는 이 사건 초과 토지에까지 미친다고 할 수 있습니다(대법원 2011.11.10. 선고 2011다63017,63024 판결 참조).

♣♣ 관련판례

분묘의 부속시설인 비석 등 제구를 설치·관리할 권한은 분묘의 수호·관리권에 포함되어 원칙적으로 제사를 주재하는 자에게 있고, 따라서 만약 제사주재자 아닌 다른 후손들이 비석 등 시설물을 설치하였고 그것이 제사주재자의 의사에 반하는 것이라 하더라도, 제사주재자가 분묘의 수호·관리권에 기하여 철거를 구하는 것은 별론으로 하고, 그 시설물의 규모나 범위가 분묘기지권의 허용범위를 넘지 아니하는 한, 분묘가 위치한 토지의 소유권자가 토지소유권에 기하여 방해배제청구로서 그 철거를 구할 수는 없다(대법원 2000. 9. 26. 선고 99다14006 판결).

■ 분묘기지권을 시효취득한 경우에도 그 사용료를 지급해야 하는지요?

Q 저의 조부의 묘는 30년 전부터 타인의 임야에 설치되어 있었는데, 최근 그 임야를 매수한 甲이 묘지부분의 사용대가를 지급하라고 요구하고 있습니다. 이러한 경우 甲이 요구한 사용대가를 지급해야 하는지요?

A 분묘기지권이란 타인의 토지 위에 있는 분묘기지(墳墓基地)에 대하여 관습법상 인정되는 지상권에 유사한 일종의 물권입니다. 이러한 분묘기지권이 성립하는 경우로는 ①토지소유자의 승낙을 얻어 분묘를 설치한 경우(대법원 2000. 9. 26. 선고 99다14006 판결), ②토지소유자의 승낙 없이 분묘를 설치한 후 20년간 평온, 공연하게 점유하여 시효취득 한 경우(대법원 1996. 6. 14. 선고 96다14036 판결), ③자기소유의 토지에 분묘를 설치한 후 그 분묘기지에 대한 소유권을 보유하거나 분묘이전약정 없이 토지를 처분한 경우(대법원 1967. 10. 12. 선고 67다1920 판결) 등입니다. 그리고 분묘기지권은 봉분 등 외부에서 분묘존재를 인식할 수 있는 형태를 갖추고 있는 경우에 한하여 인정되고, 평장 또는 암장되어 객관적으로 인식할 수 있는 외형을 갖추지 아니한 경우에는 인정되지 않으므로 이러한 특성상 분묘기지권은 등기 없이 취득하게 됩니다(대법원 1996. 6. 14. 선고 96다14036 판결).

그런데 장사 등에 관한 법률에서 토지소유자의 승낙 없이 해당토지에 설치한 분묘, 묘지설치자 또는 연고자의 승낙 없이 해당묘지에 설치한 분묘의 어느 하나에 해당하는 분묘의 연고자는 해당 토지소유자, 묘지설치자 또는 연고자에게 토지사용권이나 그 밖에 분묘의 보존을 위한 권리를 주장할 수 없다고 규정하고 있는데(장사 등에 관한 법률 제27조 제1항, 제3항), 이 규정은 2001. 1. 13. 이후에 설치되는 분묘부터 적용됩니다{장사 등에 관한 법률(법률 제6158호) 부칙 제2조}. 그러므로 2001. 1. 13. 이전에 설치된 분묘에 관해서는 위와 같은 분묘기지권이 계속 인정될 것이지만, 2001. 1. 13. 이후에 토지소유자 등의 승낙 없이 설치되는 분묘에 대하여는 분묘기지권이 인정되기 어려울 것으로 보입니다.

다음으로 분묘기지권의 사용료를 지급하여야 하는지 판례를 보면, 지상권에 있어서 지료지급은 그 요소가 아니어서 지료에 관한 약정이 없는 이상 지료지급을 구할 수 없는 점에 비추어 보면 '분묘기지권을 시효취득 하는 경우'에도 지료를 지급할 필요가 없다고 하였습니다(대법원 1995. 2. 28. 선고 94다37912 판결).

따라서 귀하의 조부의 분묘는 이미 30년 전에 설치된 것이므로 분묘기지권을 시효취득 한 경우라고 보아 사용대가를 지급하지 않아도 될 것으로 보입니다. 다만 최근 대법원은 "자기 소유의 토지 위에 분묘를 설치한 후 토지의 소유권이 경매 등으로 타인에게 이전되면서 분묘기지권을 취득한 경우"에는 지료를 청구할 수 있고, 지료를 2년분 이상 연체시 법정지상권 소멸규정을 유추해 소멸청구를 할 수 있다고 보았습니다(대법원 2015. 7. 23. 선고 2015다206850 판결). 따라서 분묘기지권자가 있으면 무조건 지료청구를 못하는 것이 아니라, 분묘기지권 성립유형을 잘 살펴보아 적어도 '자기 소유의 토지 위에 분묘를 설치한 후 토지의 소유권이 경매 등으로 타인에게 이전되면서 분묘기지권을 취득한 경우'엔 지료를 청구할 수 있고, 2년분 이상 연체됐다는 이유로 소멸청구도 할 수 있다는 점을 유의할 필요가 있습니다.

⚖ **관련판례**

분묘기지권은 분묘를 수호하고 봉제사하는 목적을 달성하는 데 필요한 범위 내에서 타인의 토지를 사용할 수 있는 권리를 의미하는 것으로서, 이 분묘기지권에는 그 효력이 미치는 지역의 범위 내라고 할지라도 기존의 분묘 외에 새로운 분묘를 신설할 권능은 포함되지 아니하는 것이므로, 부부 중 일방이 먼저 사망하여 이미 그 분묘가 설치되고 그 분묘기지권이 미치는 범위 내에서 그 후에 사망한 다른 일방을 단분형태로 합장하여 분묘를 설치하는 것도 허용되지 않는다(대법원 2001. 8. 21. 선고 2001다28367 판결).

누구나 쉽게 참여할 수 있는
부동산 경매

초판 2쇄 인쇄 2021년 1월 5일
초판 2쇄 발행 2021년 1월 10일

편 저 대한부동산경매실전연구회
발행인 김현호
발행처 법문북스
공급처 법률미디어

주소 서울 구로구 경인로 54길4(구로동 636-62)
전화 02)2636-2911~2, **팩스** 02)2636-3012
홈페이지 www.lawb.co.kr

등록일자 1979년 8월 27일
등록번호 제5-22호

ISBN 978-89-7535-785-5 (13360)

정가 18,000원

▮역자와의 협약으로 인지는 생략합니다.
▮파본은 교환해 드립니다.
▮이 책의 내용을 무단으로 전재 또는 복제할 경우 저작권법 제136조에 의해 5년 이하의 징역 또는 5,000만원 이하의 벌금에 처하거나 이를 병과할 수 있습니다.

이 도서의 국립중앙도서관 출판예정도서목록(CIP)은 서지정보유통지원시스템 홈페이지(http://seoji.nl.go.kr)와 국가자료종합목록 구축시스템(http://kolis-net.nl.go.kr)에서 이용하실 수 있습니다. (CIP제어번호 : CIP2019041773)

법률서적 명리학서적 외국어서적 서예·한방서적 등

최고의 인터넷 서점으로

각종 명품서적만 제공합니다

각종 명품서적과 신간서적도 보시고

정보도 얻으시고

홈페이지 이벤트를 통해서

상품도 받아갈 수 있는

핵심 법률서적 종합 사이트

www.lawb.co.kr

(모든 신간서적 특별공급)

대표전화 (02) 2636 - 2911

다양한 부동산 경매에 관한 절차를 관련 서식과 함께
상담사례들을 알기 쉽게 풀이하여 체계적으로 정리하여
수록하였습니다. 이러한 자료들은 대법원의 경매사이트와 최신
판결례 및 각종 양식, 법제처의 생활법령, 대한법률구조공단의
상담사례 및 서식 등을 참고하였으며, 이를 종합적으로 정리·
분석하여 일목요연하게 편집하였습니다. 여기에 수록된
상담사례들은 개인의 법률문제 해결에 도움을 주고자
게재하였으며, 개개인의 문제에서 발생하는 구체적 사안은
동일하지는 않을 수 있으므로 참고자료로 활용하시기 바랍니다.

ISBN 978-89-7535-785-5

18,000원